傳

与自己要安，与别人要化
与自然要乐，与大道要游

傅佩荣解读

庄子

傅佩荣 —— 著

· 修订版 ·

東方出版社

作者寄语

  《庄子》是有名的"天下第一奇书""六大才子书",无论用什么语词推崇它,都不会显得过分。何以如此?因为这本书充满了有趣的寓言,并且随处可以看到警世格言,尤其是生动的想象力所造就的文字魅力更让人目眩神迷。

  但是,相对于此,《庄子》也是最难念懂的书之一。就其文字而言,通假字太多,只有训诂专家才有办法厘清。我在学习《庄子》时,认真念了王叔岷先生的《庄子校诠》,全书共三本,一千六百多页。他为我们解决了这方面的难题。就其思想而言,就不容易找人帮忙了。从郭象以来的各家解读,收集在郭庆藩的《庄子集释》中,自然是不可错过的教材,但是若要把握庄子的真正想法,则仍有努力空间。

  我累积多年的教学心得,认为可以用四句话概括庄子思想,就是:与自己要安,与别人要化,与自然要乐,与大道要游。心中常存这四句话,就不会在庄子设下的迷宫中找不到线索了。有人问我在解读经典的过程中,有何愉悦的经验,我的答案一直都是"将《庄子》一书翻译为白话文"。现在得以修订再版,我在解读中增加了对少数难懂字词的说明,以及相关语句的对照,由此更便于领悟庄子的一贯思想。

傅佩荣

2012 年 4 月

目　录

内　篇

外 篇

傅佩荣解读《庄子》（修订版）

杂　篇

庄子其人其书

庄子，原名庄周，字子休，战国时代宋国蒙县人，生卒年约在公元前368年至公元前288年之间。他与儒家的孟子处于同一时代，但二人并无见面机会，或者二人即使见面也将无话可说，因为"道不同，不相为谋"。各派学者各有其道，而庄子是道家老子的后学，对于"道"另有独树一帜的看法。

庄子曾经短期为官，担任蒙县的漆园吏。中年以后，他的生活极为贫困，"住在穷街陋巷，困窘地织鞋为生，饿得面黄肌瘦"。后来楚威王听说他是个人才，以高官厚禄聘请他，但是对庄子而言，世间的荣华富贵"有如鸟雀、蚊虻从眼前飞过去一样"，实在引不起一点点兴趣。不过，庄子对人生绝不是没有热情的。

他的生活与一般百姓无异，有妻有子，努力在乱世中苟全性命。差别在于：他博览群书，深通人情世故，领悟高明智慧，自有一套人生哲学。他的朋友之中，最有名的是惠施。惠施是名家的学者，聪明善辩，争取世间名望，做官不落人后。庄子常与他辩论，可惜二人层次相差太远，难以抵达"相视而笑，莫逆于心"的境界。

幸好有《庄子》一书传于后代，才不致淹没了千古以来令人惊叹的吉光片羽。

在司马迁笔下，庄子是个小角色，《史记》中说他"著书十余万言，大抵率寓言也。作《渔父》《盗跖》《胠箧》，以诋訾孔子之徒，以明老子之术。畏累虚、亢桑子之属，皆空语，无事实"。这样的判断并非全无根据，但是却局限于表面观察，对庄子不公平。

譬如，现在我们所阅读的《庄子》版本，原文将近七万字，共有三十三篇，是晋代郭象所删定的。这三十三篇又分为内篇七篇，外篇十五篇，杂篇十一篇。司马迁提及的《渔父》与《盗跖》列在杂篇，而《胠箧》列在外篇。一般认为，内篇才是庄子思想的精华所在，如《逍遥游》《齐物论》《养生主》《人间世》《德充符》《大宗师》和《应帝王》。

庄子想要表达什么？王叔岷先生精研《庄子》，认为庄子的思想不是一般所说的"为我，放任，避世，空谈"，而是"忘我，顺其自然，入世而超世，以及全由深刻体验而来"，《庄子》一书可以支持这种看法。如果进而省思庄子何以能有如此卓越精妙的心得，则答案在于他对"道"的领悟。他的道是"一以贯之"的原理与源头，认清这一点，就可以与他一起逍遥而游了。

解读《庄子》，平生一大乐事

　　我像许多朋友一样，喜欢《庄子》书中的寓言故事。这些故事个别看来，对人生都有或深或浅的启发。譬如，不想念书时，就说书本只是古人的糟粕；见人得意时，就说自己宁可做一只活的乌龟；接近自然时，就想如何可以梦见蝴蝶；有人关心世局，就笑他是螳臂挡车；自己走投无路，就戏称为"无用之用，是为大用"。

　　人生总是有路可走；并且，外表看来越是困顿，内心却可能越是自在。人的特色，首先即是认知能力。认知若有偏差，立即引发层出不穷的欲望，追逐外物而无法回头，终身劳苦而难以快乐，就像与自己的影子赛跑一样，没有得胜的机会。同样的认知能力，也可以由外在收摄回来，了解人的心智是怎么回事。人的心智在交往互动的过程中，通常称为钩心斗角，再配合世俗的价值观，形成一个天罗地网，很少有人可以幸免。

　　当然，庄子不同凡响。他的策略是：先区分内与外，再重内而轻外，然后有内无外。内是指自我的心灵世界，外是指有形可见而变化不已的外在世界。要有一系列的修行过程，譬如《大宗师》所谓的"外天下，外物，外生，朝彻，见独，无古今，不死不生"。我们恐怕连第一步都做不到，那么不妨直接取用他的名言"外化而内不化"（《知北游》），外在的言行与世俗同化，内心保持对道的体认。道是"究竟真实"，任何与道相关的，都与"真实"相涉，因此"内不化"也就是不放弃真我。

人的心是能量的中枢，既充满活力又善于感应。修行即是修心，心要静要虚，虚则生出光明，可以与道互相呼应。这时，心就成为灵台，转化为"精神"，从有形的能量提升为无形的、神妙的、自由的生命，可以与造物者（道的别名）同游。我们向往此一境界，所以认真阅读《庄子》，但是这本天下第一奇书实在难以卒读。

本书之解读主要依据王叔岷先生《庄子校诠》的考据与疏释。在白话方面，参考了黄锦鋐先生的《庄子读本》，陈鼓应先生的《庄子今注今译》，以及黄明坚女士的《庄子》白话。我的解读以哲学思辨为重点，力求把握"澄清概念，设定判准，建构系统"的原则，对书中的关键概念（如道、德、天、性、情、自然等）及价值判断，都作清楚说明，希望重建庄子的哲学体系。本书的白话部分与原文可以一一对照，使复杂离奇的"通假字"不经注释就呈现出来。解读部分才是作者用心所在，研究哲学四十余年，今日得以解读《庄子》，实为人生一大乐事。

内

篇

逍遥游　第一

要旨：本篇庄子三度描写大鹏寓言，意在肯定：人可以凭借修行而成其大。由此上承老子所说的"道大，天大，地大，人亦大"（《老子》第二十五章）。人若成其大，则有望成为至人、神人、圣人，抵达无待之境而自在逍遥，也化解了世俗所在意的有用无用之争。

[1.1]

北冥有鱼，其名为鲲（kūn）。鲲之大，不知其几千里也。化而为鸟，其名为鹏。鹏之背，不知其几千里也。怒而飞，其翼若垂天之云。是鸟也，海运则将徙于南冥。南冥者，天池也。

[白话]

北海有一条鱼，名字叫鲲。鲲的体形庞大，不知有几千里。它变化为鸟，名字叫鹏。鹏的背部宽阔，不知有几千里。它奋起高飞时，双翅张开有如天边的云朵。这只巨鸟，在海风大作时，就会迁徙到南海去。南海，是一个天然大池。

①　庄子擅长说"寓言"，其目的不只为了启发我们的想象力，也为了展示他卓越不凡的见解。譬如，以"不知其几千里也"来形容鲲与鹏，就是要破除我们的一般见闻，让想象力得以自由发挥。鲲"化而为鸟"，表示万物有可能相互转化，因为它们的根源皆是"道"。这两者的差别是：鲲不能脱离水，鹏要靠风来飞行；鹏的逍遥程度显然较高。然后，鹏要由北往南飞，这是象征从幽暗奔向光明吗？或者，这只是鹏接受宿命的自然作为？

②　北冥与南冥，固然可以译为北海与南海，但不宜因而忽略"冥"字的意思是：溟漠无涯，引申为荒远无边的境界，非世人所知所见。经由"冥"之接引，或许离"道"不远。这里说的"北冥"与"南冥"只是寓言的假托之语，非指地图上所称的北海与南海。"北"与"南"所示为方向而已。垂天之云："垂"为边，此指天边之云。

［1.2］

《齐谐（xié）》者，志怪者也。《谐》之言曰："鹏之徙于南冥也，水击三千里，搏（bó）扶摇而上者九万里，去以六月息者也。"野马也，尘埃也，生物之以息相吹也。天之苍苍，其正色邪（yé）？其远而无所至极邪？其视下也，亦若是则已矣。

［白话］

《齐谐》，是一本记载怪异事件的书。这本书上说："当大鹏要往南海迁徙时，水面激起三千里波涛，它拍翅盘旋而上，飞到九万里的高空。它是乘着六月刮起的大风而离开的。"野马似的空中游气，四处飞扬的尘埃，都是活动的生物被大风吹拂所造成的。天色苍苍，那是天空真正的颜色吗？还是因为遥远得看不到尽头的结果？从天空往下看，也不过是像这样的情况吧！

[解读]

① 大鹏起飞，要靠六月大风所激起的波涛。时机与客观条件配合，才可成就壮举。"击"为激，"搏"为拍翅，"息"为气、为风。所谓三千里、九万里，皆非实指，而是要让人想象其大，以突破日常生活的琐碎格局。

② 仰望天空，其色深蓝，自有一种永恒幽静的趣味。庄子却能逆向运思，从天空往下看，并且认为所见类似；如此一来，世间万物也同样值得欣赏了。心灵随着大鹏高飞而提升，体悟也将异于平地所知。

[1.3]

且夫水之积也不厚，则其负大舟也无力。覆杯水于坳（ào）堂之上，则芥为之舟，置杯焉则胶，水浅而舟大也。风之积也不厚，则其负大翼也无力。故九万里，则风斯在下矣，而后乃今培（píng）风，背负青天而莫之夭阏（è）者，而后乃今将图南。

[白话]

再说，积存的水不够深，它就无力承载大船。倒一杯水在低洼之处，只有小草可以当船；放上杯子，它就着地不动了，这是水浅而船大的缘故。积存的风不够大，就无力承载巨翅。所以，大鹏飞到九万里的高空，才算抵达风的上方，这样才可以乘着风力，背靠着青天，完全没有任何阻碍，然后才可以开始飞向南方。

① 这一段是以比喻来说明大鹏为何要飞得那么高。没有做准备工作，就少了可以凭借的风力。今人使用"培风"一词，常指准备阶段的努力，而在《庄子》原文则是指此一阶段之后的"凭风"或"乘风而行"。天阏：夭折停止，阻碍。

［1.4］

蜩（tiáo）与学鸠笑之曰："我决起而飞，抢榆枋（fāng）而止，时则不至而控于地而已矣，奚以之九万里而南为？"适莽苍者，三飡（cān）而反，腹犹果然；适百里者，宿舂（chōng）粮；适千里者，三月聚粮。之二虫又何知？

［白话］

蝉与小鸟讥笑大鹏说："我们一纵身就飞起来，碰到榆树、枋树就停下来，有时飞不高，落在地上也就是了。何必要飞到九万里的高空，再往南飞去呢？"前往近郊的人，只要带着三餐，回来时肚子还是饱饱的；前往百里之远的地方，就要准备过夜的粮食；前往千里之遥的地方，就要积蓄三个月的粮食。这两个小东西又知道些什么呢？

［解读］

① 对于蝉与小鸟的讥笑，大鹏可能根本听不到，即使听到了也不会在乎。但是，说故事的庄子接着要发表高见了。抢：集、至；控：投；奚：何；莽苍：近郊草野之色。

[1.5]

　　小知不及大知，小年不及大年。奚以知其然也？朝菌不知晦朔（shuò），蟪蛄（huì gū）不知春秋，此小年也。楚之南有冥灵者，以五百岁为春，五百岁为秋；上古有大椿（chūn）者，以八千岁为春，八千岁为秋，此大年也。而彭祖乃今以久特闻，众人匹之，不亦悲乎！

[白话]

　　小知识比不上大知识，小寿命比不上大寿命。怎么知道是这样的呢？朝生暮死的菌虫不明白什么是一天的时光；春生夏死、夏生秋死的寒蝉不明白什么是一年的时光。这些属于小寿命。楚国南方有一棵冥灵树，以五百年为春季，五百年为秋季；上古时代有一棵大椿树，以八千年为春季，八千年为秋季。这些属于大寿命。彭祖活了八百岁，到现在还以长寿特别知名，一般人与他相比之下，不会觉得悲哀吗？

[解读]

①　朝菌、蟪蛄、冥灵、大椿的存在期限（年），有短有长；因而所能觉察的范围（知），也有小有大。这些都是自然界的客观事实。本身无所谓“及与不及”的比较问题。但是，从人类的角度来看，就会进行比较了。晦朔：夜旦，指一日的时光。冥灵、大椿皆为树，因为只有树可以由其叶落及年轮而判断经过多少个春季、秋季。

②　比起彭祖，众人难免觉得悲哀。庄子之意，不是要羡慕长寿，而是要提醒我们不必悲哀。人只需在自然的寿命（天年）中悟道，活得多久不是问题。

[1.6]

汤之问棘（jí）也是已："穷发之北，有冥海者，天池也。有
鱼焉，其广数千里，未有知其修者，其名为鲲。有鸟焉，其名为
鹏，背若泰山，翼若垂天之云，抟扶摇羊角而上者九万里，绝云
气，负青天，然后图南，且适南冥也。斥鴳（yàn）笑之曰：'彼
且奚适也？我腾跃而上，不过数仞而下，翱（áo）翔蓬蒿（hāo）
之间，此亦飞之至也，而彼且奚适也？'"此小大之辩也。

[白话]

商汤询问棘，得到这样的说法："在草木不生之地的北方，
有一片广漠无涯的大海，是个天然大池。那里出现一条鱼，鱼身
宽达几千里，没有人知道它有多长。它的名字叫鲲。那里出现一
只鸟，名字叫鹏，它的背像泰山那么高，双翅有如天边的云朵。
它振翅盘旋上升，直到九万里的高空，凌越云气，背靠青天，然
后飞向南方，准备前往南海。水泽边的麻雀讥笑大鹏说：'它要
飞到哪里去呢？我一跳跃就飞起来，不到几丈高就落下，在蓬蒿
草丛中翱翔，这也是飞行的绝技啊！它还要飞到哪里去呢？'"
这就是格局小与格局大之间的分别。

[解读]

① 庄子除了"寓言"之外，还有"重言"，就是借重古人或名人
之言来说明事理（见《寓言》篇第一段）。这些重言"如有巧合，
纯属偶然"。商汤这一段内容，即是一个例子。

② 商汤，汤是商朝开国之君。棘，原名夏棘或夏革，汤之大夫。

③ 在自然界，麻雀不会讥笑大鹏，彼此可以各安其性。庄子以寓
言说人生：凡人有如麻雀，见识有限，往往讥笑像大鹏之类的
学道之士。大鹏并不需要回应，因为庄子会为它代劳。

　　　　　　　　　　　　　　　傅佩荣解读《庄子》（修订版）

[1.7]

故夫知效一官，行比一乡，德合一君，而征一国者，其自视也亦若此矣。而宋荣子犹然笑之。且举世而誉之而不加劝，举世而非之而不加沮（jǔ），定乎内外之分，辩乎荣辱之竟，斯已矣。彼其于世，未数（shuò）数然也。虽然，犹有未树也。夫列子御风而行，泠（líng）然善也，旬有五日而后反。彼于致福者，未数数然也。此虽免乎行，犹有所待者也。若夫乘天地之正，而御六气之辩，以游无穷者，彼且恶（wū）乎待哉！故曰：至人无己，神人无功，圣人无名。

[白话]

因此，那些才智可以担任一个官职，行事可以造福一个乡里，德行可以投合一位国君，以致能够得到一国民众信任的人，他们看待自己的态度也和小麻雀一样了。宋荣子就嘲笑他们。对宋荣子而言，即使全世界的人都称赞，他也不会特别振奋，即使全世界的人都责备，他也不会特别沮丧。他能确定内在自我与外在事物的分际，辩别荣耀与耻辱的界限，只需如此就可以做到这一点。这样使他不会汲汲追求世间的成就。他的表现虽然不错，还有尚未达到的境界。再者，像列子能够乘着风势而飞行，姿态轻巧美妙，过了十五天才回来。他对于圆满幸福并未汲汲追求。这样虽然免于步行之累，还是要等待风力的配合。如果有人能够顺应天地的常道，由此把握自然界的变化规律，再遨游于无穷的境界，那么他还要等待什么呢？所以说：至人化解自我，神人化解功绩，圣人化解名声。

[解读]

① 效：有功效；比：庇、福佑；征：证，受信赖；犹然：笑貌；泠然：轻妙貌。

② 宋荣子，原名宋钘（xíng）或宋牼（kēng），学说立场见《天下》

篇第五段。列子，原名列御寇，春秋时代郑国思想家，本书有《列御寇》篇。宋荣子可以在世间不受影响，列子可以配合自然界的条件；但是真正的逍遥是"无待"。六气是阴、阳、风、雨、晦、明，代表自然界。

③ 至人、神人、圣人，都是庄子笔下的理想人格；其本体为一，而展现的功能各有精彩之处。至，言其体，所以说"至人无己"；神，言其用，所以说"神人无功"；圣，言其名，所以说"圣人无名"。

[1.8]

尧让天下于许由，曰："日月出矣，而爝（jué）火不息，其于光也，不亦难乎！时雨降矣，而犹浸灌，其于泽也，不亦劳乎！夫子立而天下治，而我犹尸之。吾自视缺然，请致天下。"许由曰："子治天下，天下既已治也，而我犹代子，吾将为名乎？名者，实之宾也，吾将为宾乎？鹪鹩（jiāo liáo）巢于深林，不过一枝；偃（yǎn）鼠饮河，不过满腹。归休乎君，予无所用天下为！庖人虽不治庖，尸祝不越樽（zūn）俎（zǔ）而代之矣。"

[白话]

尧要把天下让给许由，他说："日月都出来了，而烛火还不熄灭，靠烛火来光照世界，不是很困难吗？及时雨都降下了，而人还要浇水灌溉，靠浇水来润泽作物，不是很劳累吗？先生一旦即位，天下立刻大治，而我还占着这个位子。我自觉能力不够，请允许我把天下让给你。"许由说："你治理天下，天下已经安定了。这时我还要取代你，我是为了名义吗？名义，只是实物的表征。我是为了表征吗？小鸟在浓密树林里筑巢，所需要的不过是一根树枝；土拨鼠到大河边喝水，所需要的不过是装满一个肚子。你请回去，算了吧！我要天下没什么用！厨师即使不肯下厨去料理祭品，负责祭神与执礼的人也不会越过酒樽俎案去代替他的职务。"

[解读]

① 许由，在传说中是尧的老师。在此，尧有自知之明，想要让贤。"我犹尸之"的"尸"：古代祭祀时，以年幼晚辈坐在位上，象征祖先神灵，受人祭拜。后以"尸位素餐"描写一人占据位子而无所作为，光是享受饮食而已。

② 许由不愿越俎代庖，因为尧已经平治天下。他自比为"鹪鹩""偃鼠"，是为了宣示自己对外物的依赖极少；他又自比为"尸祝"，肯定自己身份特殊。这是轻外重内的观点。只有轻外重内，才可能启发智慧。

[1.9]

肩吾问于连叔曰："吾闻言于接舆（yú），大而无当（dàng），往而不反。吾惊怖其言，犹河汉而无极也，大有径庭，不近人情焉。"连叔曰："其言谓何哉？"曰："藐姑射（yè）之山，有神人居焉。肌肤若冰雪，淖（chuò）约若处子；不食五谷，吸风饮露；乘云气，御飞龙，而游乎四海之外；其神凝，使物不疵（cí）疠（lì）而年谷熟。吾以是狂而不信也。"

[白话]

肩吾请教连叔说："我听过接舆谈话，内容广博而不着边际，任意引申而不再回头。我既惊讶又害怕，觉得他的言论像银河一样辽阔无穷，简直过分夸张，不近人之常情啊！"连叔说："他说些什么呢？"肩吾说："在遥远的姑射山上，住着一位神人，他的肌肤有如凝雪，柔美有如处女；他不吃五谷，只是吸清风、饮甘露；他乘着云气，驾驭飞龙，遨游于四海之外。他的心神凝定，就能使农作物不受灾害，造成五谷丰收。我认为他说的话是唬人的，所以都不相信。"

[解读]

① 肩吾、连叔，也许真有其人，但事迹不可考。接舆，就是楚国狂人接舆，原名陆通。庄子擅长借真人之口讲一些虚构的话。大有径庭："径"为门外之路，"庭"为堂前之地，两者相去甚远，意指其言过于夸张。

② "神人"有完美的形貌，取用天然资源，来去自由自在。若要帮助人间，只需"其神凝"，一个意念就够了。神人描写悟道者的精神境界，可供我们凡人向往。吾以是狂："狂"为诳，浮夸吹嘘之言。

[1.10]

连叔曰："然！瞽（gǔ）者无以与乎文章之观，聋者无以与乎钟鼓之声。岂唯形骸有聋盲哉？夫知亦有之。是其言也犹时女（rǔ）也。之人也，之德也，将旁礴（bó）万物以为一。世蕲（qí）乎乱，孰弊弊焉以天下为事！之人也，物莫之伤，大浸稽天而不溺，大旱金石流、土山焦而不热。是其尘垢粃（bǐ）糠，将犹陶铸尧、舜者也，孰肯以物为事！"

[白话]

连叔说："是啊！对瞎子，没办法给他看五彩的美观；对聋子，没办法给他听钟鼓的乐声。哪里只是身体上有聋有瞎呢？心智上也有啊！这种话就是针对你而说的。神人啊，他的能力啊，将会包容万物，混同为一体。世人只期望天下太平，神人怎么会劳劳碌碌把治理天下当成一回事呢！神人啊，外物不能伤害他，洪水滔天不会使他溺毙，严重的旱灾熔化了金石、烧焦了土山，也不会使他燠热。他发挥一点剩余无用的力气，就可以造就尧、舜那样的功业，他哪里肯把世间的俗务当成一回事呢！"

[解读]

① 从形骸的聋盲，到心智的聋盲，这是一个转折点。只有认清此一状况，才有机会启迪心智。犹时女也："犹"为即，"时"为是，"女"为汝。世蕲乎乱："蕲"为期盼，"乱"为治。粃糠："粃"为谷之不熟者，"糠"为谷皮。陶铸："陶"为范土，"铸"为金。

② 神人已由"重内轻外"提升到"有内无外"，这时已无内外之分，亦即"旁礴万物以为一"。从"整体为一"的观点来看，人间的相对价值就很容易化解了。

[1.11]

宋人资章甫（fǔ）而适诸越，越人断发文身，无所用之。尧治天下之民，平海内之政，往见四子藐姑射之山，汾水之阳，窅（yǎo）然丧其天下焉。

[白话]

宋国人运礼冠到越国去贩卖。但是越国人的习俗是剪光头发、身上刺青，根本用不着礼冠。尧治理天下百姓，安定国家政事之后，前往遥远的姑射山，亦即位于汾水北边的那一座山，会见四位先生，浑然忘记了自己的天下。

① 礼冠是文明社会的产物，越人的生活接近原始状态，不必多此一物。这是尚未开化，而庄子借此强调返璞归真的意义。"资"为货，"章甫"为殷之礼冠。断发文身：据说是为了肖似龙子，可以避开水神。

② 四子是谁？有的说是"许由、啮缺、王倪、被衣"（见［12.5］）；有的说是尧所体验的四境："一本、二迹、三非本非迹、四非非本迹。"前者并无确证，后者则显得玄想过度。重点在于尧能"丧其天下"。

［1.12］

惠子谓庄子曰："魏王贻（yí）我大瓠（hù）之种，我树之成，而实五石（dàn）。以盛（chéng）水浆（jiāng），其坚不能自举也；剖（pǒ）之以为瓢（piáo），则瓠落无所容。非不呺（xiāo）然大也，吾为其无用而掊（pǒu）之。"庄子曰："夫子固拙于用大矣。宋人有善为不龟（jūn）手之药者，世世以洴（píng）澼（pì）絖（kuàng）为事。客闻之，请买其方百金。聚族而谋曰：'我世世为洴澼，不过数金。今一朝而鬻（yù）技百金，请与之。'客得之，以说吴王。越有难，吴王使之将。冬与越人水战，大败越人，裂地而封之。能不龟手，一也；或以封，或不免于洴澼，则所用之异也。今子有五石之瓠，何不虑以为大樽而浮于江湖，而忧其瓠落无所容？则夫子犹有蓬之心也夫！"

［白话］

惠子对庄子说："魏王送给我大葫芦的种子，我把它栽植成长，结出的葫芦有五石的容量。用它来装满水，则它不够坚固，无法负荷本身的重量。把它剖开做成瓢，它又宽大得没有水缸容得下。这葫芦不可说不大，我却因为它没有用而打碎它。"庄子说："先生真是不善于使用大东西啊！宋国有人擅长调制不让手龟裂的药物，世世代代都以漂洗丝絮为职业。有一位客人听说这事，愿意出一百金购买他的药方。他召集全家人来商量说：'我们世世代代漂洗丝絮，所得不过数金而已；现在一旦卖出药方就可以赚到一百金，就卖给他吧！'客人拿了药方，便去游说吴王。正好越国兴兵来犯，吴王派他担任将领，冬天与越人在江上作战，结果大败越人，并因而得到封地作为奖赏。能够不让手龟裂，所用的药方是一样的；但是有人获赏封地，有人不得不继续漂洗丝絮，这是因为所用之处不同啊！现在你有五石大的葫芦，为什么不绑在身上当成腰舟，让自己浮游于江湖之上，却还要担心水缸容不下它呢？可见先生的心思还是不够通达啊！"

[解读]

① 惠子：原名惠施，曾任魏惠王（亦即梁惠王。魏自河东迁大梁，故有两个名字）的宰相。惠施是庄子之友，其思想见 [33.9]。

② "用大"的方式有二：一是小物用于大处，如不龟手之药也可以使人功成名就；二是大物用于大处，如大葫芦可以使人浮于江湖。庄子熟知世间趋利避害的技巧，借此引导惠子明白：真正要"用大"，必须先化解有蓬之心。洴澼：洴澼是以水击之，为丝絮。越有难："有"即是为，指越人兴兵来犯吴国。慮：落，络，结缀。有蓬之心：心为杂草所蔽。

[1.13]

惠子谓庄子曰："吾有大树，人谓之樗（chū）。其大本拥肿而不中绳墨，其小枝卷曲而不中规矩。立之涂，匠者不顾。今子之言，大而无用，众所同去也。"庄子曰："子独不见狸狌（shēng）乎？卑身而伏，以候敖（áo）者；东西跳梁，不避高下；中于机辟（bì），死于罔罟（gǔ）。今夫斄（lí）牛，其大若垂天之云。此能为大矣，而不能执鼠。今子有大树，患其无用，何不树之于无何有之乡，广莫之野，彷徨乎无为其侧，逍遥乎寝卧其下。不夭斤斧，物无害者，无所可用，安所困苦哉！"

[白话]

惠子对庄子说："我有一棵大树，人们称它为樗。它的树干臃肿而不合于绳墨；它的树枝卷曲而不合于规矩。就是把它种在路旁，木匠也不屑一顾。现在你所说的话，内容广博而毫无用处，大家都会弃之不顾的。"庄子说："你难道没有看过野猫与黄鼠狼吗？他们弯曲身子埋伏起来，等着要抓出游的小动物；东跳西跃地追捕，不管位置是高是低；最后却中了机关，死在陷阱中。再看那牦牛，它的身躯大得像天边的云朵。这可以说是够大了，但却没办法捉老鼠。现在你有一棵大树，担心它没有用，那么为何不把它种在空虚无物的地方，广阔无边的旷野，再无所事事地徘徊在树旁，逍遥自在地躺卧在树下。它不会被斧头砍伐，也不会被外物伤害，没有任何可用之处，又会有什么困难苦恼呢？"

[解读]

① 惠子认为庄子的话"大而无用"；庄子则以"狸狌"说明有用难免带来祸患。

② "无用"在此是依据世间价值观所作的判断。大树正是因为"无用"，所以没有困苦。至于人的无用，则需要经过"无待"这一关，才可以发挥大用。

傅佩荣解读《庄子》（修订版）

齐物论 第二

要旨：感官让人迷惑于现象，理性使人执著于自我。"形如槁木"与"心如死灰"是修行过程，由此摆脱相对的知见与价值，回归"道通为一"的整体。此时的体验是"天地与我并生，而万物与我为一"，进而可以领悟至高智慧：未始有物。在道之中，万物平等，而人依然有所不同，有其悟道的可能性。

[2.1]

南郭子綦（qí）隐几（jī）而坐，仰天而嘘，苔（dá）焉似丧其耦（yù）。颜成子游立侍乎前，曰："何居乎？形固可使如槁木，而心固可使如死灰乎？今之隐几者，非昔之隐几者也。"子綦曰："偃，不亦善乎，而问之也！今者吾丧我，汝知之乎？女闻人籁而未闻地籁，女闻地籁而未闻天籁夫！"

[白话]

南郭子綦靠着桌子坐着，抬头向天、缓缓吐气，神情漠然好像忘了自身。颜成子游侍立在旁，请教他说："这是怎么一回事？形体固然可以让它如同槁木，难道心神也可以让它如同死灰吗？您今天靠桌而坐的神情,与从前靠桌而坐的神情不一样啊!"南郭子綦说:"偃,你问得正好!今天我做到忘了自己,你知道吗?你听说过人籁,却不曾听说过地籁;即使听说过地籁,也没有听说过天籁吧!"

① 在此,南郭子綦为师,颜成子游(名偃)为徒,皆为假托人物。

② "形如槁木,心如死灰",是庄子笔下的修行绩效之一,其过程则是稍后所述"齐物"的精彩内容。似丧其耦:"耦"为寓,为寄,人所居之身。吾丧我:"丧"为失,为忘。

③ 籁,箫也,为竹制之中空乐器,引申为空虚之处发出的声响。

[2.2]

子游曰:"敢问其方。"子綦曰:"夫大块噫气,其名为风。是唯无作,作则万窍怒呺(háo)。而独不闻之翏(liù)翏乎?山林之畏佳(cuī),大木百围之窍穴,似鼻,似口,似耳,似枅(jī),似圈,似臼(jiù),似洼(wā)者,似污者。激者,謞(xiào)者,叱(chì)者,吸者,叫者,譹(háo)者,宎(yǎo)者,咬者。前者唱于而随者唱喁(yú),泠(líng)风则小和(hè),飘风则大和,厉风济则众窍为虚。而独不见之调(tiáo)调,之刁(diāo)刁乎?"子游曰:"地籁则众窍是已,人籁则比(bì)竹是已,敢问天籁。"子綦曰:"夫吹万不同,而使其自己也。咸其自取,怒者其谁邪(yé)?"

[白话]

子游说:"请问其中的道理。"子綦说:"大地吐出的气息,名字叫风。这风不发作则已,一发作则万物的窍孔都怒号起来。你难道没听过狂风呼啸的声音吗?山陵中高低错综的形势,百围大树上的大小窍穴：有的像鼻子，有的像嘴巴，有的像耳朵，有的像瓶罐，有的像瓦盆，有的像石臼，有的像深池，有的像浅洼。发出声音时，有的像湍水冲击，有的像羽箭离弦，有的像呵斥，有的像吸气，有的像呐喊，有的像嚎哭，有的像呻吟，有的像哀叹。前面的风呜呜地唱着，后面的风呼呼地和着。小风则小和，大风则大和；强风吹过之后，所有的窍孔都寂静无声。你难道没有看见这时草木还在摇摇摆摆的模样吗？"子游说："这样说来，地籁是众多窍孔所发出的声音，人籁是从箫管所吹出的声音。请问天籁是什么呢？"子綦说："风吹万种窍孔，声音各自不同，但都是由窍孔自己去发声。一切都是自己造成的，使它们发声的还有谁呢？"

[解读]

① 人籁出于箫管，引申为人间音乐，音乐总有特定的旋律、技巧与意图，可因比较竞争而分出优劣。"比竹"为属于竹类的乐器。地籁出于大地，由风与众窍配合演出，花样繁多而令人无从比较，一如本文所述。之调调，之刁刁："调"为长，"刁"为短，意指草木在强风过后忽高忽低的样子。

② 天籁则须超越比较之心，也化解因果观念；并且重点也由"所听的声音"转变为"能听的主体"，亦即只有通过个人的觉悟，才能明白天籁之意。所觉悟者，在此是兼指万物之不齐与万物之齐。简单说来，"天籁"是以虚灵之心接受所有的声音，明白任何声音在合宜条件之下皆可能出现，而不再有好恶之念（参见有关"心斋"的讨论，见［4.2］）。

[2.3]

大知闲闲，小知间（jiān）间。大言炎炎，小言詹詹。其寐也魂交，其觉也形开，与接为构，日以心斗。缦者、窖（jiào）者、密者。小恐惴（zhuì）惴，大恐缦缦。其发若机栝，其司是非之谓也；其留如诅盟，其守胜之谓也；其杀（shài）若秋冬，以言其日消也；其溺之所为之，不可使复之也；其厌也如缄（jiān），以言其老洫（xù）也；近死之心，莫使复阳也。喜怒哀乐，虑叹变慹（zhí），姚佚（yì）启态；乐（yuè）出虚，蒸成菌。日夜相代乎前，而莫知其所萌。已乎，已乎，旦暮得此，其所由以生乎！

[白话]

大知识广博通达，小知识精细分明；大言论疏淡平凡，小言论喋喋不休。人们睡觉时心思纷扰，醒来后形体不安，与外界事物纠缠不清，每天钩心斗角。有人善于伪装，有人心机深沉，有人思虑细密。小恐惧提心吊胆，大恐惧失魂落魄。他们发动攻击时，好像射出利箭，专门针对别人的是非来下手；他们按兵不动时，好像赌咒发誓，要求每一次都非胜不可；他们精神衰颓，好像季节步入秋冬，一天天地消沉下去；他们耽溺于自己的所作所为，没有办法回复本性；他们头脑闭塞，好像被箱子封住，愈来愈老朽枯竭；像这种接近死亡状态的心，是无法让它恢复生机了。他们时而欣喜，时而愤怒，时而悲哀，时而快乐，时而忧虑，时而叹息，时而反复，时而恐惧，时而轻浮，时而放纵，时而张狂，时而作态；这些表现就像声乐从虚孔中发出，又像菌类由地气蒸发而成。它们尽管日日夜夜不停地轮流出现，却不知道是从哪里萌生的。算了吧，算了吧，一切都是偶然如此，大概这就是它们出现的缘由了！

[解读]

① 人际互动时的复杂情态，在此显露无遗。前述风声之情状也不过如此。在自然界，可以说"咸其自取"，并无背后操纵者；

在人间呢？真是"旦暮得此"（偶然如此）吗？就此而论，有些人也许身不由己，有些人则努力提升心智水平。庄子的"已乎已乎"颇有同情前者之意，而其立场显然是后者。

② 本章借用字有："炎"为"淡"，"缦"为"漫"，"司"为"伺"。至于"喜怒哀乐……"等十二字，表现特定的情绪及心理状态，生动无比。

[2.4]

非彼无我，非我无所取。是亦近矣，而不知其所为使。若有真宰，而特不得其眹。可行已信，而不见其形，有情而无形。百骸、九窍、六藏（zàng）、赅（gāi）而存焉！吾谁与为亲？汝皆说（yuè）之乎？其有私焉？如是皆有为臣妾乎？其臣妾不足以相治乎？其递相为君臣乎？其有真君存焉！如求得其情与不得，无益损乎其真。一受其成形，不亡以待尽。与物相刃相靡，其行尽如驰，而莫之能止，不亦悲乎！终身役役而不见其成功，苶（nié）然疲役而不知其所归，可不哀邪！人谓之不死，奚益！其形化，其心与之然，可不谓大哀乎？人之生也，固若是芒乎？其我独芒，而人亦有不芒者乎？

[白话]

没有外在的一切，就显不出我的存在；没有我的存在，也无法肯定外在的一切。这两者其实关系密切，只是不知是谁造成这样的对立状态。好像有个"真宰"存在，可是又找不到它的迹象。它的运作效果十分真切，可是看不到任何形象，它是真实而无形可见的。百骸、九窍、六脏都齐备于人的身体，我与哪一个部分比较亲近呢？你全都喜欢吗？还是有所偏爱呢？这样看来，它们都像是臣妄吗？而臣妾没有办法互相管理吗？还是它们轮流扮演君臣呢？或者有个"真君"存在啊！无论我们是否了解它的实际情况，都不会增加或减少它的真实性。人承受形体而出生，就执著于形体的存在，直到生命尽头。它与外物互相较量摩擦，追逐奔驰而停不下来，这不是很可悲吗？终身劳苦忙碌，却看不到什么成功；疲惫困顿不堪，却不知道自己的归宿；这不是很悲哀吗？这种人就算是不死，又有什么好处！他的身体逐渐耗损衰老，心也跟着迟钝麻木，这还不算是大悲哀吗？人生在世，真是这样茫然吗？还是只有我一个人茫然，而别人也有不茫然的吗？

[解读]

① 真宰，真正的主宰，比喻"道"。真君，真正的君主，比喻人的"本心"。这两者皆无形而有作用。超越一切相对之物，才可能领悟真宰；化解对身心的执著，才可能觉知真君。

② 百骸，指人体所有骨节而言。九窍，指耳目口鼻七窍，加上"下二漏"（排泄器官）；六脏，指心、肺、肝、脾、肾（可分为二：左为肾，右为命门）。若以六脏指六腑，则指大肠、小肠、膀胱、三焦（上焦是胃的上口，中焦是胃的中脘（wǎn），下焦是膀胱的上口）。行尽如驰："尽"为进。

③ 在此，庄子认为，人有"形"与"心"。若是只注意形体活动，结局显然悲惨。若是强调心的活动，则下一段将会指出新的问题。因此，以"本心"解释"真君"，就表示本心与心并非等同。在相关之处，将会对此作进一步的解说。

[2.5]

夫随其成心而师之，谁独且无师乎？奚必知代？而心自取者有之，愚者与有焉！未成乎心而有是非，是今日适越而昔至也。是以无有为有。无有为有，虽有神禹且不能知，吾独且奈何哉！夫言非吹也，言者有言，其所言者特未定也。果有言邪？其未尝有言邪？其以为异于鷇（kòu）音，亦有辩乎？其无辩乎？道恶乎隐而有真伪？言恶乎隐而有是非？道恶乎往而不存？言恶乎存而不可？道隐于小成，言隐于荣华。故有儒墨之是非，以是其所非而非其所是。欲是其所非而非其所是，则莫若以明。

［白话］

如果追随自己心中的成见，以它为老师，那么谁会没有老师呢？何必要明白变化之理呢？从自己心中去找就有了，愚人也一样有的啊！如果说心中没有成见，却有是非观念，这就好像说今天去越国而昨天已经抵达了一样。这是把没有的当成有。把没有的当成有，就算是神智如大禹也不能理解，我又有什么办法呢！人们发言，并非风声吹过；发言的人有所论述，只是论述的内容尚未定案。它们真的有所论述吗？还是不曾有过论述呢？他们以为自己的发言与雏鸟的叫声不同，这两者有分别吗？还是没有分别呢？道如何会被隐蔽，以致出现真伪的呢？言论如何会被隐蔽，以致出现是非的呢？道如何会去任何地方而不存在的？言论如何会存在而有说不通的？道被小有见识的人物所隐蔽，言论被巧饰浮华的词句所隐蔽。因此才有儒家、墨家的是非之争，他们互相肯定对方所否定的，并否定对方所肯定的。如果要肯定对方所否定的，并否定对方所肯定的，那还不如以清明的心去观照一切。

［解读］

① 知代："代"为变化相代；明白变化之理，就不会有成心了，亦即不会执著于自己在一时一地的成见。

② 言非吹也，说话能不谨慎吗？人与人之间，有时越说话，误会越多；不说话，反而易生默契。庄子善于使用"寓言"与"重言"，此外还有一个法宝，就是"卮（zhī）言"或随机应变的话。他的目的是避免让言论反而变成一种障碍。

③ 以明：本篇共有三次提及"以明"，可见这是庄子极为重视的方法。如果"以明"，就会知道一切是非都是相对的。是非有时是出自立场观点之不同，有时是由于语词使用之疏忽，有时是因为现实利害之冲突，有时则只是缘于意气之争而已。

[2.6]

物无非彼，物无非是。自彼则不见，自是则知之。故曰，彼出于是，是亦因彼。彼是方生之说也。虽然，方生方死，方死方生；方可方不可，方不可方可；因是因非，因非因是。是以圣人不由，而照之于天，亦因是也。是亦彼也，彼亦是也。彼亦一是非，此亦一是非，果且有彼是乎哉？果且无彼是乎哉？彼是莫得其偶，谓之道枢。枢始得其环中，以应无穷。是亦一无穷，非亦一无穷也。故曰，莫若以明。以指喻指之非指，不若以非指喻指之非指也；以马喻马之非马，不若以非马喻马之非马也。天地一指也，万物一马也。

[白话]

万物互相形成"彼此"：万物没有不是彼的，也没有不是此的。从彼那一面就看不见此这一面，从此这一面才会了解自己。所以说，彼是由于此的对待而出现的，此也是因着彼的对待而形成的。彼与此是相对而生的。不过，它们同时并起也同时幻灭，同时幻灭也同时并起；同时可以成立也同时不能成立，同时不能成立也同时可以成立。顺着说它们是，也要顺着说它们非；顺着说它们非，也要顺着说它们是。所以圣人不采取上述观点，而以自然之理来照明这一切，也就是顺着状况去做啊！此也是彼，彼也是此；彼也有一套是非，此也有一套是非。真的有彼此之分吗？真的没有彼此之分吗？使彼此不再出现互相对立的情况，就称为道的枢纽。掌握了枢纽，才算掌握住圆环的核心，可以因应无穷的变化。"是"也是一个无穷的系列，"非"也是一个无穷的系列。所以说，不如以清明的心去观照一切。用手指来说明手指不是手指，不如用非手指来说明手指不是手指；用马来说明马不是马，不如用非马来说明马不是马。天地其实就是一根手指，万物其实就是一匹马。

[解读]

① "彼"与"此"是互相对立而生的指涉词，两者相反又相需；这在语言表达上是如此，在是非判断上也是如此。方生：方为并，指相对而生，同时并起。能够化解分别心，才可把握道枢，并展现前面所谓的"以明"。"得其环中"亦见于[25.3]。

② "指"与"马"这两句话，可用"共相"与"个体"的关系来解释。譬如，用马（共相，普遍的马概念）来说明一匹马（个体，如白马）不等于马，不如用非马（如牛）来说明一匹马（个体）不等于马。又如，人人都有手指（这是普遍的用意），但我的这根手指不等于普遍的手指。这样描写不太清楚，不如换个方式说：这根手指与普遍的手指的不同，就像这根手指与脚（非指）的不同。因为后者一目了然，省去名词的纠缠与诡辩的嫌疑。

③ 庄子以"天地一指"与"万物一马"，表达他对人间是非争议的态度。这并非是为了息事宁人的权宜说法，而是确实把握了更上一层的智慧。天地这么大，不过像一根手指，由此可破大小之执；万物这么多，不过像一匹马，由此可破多少之执。

④ "指"与"马"的论述,是为了说明:在强调差异时,万物无一相同;在强调相似时,万物形成一个整体。

[2.7]

道行之而成,物谓之而然。恶(wū)乎然?然于然。恶乎不然?不然于不然。物固有所然,物固有所可。无物不然,无物不可。可乎可,不可乎不可。故为是举莛(tíng)与楹,厉与西施,恢诡(guǐ)谲(jué)怪,道通为一。其分也,成也;其成也,毁也。凡物无成与毁,复通为一。唯达者知通为一,为是不用而寓诸庸。庸也者,用也;用也者,通也;通也者,得也。适得而几矣。因是已,已而不知其然,谓之道。劳神明为一而不知其同也,谓之朝三。何谓朝三?狙(jū)公赋芧(xù),曰:"朝三而暮四。"众狙皆怒。曰:"然则朝四而暮三。"众狙皆悦。名实未亏而喜怒为用,亦因是也。是以圣人和之以是非而休乎天钧,是之谓两行。

[白话]

路是人们走过才形成的,万物是人们称呼才是如此的。为什么说是?是有是的道理;为什么说不是?不是有不是的道理。万物本来就有是的道理,万物本来就有可的道理。无一物不是,无一物不可。可有可的道理,不可有不可的道理。因此,像树枝与屋梁,丑人与西施,以及各种夸大、反常、诡异、奇特的现象,从道看来都是相通为一体的。有所分解,就有所生成;有所生成,就有所毁灭。所以万物没有生成与毁灭,还会再度相通为一体的。只有明理的人知道万物相通为一体,因此不再争论而寄托于平庸的道理上。平庸,就是平常日用的;平常日用的,就是世间通行;世间通行的,就是把握住关键的。能到把握关键的地

　　　　　　　　　　傅佩荣解读《庄子》(修订版)

步，就接近道了。这正是顺着状况去做，达到此一阶段而不知其中缘故，就叫做道。人们费尽心思去追求一体，却不知万物本来就是相同的。这就叫做"朝三"。什么是朝三呢？有一个养猴子的人拿栗子喂猴子，说："早上三升，晚上四升。"猴子听了都很生气。他改口说："那么早上四升，晚上三升吧！"猴子听了都很高兴。名与实都没有改变，而应用之时可以左右猴子的喜怒，这也是顺着状况去做啊！所以圣人能够调和是非，让它们安顿于自然之分，这就叫做"两行"：是非并行而不冲突。

[解读]

① 对于万物，要分辨"实"与"名"。先就名而言，所有的是非判断都是相对的，譬如你认定一物为非，只是由于观点不同；即使大家都认定它为非，它在"实"方面依然存在。再就实而言，虽然有分、有成、有毁，但根本上是"通为一"的，而这正是"道"所提供的观点。

② "朝三暮四"一词今日被用来批评某人没有常性，见异思迁。但其原意则含有至理。表示不论朝三暮四与朝四暮三，总数都是七。就像有人少年得志，也有人大器晚成，那么何必为此而生喜怒哀乐的情绪呢？

③ 天钧："钧"为均，有一定的分配比例。庄子使用许多以"天"合成的语词，意在强调"自然"（自己如此）或"本然"（本来如此）。

[2.8]

古之人，其知有所至矣。恶乎至？有以为未始有物者，至矣，尽矣，不可以加矣。其次以为有物矣，而未始有封也。其次以为有封焉，而未始有是非也。是非之彰也，道之所以亏也。道之所以亏，爱之所以成。果且有成与亏乎哉？果且无成与亏乎哉？有成与亏，故昭氏之鼓琴也；无成与亏，故昭氏之不鼓琴也。昭文之鼓琴也，师旷之枝策也，惠子之据梧也，三子之知几乎，皆其盛者也，故载之末年。唯其好之也，以异于彼，其好之也，欲以明之彼，非所明而明之，故以坚白之昧终。而其子又以文之纶终，终身无成。若是而可谓成乎？虽我亦成也；若是而不可谓成乎？物与我无成也。是故滑（gǔ）疑之耀，圣人之所鄙也。为是不用而寓诸庸，此之谓以明。

[白话]

　　古代的人，他们的知识抵达顶点了。抵达什么样的顶点呢？有些人认为根本不曾有万物存在，这是到了顶点，到了尽头，无法增加一分了。有些人认为有万物存在，但是万物之间未曾区分。还有些人认为万物之间有区分，但是未曾有谁是谁非的争论。是非一旦彰显，就造成道的亏损。道因而有了亏损，偏好也因而有了成就。真的有成就与亏损吗？真的没有成就与亏损吗？有成就与亏损，这表现在昭文弹琴上；没有成就与亏损，这表现在昭文不弹琴上。昭文擅长弹琴，师旷擅长举杖击节，惠子擅长据梧论辩，这三个人的才智都相当杰出，也都各有所成，所以事迹被人记载下来。正因为他们所爱好的异于众人，又想把自己所爱好的让别人明白，别人不可能明白而勉强他们明白，结果就会像惠子一样，一辈子抱着无人能懂的坚白论。而昭文的儿子只会承袭父亲的技艺，以致终身都没有成就。像他们这样可以说是有成就吗？那么即使是平凡的我也有所成就了。像他们这样还不能说是有成就吗？那么众人与我也都无所成就了。所以，迷乱世人的炫耀行为，是圣人所鄙视的。因此，不再争论而寄托于平庸的道理上，这就叫做：以清明的心去观照一切。

① 能够明白"未始有物",就抵达了至高智慧。理由是：万物一直在变化之中，生灭无常，而自始至终永远存在的向来只有"道"。能知未始有物，才有可能悟道。"未始有物"一语又见于〔23.6〕与〔24.14〕。

② 对照"古之人"的知，我们的问题源于分辨是非，包括比较谁更杰出。这一分辨与比较，就是道的亏损。"封"为界、为区分，"末年"为晚年，"物"指众人而言。

③ 昭文是郑国乐师，据说曾向师襄学琴。师旷是晋平公时的乐师，精通音律与节拍。惠施"据梧"，是指他靠着梧树滔滔雄辩。

④ 坚白论：战国时代的公孙龙（生平活动约在公元前325至公元前250年，与荀子、邹衍同时），曾做《坚白论》一文，大意为：一块坚白石，它的坚、白、石是各自分离的，不可同时被感知；亦即性、色、质互不相关，而人的感觉——分离，感性认识不可靠，现象成了不可知。惠施与公孙龙常被列为"名家"，强调"名实"之辩，接近今日所谓精于逻辑、语言及辩论的人。

〔2.9〕

今且有言于此，不知其与是类乎？其与是不类乎？类与不类，相与为类，则与彼无以异矣。虽然，请尝言之：有始也者，有未始有始也者，有未始有夫未始有始也者。有有也者，有无也者，有未始有无也者，有未始有夫未始有无也者。俄而有无矣，而未知有无之果孰有孰无也。今我则已有谓矣，而未知吾所谓之其果有谓乎？其果无谓乎？夫天下莫大于秋毫之末，而大（tài）山为小；莫寿乎殇（shāng）子，而彭祖为夭。天地与我并生，而万物与我为一。既已为一矣，且得有言乎？既已谓之一矣，且得无言乎？

一与言为二，二与一为三。自此以往，巧历不能得，而况其凡乎！故自无适有，以至于三，而况自有适有乎？无适焉，因是已！

[白话]

现在譬如有人在这里说了一番话，不知道这番话与别人说的是相同呢？还是不同？不管相同或不同，既然同样都是说话，彼此就没有差别了。虽然如此，还是让我试着说说。宇宙有它的"开始"，还有它的"尚未有开始"的阶段，更有它的"尚未有'尚未有开始'"的阶段。宇宙有"有"的状态，也有"无"的状态，还有"尚未有无"的状态，更有"尚未有'尚未有无'"的状态。忽然间出现了有与无，但不知道这个有与这个无，究竟谁是有谁是无。现在我已经说了一番话，但不知道我所说的这一切，真的有说吗？还是真的没有说？天下没有比秋天兔毛尖端更大的东西，而泰山还算小呢；天下没有比夭折的婴儿更长寿的人，而彭祖还算短命呢。天地与我一起存在，万物与我合为一体。既然合为一体，还能有话说吗？既然说了合为一体，还能没有话说吗？合为一体，与说"合为一体"这句话，加起来就是二；二与一加起来就是三。由此推演下去，就是善于计算的人也数不清楚，何况是普通人呢？所以，从无到有，已经推算出三了，何况是从有到有呢？不要再追逐这些问题了，顺着状况去做就对了。

[解读]

① 宇宙在时间上有开始吗？在空间上有极限吗？存在之物是有还是无呢？人的言论是有说还是没说呢？如果无法回答这些问题，就须放下相对观念，如空间上的大小之分与时间上的寿夭之别。

② "天地与我并生"，使我摆脱时间（变化生灭）的压力，达到"无时而非生"之境；"万物与我为一"，使我免除空间（物我

　　　　　　　　　　　　　傅佩荣解读《庄子》（修订版）

之别，大小之分）的困扰，体验"无往而非我"之妙。这两句话是庄子的传世名言。从"道"的观点来看，本来即是如此。

③ 关于"一、二、三"，问题在于"二与一为三"究竟何意？只就字面可以说：有一有二就有三。不然可以扣紧"言"来说，就是"二与言为三"（参考"一与言为二"）因为庄子常以"言"为世间争端之源。《老子》第四十二章有云："道生一，一生二，二生三，三生万物。万物负阴而抱阳，冲气以为和。"（请参看《傅佩荣解读老子》）

[2.10]

夫道未始有封，言未始有常，为是而有畛（zhěn）也。请言其畛："有左，有右，有伦，有义，有分，有辩，有竞，有争，此之谓八德。"六合之外，圣人存而不论；六合之内，圣人论而不议；《春秋》经世先王之志，圣人议而不辩。故分也者，有不分也；辩也者，有不辩也。曰："何也？""圣人怀之，众人辩之以相示也。故曰：辩也者有不见也。"夫大道不称，大辩不言，大仁不仁，大廉不嗛（qiān），大勇不忮（zhì）。道昭而不道，言辩而不及，仁常而不成，廉清而不信，勇忮而不成。五者圆而几向方矣。故知止其所不知，至矣。孰知不言之辩，不道之道？若有能知，此之谓天府。注焉而不满，酌焉而不竭，而不知其所由来，此之谓葆光。

[白话]

道本来是没有疆界的，言语本来是没有定论的，为了争一个"是"字，就有了分界。让我来说说这些分界："有持左，有持右，有谈论，有评议，有区分，有辨别，有强说，有对辩。这是八种各有所得的表现。"对于天地之外的事，圣人存察于心而不谈论；对于天地之内的事，圣人谈论而不评议；对于记载先王事迹的《春秋》史书，圣人评议而不争辩。因为这是在区分中有所不分；在争辩中有所不辩。要问"这是怎么回事？""圣人包容万事万物，众人则靠争辩事物来互相夸耀。所以说，争辩的人总有未见之处。"大道不需说明，大辩不需言语，大仁不需偏爱，大廉不需谦让，大勇不需逞强。道，说得清楚就不是道；言，要靠争辩就有所不及；仁，有固定对象就不能周全；廉，自命清高就不近人情；勇，逞强斗狠就不能成功。这五者全都把握住，就差不多走上正确的路了。所以，一个人知道在自己所不知的地方停下来，他的知识就达到顶点了。谁能知道不需言语的辩论，不需说明的道呢？如果有人能够知道，这就叫做"天府"——自然的宝库。无论注入多少水都不会满溢，无论倒出多少水都不会枯竭，但又不知这种能力是怎么来的。这就叫做"葆光"——含藏光明。

[解读]

① 圣人的作为（如存而不论、论而不议、议而不辩）是众人的表率。

② 关于"道、辩、仁、廉、勇"五者，可以这么说："道"属于根本智慧，"辩"是以言词表述思想，"仁"是与人相处的原则，"廉"可以克服物欲，"勇"足以显示魄力。这一类说法并非完备而固定的教条。"嗛"为谦，为谦让，"忮"为狠，为逞强，"方"为道，为正确的路，"葆"为宝，为含藏。

③ "天府"有如无涯的大海，可以包容一切。"葆光"则内敛其明，而事实上是光的总源，一旦放射出来，可以普照万方。

[2.11]

　　故昔者尧问于舜曰：“我欲伐宗、脍（kuài）、胥（xū）敖，南面而不释然。其故何也？”舜曰：“夫三子者，犹存乎蓬艾之间。若不释然，何哉？昔者十日并出，万物皆照，而况德之进乎日者乎！”

[白话]

　　从前，尧问舜说：“我想讨伐宗、脍、胥敖三国，每当上朝时总是耿耿于怀，这是什么缘故呢？”舜说：“这三个小国的君主，就好像生存在蓬蒿艾草之中，你又何必放在心上呢？以前十个太阳一起出现，万物都获得照耀，何况是德行比太阳更伟大的您呢！”

[解读]

① 尧为君，舜为臣，两人都是后代称颂的圣王；但在庄子笔下，依然会有凡人的言行表现。在此，舜的见识显然较为卓越。
② 十日并出，万物皆照：这表示尧的德行应该可以包容异己。

[2.12]

　　啮（niè）缺问乎王倪（ní）曰：“子知物之所同，是乎？”曰：“吾恶乎知之？”“子知子之所不知邪？”曰：“吾恶乎知之？”“然则物无知邪？”曰：“吾恶乎知之？虽然，尝试言之：庸讵知吾所谓知之非不知邪？庸讵知吾所谓不知之非知邪？且吾尝试问乎女：民湿寝则腰疾偏死，鳅（qiū）然乎哉？木处则惴（zhuì）栗恂（xún）惧，猨（yuán）猴然乎哉？三者孰知正处？民食刍豢（huàn），麋鹿食荐，蝍（jié）且（jū）甘带，鸱（chī）鸦耆（shì）鼠，四者孰知正味？猨猵（biàn）狙以为雌，麋与鹿交，与鱼游。毛嫱

（qiáng）、丽姬人之所美也，鱼见之深入，鸟见之高飞，麋鹿见之决骤，四者孰知天下之正色哉？自我观之，仁义之端，是非之涂，樊然殽（yáo）乱，吾恶能知其辩！"啮缺曰："子不知利害，则至人固不知利害乎？"王倪曰："至人神矣！大泽焚而不能热，河汉沍（hù）而不能寒，疾雷破山风振海而不能惊。若然者，乘云气，骑日月，而游乎四海之外，死生无变于己，而况利害之端乎！"

[白话]

啮缺问王倪说："先生知道万物相同之理，真是如此吗？"王倪说："我怎么会知道呢？"啮缺又问："先生知道自己不知道吗？"王倪说："我怎么会知道呢？"啮缺再问："那么万物都是无知的吗？"王倪说："我怎么会知道呢？虽然这样，我试着说说其中的道理。怎么知道我所说的知道不是不知道呢？怎么知道我所说的不知道不是知道呢？且让我来问你：人睡在潮湿的地方，就会罹患腰痛，甚至半身不遂，泥鳅也会这样吗？人住到树上，就会担心害怕，猿猴也会这样吗？这三者，谁知道真正舒服的住处是哪里？人吃肉类，麋鹿吃青草，蜈蚣喜欢吃小蛇，猫头鹰与乌鸦喜欢吃老鼠；这四者，谁知道真正可口的味道是什么？猵狙与雌猿交配，麋与鹿做伴，泥鳅与鱼共游。毛嫱、丽姬是众人欣赏的美女，但是鱼见了她们就潜入水底，鸟见了她们就飞向高空，麋鹿见了她们就迅速逃跑；这四者，谁知道天下真正悦目的美色是什么？在我看来，仁义的头绪、是非的途径，都是纷杂错乱，我怎么能知道其中的分辨呢？"啮缺继续问说："先生不知道利害的分辨，难道至人也不知道利害的分辨吗？"王倪说："至人神妙极了！山林焚烧，不能使他燠热；江河结冻，不能使他寒冷；迅雷劈裂高山，狂风掀动大海，不能使他惊恐。这样的至人，乘着云气、骑着日月，遨游于四海之外。连死生都不能影响他，何况是利害的头绪呢？"

① 依《天地》所载，许由的老师是啮缺，啮缺的老师是王倪。啮缺因为"不知道"而问，王倪则因为知道太多而"不知道"什么是"正处、正味、正色"。他抛开人类中心主义，从各种动物本身的角度去设想，所以能够超越分辨，知道"万物相同"之理。[7.1]所谓的"四问四不知"即在于此。

② 毛嫱，越王宠姬；丽姬，晋献公夫人。两人皆为古代美女。

③ "至人"的能耐，与《逍遥游》所描述的"神人"类似，都是由"重内轻外"（所以不辨利害）到有内无外（所以不会冷热或惊恐），再到冥合万物，可以逍遥而游。

[2.13]

瞿鹊子问乎长梧子曰："吾闻诸夫子：'圣人不从事于务，不就利，不违害，不喜求，不缘道，无谓有谓，有谓无谓，而游乎尘垢之外。'夫子以为孟浪之言，而我以为妙道之行也。吾子以为奚若？"

[白话]

瞿鹊子问长梧子说："我听孔子谈过：'圣人不做勉强的事，不贪图利益，不躲避祸害，不喜欢妄求，不排斥常道。无言如同有言，有言如同无言。进而遨游于尘俗世界之外。'孔子认为这些都是空泛的无稽之谈，而我却认为这是领悟了道的精妙才有的表现。您认为如何？"

[解读]

① 瞿鹊子与长梧子是假托之名。在此，瞿鹊子还扮演孔子学生的

角色。在庄子笔下，孔子的思想并无优势。由下一章可知，在此"夫子"是指孔子（名丘，字仲尼）。

② "圣人"也可以"游"，与前述至人、神人属于同一位阶。

[2.14]

长梧子曰："是黄帝之所听荧（yíng）也，而丘也何足以知之！且女（rǔ）亦大早计，见卵而求时夜，见弹而求鸮（xiāo）炙。予尝为女妄言之，女以妄听之，奚？旁日月，挟宇宙，为其吻合，置其滑（gǔ）涽（hūn），以隶相尊？众人役役，圣人愚芚（chūn），参万岁而一成纯。万物尽然，而以是相蕴。予恶乎知说（yuè）生之非惑邪！予恶乎知恶死之非弱丧而不知归者邪！丽之姬，艾封人之子也。晋国之始得之也，涕泣沾襟。及其至于王所，与王同筐床，食刍豢，而后悔其泣也。予恶乎知夫死者不悔其始之蕲（qí）生乎？梦饮酒者，旦而哭泣；梦哭泣者，旦而田猎。方其梦也，不知其梦也。梦之中又占其梦焉，觉而后知其梦也。且有大觉而后知此其大梦也，而愚者自以为觉，窃窃然知之。君乎，牧乎，固哉！丘也与女皆梦也，予谓女梦亦梦也。是其言也，其名为吊诡。万世之后而一遇大圣知其解者，是旦暮遇之也。"

[白话]

长梧子说："这番话连黄帝都会感到困惑，孔子又怎能明白呢！你也未免操之过急，才看到鸡蛋就想要有报晓的公鸡，才看到弹弓就想要有烤熟的鸟肉。现在我为你姑且说一说，你也姑且听一听，如何？圣人能够依傍日月，怀抱宇宙，与万物密切相合，排除是非纷乱，化解尊卑差异。众人劳劳碌碌，圣人昏昏沉沉，糅合古今无数变化而成为精纯的一体；万物皆是如此，都可以聚集在此。

我怎么知道贪生不是迷惑呢？我怎么知道怕死不是像幼年流落在外而不知返乡那样呢？丽姬是艾地边疆官的女儿。晋国刚迎娶她的时候，她哭得眼泪沾湿衣襟；等她进了王宫，与晋王同睡在舒适的大床上，同吃着美味的大餐，这才后悔当初不该哭泣。我怎么知道死去的人不后悔自己当初努力求生呢？一个人，晚上梦见饮酒作乐，早上起来却悲伤哭泣；晚上梦见悲伤哭泣，早上起来却打猎作乐。人在梦中，不知道自己在做梦。在梦中还要问梦的吉凶如何，醒来后才知道是在做梦。要有大清醒，然后才知道这是一场大梦。但是愚人自以为清醒，好像自己什么都知道。整天君啊，臣啊，真是浅陋极了！孔子与你，都是在做梦；我说你在做梦，这也是在做梦。这些荒诞怪异的话，就称为'吊诡'。如果在万世之后才遇到一位大圣人能明白这个道理，也就好像眼前立刻就会遇到一样啊！"

[解读]

① 悦生恶死，是指人之常情；但是"生"真的比"死"快乐吗？庄子只是提出疑问，不去论断。事实上，生与死是自然的变化，我们不必加入太多意念与情绪，否则将会自寻烦恼。

② 人生是不是一场梦？如果是，那么活着的时候如何可能清醒过来？描述这种状况的言论，称为"吊诡"，不仅荒诞怪异，而且似是而非，又似非而是。

③ "万世之后"与"旦暮"对照，既可表示不受限于古今之别，也可表示于古于今都不易遇到这样的大圣人。

[2.15]

"既使我与若辩矣，若胜我，我不若胜，若果是也？我果非也邪（yé）？我胜若，若不吾胜，我果是也？而果非也邪？其或是也，其或非也邪？其俱是也，其俱非也邪？我与若不能相知也。则人固受其黮（dǎn）暗（àn），吾谁使正之？使同乎若者正之，既与若同矣，恶能正之？使同乎我者正之，既同乎我矣，恶能正之？使异乎我与若者正之，既异乎我与若矣，恶能正之？使同乎我与若者正之，既同乎我与若矣，恶能正之？然则我与若与人俱不能相知也，而待彼也邪？化声之相待，若其不相待，和之以天倪，因之以曼衍，所以穷年也。何谓和之以天倪？曰：是不是，然不然。是若果是也，则是之异乎不是也亦无辩；然若果然也，则然之异乎不然也亦无辩。忘年忘义，振于无竟，故寓诸无竟。"

[白话]

"假设我同你辩论，你胜过我，我没法胜过你，那么你真的对吗？我真的错吗？我胜过你，你没法胜过我，那么我真的对吗？你真的错吗？是一人对，一人错吗？还是两人都对，或者两人都错呢？我与你是不能互相了解了。人都被偏见所遮蔽，那么我要请谁来裁判呢？请与你意见相同的人来裁判，既然与你意见相同，怎么能够裁判？请与我意见相同的人来裁判，既然与我意见相同，怎么能够裁判？请与你我的意见都不同的人来裁判，既然与你我的意见都不同，怎么能够裁判？请与你我的意见都相同的人来裁判，既然与你我的意见都相同，怎么能够裁判？如此看来，我与你、与别人也都不能互相了解了，那么还要期待谁呢？辩论是非的声音是互相对立才形成的，要想化解这样的对立，就要以'天倪'——自然的分际——来调和，顺应无穷的变化，然后可以安享天年。以自然的分际来调和，是怎么回事？就是：是与不是一样，对与不对一样。是如果真的是，那么是与不是的差别就不需争辩了；对如果真的对，那么对与不对的差别也不需争辩了。忘掉生死，忘掉是非，让一切都止息于无穷，也长处于无穷。"

　　　　　　　　　　　　　　　　　　　傅佩荣解读《庄子》（修订版）

① 有关二人辩论与谁来裁判，这一段说法使人哑口无言。但是果真如此，人可能会忘记说话的功能。庄子似乎刻意忽略人的各种社会活动，而强调个体的独立性。个体若不独立，怎能领悟"天倪"？又怎能"寓诸无竟"？

［2.16］

　　罔两问景（yǐng）曰："曩（nǎng）子行，今子止；曩子坐，今子起；何其无特操与？"景曰："吾有待而然者邪？吾所待又有待而然者邪？吾待蛇蚹（fù）蜩（tiáo）翼邪？恶识所以然？恶（wū）识所以不然？"

［白话］

　　影子旁边的阴影，问影子说："刚才你走动，现在你停止；刚才你坐着，现在你站着；怎么这么没有独立自主的个性呢？"影子说："我有所等待，才会这样的吗？我所等待的又有所等待，才会这样的吗？我的等待，就像蛇靠腹下鳞皮爬行与蝉靠双翼起飞一样吗？我怎么知道何以如此？怎么知道何以不如此？"

［解读］

① 影子不能脱离形体，形体又靠其他力量维持生存。依此类推，可以设想"人"是影子，那么他所依附的形体是什么？然后，这个形体还可以被设想为影子（这时人就变成"罔两"了），继续思索下去（可参考［27.5］的"众罔两问于景"）。

[2.17]

　　昔者庄周梦为胡蝶，栩（xǔ）栩然胡蝶也。自喻适志与（yú）！不知周也。俄然觉，则蘧（qú）蘧然周也。不知周之梦为胡蝶与？胡蝶之梦为周与？周与胡蝶则必有分矣。此之谓物化。

[白话]

　　从前庄周梦见自己变成蝴蝶，真是一只自在飞舞的蝴蝶，十分开心得意！不知道还有庄周的存在。忽然醒过来，发现自己就是一个僵卧不动的庄周。不知道是庄周梦见自己变成蝴蝶呢？还是蝴蝶梦见自己变成庄周呢？庄周与蝴蝶一定各有自然之分。这种梦境所代表的，就称为物我同化。

[解读]

① "庄周梦蝶" 是千古传颂的典故。庄周梦蝶，当然是庄周的快乐；若是蝶梦庄周，固然是蝶的不幸，但是梦总会醒，所以也不必担心。

② "物化" 是指物我同化为一，亦即明白死生变化之理，而不再有任何执著。本篇以 "物化" 收场，呼应了 "齐物" 之旨。

③ "周与胡蝶则必有分矣" 一语最为关键，这表示人与万物依然有别。万物之中唯有人 "可能悟道"，这也是人成为 "大" 的契机。若不是为了提醒人们这种 "成为大的可能性"，庄子何必费心写作？

养生主　第三

要旨：养生的原理是什么？以"庖丁解牛"为例，人在世
间行走，犹如以利刃解牛，要做到依乎"天理"（自
然的条理）与因其"固然"（本来的结构），然后才
可以游刃有余，令这把刀用了十九年而毫无损伤。
因此，培养自己具备透视整体的眼光，再以"安时
而处顺"的心态去面对挑战，就可以安其天年。

[3.1]

吾生也有涯，而知也无涯。以有涯随无涯，殆已。已而为知
者，殆而已矣。为善无近名，为恶无近刑。缘督以为经，可以保
身，可以全生，可以养亲，可以尽年。

[白话]

我的生命是有限的，而知识却是无限的，以有限去追随无
限，一定疲累得很。既然如此，还要汲汲于求知，那就只能疲惫
不堪了。善于养生的，不会赢得长寿的虚名；不善于养生的，也
不会走到伤残的地步。顺着虚静的自然之理，以此为原则，将可
以保护身体，可以保全天性，可以培养活力，可以安享天年。

① 求知如果变成欲望，就会扭曲生命的正常发展。

② "为善"与"为恶"在此是针对养生而言。若是按照一般说法，则庄子岂有教人为恶之理？缘督以为经：顺中（虚静的自然之理）以为常（原则）。

[3.2]

庖（páo）丁为文惠君解牛，手之所触，肩之所倚，足之所履，膝之所踦（yǐ），砉（huā）然向然，奏刀騞（huō）然，莫不中音，合于《桑林》之舞，乃中《经首》之会。文惠君曰："嘻（xī），善哉！技盖（hé）至此乎？"

[白话]

有一名厨师，替文惠君肢解牛。他手所接触的，肩所依靠的，脚所踩踏的，膝所抵住的，无不砉砉作响；刀插进去，则霍霍有声，无不切中音律；既配合《桑林》舞曲，又吻合《经首》乐章。文惠君说："啊！好极了！技术怎能达到这样的地步呢？"

[解读]

① 庖丁与文惠君都是假托人物，不必在史实中寻找。

② 《桑林》，因商汤祷于桑林而有《桑林》之舞乐。《经首》，尧时作《咸池》乐章，《经首》为其名。《经首》之会：会为节奏。盖：盍，何。

[3.3]

　　庖丁释刀对曰："臣之所好者道也，进乎技矣。始臣之解牛
之时，所见无非牛者；三年之后，未尝见全牛也；方今之时，臣
以神遇而不以目视，官知止而神欲行。依乎天理，批大郤（xì），
导大窾（kuǎn），因其固然。技经肯綮（qìng）之未尝，而况大軱
（gū）乎！良庖岁更刀，割也；族庖月更刀，折也。今臣之刀十九
年矣，所解数千牛矣，而刀刃若新发于硎（xíng）。彼节者有间
而刀刃者无厚，以无厚入有间，恢恢乎其于游刃必有余地矣。是
以十九年而刀刃若新发于硎。虽然，每至于族，吾见其难为，怵
（chù）然为戒，视为止，行为迟，动刀甚微，謋（huò）然已解，
如土委地。提刀而立，为之四顾，为之踌躇满志，善刀而藏之。"
文惠君曰："善哉！吾闻庖丁之言，得养生焉。"

[白话]

　　这名厨师放下刀，回答说："我所爱好的是道，已经超过技
术层次了。我最初肢解牛时，所见到的都是一整只牛；三年之
后，就不曾见到完整的牛了；以现在的情况而言，我是以心神
去接触牛，而不是用眼睛去看牛，感官作用停止而心神充分运
作。依照牛自然的生理结构，劈开筋肉的间隙，导向骨节的空
隙，顺着牛本来的构造下刀。连经脉相连、骨肉相接的地方都
没有碰到，何况是大骨头呢！好厨师每年换一把刀，因为是用
刀割肉；普通的厨师每月换一把刀，因为是用刀砍骨头。如今
我这把刀已经用了十九年，肢解过数千头牛，而刀刃还像刚从
磨刀石上磨过一样。牛的骨节之间有空隙，而我的刀刃薄得没
有什么厚度；以没有厚度的刀刃切入有空隙的骨节，自然宽绰
而有活动的余地了。所以用了十九年，刀刃还像新磨过的一样。
虽然如此，每当遇到筋骨交错的部分，我知道不好处理，都会

特别小心谨慎，目光集中，举止缓慢，然后稍一动刀，牛的肢体就分裂开来，像泥土一样散落地上。我提刀站立，环顾四周，意态从容而志得意满，然后把刀擦干净收藏起来。"文惠君说："好啊！我听了厨师这一番话，懂得养生的道理了。"

[解读]

① "天理"这个重要的学术名词，最早就出现在"庖丁解牛"的寓言中。原意是指一物（牛）的自然结构。"以神遇而不以目视"，才可把握天理。说得落实些，就是把握同一物类的共同要素，或者从感官所得的具象中抽出普遍的本质。后代使用"天理"一词，显然已非此意。

② 庖丁的游刃有余与踌躇满志提醒我们：任何一种技术的从业人员都有可能提升到类似的"道"的层面。至于其中的养生之理，则人人皆可体会。

[3.4]

公文轩见右师而惊曰："是何人也？恶（wū）乎介也？天与，其人与？"曰："天也，非人也。天之生是使独也，人之貌有与也。以是知其天也，非人也。"泽雉十步一啄，百步一饮，不蕲畜乎樊中。神虽王，不善也。

[白话]

公文轩看到右师，惊讶地说："这是什么人？为什么只有一只脚？这是自然的，还是人为的？"接着又说："这是自然的，不是人为的。自然将他生成一只脚，而人的身体应该有两只脚。所以知道这是自然的，不是人为的。"水泽区的野鸡，走十步才能啄到一口食物，走百步才能喝到一口水，可是它们不希望被养在笼子里。养在笼子里的野鸡，神态虽然旺盛，但并不愉快。

[解读]

① "右师"原是古代官名。"介"是一足，通常是受刑的结果。不过，一足既然成为事实，只要接受而不介意，也就与自然的无异了。有与：二足。

② 泽雉的比喻很清楚，但是人要效法并不容易。神虽王，不善也：王为旺，善为愉快。

[3.5]

老聃（dān）死，秦失吊之，三号（háo）而出。弟子曰："非夫子之友邪？"曰："然。""然则吊焉若此，可乎？"曰："然。始也吾以为其人也，而今非也。向吾入而吊焉，有老者哭之，如哭其子；少者哭之，如哭其母。彼其所以会之，必有不蕲（qí）言而言，不蕲哭而哭者。是遁天倍情，忘其所受，古者谓之遁天之刑。适来，夫子时也；适去，夫子顺也。安时而处顺，哀乐不能入也，古者谓是帝之县（xuán）解。"指穷于为薪，火传也，不知其尽也。

[白话]

老聃死了，秦失去吊唁，哭了几声就出来。老聃的弟子说："你不是我们老师的朋友吗？"秦失说："是啊！"弟子又说："就这样吊唁他，可以吗？"秦失说："可以的。原来我以为他是至人，现在知道不是。刚才我进去吊祭，有老年人在哭，好像哭自己的孩子一样；有年轻人在哭，好像哭自己的母亲一样。这些人的感触会这么深，一定是老聃使他们情不自禁地称颂，情不自禁地痛哭啊。这样做是在逃避自然、违背真实，忘记了人所禀受的是什么。古人称此为：逃避自然所带来的惩罚。你的老师偶然来到世间，是应时而生；又偶然离开世间，是顺命而死。安于时机并且顺应变化，哀乐之情就不能进入心中。古人称此为：解除了自然的倒悬。"用油脂当薪火，油脂烧完了，火却可以传下去，不知它何时穷尽。

[解读]

① 老聃，亦即老子，生平难考。其思想见 [33.7]。

② 秦失表面上批评老聃，说他不能算是至人；其实是借题发挥，劝人避开"遁天之刑"，以求抵达"帝之县解"："县"通"悬"。"帝之县"为自然的倒悬。

③ "薪尽火传"之喻中，"指"借为脂，"薪"是指人的形体，"火"是指人的心神所领悟的智慧。这才符合"养生"的真正意旨。

人间世　第四

要旨：人间多患难，而化解之道在于改变国君的心态。如
　　　何改变呢？任何方法都有所不足，唯有靠学习者修
　　　养自己，抵达虚而待物的"心斋"之境。具体表
　　　现是"知其不可奈何而安之若命"。在人间，不能
　　　不分辨有用与无用，但结果却是：有用往往自陷困
　　　境，而无用却能长保平安。

[4.1]

　　颜回见仲尼，请行。曰："奚之？"曰："将之卫。"曰："奚
为（wèi）焉？"曰："回闻卫君，其年壮，其行独。轻用其国，
而不见其过。轻用民死，死者以国量（liàng）乎泽若蕉，民其无
如矣。回尝闻之夫子曰：'治国去之，乱国就之，医门多疾。'愿
以所闻思其则，庶几其国有瘳（chōu）乎！"

[白话]

　　颜回拜见孔子，向他辞行。孔子问他："要去哪里？"颜回说：
"准备去卫国。"孔子又问："去做什么？"颜回说："我听说卫国
的国君正当壮年，行事独断。治理国家十分轻率，却不知道自己

的过错。轻易就让百姓送死，为国事而死的人满山遍野有如乱麻，人民都走投无路了。我曾听老师说过：'治理好的国家可以离开，混乱中的国家可以前往，医生门前才会有很多病人。'我希望能以自己所学，想出治国办法，这样卫国或许还有救吧！"

[解读]

① 孔子是师，颜回是徒。这两位儒家师生在庄子笔下另有一番面目，对话及情节当然也是虚构的。此处所说的卫君，应指卫出公。量乎泽："量"为满。无如："如"为往。

② 孔子说过"危邦不入，乱邦不居"（《论语·泰伯》），与庄子所述相反。不过，"医门多疾"才是重点，病人需要医生，医生也不能没有病人。

[4.2]

仲尼曰："嘻，若殆往而刑耳！夫道不欲杂，杂则多，多则扰，扰则忧，忧而不救。古之至人，先存诸己，而后存诸人。所存于己者未定，何暇至于暴（pù）人之所行！且若亦知夫德之所荡而知之所为出乎哉？德荡乎名，知出乎争。名也者，相轧（yà）也；知也者，争之器也。二者凶器，非所以尽行也。且德厚信矼（qiāng），未达人气；名闻不争，未达人心。而强以仁义绳墨之言术暴人之前者，是以人恶有其美也，命之曰菑（zāi）人。菑人者，人必反菑之。若殆为人菑夫。且苟为悦贤而恶（wù）不肖，恶（wū）用而求有以异？若唯无诏，王公必将乘人而斗其捷。而目将荧之，而色将平之，口将营之，容将形之，心且成之。是以火救火，以水救水，名之曰益多。顺始无穷，若殆以不信厚言，必死于暴人之前矣！"

孔子说:"唉! 你去了恐怕会受到刑罚。道是不宜杂乱的,杂乱就会多事,多事就会烦扰,烦扰就会引起祸患,引起祸患就无法救治了。古代的至人,先求端正自己,再去端正别人。自己还没有站稳,哪有时间去揭露暴君的作为! 再说,你也知道德行败坏、智巧外露的原因吧? 德行败坏是因为好名,智巧外露是因为好争。好名,就会互相倾轧;智巧,则是争斗的工具。这两者都是凶器,不可推行于世。再说,一个人德行深厚、诚恳老实,却尚未得到别人的认同;不务虚名、与世无争,却尚未得到别人的了解;这时如果坚持在暴君面前畅谈仁义规范这一套言论,那就等于用别人的缺点来彰显自己的优点。这样就叫做害人。害人者,别人一定反过来害他,你恐怕会被别人所害啊。再说,卫君如果喜爱贤能而厌恶不肖之徒,又何必等你去提出不同看法呢? 你除非不发一语,否则一开口劝谏,卫君必定抓住你说话的漏洞,展开他的辩才。那时,你的目光转为迷惑,脸色变得和缓,说话瞻前顾后,容貌显得恭顺,内心也准备迁就他了。这样一来,就像用火救火,用水救水,可以叫做越帮越忙。你开始时顺着他,以后就永远如此了。你如果尚未取得信任就直言不讳,一定会惨死在暴君面前啊! "

[解读]

① 战国时代君权独大,国君一念之间就可以决定臣民的生死。孔子提醒颜回不要轻易冒险,所考虑的包括:道;德与智;君臣互信;卫君性格等。从原则谈到个案,下一节还有举例证明,合而观之,正是一篇示范论述。

② 孔子虚拟君臣对话的一段,生动如在现场观察。身为臣下者,不"益多"者几希!

[4.3]

"且昔者桀（jié）杀关龙逢，纣杀王子比干，是皆修其身以下伛（yǔ）拊（fǔ）人之民，以下拂其上者也，故其君因其修以挤之。是好名者也。且昔者尧攻丛、枝、胥敖，禹攻有扈。国为虚厉，身为刑戮。其用兵不止，其求实无已。是皆求名实者也，而独不闻之乎？名实者，圣人之所不能胜也，而况若乎？虽然，若必有以也，尝以语我来。"

[白话]

"再说，以前夏桀杀了关龙逢，商纣杀了王子比干。这二人勤于修身，爱护百姓，但由于居下位而拂逆上位，所以君主就利用他们的修养来加害他们。这是好名的结果。再说，以前尧攻打丛、枝、胥敖，禹攻打有扈，使这些国家变为废墟、百姓灭绝，国君也被杀害，这是因为他们不断用兵，贪得无厌。这些都是求名好利的结果。你难道没有听说过，名与利，连圣人都无法超越，何况是你呢？虽然如此，你一定有你的想法，不妨说来听听。"

[解读]

① 关龙逢与比干被杀害，是因为"好名"；四国被灭，则是因为"求实"。名利再怎么可贵，也比不上生命。庄子认为名利是社会群体所制造的，会妨碍个体自我的心灵修养。如果为名利而牺牲，当然是本末倒置。

② "丛、枝、胥敖"，在《齐物论》中作"宗、脍、胥敖"。这可能是形误（"枝"原是"快"）以及音近（"快"与"脍"，"丛"与"宗"）。《庄子》书中这一类情形不少。

③ 圣人不能胜过名实的诱惑吗？庄子借孔子之口说不能，所以未必构成"圣人"概念的混淆。不过，"圣人"这个概念在本书中，

确有多种含义。

[4.4]

颜回曰："端而虚，勉而一，则可乎？"曰："恶！恶可！夫以阳为充孔扬，采色不定，常人之所不违，因案人之所感，以求容与其心。名之曰日渐之德不成，而况大德乎！将执而不化，外合而内不訾（zǐ），其庸讵可乎？"

"然则我内直而外曲，成而上比。内直者，与天为徒。与天为徒者，知天子之与己皆天之所子，而独以己言蕲乎而人善之，蕲乎而人不善之邪？若然者，人谓之童子，是之谓与天为徒。外曲者，与人之为徒也。擎（qíng）跽（jì）曲拳，人臣之礼也。人皆为之，吾敢不为邪？为人之所为者，人亦无疵（cī）焉，是之谓与人为徒。成而上比者，与古为徒。其言虽教谪（zhé）之实也，古之有也，非吾有也。若然者，虽直而不病，是之谓与古为徒。若是则可乎？"仲尼曰："恶！恶可！太多政，法而不谍。虽固，亦无罪。虽然，止是耳矣，夫胡可以及化！犹师心者也。"

[白话]

颜回说："我外表端庄而内心谦虚，努力行事而意志专一，这样可以吗？"孔子说："不，怎么可以呢！卫君刚猛之气流露于外，性情浮夸又喜怒无常，一般人都不敢违逆他。他也借此压抑别人的规劝，只求自己称心快意。这种人，即使每天用小德去感化他，都不能成功，何况立刻搬出大德呢！他将固执己见而不肯改变，表面同意而内心另有盘算。你的想法怎么行得通呢？"颜回又说："既然如此，那么我就保持内直而外曲，并且处处引用古人之言。所谓内直，是向自然看齐。向自然看齐的人，知道天子与自己都是自然所生的，那么自己说的话还要在乎别人喜欢或不喜欢吗？像这样做，人们会说我是天真的儿童，这叫做向自然看齐。所谓外曲，是向人们看齐。参见君王时，拱手、跪拜、鞠躬、屈膝，是做臣子的礼节。别人都这么做，我敢不这么做吗？做别人都做的事，别人也没有什么挑剔，这叫做向人们看齐。至于处处引用古人之言，是向古人看齐。这些言词虽然有教导督责的内容，不过都是古人说的，并非我想出来的。像这样，即使直言劝谏也不会被诟病。这叫做向古人看齐。这样做可以吗？"孔子说："不，怎么可以呢！你用的方法太多，并且方法正确而关系不够亲密。虽然过于拘泥，不过还可以免罪。虽然如此，也只能做到这个地步了，怎么谈得上感化君主呢！你还是执著于自己的成见啊。"

[解读]

① 颜回的三法是：与天为徒，与人为徒，与古为徒。三者配合使用，行走世间足以保身。不过，若想成功劝谏君主，则尚无把握，因为毕竟那是有所求也有所待的事。

[4.5]

颜回曰："吾无以进矣，敢问其方。"仲尼曰："斋，吾将语（yù）若。有而为之，其易邪？易之者，皥（hào）天不宜。"颜回曰："回之家贫，唯不饮酒不茹荤者数月矣。如此则可以为斋乎？"曰："是祭祀之斋，非心斋也。"

回曰："敢问心斋。"仲尼曰："若一志，无听之以耳而听之以心；无听之以心而听之以气。耳止于听，心止于符。气也者，虚而待物者也。唯道集虚。虚者，心斋也。"颜回曰："回之未始得使，实自回也；得使之也，未始有回也，可谓虚乎？"夫子曰：

傅佩荣解读《庄子》（修订版）

"尽矣！吾语（yù）若：若能入游其樊而无感其名，入则鸣，不入则止。无门无毒，一宅而寓于不得已，则几矣。"

[白话]

　　颜回说："我没有更好的想法了，请问该怎么办呢？"孔子说："你先斋戒，我再告诉你。有所用心去做事，难道容易成功吗？这么容易就成功，就不合乎自然之理了。"颜回说："我家境贫寒，已经几个月不喝酒、不吃荤了。这样可以算是斋戒吗？"孔子说："这是祭祀方面的斋戒，不是心的斋戒。"颜回说："请问什么是心的斋戒？"孔子说："你心志专一，不要用耳去听，要用心去听；不要用心去听，要用气去听。耳只能听见声音，心只能了解现象。至于气，则是空虚而准备响应万物的。只有在空虚状态中，道才会展现出来。空虚状态，就是心的斋戒。"颜回说："我在不懂这个道理以前，肯定自己真的存在；懂得这个道理之后，发现自己未曾存在。这样可以说是空虚状态吗？"孔子说："非常透彻了。我告诉你，你可以进入世间的樊笼游玩，不再为虚名所动；意见能被接纳，你就发言；意见不被接纳，你就缄默。没有执著也没有成见，一颗心就寄托在'不得已'上，这样就差不多了。"

[解读]

① "心斋"与"听"有关，因为人的知识来源主要是听闻。但是，以耳、以心、以气这三个阶段，又表示那不是一般的听闻与理解，而是要以"虚"来超越之。"虚"到觉悟"未始有回"，就是忘我，才算达成了目的。"听之以气"一语可用来理解"天籁"（见［2.2］）。无门无毒：没有特定的门户与房间，亦即没有执著与成见。"毒"借为"窦"，为孔，有如房间。

② "不得已"是庄子常用之语，表示在客观条件成熟时，不得不

如此。这是顺应自然之意。在主观方面，不但要去除成见，也须培养把握"不得已"的智慧。"不得已"并非一般所说的不情愿或勉强。

[4.6]

"绝迹易，无行地难。为人使易以伪，为天使难以伪。闻以有翼飞者矣，未闻以无翼飞者也；闻以有知知者矣，未闻以无知知者也。瞻彼阒（què）者，虚室生白，吉祥止止。夫且不止，是之谓坐驰。夫徇（xùn）耳目内通而外于心知，鬼神将来舍，而况人乎！是万物之化也，禹、舜之所纽也，伏戏、几蘧（qú）之所行终，而况散焉者乎！"

[白话]

"要消除走过的足迹很容易，要走路而不留足迹则很困难。要遵行世人的吩咐，很容易做到；要依循自然的安排，就很难做到了。只听说有翅膀才能飞，没听说无翅膀也能飞的；只听说有知识才能领悟，没听说无知识也能领悟的。你看看眼前的空间，空虚的房间才会展现出光明，吉祥也将聚集于空虚之心。不仅吉祥聚集于此，还会进一步达到所谓的'坐驰'——身体坐着而心神四处遨游。只要使耳目感官向内沟通，把心思巧智排除在外，那么鬼神也会来依附，何况是人呢？这是顺应万物变化的法则，禹、舜治理天下之所本，伏羲、几蘧所奉行的也不过是如此，何况是一般人呢？"

[解读]

① 本文谈到有易有难，有闻有未闻，重点在于：难者与未闻者才是我们要体认的。

② "坐驰"有正反二解：身体坐着，心神是因自由而遨游，还是因追逐而奔驰？一乐一苦，孰是孰非？依其上下文看来，正面解法较宜。

③ 伏戏：伏羲，据传为制作八卦并推演出六十四卦的古代帝王。几蘧：可能是在未有文字之前的古代帝王。

[4.7]

叶公子高将使于齐，问于仲尼曰："王使诸梁也甚重。齐之待使者，盖将甚敬而不急。匹夫犹未可动也，而况诸侯乎！吾甚栗之。子常语诸梁也曰：'凡事若小若大，寡不道以欢成。事若不成，则必有人道之患；事若成，则必有阴阳之患。若成若不成而后无患者，唯有德者能之。'吾食也执粗而不臧（zāng），爨（cuàn）无欲清之人。今吾朝受命而夕饮冰，我其内热与！吾未至乎事之情，而既有阴阳之患矣。事若不成，必有人道之患，是两也。为人臣者不足以任之，子其有以语我来！"

[白话]

叶公子高将要出使齐国，他请教孔子说："楚王派我出使，任务十分重大。齐国对待使者，总是表面恭敬而办事拖延。要催促一个老百姓都不容易，何况是诸侯呢！我很惶恐。先生曾对我说过：'任何事不论大小，很少有不合正道而得到好结果的。事情如果没办成，一定有人事惩处的祸患；事情如果办成，一定有阴阳失调或忧劳成疾的祸患。不论事情办成或办不成都没有后患的，只有有德的人可以做到。'我平常饮食粗糙不求精美，家里连厨房的伙夫都不需寻求清凉。可是现在我早上接到出使的命令，晚上就要喝冰水解热，我真是忧心如焚啊！我尚未接触到真正的事务，就已经出现阴阳失调的祸患了。而事情如果没办成，一定还有人事惩处的祸患。这两者加起来，做臣子的实在承受不了。先生请来指点我吧！"

[解读]

① 叶公子高：楚国大夫，为叶县令，姓沈，名诸梁，字子高。人道之患与阴阳之患无法两免，形成两难的困境。

② 有德者并非儒家所谓"具有道德修养的人"。"德"与"得"通，有德者代表体道有得，并且能够自得的人。

[4.8]

仲尼曰："天下有大戒二：其一，命也；其一，义也。子之爱亲，命也，不可解于心；臣之事君，义也，无适而非君也，无所逃于天地之间。是之谓大戒。是以夫事其亲者，不择地而安之，孝之至也；夫事其君者，不择事而安之，忠之盛也。自事其心者，哀乐不易施乎前，知其不可奈何而安之若命，德之至也。为人臣子者，固有所不得已。行事之情而忘其身，何暇至于悦生而恶死！夫子其行可矣！丘请复以所闻：凡交近则必相靡以信，远则必忠之以言。言必或传之。夫传两喜两怒之言，天下之难者也。夫两喜必多溢美之言，两怒必多溢恶之言。凡溢之类妄，妄则其信之也莫，莫则传言者殃。故法言曰：'传其常情，无传其溢言，则几乎全。'"

[白话]

孔子说："天下有两大戒律：一是命，一是义。子女爱父母，这是自然之命，也是人心所不可解除的；臣子侍奉国君，这是人群之义，无论任何国家都不能没有国君，这在天地之间是无可逃避的。

这叫做大戒律。所以子女奉养父母时，无论任何处境都让他们觉得安适，这就是孝的极致。臣子侍奉国君时，无论任何事情都让他觉得妥当，这就是忠的典范。从事内心修养的人，不受哀乐情绪波动的影响，知道这些是无可奈何的，就坦然接受为自己的命运，这就是德的极致。做臣子与做子女的，本来就有其不得已之处。只要按实际状况去行事，忘记自身的利害，哪里还有空闲贪生怕死呢？你尽管去做就是了。我再把自己听到的告诉你：'两国交往时，邻近的一定要靠信用来维持关系，远隔的一定要靠言词来表现诚意。'言词必须有人去传达。传达双方喜怒的言词，是天下一大难事。双方欢喜时，必定多说美上加美的话；双方愤怒时，必定多说恶上加恶的话。但是多说的话总是近似虚构，虚构的话让人无法相信；一旦无法相信，传话的人就遭殃了。所以古代的格言说：'要传平实的话，不要传那些多余的话，大概就可以保全自己了。'"

[解读]

① 命是自然的戒律，有如天生注定如此。义是人群的规范，不如此便陷于混乱。前者要求"孝"，后者要求"忠"，庄子则以"德之至也"来消解压力，就是"知其不可奈何而安之若命"，这句话代表了庄子思想对人间世的态度。

② 有关溢美及溢恶之言的评论，今日读来仍有启发性。人在情绪波动时，还是慎言为妙。

[4.9]

"且以巧斗力者，始乎阳，常卒乎阴，大至则多奇巧；以礼饮酒者，始乎治，常卒乎乱，大至则多奇乐。凡事亦然，始乎谅，常卒乎鄙（bǐ）；其作始也简，其将毕也必巨。言者，风波也；

行者，实丧也。夫风波易以动，实丧易以危。故忿设无由，巧言偏辞。兽死不择音，气息茀（fú）然，于是并生厉心。克核大至，则必有不肖之心应之，而不知其然也。苟为不知其然也，孰知其所终！故法言曰：'无迁令，无劝成，过度益也。'迁令劝成殆事，美成在久，恶成不及改，可不慎与！且夫乘物以游心，托不得已以养中，至矣。何作为报也？莫若为致命，此其难者。"

[白话]

"再说，用智巧角力的人，开始时手段光明，最后常常使用阴谋，到了极点就诡计百出；按礼节喝酒的人，开始时中规中矩，最后常常言行失常，到了极点就放纵享乐。凡事都是如此，开始时像城镇，最后常常演变成旷野；事情开始时很简单，将要结束时变得庞大艰巨。言语即是风波，传达言语则有得失。风波容易产生动荡，得失容易带来危险。所以愤怒的发作没有别的原因，都是由于巧言狡辩。野兽将死时，尖声乱叫，怒气腾腾，同时生出害人的恶念。凡事逼迫太过分时，别人就会兴起反常的报复之心，而你自己还不知道怎么回事。如果连自己都不知道怎么回事，谁知道你将会遭到什么祸害！所以古代格言说：'不要改变君主的命令，不要强求任务之达成，过度的言词是多余的。'改变君命，勉强成事，都会有危险。做成好事要靠长期经营，做成坏事要改也来不及。岂可不谨慎呢！再说，顺着万物的自然状态，让心神自在遨游；把一切寄托于不得已，由此涵养内在自我；这就是自处的最高原则了。那么，要怎么做才对呢？最好是能够确实传达君命，这就是困难的地方。"

[解读]

① 这段话显示庄子深知"言语风波"的困扰。风波本身已经不易对付，它还会愈演愈烈，造成大患。

② 始乎谅，常卒乎鄙：专家认为，"谅"字应为"诸"，"诸"与"都"通，城镇也；"鄙"指乡野而言。

③ 上上之策还是游心与养中，能够如此，还有什么困难的事？

[4.10]

颜阖将傅卫灵公太子，而问于蘧（qú）伯玉曰："有人于此，其德天杀。与之为无方，则危吾国；与之为有方，则危吾身。其知适足以知人之过，而不知其所以过。若然者，吾奈之何？"蘧伯玉曰："善哉问乎！戒之，慎之，正女身哉！形莫若就，心莫若和。虽然，之二者有患。就不欲入，和不欲出。形就而入，且为颠为灭，为崩为蹶（jué）；心和而出，且为声为名，为妖为孽。彼且为婴儿，亦与之为婴儿；彼且为无町（tīng）畦（qí），亦与之为无町畦；彼且为无崖，亦与之为无崖；达之，入于无疵。

[白话]

鲁国人颜阖应聘为卫灵公太子的老师，他请教蘧伯玉说："现在有一个人，天性刻薄。如果顺着他去做坏事，就会危害到我的国家；如果劝说他去做好事，就会危害到我自己。他的智力只能知道别人的过错，而不知道别人为什么会有过错。像这样的人，我该怎么办？"蘧伯玉说："你问得很好！要小心，要谨慎，先端正你的言行啊！外表上不如迁就，内心里最好宽和。虽然这样，这两种态度还会有后遗症。所以迁就不要太过分，宽和不要太明显。如果外表上迁就得太过分，自己也会跟着丧失立场，并且崩溃失败；如果内心里宽和得太明显，自己也会跟着博取声名，并且招致祸害。他如果像个婴儿，你就伴同他像个婴儿；他如果像个无威仪的人，你就伴同他像个无威仪的人；他如果像个无拘无束的人，你就伴同他像个无拘无束的人。能做到这一步，就不会有毛病被责怪了。

[解读]

① 颜阖是鲁国贤人。卫灵公太子，应指蒯（kuǎi）聩（kuì）。蘧伯玉是卫国大夫。以真实人物为虚构对话的角色，也是庄子擅长的手法。

② 形就与心和，是处事方法；运用起来，还是要"顺而化之"。在乱世与困境中，能做到"无疵"，已经不容易了。

[4.11]

　　汝不知夫螳螂乎？怒其臂以当车辙，不知其不胜任也，是其才之美者也。戒之，慎之，积伐而美者以犯之，几矣。汝不知夫养虎者乎？不敢以生物与之，为其杀之之怒也；不敢以全物与之，为其决之之怒也。时其饥饱，达其怒心。虎之与人异类而媚养己者，顺也；故其杀者，逆也。夫爱马者，以筐盛矢，以蜄（zhèn）盛溺。适有蚊虻（méng）仆缘，而拊（fǔ）之不时，则缺衔毁首碎胸。意有所至而爱有所亡。可不慎邪！"

[白话]

　　你没见过那螳螂吗？它奋力举起手臂来抵挡车轮，不知道自己的力气无法胜任，还以为自己本领高强呢。要小心，要谨慎，你如果总是炫耀自己本领高强而去触犯他，那就危险了。你没见过那养虎的人吗？不敢拿活的动物给老虎，怕它杀生时会发怒；不敢拿完整的动物给它，怕它撕扯时会发怒。观察它饥饿的时刻，懂得它喜怒的心情。老虎与人不同类，却会取悦饲养它的人，这是因为能顺着它的性情；如果它伤害人，则是因为违逆了它的性情。爱马的人用竹筐装马粪，用大贝壳装马尿。碰到有蚊虻叮咬马身时，突然出手为它扑打，结果马受到惊吓，就会咬断勒口、挣脱笼头、毁坏胸带。他的本意是爱马，结果却适得其反，怎能不谨慎呢！"

[解读]

① 这里使用三个比喻，代表颜阖的是螳螂、养虎者、爱马者；而代表太子的是车轮、虎、马。前者扮演老师，后者扮演学生，这样的教育工作不但苦多乐少，并且希望渺茫。

[4.12]

匠石之齐，至乎曲辕，见栎（lì）社树。其大蔽数千牛，絜（xié）之百围，其高临山十仞而后有枝，其可以为舟者旁十数。观者如市，匠伯不顾，遂行不辍。弟子厌观之，走及匠石，曰："自吾执斧斤以随夫子，未尝见材如此其美也。先生不肯视，行不辍，何邪？"曰："已矣，勿言之矣！散木也。以为舟则沉，以为棺椁则速腐，以为器则速毁，以为门户则液樠（mán），以为柱则蠹（dù）。是不材之木也，无所可用，故能若是之寿。"匠石归，栎社见梦曰："女（rǔ）将恶（wū）乎比予哉？若将比予于文木邪？夫柤（zhā）梨橘柚果蓏（luǒ）之属，实熟则剥，剥则辱。大枝折，小枝泄。此以其能苦其生者也。故不终其天年而中道夭，自掊（pǒu）击于世俗者也。物莫不若是。且予求无所可用久矣，几死，乃今得之，为予大用。使予也而有用，且得有此大也邪？且也若与予也皆物也，奈何哉其相物也！而几死之散人，又恶知散木？"匠石觉而诊其梦。弟子曰："趣取无用，则为社何邪？"曰："密！若无言！彼亦直寄焉，以为不知己者诟（gòu）厉也。

不为社者，且几有翦乎？且也彼其所保与众异，而以义誉之，不亦远乎？"

[白话]

有一个名叫石的木匠，前往齐国，到了曲辕，看见一棵被奉为社神的栎树。这棵树的树荫可以遮蔽几千头牛，量一量树干有数百尺粗。树梢高达山头，树身数丈以上才分生枝干。枝干可以做成小船的就有十几根。观赏的人群挤得像市集一样，木匠却不瞧一眼，继续往前走。弟子仔细把这棵树看个够，然后赶上木匠说："自从我拿起斧头，随老师学艺以来，未曾见过木材有这么好的。老师不肯看一眼，继续往前走，为什么呢？"木匠说："算了，不要说它了！那是没有用的散木。用它做船会沉，做棺材很快就会腐烂，做器具很快就会毁坏，做门窗会流出汁液，做梁柱会生蛀虫。那是不成材的树木，没有一点用处，所以能够这么长寿。"木匠回家后，夜里梦见栎树说："你要拿我与什么相比呢？你要拿我与有用的文木相比吗？像山楂、梨、橘、柚之类的瓜果，果实熟了就会被摘下，摘下就会被扭折。大枝被折断，小枝被拉走。这就是因为有才能而让自己受苦，以致无法过完自然的寿命，在中途就夭折了，这是自己招引世俗的打击。万物无不如此。再说，我期许自己无用已经很久了，曾经几乎被砍伐。现在我能保全自己，这就是我的大用。如果我是有用之材，能长得这么大吗？并且你与我都是万物中的一物，何苦要互相对立竞争呢！你这个离死期不远的散人，又怎么知道散木是怎么回事呢？"木匠醒来，把梦告诉弟子。弟子说："它意在求得无用，为什么还要做社树呢？"木匠说："安静，别说了。它特别寄托于社神，就是要让不了解它的人去批评。如果不做社神，难道要被砍伐吗？如此，它用来自保的方法与众不同，你只从外表来度量，不是离题太远了吗？"

傅佩荣解读《庄子》（修订版）

[解读]

① 散木因为无用，所以存活千百年，那就是它的大用。旁十数：
   "旁"为方，为且。厌观之："厌"为饱。

② 物：凡存在的都是物，所以一律平等。相物：互相把对方看成
   物。如此将出现主客对立的问题；若以对方为物，就会视之为
   工具或手段，考虑其是否有用。相物则形成对立竞争的紧张
   关系。

③ 栎树扮演社神，可能被"不知己者"批评；它若不扮演社神，
   可能早就被人砍伐了。两相权衡，正确的选择很清楚。木匠的
   弟子确实应该缄默，以免成为那个"不知己者"。以义誉之：
   "义"借为仪，为外表。

[4.13]

　　南伯子綦游乎商之丘，见大木焉有异：结驷千乘（shèng），
隐将芘（bǐ）其所藾（lài）。子綦曰："此何木也哉！此必有异
材夫！"仰而视其细枝，则拳曲而不可以为栋梁；俯而视其大
根，则轴解而不可以为棺椁；咶（shì）其叶，则口烂而为伤；嗅
之，则使人狂酲（chéng）三日而不已。子綦曰："此果不材之木
也，以至于此其大也。嗟（jiē）乎神人，以此不材！"宋有荆氏
者，宜楸（qiū）柏桑。其拱把而上者，求狙猴之杙（yì）者斩之；
三围四围，求高名之丽者斩之；七围八围，贵人富商之家求樿
（shàn）傍（páng）者斩之。故未终其天年，而中道之夭于斧斤，
此材之患也。故解之以牛之白颡（sǎng）者，与豚之亢（gāng）
鼻者，与人有痔病者，不可以适河。此皆巫祝以知之矣，所以为
不祥也。此乃神人之所以为大祥也。

[白话]

南伯子綦到商丘去游玩，看见一棵大树与众不同。一千辆四马共拉的大车，都可以隐蔽在它的树荫下。子綦说："这是什么树啊？它一定有特别的材质吧！"抬头看它的树枝，则卷曲而不能用来做梁柱；低头看它的树干，则木心裂开而不能用来做棺材；舔舔它的叶子，嘴巴就溃烂受伤；闻闻它的气味，人就大醉三天还醒不过来。子綦说："这真是不成材的树，所以才能长得这么高大。唉，神人就是要用这种不成材之物啊！"宋国荆氏之地，适合种植楸树、柏树、桑树。树干有一握两握粗的，要做绑猴子木桩的人把它砍走；有直径三尺四尺粗的，要做高大屋栋的人把它砍走；有直径七尺八尺粗的，贵人富商之家要寻找整块棺木的人把它砍走。所以这些树木都无法活到自然的寿命结束，而半途夭折于刀斧之下。这是有用之材的祸患。所以古代祭祀时，凡是白额头的牛、鼻孔上翻的猪以及生痔疮的人，都不可用来投河祭神。巫祝都知道，这些是不吉祥的。而神人正好因此认为这些是最吉祥的。

[解读]

① 庄子经常以"终其天年"描写人类以外的生物，意思是：有生之物皆有自然之分。但是，这些生物不能终其天年，责任其实在于人类，因为"有用无用"的判断标准正是人类所定的。

② 神人与凡人不同，所以可以颠覆"有用"与"吉祥"之类的观念。

[4.14]

支离疏者，颐隐于齐，肩高于顶，会撮（cuō）指天，五管在上，两髀（bì）为胁。挫针治繲（xiè），足以糊口；鼓筴（cè）播精，足以食十人。上征武士，则支离攘臂于其间；上有大役，则支离以有常疾不受功；上与病者粟，则受三钟与十束薪。夫支离其形者，犹足以养其身，终其天年，又况支离其德者乎！

[白话]

支离疏这个人，头低缩在肚脐下面，双肩高过头顶，发髻朝着天，五脏都挤在背上，两腿紧靠着肋旁。他替人缝衣洗衣，收入足以糊口；又替人簸米筛糠，收入足以养活十人。官府征兵，他大摇大摆在征兵场所闲逛；官府征工，他因为身有残疾而不必劳役；官府救济病患时，他可以领到三钟米与十捆柴。形体残缺不全的人都可以养活自己，享尽自然的寿命，何况那些不以德行为意的人呢！

[解读]

① "支离疏"这个名字已经相当夸张，他的际遇更是难以想象。他的成功秘诀是："支离其形"而顺其自然，完全不把身体形貌放在心上，只是安分地活着。不受功："功"借为工，为劳役。

② 支离其德，指忘德，不以德为德。如此可以免除世间的相对规范，更容易自在逍遥。

[4.15]

孔子适楚，楚狂接舆游其门曰："凤兮凤兮，何如德之衰也？来世不可待，往世不可追也。天下有道，圣人成焉；天下无道，圣人生焉。方今之时，仅免刑焉。福轻乎羽，莫之知载；祸重乎地，莫之知避。已乎，已乎，临人以德；殆乎，殆乎，画地而趋。迷阳迷阳，无伤吾行；吾行郤曲，无伤吾足。"山木，自寇也；膏火，自煎也。桂可食，故伐之；漆可用，故割之。人皆知有用之用，而莫知无用之用也。

孔子在楚国时，楚国狂人接舆走过他的门前唱着：

"凤凰啊！凤凰啊！德行怎么衰败了？

要来的不可期待，已去的不可追回。

天下有道，圣人可以成就教化；

天下无道，圣人可以保全性命。

当今之世，只求免于遭受刑戮。

幸福比羽毛还轻，不知如何把握；

灾祸比大地还重，不知如何避开。

算了吧，算了吧，不要逢人就展示德行；

危险啊，危险啊，到处去招惹别人注意。

收敛些，收敛些，不要妨碍我行走；

绕个弯，绕个弯，不要伤害我的脚。"

山木做成斧柄，斧反过来砍伐山木；油膏可以点火，火反过来燃烧油膏。桂树皮可以吃，所以被砍伐；漆树枝可以用，所以被切割。世人都知道有用的好处，而不知道无用的好处。

[解读]

① 楚狂接舆曾出现于《论语·微子》，歌曰："凤兮凤兮，何德之衰？往者不可谏，来者犹可追。已而已而，今之从政者殆而！"庄子此文较长，大概加入不少他自己的想法。

② 接舆之歌，劝人不要露德（临人以德）、露迹（画地而趋），而要努力韬光（迷阳）、晦迹（郄曲）。

③ 庄子的"无用"观念并非否定世间的一切"有用"，而是要化解因为执著于"有用"而带来的困扰与危险。

德充符 第五

要旨：学习道家的关键，在于明辨"道"与"德"。道是万物的来源与归宿，德是万物得之于道者，亦即万物的"本性与禀赋"。人若保持本性与禀赋，就不会在意身体方面的缺陷（如老、残、弱）与世俗方面的不足（如贫、贱、无用）。能够顺其自然而保持和谐，即是"德充"，而其"符"，则是验证，可由本篇观之。

[5.1]

鲁有兀（wù）者王骀（tái），从之游者，与仲尼相若。常季问于仲尼曰："王骀，兀者也，从之游者与夫子中分鲁。立不教，坐不议，虚而往，实而归。固有不言之教，无形而心成者邪？是何人也？"仲尼曰："夫子，圣人也，丘也直后而未往耳。丘将以为师，而况不若丘者乎！奚假鲁国，丘将引天下而与从之。"常季曰："彼兀者也，而王先生，其与庸亦远矣。若然者，其用心也独若之何？"仲尼曰："死生亦大矣，而不得与之变；虽天地覆坠，亦将不与之遗；审乎无假而不与物迁，命物之化而守其宗也。"

　　鲁国有一个被砍去一脚的人，名叫王骀；跟他学习的弟子人数，与孔子门下差不多。常季请教孔子说："王骀是个被砍去一脚的人，跟他学习的人，与先生门下弟子，在鲁国居然各占一半。他站不教诲，坐不议论，但弟子们空虚前往却充实归来。难道真有不用言语的教导，超脱形式而靠心灵感化的吗？这是什么样的人呢？"孔子说："这位先生是圣人，我还来不及前往请教。我都要拜他为师，何况是那些不如我的人呢？何止是鲁国，我要带领天下人去跟他学习。"常季说："他是个独脚的人，还能胜过先生，那么他与一般人的差距就更远了。像这样的人，他的用心有什么独特之处呢？"孔子说："死生也算是大事了，而他完全不受影响；即使天崩地裂，他也不会跟着坠落。他处于无所假借的状态，因而不随万物转移；他洞彻万物的变化，而能守住自己的根本。"

[解读]

① 王骀是虚构人物，"骀"字有"愚笨"之意。凡人眼中的愚笨，在道家可能代表智慧。兀者：独足之人。奚假鲁国：奚假为何止。不与之遗："遗"借为"隤"（tuí），为下坠。命物之化："命"为明白。

② 孔子推崇王骀为圣人，但对圣人的描述显然合乎庄子所定的规格。

[5.2]

　　常季曰："何谓也？"仲尼曰："自其异者视之，肝胆楚越也；自其同者视之，万物皆一也。夫若然者，且不知耳目之所宜，而游心乎德之和。物视其所一而不见其所丧，视丧其足犹遗土也。"常季曰："彼为己，以其知得其心，以其心得其常心。物何为最之哉？"仲尼曰："人莫鉴于流水而鉴于止水，唯止能止众止。受命于地，唯松柏独也正，在冬夏青青；受命于天，唯舜独也正，在万物之首，幸能正生，以正众生。夫保始之征，不惧之实，勇士一人，雄入于九军。将求名而能自要者，而犹若是，而况官天地，府万物，直寓六骸，象耳目，一知之所不知，而心未尝死者乎！彼且择日而登假，人则从是也。彼且何肯以物为事乎！"

[白话]

常季说："这是什么意思呢？"孔子说："从事物相异的一面去看，身体内肝与胆的分别，也像楚国与越国那么遥远；从事物相同的一面去看，万物都是一体。像王骀这样的人，连耳目适宜何种声色都不知道，只是让心神遨游于全德的境界。他视万物为一个整体，而看不到任何缺失。他看待自己失去的那只脚，就像掉在地上的一块泥土。"常季说："他只是修养自己，经由智力去把握主导自我的心，再经由主导自我的心去把握普遍相通的常心。人们为什么都归向他呢？"孔子说："没有人会用流水来映照自己，而要用止水来映照自己，只有静止能保住一切来照之物。树木之命得自于地，却唯有松柏独自昂然挺立，在冬夏都一样枝叶常青；人类之命得自于天，却唯有舜独自端正品德，可以作为群伦的表率，幸而他能够端正自己，然后才能端正众生。能够保全本来天性的，内心就无所畏惧。勇士但凭自己一个人，也敢大胆闯入千军万马之中。为了追求名誉而有所成就的人，尚且能够如此，何况是那统合天地，含藏万物，以六骸为木偶，以耳目为假象，打通知与不知，内心又不随生死而变化的人呢？他是随时都可以提升到玄远之境的人，所以人们要跟随他。他又怎么肯把外物当一回事呢！"

[解读]

① 一般人习惯"自其异者视之"，王骀则"自其同者视之"，而

这正是体道的关键。由此可以领悟"万物皆一"，因为万物都"存在"。这时，一足与一土无异，人与土亦无别。物何为最之哉："物"为人们，"最"为会聚。

② 以其知得其心，以其心得其常心："知"是认知作用；"心"是认知作用的主体；"常心"则是化解主体限制之后，能与众人相通之心。"常心"是体道之后的虚静状态，所以用"止水"作比喻。直寓六骸："寓"借为偶，视之为木偶。登假：升于玄远之域。

[5.3]

申徒嘉，兀者也，而与郑子产同师于伯昏无人。子产谓申徒嘉曰："我先出则子止，子先出则我止。"其明日，又与合堂同席而坐。子产谓申徒嘉曰："我先出则子止，子先出则我止。今我将出，子可以止乎？其未邪？且子见执政而不违，子齐执政乎？"申徒嘉曰："先生之门，固有执政焉如此哉？子而说（yuè）子之执政而后人者也。闻之曰：'鉴明则尘垢不止，止则不明也。久与贤人处则无过。'今子之所取大者，先生也，而犹出言若是，不亦过乎？"子产曰："子既若是矣，犹与尧争善。计子之德，不足以自反邪？"申徒嘉曰："自状其过以不当亡者众；不状其过以不当存者寡。知不可奈何而安之若命，唯有德者能之。游于羿（yì）之彀（gòu）中，中央者，中地也；然而不中者，命也。人以其全足笑吾不全足者众矣，我怫（fú）然而怒；而适先生之所，则废然而反。不知先生之洗我以善邪？吾与夫子游十九年矣，而未尝知吾兀者也。今子与我游于形骸之内，而子索我于形骸之外，不亦过乎？"子产蹴（cù）然改容更貌曰："子无乃称。"

傅佩荣解读《庄子》（修订版）

[白话]

　　申徒嘉是个被砍去一只脚的人，他与郑国大夫子产一起在伯昏无人门下学习。子产对申徒嘉说："我先出去，你就等一下再走；你先出去，我就等一下再走。"第二天，两人又在同一屋里同席而坐。子产对申徒嘉说："我先出去，你就等一下再走；你先出去，我就等一下再走。现在我要出去，你可以等一下再走吗？还是你做不到呢？你看到我这个执政大人也不回避，你与执政大人相等吗？"申徒嘉说："老师门下，有像你这样的执政大人吗？你得意自己的执政地位而看不起别人。我听说：'镜子明亮，则尘垢不会堆积；尘垢堆积，则镜子不会明亮。长期与贤人相处，就不会有过错。'现在你应该推崇的是老师，而你还说出这么自大的话，不是太过分了吗？"子产说："你已经弄成残废了，还想与尧这样的圣人来比较谁更好。你衡量自己的德行，还不够让你反省的吗？"申徒嘉说："辩护自己的过错，认为自己不该死的人很多；不辩护自己的过错，认为自己不该活的人很少。知道事情无可奈何，就坦然接受为自己的命运，这只是有德者才做得到。走进后羿弓箭射程的中央，一定被射中；但是有人没被射中，这是命。许多人因为自己双脚俱全就嘲笑我双脚不全，总是让我愤怒不已；自从来到老师这里，我就怒气全消地回去了。不知老师是如何引导我走上善途的？我追随老师已经十九年了，他从来不知道我是独脚的人。现在你与我一起学习内在的修养，而你却由外在的形貌来批评我，不也太过分了吗？"子产听了，立刻改变脸色，惭愧地说："请你不要再说了。"

[解读]

①　申徒嘉是假托之名。子产，原名公孙乔，郑国大夫。伯昏无人，看名字就知道是虚构的。

②　子产的言行，是我们常见的现象，实在有待改善。

③ "知不可奈何而安之若命"，这是庄子的重点思想之一，这也是"有德者"的特征。形骸之内：所指为"德"。彀中：弓矢所及之处。乃称：此言，言此也。

[5.4]

鲁有兀者叔山无趾，踵见仲尼。仲尼曰："子不谨前，既犯患若是矣。虽今来，何及矣！"无趾曰："吾唯不知务而轻用吾身，吾是以亡足。今吾来也，犹有尊足者存，吾是以务全之也。夫天无不覆，地无不载，吾以夫子为天地，安知夫子之犹若是也！"孔子曰："丘则陋矣！夫子胡不入乎？请讲以所闻。"无趾出。孔子曰："弟子勉之！夫无趾，兀者也，犹务学以复补前行之恶，而况全德之人乎！"无趾语老聃曰："孔丘之于至人，其未邪？彼何宾宾以学子为？彼且蕲以諔（chù）诡幻怪之名闻，不知至人之以是为己桎梏邪！"老聃曰："胡不直使彼以死生为一条，以可不可为一贯者，解其桎梏，其可乎？"无趾曰："天刑之，安可解？"

[白话]

鲁国有个被砍去一只脚的人，叫做叔山无趾。他去请见孔子。孔子说："你以前不谨慎，已经遭到祸患，落得这种下场。现在虽然来找我，又怎么来得及呢！"无趾说："我因为不懂事，行动鲁莽草率，以致失去了脚。现在我来这里，是因为人生还有比脚更尊贵的东西，我想努力保全它。天没有不覆盖的，地没有不承载的；我把先生当成天地，哪里知道先生是这样的啊！"孔子说："是我太浅陋了。先生何不进来？我想再说说我所知道的。"无趾转身离开了。孔子说："弟子们努力啊！无趾是个独脚人，还想努力学习，以弥补过去所做的错事，何况是想要保全德行的人呢！"
无趾对老聃说："孔子还没有达到至人的境界吧？他为什么常常来
向你求教呢？他期望博得奇异怪诞的名声，竟不知道至人把名声
当作自己的枷锁呢！"老聃说："你为什么不直接让他把死与生看
成一体，把可与不可看成一致，解开他的枷锁，这样或许行得通
吧？"无趾说："这是自然加给他的刑罚，怎么能够解开呢？"

[解读]

① 本篇一连出现三位兀者，他们是古代受到刖刑，被断足或断趾
  的人。既是受罚，当然有错，不过错在谁就未可知了。庄子特
  别喜欢用"形不全"的人，以彰显人的本性与禀赋依然可以保
  全。尊足者：所指为"德"。

② 全德：兀为形不全，尚知努力补过；至于形全之人，则更须追
  求德全之境。全德之人即是就此而言。

③ 叔山无趾分别与孔子及老聃谈话，而对孔子的评价甚差。所谓
  "天刑之"的"天"，固然代表自然界的力量，不过其中也隐
  含了几分神秘难解的性格。如果真的"安可解"，岂不是成了
  宿命论？

[5.5]

鲁哀公问于仲尼曰："卫有恶人焉，曰哀骀（tái）它（tuō）。
丈夫与之处者，思而不能去也。妇人见之，请于父母曰：'与为
人妻，宁为夫子妾'者，十数（shuò）而未止也。未尝有闻其唱
者也，常和（hè）人而已矣。无君人之位以济乎人之死，无聚禄
以望人之腹。又以恶骇天下，和而不唱，知不出乎四域，且而雌
雄合乎前，是必有异乎人者也。寡人召而观之，果以恶骇天下。

与寡人处，不至以月数，而寡人有意乎其为人也；不至乎期（jī）年，而寡人信之。国无宰，而寡人传国焉。闷然而后应，泛然而若辞。寡人丑乎，卒授之国。无几何也，去寡人而行。寡人恤（xù）焉若有亡也，若无与乐是国也。是何人者也？"

[白话]

　　鲁哀公问孔子说："卫国有个面貌丑陋的人，叫做哀骀它。男人与他相处，会思慕他而不肯离去。女人见了他，便向父母请求说：'与其做别人的妻，宁可做他的妾。'这样的女人有十几个，并且还在增加之中。不曾听说他倡导什么，只是常常附和别人而已。他没有统治者的权位可以拯救别人的性命，也没有聚敛的财富可以填饱别人的肚子。面貌奇丑无比，只知附和而不能倡导，智力不足以顾及身外之事，然而女人男人都亲近他；这样的人一定有异于常人的地方啊。我召他前来，一看之下，果然长得奇丑无比。但是，我们相处不到一个月，我就很欣赏他的为人；不到一年，我就很信任他。正好国家没有主政的大臣，我就把国事委托给他。他却闷声不响没有回应，又泛泛说些推辞的话。我觉得很没面子，终于还是把国事交托给他。没有多久，他离开我走了。我感觉怅然若失，好像没有人可以与我共享一国的欢乐。这是个什么样的人呢？"

[解读]

① 哀骀它，这位丑人没有"权势、利禄、容貌、口才、知识"，而能吸引众人归向他。这真令人百思不解。

② 鲁哀公亲自见识了哀骀它的魅力，但仍然不解其中缘由，所以要请教孔子。

[5.6]

仲尼曰:"丘也尝使于楚矣,适见独(tún)子食于其死母者。少焉眴(shùn)若,皆弃之而走。不见己焉尔,不得类焉尔。所爱其母者,非爱其形也,爱使其形者也。战而死者,其人之葬也不以翣(shà)资;刖者之屦(jù),无为(wèi)爱之。皆无其本矣。为天子之诸御:不爪翦,不穿耳;取妻者止于外,不得复使。形全犹足以为尔,而况全德之人乎!今哀骀它未言而信,无功而亲,使人授己国,唯恐其不受也,是必才全而德不形者也。"哀公曰:"何谓才全?"仲尼曰:"死生、存亡、穷达、贫富、贤与不肖、毁誉、饥渴、寒暑,是事之变、命之行也。日夜相代乎前,而知不能规乎其始者也。故不足以滑(gǔ)和,不可入于灵府。使之和豫,通而不失于兑(duì)。使日夜无郤(xì),而与物为春,是接而生时于心者也。是之谓才全。""何谓德不形?"曰:"平者,水停之盛也。其可以为法也,内保之而外不荡也。德者,成和之修也。德不形者,物不能离也。"哀公异日以告闵子曰:"始也吾以南面而君天下,执民之纪而忧其死,吾自以为至通矣。今吾闻至人之言,恐吾无其实,轻用吾身而亡吾国。吾与孔丘非君臣也,德友而已矣!"

[白话]

孔子说:"我曾经到楚国去,碰巧看见一群小猪在刚死的母猪身上吸奶,一会儿突然惊慌起来,全都离开母猪跑走了。这是因为小猪觉得母猪不像原来的样子,与自己不是同类的东西了。小猪爱母亲,不是爱母亲的形体,而是爱那使形体活动的内在力量。战死沙场的人,不用武器上的装饰品陪葬;被砍断脚的人,没有理由爱惜他的鞋子。这都是因为失去了根本。侍奉天子的女人,不剪指甲,不穿耳洞；娶妻的男人只能在外服役，不能再侍奉天子。形体完整的人，已有如此殊遇，何况是保持完整德行的人呢！现在哀骀它不说话就能让人信任，不立功就能让人亲近，别人委托国事给他，还唯恐他不接受。这一定是才全而德不形的人。"哀公问："什么叫做'才全'？"孔子说："死生、存亡、穷达、贫富、贤与不肖、毁誉、饥渴、寒暑，这些都是事物的变化、命运的流转。就像白天黑夜在我们眼前交替出现，而我们的智力无法测知其缘由。所以，一切遭遇都不足以扰乱和谐，也不能进入内在世界。要使内心保持愉悦，通达万物而不失其真实。无论日夜，时时刻刻都与万物相推移，相互配合好像四时源自心中一样。这就叫做'才全'。"哀公接着问："什么是'德不形'呢？"孔子说："平，是水静止时的完美状态。它可以作为测量标准，内在持守而外表不动荡。德，就是保持和谐的那种修养。有德而不表露于外，万物自然不能离他而去。"哀公过几天把这番话告诉闵子骞，然后说："从前我以国君之位治理天下，执掌法纪而忧虑百姓的生死，我自以为最懂治理之道。现在我听到至人的言论，才担心自己没有真实的修养，会轻举妄动使国家陷于灭亡。我与孔子，不是君臣，而是以德相交的朋友啊！"

[解读]

① 形全：身体保持自然的完整状态。形全者受到肯定，何况是德全者！"全德之人"就是追求德全的人。

② 才全：面对一切处境，皆能不失其"真实"。"才"指保持真实的能力而言。因此，才全是由形全提升到德全的关键。

③ 德不形：德全者的特色之一，即是"不形"。让人看不出迹象，似有若无，正是顺其自然的极致表现。庄子在此，借鲁哀公之口，称孔子为"至人"。与其说这是庄子肯定了孔子，不如说他是借孔子之名来发挥自己的观点。

[5.7]

闉（yīn）跂（qí）支离无脤（shèn）说（shuì）卫灵公，灵公说（yuè）之，而视全人：其脰（dòu）肩肩。瓮（wèng）瓷（àng）大瘿（yǐng）说齐桓公，桓公说之，而视全人：其脰肩肩。故德有所长而形有所忘。人不忘其所忘而忘其所不忘，此谓诚忘。故圣人有所游，而知为孽，约为胶，德为接，工为商。圣人不谋，恶（wū）用知？不斫（zhuó），恶用胶？无丧，恶用德？不货，恶用商？四者，天鬻（yù）也。天鬻者，天食（sì）也。既受食于天，又恶（wū）用人！有人之形，无人之情。有人之形，故群于人；无人之情，故是非不得于身。眇（miǎo）乎小哉，所以属于人也；謷（áo）乎大哉，独成其天。

[白话]

有一个人叫做闉跂支离无脤（跛脚、驼背、兔唇），前去游说卫灵公；卫灵公很喜欢他，而看到正常人，反而觉得他们的脖子太瘦长了。另有一个人叫做瓮瓷大瘿（脖子上长了大瘤），前去游说齐桓公；齐桓公很喜欢他，而看到正常人，反而觉得他们的脖子太瘦长了。所以，只要德行上有过人之处，形体上就会被人遗忘。人如果不仅忘记容易忘记的形体，还能忘记不容易忘记的德行，那就叫做"真忘"。因此，圣人有遨游的本事，就会把智力视为祸根，把约法视为胶漆，把取得当作争斗，把技巧当作图利。圣人不设谋，哪里用得到智力？不散乱，哪里用得到胶漆？不丧失，哪里用得到取得？不售货，哪里用得到图利？做到这四者，就是天育。天育就是由自然来养育。既然由自然来养育，又哪里用得到人为的手段呢！他有人的形体，而没有人的情感。有人的形体，所以与人群共处；没有人的情感，所以是非不能影响他。渺小啊，就是那使他属于人的部分！伟大啊，唯有那使他保全自然的部分。

① 德：庄子的"德"，并非儒家的道德仁义之类；当然，他批评儒家时，也会采取儒家的用法。在道家看来，"德"是万物"得之于道"者，因此万物皆有其德（得也），人也不例外。因此，人的"德"是指其天生的自然状态而言。就此而论，人的形体也是自然状态，但是"品头论足"就有问题了，而世人如何可能不激活心念去妄议是非长短呢？因此，"德"就超过形的层次，转到心的状态了。换言之，保持心的自然状态，才是德。在白话翻译时，虽使用"德行"一词，但不可忘记这个根本的意思。

② "诚忘"是指真忘。庄子对"忘"的肯定是非常明显的，所以忘形之后还能忘德，才是真忘。譬如：卫灵公与齐桓公之所以忘形，是因为他们遇到两位忘德的人。

［5.8］

惠子谓庄子曰："人故无情乎？"庄子曰："然。"惠子曰："人而无情，何以谓之人？"庄子曰："道与之貌，天与之形，恶（wū）得不谓之人？"惠子曰："既谓之人，恶得无情？"庄子曰："是非吾所谓无情也。吾所谓无情者，言人之不以好恶内伤其身，常因自然而不益生也。"惠子曰："不益生，何以有其身？"庄子曰："道与之貌，天与之形，无以好恶内伤其身。今子外乎子之神，劳乎子之精，倚树而吟，据槁梧而瞑。天选子之形，子以坚白鸣。"

［白话］

惠子对庄子说："人难道是无情的吗？"庄子说："是的。"

惠子说："人如果无情，怎么可以称为人？"庄子说："道给了容貌，自然给了形体，怎么可以不称为人？"惠子说："既然称为人，又怎么可以无情呢？"庄子说："你说的不是我所谓的无情。我所谓的无情，是说人不要让好恶之情伤害到自己的天性，就是要经常顺应自己如此的状态，而不要刻意去养生。"惠子说："不刻意去养生，怎么能够保全身体呢？"庄子说："道给了容貌，自然给了形体，不要让好恶之情伤害到自己的天性。现在你放纵你的心神，消耗你的精力，倚着树干就高谈阔论，靠着桌子就闭目昏睡。自然给了你形体，你却以坚白之论来到处张扬！"

[解读]

① 无情，并非没有正常的情感作用，而是不让情感"内伤其身"，向内伤到自己的天性。惠施依据常识来立论，所谓"人非草木，孰能无情？"连动物亦有情绪及情感之表现，何况是人？他的观点反映了我们一般人的想法，譬如，要刻意养生，保全身体。常因自然：自然是指"自己如此的状态"，而今日所谓的自然界，在庄子多以"天"称之。

② 有关"坚白"的理论，一种说法是指"坚白石"之论，在［2.8］介绍过；另一种说法是指"坚白石"与"白马非马"这两者的简称。这些涉及逻辑与名言的争辩，在庄子看来，对于领悟"道"是有害无益的。不过，逻辑与语言哲学也有一定的功用，但其目的是助人澄清思虑，而不是让人陷于无谓的争论。

大宗师 第六

要旨：大宗师就是"道"。悟道者为真人，真人的表现无异于神人与至人，是庄子笔下的完美典型。本篇对"道"的描述，得自老子真传，尤其"自本自根"一词可谓画龙点睛。中间论及悟道七关，由"外天下"到"不死不生"，值得省思。悟道者相忘乎道术，彼此为友，则相视而笑，莫逆于心。

[6.1]

知天之所为，知人之所为者，至矣！知天之所为者，天而生也；知人之所为者，以其知之所知以养其知之所不知，终其天年而不中道夭者，是知之盛也。虽然，有患。夫知有所待而后当，其所待者特未定也。庸讵知吾所谓天之非人乎？所谓人之非天乎？且有真人而后有真知。何谓真人？古之真人，不逆寡，不雄成，不谟（mó）士。若然者，过而弗悔，当而不自得也。若然者，登高不栗，入水不濡，入火不热，是知之能登假于道者也若此。古之真人，其寝不梦，其觉无忧，其食不甘，其息深深。真人之息以踵，众人之息以喉。屈服者，其嗌（yì）言若哇。其耆（shì）欲深者，其天机浅。

[白话]

　　知道自然的作为，又知道人的作为，这种人已经达到极致了！知道自然的作为的人，就明白一切都是源于自然；知道人的作为的人，就会以他所知的部分去保养他所不知的部分，使自己能够活完自然的寿命而不在中途死亡，那就是智力的精彩表现了。虽然如此，但还是有考验。知识须等待其他条件配合，才可获得证实，而其他条件却是不确定的。怎么知道我所谓的自然的不是人为的，我所谓的人为的不是自然的呢？再说，有真人出现，然后才有真知存在。什么叫做真人？古代的真人不拒绝寡少，不炫耀成就，不从事图谋。像这样的人，错过时机而不后悔，赶上时机而不得意。像这样的人，登高不恐惧，入水不浸湿，蹈火不燠热，因为他的智力能够提升到道的层次，才有如此的表现。古代的真人，睡觉时不做梦，醒来后没烦恼。他饮食不求甘美，呼吸特别深沉。真人的呼吸直达脚跟，众人的呼吸只靠咽喉。呼吸不顺畅的人，咽喉发声好像打结一样。嗜好及欲望太深的人，他天赋的领悟力就很浅了。

[解读]

① "天"是《庄子》书中最难解的概念之一：一方面，天在古代是主宰万物的至高力量；另一方面，天与地合称天地，代表宇宙或自然界整体。因此，天的主宰性与自然界的规律性之间，虽有紧张关系，但仍须统合在一起。庄子的做法是：重规律性而轻主宰性。明白"天"的这两种特性，并知道庄子心中的分寸，才能读懂他的书。

② 以"自然"一词来译"天"，意思是指自然界或大自然。必须说明的是：庄子也使用"自然"一词，但意思是"自己而然"或"自己如此"。自己如此，即是自然的，即是天然的，也即是来自于"天"这个大自然的"安排"（这个"安排"与人为

的意念及设计无关）。譬如，"天机"的意思就是天赋的领悟力。

③ "真人"与凡人不同之处极多，本段侧重描写其超越"嗜欲"（包括生理上与情绪上）的能耐，下一段会谈到其他特质。

[6.2]

古之真人，不知说（yuè）生，不知恶（wù）死；其出不訢（xīn），其入不距；翛（xiāo）然而往，翛然而来而已矣。不忘其所始，不求其所终；受而喜之，忘而复之。是之谓不以心捐道，不以人助天，是之谓真人。若然者，其心志，其容寂，其颡（sǎng）頯（kuí）；凄然似秋，煖（xuān）然似春，喜怒通四时，与物有宜而莫知其极。故圣人之用兵也，亡国而不失人心；利泽施乎万世，不为爱人。故乐不通物，非圣人也；有亲，非仁也；时天，非贤也；利害不通，非君子也；行名失己，非士也；亡身不真，非役人也。若狐不偕、务光、伯夷、叔齐、箕（jī）子、胥余、纪他（tuō）、申徒狄，是役人之役，适人之适，而不自适其适者也。

[白话]

古代的真人，不懂得去喜爱生命，也不懂得去厌恶死亡；他施展才能时不会过度张扬，独居自处时不会过度隐藏；只是从容地去那儿，又从容地来这儿而已啊。他既不探问自己的起源，也不寻求自己的归宿；对任何遭遇都欣然接受，无所牵挂而回复本来的状态。这就是所谓的不用心思去损害道，不用人为去辅助自然。这就是所谓的真人。像这样的人，他的心思陷于遗忘，容貌显得淡漠，额头特别宽大；他凄冷时像秋天，温暖时像春天，喜怒与四时相通，随着事物而表现合宜，以致无法探知他的究竟。

傅佩荣解读《庄子》（修订版）

所以，圣人指挥作战时，能消灭敌国却又不会失去人心；以恩泽加于后代万世而不是因为偏爱世人。因此，快乐不与万物相通的，不是圣人；有所偏爱的，不是仁人；等待时机的，不是贤人；无法明辨利害的，不是君子；为了名声而失去自我的，不是读书人；牺牲生命但失去本性的，不是可以治理别人的人。像狐不偕、务光、伯夷、叔齐、箕子、胥余、纪他、申徒狄等，都是被别人驱使，让别人安适，而不能使自己安适的人。

[解读]

① 本文对"真人"的描写，已涉及"处世"的态度。不以心捐道：捐为损。其心志：志应为忘。

② "故圣人之用兵也"这一段文字可能是由别处错入，因为上下文都在描述"真人"，不宜加入这一段。时天："时"为待时；行名失己："行"为殉。

③ 人物简介：狐不偕，"尧时贤人，不受尧让，投河而死"；务光，"汤让天下不受，自负石沉于庐水"；伯夷、叔齐抗议周武王伐纣，后不食周粟而死；箕子、胥余，"漆身为厉（lài），被（pī）发佯（yáng）狂"；纪他，"闻汤让务光，恐及乎己，遂将弟子踞于窾（kuǎn）水而死"；申徒狄，听说纪他之事，"因以蹈（bó）河"。

[6.3]

古之真人，其状义而不朋，若不足而不承；与（yù）乎其坚而不觚（gū）也，张乎其虚而不华也；邴（bǐng）邴乎其似喜乎，崔乎其不得已乎；滀（chù）乎进我色也，与乎止我德也；厉乎其似世乎，謷（áo）乎其未可制也；连乎其似好闭也，悗（wǎn）乎忘其言也。以刑为体，以礼为翼，以知为时，以德为循。以刑为体者，绰（chuò）乎其杀（shài）也；以礼为翼者，所以行于世也；以知为时者，不得已于事也；以德为循者，言其与有足者至于丘也，而人真以为勤行者也。故其好之也一，其弗好之也一。其一也一，其不一也一。其一与天为徒，其不一与人为徒，天与人不相胜也，是之谓真人。

[白话]

　　古代的真人，神态高雅而不给人压力，看来好像不够却又无所增益；有所坚持而没有棱角，心胸开阔而不浮华；舒舒畅畅好像很高兴，行事紧凑好像不得已；他的振作，鼓励人上进；他的安顿，引导人顺服；他的威严，好像泰然自若；他的豪迈，无法加以限制；他说话徐缓，好像喜欢隐藏；他心不在焉，忘了自己要说的话。他以刑罚为身体，以礼仪为羽翼，以知识为时宜，以德行为顺应。以刑罚为身体的人，对一切都明察秋毫；以礼仪为羽翼的人，借此在世间行走；以知识为时宜的人，做事出于对不得已的考虑；以德行为顺应的人，是说他就像有脚的人都可以爬上小山丘一样，而世人还真以为他是勤行不懈的人呢。宇宙万物，你喜欢它，它是合一的；你不喜欢它，它也是合一的。体验到合一时，它是合一的；体验到不合一时，它也是合一的。体验到合一时，是指与自然相处；体验到不合一时，是指与人相处。自然与人不相冲突。能做到这一点的，就叫做真人。

[解读]

① 本文对"真人"的描写，用了许多"乎、似、若"，是为了提供读者想象的空间，因为没有合适的语词可以准确把握这种境界。义而不朋："义"为峨，为高，"朋"为凭，为压力。崔乎：

"崔"借为"催"。连乎：言语不便。

② "以刑为体……而人真以为勤行者也"这一小段受到一些专家质疑，因为立场接近法家。但是除了"以刑为体"四字，其余各句并未背离庄子思想。而"以刑为体"可以意指：依刑罚来安排身体活动，亦即要设法免于刑罚，因而"对一切都明察秋毫"。绰乎其杀："绰"为查探使明；"杀"为差等，要分辨仔细。

③ "其一也一，其不一也一"，这句话读来颇有禅意，但在庄子笔下却清晰地分辨为两个既对立又统一的层次。能领悟这种"既对立又统一"的关系，并且肯定"天与人不相胜也"，确实是高明的智慧。

[6.4]

死生，命也；其有夜旦之常，天也。人之有所不得与，皆物之情也。彼特以天为父，而身犹爱之，而况其卓乎！人特以有君为愈乎己，而身犹死之，而况其真乎？泉涸（hé），鱼相与处于陆，相呴（xǔ）以湿，相濡（rú）以沫，不如相忘于江湖。与其誉尧而非桀也，不如两忘而化其道。夫大块载我以形，劳我以生，佚我以老，息我以死。故善吾生者，乃所以善吾死也。夫藏舟于壑，藏山于泽，谓之固矣！然而夜半有力者负之而走，昧者不知也！藏小大有宜，犹有所遁（dùn）。若夫藏天下于天下而不得所遁，是恒物之大情也。特犯人之形而犹喜之。若人之形者，万化而未始有极也，其为乐可胜计邪？故圣人将游于物之所不得遁而皆存。善夭善老，善始善终，人犹效之，又况万物之所系而一化之所待乎！

[白话]

死与生，是命中注定的，就像黑夜与白昼一直在交替，是个自然现象。人对这些事情是无法干预的，而这正是万物的实际状况。人们认为自然是给予自己生命的父亲，而全心爱慕它，何况是对那卓然独立的道呢？人们认为有国君胜过无国君，而舍身效忠他，何况是对那真实无比的道呢？泉水干涸了，几条鱼一起困在陆地上，互相吹气来湿润对方，互相吐沫来润泽对方，这实在不如在江湖中互相忘记对方。与其称颂尧而批评桀，不如忘记两者而一起融合于道中。天地用形体让我寄托，用生活让我劳苦，用老年让我安逸，用死亡让我休息。所以，那妥善安排我的生命的，也将妥善安排我的死亡。把小船藏在山谷里，把山藏在大泽里，可以说是牢固了。然而半夜有个大力士把它背走，糊涂的人还不知道呢！藏小物与藏大物即使各得其宜，还是会遗失。如果把天下藏在天下里，使它无从遗失，那才是万物恒存不变的真实情况。如今偶然获得人的形体，就很高兴；像人这样的形体，千变万化而没有穷尽，那么快乐还能数得完吗？所以圣人要遨游于万物都无从遗失的地方，而与万物共存。对于能够妥善安排少年、老年、开始、终结的人，人们都会效法他；何况是对于万物赖以维系、一切变化所凭借的道呢？

[解读]

① 在重要性上高于天（即是自然）与君（统治人间）的，只有道。与其为生死烦恼，或者在人间求福，"不如相忘于江湖"。"江湖"正是比喻道。

② "善吾生者，乃所以善吾死也"一语，是助人化解生死念头的最佳警句。

③ 藏山于泽：有些山宛如小岛，可以藏于大湖中。稍后原文说"藏小大有宜"，小者指舟，大者指山。至于"有力者"则是指造

化之力。

④ "夜半有力者负之而走"，意指在不知不觉中，造化之力已在迁移一切。

[6.5]

夫道，有情有信，无为无形；可传而不可受，可得而不可见；自本自根，未有天地，自古以固存；神鬼神帝，生天生地；在太极之先而不为高，在六极之下而不为深，先天地生而不为久，长于上古而不为老。狶（xī）韦氏得之，以挈（qiè）天地；伏戏氏得之，以袭气母；维斗得之，终古不忒（tè）；日月得之，终古不息；堪坏（péi）得之，以袭昆仑；冯夷得之，以游大川；肩吾得之，以处大（tài）山；黄帝得之，以登云天；颛顼（zhuān xū）得之，以处玄宫；禺（yú）强得之，立乎北极；西王母得之，坐乎少广，莫知其始，莫知其终；彭祖得之，上及有虞，下及五伯（bà）；傅说（yuè）得之，以相（xiàng）武丁，奄（yǎn）有天下，乘东维，骑箕尾，而比于列星。

[白话]

道：有真实有验证，无作为无形迹；可以心传而不可口授，可以体悟而不可看见；自己为本，自己为根，在没有天地之前，自古以来一直存在；造就了鬼神，造就了上帝，产生了天，产生了地；在太极之上而不以为高，在六合之下而不以为深，先天地存在而不以为久，比上古年长而不以为老。狶韦氏得到它，用来统御天地；伏羲氏得到它，用来调和阴阳；北斗星得到它，永不改变方位；日月得到它，永不改变运行；堪坏（山神）得到它，用来盘踞昆仑；冯夷（河神）得到它，用来遨游大川；肩吾（山神）

得到它，用来坐拥泰山；黄帝得到它，用来登上云天；颛顼（玄帝）得到它，用来进驻玄宫；禺强（北海神）得到它，立足于北极；西王母得到它，坐镇于少广山，无人知其始终；彭祖得到它，上起有虞氏，下至五霸，活了八百年；傅说得到它，辅佐殷高宗统一天下，然后乘着东尾星，骑着箕尾星，跻身于众星之列。

［解读］

① 本文前半段对"道"的描述，至为紧要。关键在于"自本自根"四字。自本自根者，自己是自己的原因，所以没有理由不"永远存在"，并且必定是其他一切存在之物的源头。道是起始也是终结，在始与终之间的变化只是过渡的阶段或短暂的片刻，所以"悟道者"的作为与一般人大异其趣。本文所谓"太极"，是指至高之处，与《易传》所说的"易有太极，是生两仪"无关。

② "狶韦氏得之"以下的一段资料，夹杂了古代神仙传说，用以形容道的效应。不必拘泥其语。

［6.6］

南伯子葵问乎女偊（yǔ）曰："子之年长矣，而色若孺子，何也？"曰："吾闻道矣。"南伯子葵曰："道可得学邪？"曰："恶（wū）！恶可！子非其人也。夫卜梁倚有圣人之才而无圣人之道，我有圣人之道而无圣人之才。吾欲以教之，庶几其果为圣人乎！不然，以圣人之道告圣人之才，亦易矣。吾犹守而告之，参日而后能外天下；已外天下矣，吾又守之，七日而后能外物；已外物矣，吾又守之，九日而后能外生；已外生矣，而后能朝（zhāo）彻；朝彻，而后能见独；见独，而后能无古今；无古今，而后能入于不死不生。杀生者不死，生生者不生。其为物，无不将也，无不迎也，无不毁也，无不成也。其名为撄（yīng）宁。撄宁也者，撄而后成者也。"南伯子葵曰："子独恶（wū）乎闻之？"曰："闻诸副墨之子，副墨之子闻诸洛诵之孙，洛诵之孙闻之瞻明，瞻明闻之聂许，聂许闻之需役，需役闻之於（wū）讴（ōu），於讴闻之玄冥，玄冥闻之参寥，参寥闻之疑始。"

[白话]

南伯子葵问女偊说："你年纪很大，面色却像孩童一样，这是什么缘故呢？"女偊说："我体悟了道。"南伯子葵说："道可以学得会吗？"女偊说："不行，怎么可以呢？你不是合适的人选。卜梁倚有圣人的才干而没有圣人的秘诀。我有圣人的秘诀，而没有圣人的才干。我想教他，或许他可以真的成为圣人啊！即使做不到，把圣人的秘诀告诉有圣人才干的人，也较为容易。我必须以具体持守的方式来告诉他。持守三天以后，就能遗忘天下；已经遗忘天下了，我继续持守，七天以后就能遗忘万物；已经遗忘万物了，我又继续持守，九天以后就能遗忘生命；已经遗忘生命了，然后能够透彻通达；透彻通达了，然后能够看见一个整体；看见一个整体了，然后能够没有古今之分；没有古今之分了，然后能够进入不死不生的境地。使生命死亡的力量，本身是不会死的；使生命产生的力量，本身是不会生的。道对于万物，没有什么不相送，没有什么不相迎，没有什么不毁坏，没有什么不成全。这又叫做'撄宁'。所谓撄宁，就是在一切变化纷扰中保持宁静。"南伯子葵问："你又是从哪儿得到体悟的？"女偊说："我得之于副墨（书本）之子，副墨之子得之于洛诵（背诵）之孙；洛诵之孙得之于瞻明（见理明白）；瞻明得之于聂许（听理清楚）；聂许得之于需役（具体实行）；需役得之于於讴（咏唱歌谣）；於讴得之于玄冥（悠远寂静）；玄冥得之于参寥（浩渺空虚）；参寥得之于疑始（似始非始）。"

① 本文之前半段的体道过程共有七个循序渐进的步骤：外天下，外物，外生，朝彻，见独，无古今，不死不生。前三者都使用的"外"字，有"遗忘"意，也有"超越"意，亦即可以不受干扰，置之度外。从"朝彻"以后，不再谈持守几天，因为悟性无法以工夫衡量。"朝彻"有如朝阳升起、照亮万物。"见独"即是"见一"，亦即领悟"万物为一体"。"不死不生"是描写无死无生的永恒状态，因为与道合一了（可参考 [27.4] 所说的九个步骤）。

② 本文后半段的习道顺序有九，值得一一省思。

[6.7]

　　子祀、子舆、子犁、子来四人相与语（yù），曰："孰能以无为首，以生为脊，以死为尻（kāo）；孰知死生存亡之一体者，吾与之友矣！"四人相视而笑，莫逆于心，遂相与为友。俄而子舆有病，子祀往问之。曰："伟哉，夫造物者将以子为此拘拘也。"曲偻（lóu）发背，上有五管，颐隐于齐（jǐ），肩高于顶，句（gōu）赘指天，阴阳之气有沴（lì），其心闲而无事，跰（bèng）𨇠（xiān）而鉴（jiàn）于井，曰："嗟乎！夫造物者又将以予为此拘拘也。"子祀曰："女（rǔ）恶（wù）之乎？"曰："亡（wú），予何恶！浸假而化予之左臂以为鸡，予因以求时夜；浸假而化予之右臂以为弹，予因以求鸮炙；浸假而化予之尻以为轮，以神为马，予因以乘之，岂更驾哉！且夫得者，时也；失者，顺也。安时而处顺，哀乐不能入也，此古之所谓县（xuán）解也，而不能自解者，物有结之。且夫物不胜天久矣，吾又何恶焉！"

　　子祀、子舆、子犁、子来在一起谈话，说："谁能把'无'当作头，把'生'当作脊梁，把'死'当作尾椎；谁能明白生死存亡是一个整体；这样的人，我才要同他交往。"四个人相视而笑，内心契合，于是结为朋友。不久，子舆生病了；子祀前去探望，说："伟大啊，造物者竟然把你弄成这副蜷曲的样子。"子舆弯腰驼背，五脏挤在背部，脸颊藏在肚脐下，双肩高过头顶，发髻朝着天空，气血错乱不顺。但是他心情悠闲而若无其事，蹒跚走到井边，照见自己的身影，说："哎呀！造物者竟然要把我弄成这副蜷曲的样子。"子祀说："你讨厌这副样子吗？"子舆说："不，我怎么会讨厌呢？假使把我的左臂变成公鸡，我就用它来报晓；假使把我的右臂变成弹丸，我就用它来打鸟再烤了吃；假使把我的尾椎变成车，把我的心神变成马，我就乘坐这辆马车，难道还要找别的车马吗？再说，有所得，是靠时机；有所失，就要顺应。安于时机并且顺应变化，哀乐之情就不能进入心中。这是古人所说的解除倒悬。那些不能自行解除的人，是被外物束缚住的。再说，外物不能胜过自然的造化，那是由来已久的啊，我又讨厌什么呢！"

[解读]

① 造物者：万物皆由"道"而来，因此"道"可以称为造物者。造物者是万物的起源与归宿，是一切变化背后的支撑及力量。关于造物者是否具有"位格"（能运思、能感受、能抉择的主体），则答案是：所谓位格，是对应于有位格的人而展现的，造物者本身是超越位格的。并且，即使造物者被人描述为好像具有位格，其位格的运作模式也无法测度或神秘难解。因此，面对造物者的作为，子舆只能以"安时而处顺"来回应。除此之外，还能有什么办法呢？

[6.8]

俄而子来有病，喘（chuǎn）喘然将死。其妻子环而泣之。子犁往问之，曰："叱（chì）！避！无怛（dá）化！"倚其户与之语曰："伟哉造化！又将奚以汝为？将奚以汝适？以汝为鼠肝乎？以汝为虫臂乎？"子来曰："父母于子，东西南北，唯命之从。阴阳于人，不翅于父母。彼近吾死而我不听，我则悍矣，彼何罪焉？夫大块载我以形，劳我以生，佚我以老，息我以死。故善吾生者，乃所以善吾死也。今大冶铸金，金踊（yǒng）跃曰：'我且必为镆铘（yé），'大冶必以为不祥之金。今一犯人之形而曰：'人耳，人耳，'夫造化者必以为不祥之人。今一以天地为大炉，以造化为大冶，恶乎往而不可哉！"成然寐，蘧（jù）然觉。

[白话]

不久，子来生病，呼吸急促好像快要死了，他的妻子儿女围在床边哭泣。子犁前去探望，对他的家人说："去，走开！不要惊动将要变化的人。"他倚在门边对子来说："伟大啊，造化的力量！又要把你变成什么？把你送往何处？把你变成鼠肝吗？把你变成虫臂吗？"子来说："依父母与子女的关系，不论要子女去东西南北，他们都唯命是从。阴阳二气与人的关系，无异于父母。它们要求我死，而我不听从，那是我忤逆不孝，它们有什么错呢？天地用形体让我寄托，用生活让我劳苦，用老年让我安逸，用死亡让我休息。所以，那妥善安排我的生命的，也将妥善安排我的死亡。现在有个铁匠在炼铁，铁块跳起来说，'我一定要做镆铘剑'，铁匠一定认为这是不吉祥的铁。现在偶然获得人的形体，就说，'我是人，我是人'，造物者一定认为这是不吉祥的人。现在就以天地为大熔炉，以造化为大铁匠，又有哪里去不得呢！"子来说完话，悄无声息地睡着，又清清爽爽地醒来。

[解读]

① 造化：造物者所展示的是造化的力量。就力量的运作而言，无异于大自然的作为。因此，"造物者本身"可用来描写道，"造化"可用以描写大自然。这两者的关系是双重的：一方面，好像"体"与"用"；另一方面，则是"能"与"所"，仍有能生者（主动之因）与所生者（被动之果）的差别，因而不可视为等同。

② "阴阳"二气代表自然界中二种"相反相成"的力量。可以指称大自然本身，也可以指称其中运作的力量。不翅：不啻，无异。"夫大块"小段在［6.4］中出现过。镆铘：古代名剑。吴人干将为吴王造剑，妻名镆铘，所铸两剑名为干将、镆铘。

[6.9]

子桑户、孟子反、子琴张三人相与友，曰："孰能相与于无相与，相为于无相为；孰能登天游雾，挠（náo）挑无极，相忘以生，无所终穷？"三人相视而笑，莫逆于心，遂相与友。莫然有间，而子桑户死，未葬。孔子闻之，使子贡往待事焉。或编曲，或鼓琴，相和而歌曰："嗟来桑户乎！嗟来桑户乎！而已反其真，而我犹为人猗（yī）！"子贡趋而进曰："敢问，临尸而歌，礼乎？"二人相视而笑曰："是恶知礼意！"子贡反，以告孔子，曰："彼何人者邪？修行无有，而外其形骸，临尸而歌，颜色不变，无以命之。彼何人者邪？"孔子曰："彼游方之外者也，而丘游方之内者也。外内不相及，而丘使女往吊之，丘则陋矣！彼方且与造物者为人，而游乎天地之一气。彼以生为附赘县（xuán）疣（yóu），以死为决疣溃痈（yōng）。夫若然者，又恶知死生先后之所在？假于异物，托于同体；忘其肝胆，遗其耳目；反复终始，不知端倪；芒然彷徨乎尘垢之外，逍遥乎无为之业。彼又恶能愦（kuì）愦然为世俗之礼，以观众人之耳目哉！"

[白话]

子桑户、孟子反、子琴张三人结交为友时，说："谁能在不相交往中互相交往，在不相帮助中互相帮助？谁能登上青天在云雾里遨游，在无极之境回旋；忘记了生命，没有穷尽终结？"三人相视而笑，内心契合，于是结交为友。平静过了一段时日，子桑户死了，尚未下葬。孔子听到这个消息，就派子贡去帮忙处理丧事。孟子反与子琴张二人，一个编竹帘，一个敲着琴，一起唱着歌说："哎呀，桑户啊！哎呀，桑户啊！你已回归真实，而我还是人啊！"子贡上前说："请问对着尸体唱歌，合乎礼吗？"这二人相视而笑，说："你哪里知道礼的意思？"子贡回去后，把所见所闻告诉孔子，并且说："他们是什么样的人呢？不用礼仪来修养德行，而把形体表现置之度外，对着尸体唱歌，脸色丝毫不变。真是没法描述。他们是什么样的人呢？"孔子说："他们是遨游于世俗之外的人；我是遨游于世俗之内的人。外与内是不相干的，我还派你去吊丧，是我太浅陋了！他们正与造物者做伴，遨游于天地大气之中。他们把生看成多余的赘瘤，把死看成脓疮溃破一般。像这样的人，又怎么知道生死好坏的区别呢？在他们看来，生命只是假借不同的物质，寄托在同一个身体上。忘记在内的肝胆，也排除在外的耳目；生命的开始与结束是反复相接的，不知道什么是真正的头绪。自在地徘徊于尘世之外，并逍遥于无事之始。他们又怎能慌乱地遵行世俗的礼仪，表演给众人观看呢！"

[解读]

① 孔子自知是"游方之内"的人，同时也了解"游方之外"是怎么回事。就此而论，他是一位称职的老师。当然，这些都出于

庄子的构思。

② 子桑户之死，被称为"反其真"。若死亡为回归真实，则活着岂不是处在虚幻世界中？重点在于：真实之本身（或称"绝对真实"）即是"道"，那么活着除了学道、体道、行道之外，其他一切都是不切实际的事。

[6.10]

子贡曰："然则夫子何方之依？"孔子曰："丘，天之戮民也。虽然，吾与汝共之。"子贡曰："敢问其方？"孔子曰："鱼相造乎水，人相造乎道。相造乎水者，穿池而养给；相造乎道者，无事而生定。故曰：鱼相忘乎江湖，人相忘乎道术。"子贡曰："敢问畸（jī）人？"曰："畸人者，畸于人而侔（móu）于天。故曰：天之小人，人之君子；人之君子，天之小人也。"

[白话]

子贡说："那么，老师要归向哪一边呢？"孔子说："我啊，是自然所惩罚的人。虽然如此，我要与你共同努力。"子贡说："请问有什么方法？"孔子说："鱼在水中相处合适，人在道中相处合适。在水中相处合适的，在池塘中游动就供养充足了；在道中相处合适的，闲居无事就性情安定了。所以说，鱼在江湖中可以互相忘记，人在道术中可以互相忘记。"子贡说："请问什么是畸人？"孔子说："畸人，是异于众人而合于自然者。所以说，自然之小人，正是众人之君子；众人之君子，正是自然之小人。"

[解读]

① 天之戮民：天是自然，在人则为天性。孔子有"知其不可而为

之"的作风，似乎是天性使然，所以可称之为"天之戮民"。但是，天性如此，又怎么可能化解？这是庄子必须深思的问题。

② "畸人"是自然之君子。

[6.11]

颜回问仲尼曰："孟孙才，其母死，哭泣无涕，中心不戚，居丧不哀。无是三者，以善处丧盖鲁国，固有无其实而得其名者乎？回壹怪之。"仲尼曰："夫孟孙氏尽之矣，进于知矣。唯简之而不得，夫已有所简矣。孟孙氏不知所以生，不知所以死；不知就先，不知就后。若化为物，以待其所不知之化已乎。且方将化，恶知不化哉？方将不化，恶知已化哉？吾特与汝，其梦未始觉者邪！且彼有骇形而无损心，有旦宅而无情死。孟孙氏特觉人哭亦哭，是自其所以乃。且也相与吾之耳矣，庸讵知吾所谓吾之乎？且汝梦为鸟而厉乎天，梦为鱼而没于渊。不识今之言者，其觉者乎？其梦者乎？造适不及笑，献笑不及排，安排而去化，乃入于寥天一。"

[白话]

颜回问孔子说："孟孙才的母亲死了，他哭泣时不落泪，心中不忧戚，居丧不哀痛。没有这三点，却以善于处丧在全鲁国闻名。难道真有这种无实而有名的人吗？我觉得很奇怪！"孔子说："孟孙才做到居丧的极致了，他比知道如何居丧的人更深一层。他的特点是分辨生死而无所得，但已依循世俗而有所分辨了。孟孙才不知道生是为了什么，不知道死是为了什么；不知道生与死是孰先孰后。他以顺应变化为原则，等待他所不知道的变化出现而已。再说，现在即将变化，怎么知道不变化的是什么？现在未曾变化，怎么知道已变化的是什么？我与你都是做梦而未曾醒过来的人啊！再说，孟孙才以为有躯壳的更换而没有心神的减损，有形体的转化而没有真正的死亡。他只是觉得别人哭他也要哭，所以就这么表现出来了。再说，人们互相称呼自己为'我'，但怎么知道我所说的我是什么呢？再说，你梦为鸟就飞上高天，梦为鱼就沉入深渊，不知道正在谈话的我们，是清醒的，还是在做梦？人们在忽然适意时，是来不及笑的；一旦笑了，是来不及安排的；接受安排而顺应变化，就会进入空虚自然的整体中。"

[解读]

① 孟孙才活在世间就依循世间的规则，但又不为规则所困。他的理解程度超过众人，所以表现自有特色。他也是忠于自己啊！在本文中，好像孔子成了他的知音。

② 盖鲁国："盖"为覆。壹怪："壹"为则。旦宅：转变形体。情：实。献笑："献"为显。寥天一：形容自然整体，颇为生动。

[6.12]

意而子见许由，许由曰："尧何以资汝？"意而子曰："尧谓我：汝必躬服仁义而明言是非。"许由曰："而奚来为轵（zhǐ）？夫尧既已黥（qíng）汝以仁义，而劓汝以是非矣，汝将何以游夫遥荡恣睢（zì suī）转徙之涂乎？"意而子曰："虽然，吾愿游于其藩。"许由曰："不然。夫盲者无以与乎眉目颜色之好，瞽者无以与乎青黄黼黻（fǔ fú）之观。"意而子曰："夫无庄之失其美，据梁之失其力，黄帝之亡其知，皆在炉捶之间耳。庸讵知夫造物者之不息我黥而补我劓，使我乘成以随先生邪？"许由曰："噫！未可知也。我为汝言其大略：吾师乎！吾师乎！齑（jī）万物而不为义，泽及万世而不为仁，长于上古而不为老，覆载天地、刻雕众形而不为巧。此所游已。"

意而子去见许由，许由说："尧教给你什么？"意而子说："尧对我说：你一定要实行仁义，并且明辨是非。"许由说："你还来这里做什么？尧既然已经用仁义在你脸上刺青，又用是非割去你的鼻子，你又怎么能够遨游于纵散、放任、变化多端的大路上呢？"意而子说："虽然如此，我还是想要在它的边缘遨游。"许由说："办不到的。盲人无从欣赏眉目容颜之美好，瞎子无从欣赏彩色锦绣的华丽。"意而子说："无庄不顾自己的美貌，据梁放弃自己的力气，黄帝忘记自己的知识，他们三人都是经过锻炼才成功的。怎么知道造物者不会消除我脸上的刺青，修补我被割去的鼻子，让我恢复完整之身，来追随先生呢？"许由说："喔！这也无法确知。我为你讲个大概吧：我的老师啊！我的老师啊！它毁坏万物而不算是暴戾，泽被万代而不算是仁慈，生于上古而不算是年老，覆天载地、雕塑众生而不算是巧艺。这就是所要遨游的境地。"

[解读]

① 许由认为，一旦入门跟错老师，就没有体悟大道的希望。意而子则想经由"炉捶"锻炼，再重新出发。许由允其所请。

② "吾师乎"所指是"道"，亦即本篇《大宗师》所名者。后续的四句描述皆为"对立之统一"，要化解世人的偏见，以求超脱"仁义是非"的相对价值观，然后可以回归于道的究竟真实。不为义："义"借为"戾"。

[6.13]

颜回曰："回益矣。"仲尼曰："何谓也？"曰："回忘仁义矣。"曰："可矣，犹未也。"他日，复见，曰："回益矣。"曰：

"何谓也？"曰："回忘礼乐矣！"曰："可矣，犹未也。"他日，复见，曰："回益矣！"曰："何谓也？"曰："回坐忘矣。"仲尼蹴（cù）然曰："何谓坐忘？"颜回曰："堕肢体，黜（chù）聪明，离形去知，同于大通，此谓坐忘。"仲尼曰："同则无好也，化则无常也。而果其贤乎！丘也请从而后也。"

[白话]

　　颜回说："我有进步了。"孔子说："怎么说呢？"颜回说："我忘记仁义了。"孔子说："不错了，但还不够好。"过了几日，颜回又去见孔子，说："我有进步了。"孔子说："怎么说呢？"颜回说："我忘记礼乐了。"孔子说："不错了，但还不够好。"过了几日，颜回又去见孔子，说："我有进步了。"孔子说："怎么说呢？"颜回说："可以坐忘了。"孔子惊讶地问："什么是坐忘？"颜回说："摆脱肢体，除去聪明；离开形骸，消解知识，同化于万物相通的境界，这样就叫坐忘。"孔子说："能同，就没有什么偏私；能化，就没有什么执著。你真是了不起啊！我也希望随你一起努力。"

[解读]

① 忘的顺序是：忘仁义，忘礼乐，然后坐忘。仁义是较为普遍（也较为抽象）的原则或理想，礼乐是较为具体（也较为落实）的操作或规范；至于坐忘，则是针对自我，再化解形与知的作用，等于"忘己"，然后可以"同于大通"。在此，许多专家以为应该先忘礼乐再忘仁义，这点可供参考。不过，由于一般人忘仁义较易，忘礼乐较难，而忘记自我更是难上加难。所以，不必更改其顺序。

② 孔子最后说"请从而后"，实在是一位很有风度的老师。这一点倒是符合真实孔子的表现。

[6.14]

子舆与子桑友，而霖雨十日，子舆曰："子桑殆病矣！"裹饭而往食（sì）之。至子桑之门，则若歌若哭，鼓琴曰："父邪！母邪！天乎！人乎！"有不任其声而趋举其诗焉。子舆入，曰："子之歌诗，何故若是？"曰："吾思夫使我至此极者而弗得也。父母岂欲吾贫哉？天无私覆，地无私载，天地岂私贫我哉？求其为之者而不得也。然而至此极者，命也夫！"

[白话]

子舆与子桑是朋友，接连下了十天大雨，子舆说："子桑恐怕要饿得生病了。"于是带饭去给他。子舆到了子桑家门口，听到像唱歌又像哭泣的声音，弹着琴唱道："父亲啊！母亲啊！天啊！人啊！"声音有气无力，急促地唱出这些诗句。子舆走进屋内，说："你唱诗句，为什么这个样子？"子桑说："我在想是谁让我落到了这个地步，但想不出来。父母难道会希望我贫困吗？天无私地覆盖一切，地无私地承载一切，天地难道会单单让我贫困吗？我想找出是谁该负责，但找不到。那么，我落到这个地步，就当它是命吧！"

[解读]

① 子舆以为子桑在抱怨，而他们这种人是不会也不屑于抱怨的，所以他要问子桑"何故若是"。

② 子桑的回答，意指：对于找不出原因的遭遇，可以归之于"命"。不过，人的贫困真的找不出原因吗？庄子生当战国乱世，或许面对许多无可奈何的状况，不是我们可以理解的。

应帝王　第七

要旨：人不能脱离世间而生活，那么应该采取什么态度呢？庄子的立场是无心而为与用心若镜。"无心而为"是指：顺物自然而无容私焉，任何作为都不必怀有刻意的目的。若非如此，连看相算命的人都可以眩惑我们。"用心若镜"则可以胜物而不伤。这是两不相伤，天人相洽。浑沌之喻提醒人守住本性与禀赋，便可一切具足。

[7.1]

啮（niè）缺问于王倪，四问而四不知。啮缺因跃而大喜，行以告蒲衣子。蒲衣子曰："而乃今知之乎？有虞氏不及泰氏。有虞氏其犹藏仁以要人，亦得人矣，而未始出于非人。泰氏其卧徐徐，其觉于于；一以己为马，一以己为牛；其知情信，其德甚真，而未始入于非人。"

[白话]

啮缺向王倪请教，四次发问，四次的回答都是不知道。啮缺因此高兴得跳了起来，前去告诉蒲衣子。蒲衣子说："你现在知道了吧？有虞氏比不上泰氏。有虞氏还存着仁义之念，想借此收服人心；他也确实得到了人心，但未曾脱离那失去人性的状态。泰氏安稳地睡去，懵懂地醒来；随别人称自己为马，随别人称自己为牛。他的知识确实可靠，他的天赋十分真实，并且未曾陷入那失去人性的状态。"

[解读]

① 按［12.5］所载，啮缺的老师是王倪，王倪的老师是被衣，而被衣即是蒲衣子。有虞氏是舜，泰氏是伏羲氏。

② 王倪的"四不知"，在［2.12］是关于"物之所同，子之所不知，物无知，知利害"这四个问题，可供参考。

③ "非人"，是指失去人性的状态。因此，未始出于非人与未始入于非人，就是一劣一优了。

［7.2］

肩吾见狂接舆。狂接舆曰："日中始何以语女？"肩吾曰："告我：君人者以己出经式义，庶人孰敢不听而化诸！"狂接舆曰："是欺德也。其于治天下也，犹涉海凿河而使蚊负山也。夫圣人之治也，治外乎？正而后行，确乎能其事者而已矣。且鸟高飞以避矰（zēng）弋之害，鼷（xī）鼠深穴乎神丘之下以避熏凿之患，而曾（zēng）二虫之无知？"

［白话］

肩吾去见狂人接舆。狂人接舆说："那一天中始对你说了些什么？"肩吾说："他告诉我：做国君的，只要自己制定礼仪法规并照着实行，老百姓谁敢不听从归化呢？"接舆说："这是扭曲人的自然之性啊！以这种方式治理天下，就像越过大海去开凿一条河，或者让蚊子背负一座山。圣人治理时，要由外在约束人吗？他是先求端正自己，然后再行动，不干涉有能力的人发挥才干而已啊。再说，鸟会高飞以躲避罗网弓箭的伤害，鼷鼠会在层层山丘下深掘洞穴，以躲避烟熏挖凿的祸患，难道你不知道这两种动物的做法吗？"

[解读]

① 欺德：德是天赋所得，亦即自得之性。欺为误，过多的人为设计，将扭曲人的天性。鸟与鼠依其本能，会努力求生；人除了求生之外，还需要保全本性。神丘："神"借为"层"。

[7.3]

天根游于殷阳，至蓼（liǎo）水之上，适遭无名人而问焉，曰："请问为天下。"无名人曰："去！汝鄙人也，何问之不豫也？予方将与造物者为人，厌，则又乘夫莽眇（miǎo）之鸟，以出六极之外，而游无何有之乡，以处圹（kuàng）埌（láng）之野。汝又何帠（yì）以治天下感予之心为？"又复问，无名人曰："汝游心于淡，合气于漠，顺物自然而无容私焉，而天下治矣。"

[白话]

天根去殷山南面游玩，走到蓼水岸边，刚好碰见无名人，就问他说："请教你治理天下的方法。"无名人说："走开！你真是鄙陋的人啊，怎么会提出这么不愉快的问题呢？我正要与造物者做伴同游，满意了之后，再乘着虚无缥缈的鸟，飞出天地四方之外，遨游于无何有之乡，处在广阔无边的原野中。你又何必用治理天下这种事来扰乱我的心呢？"天根又再问了一次，无名人说：

"你让心思安静下来，让精神无动于衷，然后顺着万物本来的样子，不去妄自作为，这样天下就治理好了。"

[解读]

① 本文展现了有为与无为之间的对照。目的是"天下治矣"，而有为的结果是我们在历史上所见的，无为则从未普遍实施过。或许这不仅仅是统治者一人的修养所能决定的。庄子思想即使无法用来治天下，也可以为个人提出自处之道。何：何暇，何必。

② "顺物自然"，在此"自然"是指"自己而然"，或万物本来的样子，未经人工改变的状态。

[7.4]

阳子居见老聃，曰："有人于此，向疾强梁，物彻疏明，学道不倦。如是者，可比明王乎？"老聃曰："是于圣人也，胥易技系，劳形怵（chù）心者也。且也虎豹之文来田，猨（yuán）狙（jū）之便来藉。如是者，可比明王乎？"阳子居蹴然曰："敢问明王之治。"老聃曰："明王之治：功盖天下而似不自己，化贷万物而民弗恃；有莫举名，使物自喜；立乎不测，而游于无有者也。"

[白话]

阳子居去见老聃，说："如果有一个人，行事敏捷果断，辨理透彻明达，学道孜孜不倦。这样的人可以与明王相比吗？"老聃说："与圣人比起来，这种人是知识上没有定见、肢体上受到束缚，落得形体劳累、心神不安罢了。再说，虎豹因为身上的花纹，招来了猎人；猿猴因为行动的敏捷，被人套上绳索。像这样的人，能与

　　　　　　　　　　　　　傅佩荣解读《庄子》（修订版）

明王相比吗？"阳子居脸色尴尬，说："请问明王是怎样治理的？"
老聃说："明王治理时，功劳广被天下，却好像与自己无关；教化
普施万物，而百姓不觉得有所依赖；拥有一切但不能描述，使万物
可以自得而喜；立足于神妙不测的地位，遨游于虚空无有之境。"

[解读]

① 问的是"明王"，答的是"圣人"，在此已有"内圣外王"的
观念了。"明王"的"明"字，可以参考老子所谓的"知常曰
明""见小曰明""自知者明"等语，表示它与智慧的觉悟有关。

② 向疾：敏疾如响斯应。强梁：果敢，多力。物彻：物之道，物
理。胥易：知识惑易。技系："技"借为"肢"，肢体受束缚。

[7.5]

郑有神巫曰季咸，知人之死生、存亡、祸福、寿夭，期以岁
月旬日若神。郑人见之，皆弃而走。列子见之而心醉，归，以告
壶子，曰："始吾以夫子之道为至矣，则又有至焉者矣。"壶子
曰："吾与汝既其文，未既其实，而固得道与？众雌而无雄，而
又奚卵焉？而以道与世亢（kàng），必信，夫故使人得而相汝。
尝试与来，以予示之。"明日，列子与之见壶子。出而谓列子曰：
"嘻！子之先生死矣！弗活矣！不以旬数矣！吾见怪焉，见湿灰
焉。"列子入，泣涕沾襟以告壶子。壶子曰："乡（xiàng）吾示之
以地文，萌乎不震不止，是殆见吾杜德机也。尝又与来。"明日，
又与之见壶子。出而谓列子曰："幸矣，子之先生遇我也。有瘳
（chōu）矣，全然有生矣，吾见其杜权矣。"列子入，以告壶子。
壶子曰："乡吾示之以天壤，名实不入，而机发于踵。是殆见吾
善者机也。尝又与来。"

　　郑国有一位神巫，名叫季咸；他能测知人的死生、存亡、祸福、寿夭，卜算出年月日，准确如神。郑国人看到他，都纷纷走避。列子见到他，却很崇拜，回去告诉壶子说："原先我以为先生的道术最高深了，现在又看到更了不起的。"壶子说："我教过你表面的虚文，还未谈到真实的部分，你就以为自己明白道了吗？全是雌鸟而没有雄鸟，又怎么会产卵呢？你用表面的虚文与世人周旋，一定会想要凸显自己，这样就让人有机会算出你的命运。你试着请他来，替我看看相。"第二天，列子带着季咸来见壶子。见过面出去后，季咸对列子说："唉！你的先生快要死了，活不了了，不会超过十天！我看他神色有异，呼吸像湿灰一般沉重。"列子进入屋内，哭得眼泪沾湿了衣襟，把这个消息告诉壶子。壶子说："刚才我显示给他看的是地象，是不动不止的阴静状态。他大概是看我闭塞住自得的生机了。再请他来看看。"第二天，列子又带季咸来了。季咸见了壶子后，出去对列子说："真是幸运，你的先生正好遇到我。有救了，全然有生气了，我看见他闭塞的生机开始活动了。"列子进屋把这个消息告诉壶子。壶子说："刚才我显示给他看的是天地相通之象，名与实都不存于心，一线生机从脚跟发出。他大概是看到我生机发动了。再请他来看看。"

[解读]

① 神巫，形容占卜算命的人灵验如神。占卜之事并非全属虚妄，但因吉凶祸福全依世俗价值观来决定，就使占卜与人的心灵修养之间，产生对立关系。譬如，占出人的不幸遭遇，就会使人悲伤吗？列子"泣涕沾襟"，正好证明他学道未成。

② 壶子首先展示"地文"，显示"杜德机"；之后展示"天壤"，显示"善者机"。

[7.6]

明日，又与之见壶子。出而谓列子曰："子之先生不齐，吾无得而相焉。试齐，且复相之。"列子入，以告壶子。壶子曰："乡吾示之以太冲莫胜，是殆见吾衡气机也。鲵（ní）桓之审为渊，止水之审为渊，流水之审为渊。渊有九名，此处三焉。尝又与来。"明日，又与之见壶子。立未定，自失而走。壶子曰："追之！"列子追之不及。反，以报壶子曰："已灭矣，已失矣，吾弗及已。"壶子曰："乡吾示之以未始出吾宗。吾与之虚而委蛇（yí），不知其谁何，因以为弟靡，因以为波流，故逃也。"然后列子自以为未始学而归。三年不出，为其妻爨（cuàn），食豕如食人。于事无与亲，雕琢复朴，块然独以其形立。纷而封哉，一以是终。

[白话]

第二天，列子又带季咸来，季咸见了壶子后，出去对列子说："你的先生动静不定，我无法为他看相。等他平静下来，我再看吧。"列子进屋把这句话转告壶子。壶子说："刚才我显示给他看的是太虚无迹之象。他大概是看到我神情平衡的生机了。鲸鱼盘旋之处形成深渊，止水之处形成深渊，流水之处形成深渊。深渊有九种情况，我在此显示了三种。再请他来看看。"第二天，两人又来见壶子。季咸还未站定，就慌忙逃走了。壶子说："快去追他。"列子追出去，已经来不及了。他回来报告壶子，说："不见踪影了，不知去向了，我追不到他。"壶子说："刚才我显示给他看的是完全不离本源的状态。我以空虚之心随顺他，使他不知我究竟是谁，一下以为我顺风而倒，一下以为我随波逐流，所以立刻逃走了。"经过这次事件，列子才明白自己什么也没学会，就告辞回家，三年不外出。帮助妻子烧火做饭，喂猪像是侍候人一样。对于世间事物毫不在意，抛弃雕琢而回归朴素，超然独立于尘世之外，在纷扰的人间守住本性，终身如此。

① 壶子对季咸，接着又展示"太冲莫胜"，显示"衡气机"；最后展示了"未始出吾宗"，完全无迹（无机）可循。四见而四变，表示外貌或神情可以千变万化，而内在真我不动如山。最后使季咸"自失而走"。内在修养确实可以产生极大功效。

② 《列子·黄帝》谈到，"渊有九名"：鲵桓、止水、流水、滥水、沃水、氿水、雍水、汧水、肥水。虚而委蛇："委蛇"为随顺。

③ 列子后来回家在日常生活中修行自己，见证了"平常心是道"的原则。在古代，比较准确的说法是"顺其自然就是道"。

[7.7]

无为名尸，无为谋府，无为事任，无为知主。体尽无穷，而游无朕。尽其所受乎天，而无见得，亦虚而已。至人之用心若镜，不将不迎，应而不藏，故能胜物而不伤。

[白话]

不要占有名声，不要暗藏谋略，不要承担责任，不要运用智力。体会无穷无尽的变化，遨游于无迹无象的境界。完全活出自然赋予自己的本性，而忘记有所见与有所得，只是让自己空虚而已。至人的用心就像镜子一样，对外物的来去，既不送也不迎，只反映而不留存，所以能够承受万物变化而没有任何损伤。

[解读]

① 本文一连四个"无为"，看似消极，其实是要消解世俗的困扰。经过此一消解，才可能转移方向，积极活出人的天性。一消一长，只看方向是否正确而已。

② "用心若镜"是个生动的比喻。镜子必须平而明，人心也须平静而觉悟。至人的不凡之处在此。

[7.8]

南海之帝为儵（shū），北海之帝为忽，中央之帝为浑沌。儵与忽时相与遇于浑沌之地，浑沌待之甚善。儵与忽谋报浑沌之德，曰："人皆有七窍以视听食息，此独无有，尝试凿之。"日凿一窍，七日而浑沌死。

[白话]

南海的帝王是儵，北海的帝王是忽，中央的帝王是浑沌。儵与忽时常在浑沌的土地上相会，浑沌待他们非常和善。儵与忽想要报答浑沌的美意，就商量说："人都有七窍，用来看、听、饮食、呼吸，唯独他什么都没有，我们试着为他凿开。"于是，一天凿开一窍，七天之后浑沌就死了。

[解读]

① 儵与忽，是描写行动迅速的字，代表积极有为。浑沌则是未分的混同状态。
② 人皆生而有七窍，自小就脱离了浑沌，但是经由适当的修行与觉悟，也可以渐渐回复浑沌之心。

外

篇

骈拇 第八

要旨：天生万物，各有其性，也各有其命。人有理智与自由，因此可能自作聪明，为自己增加各种人间的价值，结果反而丧失了性命的真实状况。真正的善，不是仁义，而是善待自己所得的一切，亦即保存性命的原貌，不为任何外在的目的而有所牺牲，进而可以自适其适。

[8.1]

骈（pián）拇枝指，出乎性哉！而侈于德。附赘县（xuán）疣，出乎形哉！而侈于性。多方乎仁义而用之者，列于五藏（zàng）哉！而非道德之正也。是故骈于足者，连无用之肉也；枝于手者，树无用之指也；多方骈枝于五藏之情者，淫僻于仁义之行，而多方于聪明之用也。是故骈于明者，乱五色，淫文章，青黄黼黻（fǔ fú）之煌煌非乎？而离朱是已。多于聪者，乱五声，淫六律，金石丝竹黄钟大吕之声非乎？而师旷是已。枝于仁者，擢（zhuó）德塞（qiān）性以收名声，使天下簧鼓以奉不及之法非乎？而曾、史是已。骈于辩者，累（léi）瓦结绳窜句，游心于坚白同异之间，而敝跬（kuǐ）誉无用之言非乎？而杨、墨是已。故此皆多骈旁枝之道，非天下之至正也！

　　脚趾相连成四趾，手指分歧成六指，这是出于天生的啊！但是却比应得的多些。身上长出多余的肉瘤，这是出于形体的啊！但是却比天生的多些。想尽办法推广仁义来应用，还将其展示比拟为五脏啊！但却不是道德的正途。因此，脚趾并生，是连着没有用的肉；手指分歧，是长着没有用的指。想尽办法在五脏的实况之外增加东西，是过分偏激地推行仁义，并且过分浮滥地使用聪明。因此，超过正常目明的人，搅乱五色、混淆文采，那华丽刺绣的多彩多姿不是如此吗？像离朱就是这样的人。超过正常耳聪的人，搅乱五声、混淆六律，那金石丝竹与黄钟大吕的乐声不是如此吗？像师旷就是这样的人。超过正常行仁的人，矫饰扭曲天生的本性，用以沽名钓誉，那使天下人敲锣打鼓去奉行不相干的规范，不是如此吗？像曾参、史就是这样的人。超过正常辩才的人，堆砌辞藻、穿凿文句，在坚白与同异之类的诡辩中打转，那用尽心力去叙述毫无用处的言论，不是如此吗？像杨朱、墨翟就是这样的人。以上所说都是多余的偏差做法，而不是天下最正当的途径啊！

［解读］

① 本文从骈拇枝指说起，谈到"明、聪、仁、辩"如果多出其正常的情况，就会制造困扰。骈：并。枝：歧。擢德塞性："擢"为拔取，"塞"为夺走。敝跬：格外用力。

② 离朱，黄帝时人，眼力好，"百步见秋毫之末"。师旷，晋国乐师，"善音律，能致鬼神"。曾参行仁，史行义。杨朱主张为我，墨翟主张兼爱。

③ 五色：青、赤、黄、白、黑。五声：宫、商、角、徵、羽。六

律：黄钟、太簇、姑洗（xiǎn）、蕤（ruí）宾、无射（yì）、夷则。

[8.2]

彼至正者，不失其性命之情。故合者不为骈，而枝者不为跂（qí）；长者不为有余，短者不为不足。是故凫（fú）胫（jìng）虽短，续之则忧；鹤胫虽长，断之则悲。故性长非所断，性短非所续，无所去忧也。意仁义其非人情乎！彼仁人何其多忧也？且夫骈于拇者，决之则泣；枝于手者，龁（hé）之则啼。二者，或有余于数，或不足于数，其于忧一也。今世之仁人，蒿（hāo）目而忧世之患；不仁之人，决性命之情而饕贵富。故意仁义其非人情乎！自三代以下者，天下何其嚣嚣也！且夫待钩绳规矩而正者，是削（xuē）其性也；待绳约胶漆而固者，是侵其德也；屈折礼乐，呴（xǔ）俞仁义，以慰天下之心者，此失其常然也。天下有常然，常然者，曲者不以钩，直者不以绳，圆者不以规，方者不以矩，附离不以胶漆，约束不以纆（mò）索。故天下诱然皆生，而不知其所以生；同焉皆得，而不知其所以得。故古今不二，不可亏也。则仁义又奚连连如胶漆纆索而游乎道德之间为哉？使天下惑也！

[白话]

所谓最正当的途径，就是不失去性命的真实。因此合在一起的不算是并生，分歧而出的不算是多余。长的不算是有余，短的不算是不足。所以鸭脚虽短，接长了它就会烦恼；鹤脚虽长，折断了它就会悲伤。因此，本性长的不要折断，本性短的不要接长，这样就没有什么可忧愁的。或许仁义不是人的真实吧！不然那些仁人为什么有这么多忧愁呢？再说，脚趾相连的人，如果割开两趾，他会哭泣；手指分歧的人，如果咬断一指，他会哀啼。这两种人，一种多于应有之数，一种少于应有之数，但是他们的忧愁却是一样的。当前的仁人，总是愁眉不展，担忧世间的祸患；不仁的人，又离弃性命的真实去贪求富贵。这样看来，或许仁义不是人的真实吧！不然从夏商周三代以来，天下怎么如此扰攘多事呢！再说，要靠钩、绳、规、矩来矫正的，都是削损了本性；要靠绳索、胶漆来固定的，都是侵害了原状；以弯腰屈膝来推行礼乐，以和颜悦色来劝导仁义，借此抚慰天下人心的，都是违背了常态。天下万物都有它们的常态。这常态就是：曲的不用靠弯钩，直的不用靠绳墨，圆的不用靠圆规，方的不用靠方矩，附着不用靠胶漆，约束不用靠绳索。所以天下万物欣欣向荣地生长，却不知道自己凭什么生长；莫名其妙地获得，却不知道自己凭什么获得。所以古代与今天并无分别，一切都不能减损丝毫。那么仁义又为什么连续不断像胶漆绳索一样，掺杂在道与德之间的领域呢？这将使天下人感到迷惑啊！

[解读]

① 性命之情：这是本书常用的术语，意指"性命的真实状态"。性是生来所具，命是客观及现成的条件；因此，对于天生的骈拇枝指，不必过于忧愁。但是仁义却是后天所制造的骈拇枝指，无异于庸人自扰。

② 道德之间："道"是万物的来源与归宿，"德"是万物得之于道者。因此，道（究竟的真实）与德（一般的、相对的真实）之间，原本没有隔阂。既然如此，那些推行仁义，想要借此联系道与德的人，不是自寻烦恼吗？诱然："诱"借为"秀"，进展貌；同焉："同"借为"侗"（tóng），无知貌。

[8.3]

夫小惑易方，大惑易性，何以知其然邪？自虞氏招仁义以挠天下也，天下莫不奔命于仁义。是非以仁义易其性与？故尝试论之，自三代以下者，天下莫不以物易其性矣。小人则以身殉利，士则以身殉名，大夫则以身殉家，圣人则以身殉天下。故此数子者，事业不同，名声异号，其于伤性以身为殉，一也。臧与谷二人相与牧羊，而俱亡其羊。问臧奚事，则挟策（cè）读书；问谷奚事，则博塞以游。二人者，事业不同，其于亡羊均也。伯夷死名于首阳之下，盗跖（zhí）死利于东陵之上。二人者，所死不同，其于残生伤性均也。奚必伯夷之是而盗跖之非乎？天下尽殉也。彼其所殉仁义也，则俗谓之君子；其所殉货财也，则俗谓之小人。其殉一也，则有君子焉，有小人焉；若其残生损性，则盗跖亦伯夷已，又恶（wū）取君子小人于其间哉！

[白话]

小的迷惑使人改变方向，大的迷惑使人改变本性。怎么知道是这样的呢？自从虞舜标举仁义来带动天下，天下的人无不为了仁义而拼命奔走，这不是用仁义来改变人们的本性吗？所以现在要试作申论。从夏、商、周三代以来，天下的人无不为了外物而改变本性。小人为了利益而牺牲生命，士人为了名誉而牺牲生命，大夫为了家族而牺牲生命，圣人为了天下而牺牲生命。这几种人，所做的事情不同，获得的名声也有别，但是他们在损伤本性、牺牲生命方面，却是一样的。男仆与小孩结伴去牧羊，结果两人的羊都走失了。问男仆在做什么？他说是手持竹简在读书；问小孩在做什么？他说是掷骰子在玩游戏。这两个人，所做的事情不同，但是失去羊却是一样的。伯夷为了名而死在首阳山下，盗跖为了利而死在东陵山上；这两个人，赴死的理由不同，但是残害生命、损伤本性却是一样的。何必要认为伯夷是对的而盗跖是错的呢？天下的人都在牺牲生命啊！牺牲是为了仁义，就被世俗称为君子；牺牲是为了财物，就被世俗称为小人。他们牺牲生命是一样的，却有的被称为君子，有的被称为小人。如果就残害生命、损伤本性看来，则盗跖也和伯夷一样，又如何在他们之间区分君子与小人呢！

[解读]

① 所谓"残生伤性"，是指为了外在目的而疲于奔命，使自己劳累不堪，甚至最后还牺牲了生命。外在目的有"利、名、家、天下"等，因此"小人、士、大夫、圣人"都陷于同样的困境，也就是"天下尽殉也"。

② 我们固然不必执著于"君子""小人"这一类世俗的名称，但是若要做到"活着，却不为任何外在目的而牺牲"，却不是一件容易的事。人的本性也许正包含了"可以自由选择目的"的能力，并且牺牲也未必不能"适可而止"啊！"臧"为娶婢女的男仆，"谷"为童仆。

[8.4]

且夫属其性乎仁义者，虽通如曾、史，非吾所谓臧也；属其性于五味，虽通如俞儿，非吾所谓臧也；属其性乎五声，虽通如师旷，非吾所谓聪也；属其性乎五色，虽通如离朱，非吾所谓明也。吾所谓臧者，非所谓仁义之谓也，臧于其德而已矣；吾所谓臧者，非所谓仁义之谓也，任其性命之情而已矣；吾所谓聪者，非谓其闻彼也，自闻而已矣；吾所谓明者，非谓其见彼也，自见而已矣。夫不自见而见彼，不自得而得彼者，是得人之得而不自得其得者也，适人之适而不自适其适者也。夫适人之适而不自适其适，虽盗跖与伯夷，是同为淫僻也。余愧乎道德，是以上不敢为仁义之操，而下不敢为淫僻之行也。

[白话]

再说，把仁义当成本性的目标，即使像曾参、史那样杰出，也不是我所谓的善；把五味当成本性的目标，即使像俞儿那样杰出，也不是我所谓的善；把五声当成本性的目标，即使像师旷那样杰出，也不是我所谓的聪；把五色当成本性的目标，即使像离朱那样杰出，也不是我所谓的明。我所谓的善，不是指仁义，只是善待自己所得的一切而已；我所谓的善，不是一般所说的仁义，只是随顺性命的真实而已；我所谓的聪，不是要能听见别人，只是要听见自己而已；我所谓的明，不是要能看清别人，只是要看清自己而已。看清别人而看不清自己，得到别人的肯定而得不到自己的肯定，这是让别人有所得而不能让自己有所得，让别人得到安适而不能让自己得到安适。让别人得到安适而不能让自己得到安适，那么即使盗跖与伯夷的作为有别，也同样是邪恶不正的。我面对道与德而自觉惭愧，所以往上说，不敢奉行仁义的操守，往下说，不敢从事邪恶的行为。

[解读]

① 俞儿是古代善于辨别美味的人，与易牙齐名。

② 本段谈到自闻、自见、臧于其得、任其性命之情等，都算符合道家的思想。但是，最后两句结语被专家评为"有取巧居中，苟容于世之嫌"。是否如此？《庄子·外篇》的内容有不少值得商榷之处，此其一例也。

马蹄　第九

要旨：马是万物之一，有它自身的性与命，但是从人的角度来判断，就要设法让它变得有用。结果呢？善于驯马的伯乐会淘汰一半以上的劣马。儒家所谓的圣人，为了治理百姓而制作礼乐，倡言仁义，结果呢？人们脱离了道与德，苦不堪言。道是根源，德是本性，人实在不必刻意作为而自寻烦恼。

[9.1]

马，蹄可以践霜雪，毛可以御风寒，龁（hé）草饮水，翘（qiáo）足而陆，此马之真性也。虽有义台路寝，无所用之。及至伯乐，曰：“我善治马。”烧之，剔之，刻之，雒（luò）之。连之以羁馽（zhí），编之以皁（zào）栈，马之死者十二三矣；饥之，渴之，驰之，骤之，整之，齐之，前有橛（jué）饰之患，而后有鞭筴（cè）之威，而马之死者已过半矣。陶者曰：“我善治埴（zhí）。圆者中规，方者中矩。”匠人曰：“我善治木。曲者中钩，直者应绳。”夫埴、木之性，岂欲中规矩钩绳哉？然且世世称之曰：“伯乐善治马，而陶、匠善治埴、木。”此亦治天下者之过也。吾意善治天下者不然。彼民有常性，织而衣，耕而食，是

　　　　　　　　　　　傅佩荣解读《庄子》（修订版）

谓同德；一而不党，命曰天放。

[白话]

马，蹄可以踩踏霜雪，毛可以抵挡寒风，饿了吃草，渴了喝水，高兴了就举起蹄子跳来跳去，这是马的真实本性。即使给它高台大屋，也没有什么用处。等到伯乐出现，说："我很会训练马。"于是为马烙印、剪毛、削蹄、套上辔头，再用绳索把它们串联在一起，关进木棚做的马槽中，这时已经有十分之二三的马死去了；然后又让这些马饿着、渴着、疾行、奔跑、排整、列齐，前有衔勒的痛苦，后有鞭策的威胁，这时马已经死了一大半了。陶工说："我很会整治陶土，圆的合乎圆规，方的合乎方矩。"木工说："我很会整治木材，弯的合乎曲钩，直的合乎准绳。"陶土与木材的本性，难道是想要合乎圆规、方矩、曲钩、准绳吗？然而世世代代的人都称赞说："伯乐很会训练马，陶工、木工很会整治陶土与木材。"治理天下的人所犯的过错也是如此。我认为善于治理天下的人不会这么做。百姓有他们一贯的本性，织布而穿，耕田而食，这是说大家都处在共同的状态。浑然一体而没有偏私，就叫做效法自然。

[解读]

① 所谓"世有伯乐，然后有千里马"，原是一句人人传颂的美言，但是读到此段描写，不免调整观点，要从马的角度来思考。道家不以"人"为中心的立场，可谓十分明显。义台路寝："义"借为"巍"，高也。"路"，大。

② "同德"是大家皆未失去所得，所以都处于共同状态。"天放"是"放天"的倒语，因为这里谈到"善治天下者"，其表现应是仿效自然。

[9.2]

　　故至德之世，其行填填，其视颠颠。当是时也，山无蹊隧，泽无舟梁；万物群生，连属其乡；禽兽成群，草木遂长。是故禽兽可系羁（jī）而游，鸟鹊之巢可攀援而窥（kuī）。夫至德之世，同与禽兽居，族与万物并。恶乎知君子小人哉！同乎无知，其德不离；同乎无欲，是谓素朴。素朴而民性得矣。及至圣人，蹩（bié）躠（sǎ）为仁，踶（dì）跂（qí）为义，而天下始疑矣。澶（chán）漫为乐（yuè），摘辟（bì）为礼，而天下始分矣。故纯朴不残，孰为牺尊！白玉不毁，孰为珪（guī）璋！道德不废，安取仁义！性情不离，安用礼乐！五色不乱，孰为文采！五声不乱，孰应六律！夫残朴以为器，工匠之罪也；毁道德以为仁义，圣人之过也。

[白话]

　　所以，在至德的时代，百姓行动从容，目光专一。那时候，山上没有路径通道，水泽没有船只桥梁；万物众生，不分乡里；禽兽成群，草木茂盛。因此，禽兽可以让人牵着游玩，鸟鹊的巢可以任人爬到树上去窥探。在至德的时代，百姓与禽兽同居，与万物共处，哪里知道什么君子小人呢！天天真真地无知，就不会离开原始的状态；老老实实地无欲，就叫做单纯实在。能够单纯实在，百姓就会保持本性了。等到圣人出现，用尽心力去行仁，到处奔走去行义，于是天下人开始疑惑了；制作纵情的音乐，规定繁琐的礼仪，于是天下人开始分裂了。所以说，完整的树木不被砍伐，谁能做出雕饰的酒樽！洁白的玉石不被毁坏，谁能制成珪璋玉器！不抛弃道与德，怎么用得着仁义！不离开本性与真情，怎么用得着礼乐！五色不被搅乱，谁能调和文采！五声不被混淆，谁能应和六律！砍伐原木来作器物，那是工匠的罪过；摧毁道与德来推行仁义，那是圣人的过错。

[解读]

① "至德之世"近似西方对伊甸园的描写。世间一片祥和，"万物并育而不相害"。关键在于人们"无知无欲"。但是，人的本性难道不包括"有知有欲"在内吗？

② 由"及至圣人"一语，可知"圣人"已不再是《逍遥游》中与"至人、神人"并列的理想类型了。这儿的"圣人"是指儒家心目中圣王，自以为善于治民者。

③ "性情"一词在古代多作"情性"。情是真情，性是本性。

④ "道德"一词在翻译为白话时，最好分而言之，因为道与德并非一物，并且连用的"道德"一词，容易与"仁义"等道德行为混淆。

[9.3]

夫马，陆居则食草饮水，喜则交颈相靡，怒则分背相踶（dì），马知已此矣。夫加之以衡扼，齐之以月题，而马知介倪、闉（yīn）扼、鸷（zhì）曼、诡衔、窃辔（pèi）。故马之知而能至盗者，伯乐之罪也。夫赫胥氏之时，民居不知所为，行不知所之，含哺而熙，鼓腹而游，民能以此矣。及至圣人，屈折礼乐以匡天下之形，县（xuán）跂（qí）仁义以慰天下之心，而民乃始踶跂好知（zhì），争归于利，不可止也。此亦圣人之过也。

[白话]

马，平常在陆地上吃草喝水，高兴起来就彼此交颈摩擦，生气时就背对背相踢相踏，马所知道的仅止于此。等到加上了车衡颈扼，装上了额前佩饰，马就知道啃坏车、曲颈脱轭、抗拒车盖、吐出勒口、咬断辔头。所以马能知道这么多诡诈的花样，都是伯乐的罪过啊。在上古赫胥氏的时代，人们安居而不知该做什么，走路而不知该去哪里，口中含着食物在嬉戏，肚子吃得饱饱在游玩，人们所做的仅止于此。等到圣人出现，费心制作礼乐来匡正天下人的行为，努力推行仁义来抚慰天下人的心情，然后人们开始汲汲于求知，争相谋利而停不下来。这也是圣人的过错啊。

[解读]

① 赫胥氏是上古帝王，时代与行事皆不可考。依此文看来，应是庄子假托的人物。

② 圣人以为礼乐与仁义是人们所需要的，殊不知竟有莫大的后遗症。然而，我们能想象赫胥氏的时代吗?

胠箧　第十

要旨："圣人不死，大盗不止。"本篇批判儒家所谓的圣人，
可谓不遗余力。圣人以仁义礼乐来治理天下，大盗
学会了这套方法，就会不择手段来取得天下，然后
也以仁义礼乐作为号召。那么，不如回到"小国寡
民"（《老子》第八十章）的原始社会吧！在古代
有"至德之世"，可供我们缅怀。

[10.1]

　　将为胠（qū）箧（qiè）探囊发匮之盗而为守备，则必摄缄
（jiān）縢（téng），固扃（jiōng）鐍（jué），此世俗之所谓知也。
然而巨盗至，则负匮揭箧担囊而趋，唯恐缄縢扃鐍之不固也。然则
乡之所谓知者，不乃为大盗积者也？故尝试论之，世俗之所谓知
者，有不为大盗积者乎？所谓圣者，有不为大盗守者乎？何以知
其然邪？昔者齐国邻邑相望，鸡狗之音相闻，罔罟（gǔ）之所布，
耒（lěi）耨（nòu）之所刺，方二千余里。阖四竟之内，所以立宗
庙社稷，治邑屋州闾乡曲者，曷尝不法圣人哉？然而田成子一旦
杀齐君而盗其国，所盗者岂独其国邪？并与其圣知之法而盗之。
故田成子有乎盗贼之名，而身处尧、舜之安；小国不敢非，大国

不敢诛，十二世有齐国。则是不乃窃齐国，并与其圣知之法，以守其盗贼之身乎？

[白话]

为了防备那些撬箱子、掏袋子、开柜子的盗贼，一定要绑好绳索，关紧锁钮，这是世俗所谓的聪明。但是大盗一来，背起柜子、举起箱子、挑起袋子就跑，唯恐绳索与锁钮不牢固。那么刚才所谓的聪明人，不正是为大盗积累财物吗？因此让我们来试作申论。世俗所谓的智者，有谁不是为大盗积累财物的呢？所谓的圣者，有谁不是为大盗看守财物的呢？怎么知道是这样的？从前在齐国，邻近的村子彼此相望，鸡鸣狗叫之声彼此相闻，撒网捕鱼的范围、犁锄耕种的面积，方圆两千余里。全国国境之内，用心设立宗庙社稷、管理各级行政区域的，何尝不是取法于圣人的制作呢？然而，田成子一旦杀了齐君，窃占了他的国家，所盗走的难道只是他的国家吗？是连他圣智的法度也一起盗走了。所以田成子虽有盗贼的恶名，却处在像尧、舜一样安稳的环境。小国不敢批评他，大国不敢讨伐他，子孙十二代都统治着齐国。这不正是窃占了齐国，又连他圣智的法度一起拿走，用来保护身为盗贼的自己吗？

[解读]

① "邑屋、州闾、乡曲"是古代按人口计算的行政区域之名。邑屋：邑有三十六名男丁，屋有三名男丁。州闾：州有二千五百家，闾有二十五家。乡曲：乡有一万二千五百家，曲与乡合称乡曲，指称乡下地区。

② 田成子：齐国大夫陈恒（田成子常），他所弑者为齐简公，时在春秋末期鲁哀公十四年。孔子还曾为此进谏鲁哀公，请他率兵讨伐，但结果不了了之（《论语·宪问》）。

[10.2]

　　尝试论之，世俗之所谓至知者，有不为大盗积者乎？所谓至圣者，有不为大盗守者乎？何以知其然邪？昔者龙逢斩，比干剖，苌（cháng）弘胣（chǐ），子胥靡，故四子之贤而身不免乎戮。故跖（zhí）之徒问跖曰："盗亦有道乎？"跖曰："何适而无有道邪？夫妄意室中之藏，圣也；入先，勇也；出后，义也；知可否，知也；分均，仁也。五者不备而能成大盗者，天下未之有也。"由是观之，善人不得圣人之道不立，跖不得圣人之道不行；天下之善人少而不善人多，则圣人之利天下也少而害天下也多。故曰："唇竭则齿寒，鲁酒薄而邯郸围，圣人生而大盗起。"掊（pǒu）击圣人，纵舍盗贼，而天下始治矣。夫川竭而谷虚，丘夷而渊实。圣人已死，则大盗不起，天下平而无故矣。

[白话]

　　让我们来试作申论。世俗所谓最高明的智者，有谁不是为大盗积累财物的呢？所谓最高明的圣者，有谁不是为大盗看守财物的呢？怎么知道是这样的？从前关龙逢被斩首，比干被剖心，苌弘被车裂，子胥被沉尸江中，以这四个人的贤能，却无法免于杀身之祸。所以大盗跖的徒弟问他说："盗也有道吗？"跖说："怎么能没有道呢？大胆猜测屋中有宝藏，这是圣明；入内时领先，这是勇敢；退出时殿后，这是义气；判断进退时机，这是智谋；分赃公平，这是仁恩。不具备这五项条件而能成为大盗，那是天下不曾有过的。"由此看来，善人不懂得圣人之道就无法立足，盗跖不懂得圣人之道就无法横行。天下的善人少而不善人多，那么圣人有利于天下的少，而有害于天下的多。所以说："去掉嘴唇，牙齿就寒冷；鲁国的酒味变薄，赵国邯郸就遭到围困。圣人出现，大盗就兴起了。"只有打倒圣人，释放盗贼，天下才能安定。河川枯竭时，山谷才显得空旷；丘陵夷平时，深渊才显得充实；圣人死了，大盗就不会兴起，天下也就太平无事了。

[解读]

① 关龙逢被夏桀所杀，比干被商纣所害，苌弘被周灵王所杀，伍子胥被吴王夫差所害。可见每个时代都有这种惨事。

② "盗亦有道"，是指"圣（明）、勇、义、智、仁"，其实与"圣人之道"无异。换言之，推广圣人之道后，天下善人少而恶人多。为何遵行同样的途径（道），却有相反的作为呢？关键在于动机，还是在于途径本身？答案是：这种圣人之道本身就有问题，亦即偏离了人的自然本性。

③ 唇亡齿寒：春秋时代的成语，常用来描述"晋侯假道于虞以伐虢"这一段史实。虢与虞的命运，正如唇亡而齿寒，其间有明确的因果关系。

④ 鲁酒薄而邯郸围：战国时代，楚宣王因为鲁恭王送的酒太薄，乃发兵攻鲁；梁惠王见楚国无暇救赵，才有机会出兵围攻邯郸。这也是在讲因果关系。

[10.3]

圣人不死，大盗不止。虽重圣人而治天下，则是重利盗跖也。为之斗斛（hú）以量之，则并与斗斛而窃之；为之权衡以称之，则并与权衡而窃之；为之符玺（xǐ）以信之，则并与符玺而窃之；为之仁义以矫之，则并与仁义而窃之。何以知其然邪？彼窃钩者诛，窃国者为诸侯，诸侯之门而仁义存焉。则是非窃仁义圣知邪？故逐于大盗，揭诸侯，窃仁义，并斗斛权衡符玺之利者，虽有轩冕之赏弗能劝，斧钺（yuè）之威弗能禁。此重利盗跖而使不可禁者，是乃圣人之过也。

　　圣人如果不死，大盗就不会消失。虽然是借重圣人来治理天下，却等于对盗跖大为有利。圣人制定斗斛作为量器，大盗就连斗斛一起偷走；制定权衡作为天秤，就连权衡一起偷走；制定符玺作为信物，就连符玺一起偷走；制定仁义作为教具，就连仁义一起偷走。怎么知道是这样呢？偷窃腰带上的带钩的人会被处死，偷窃国家的人却成为诸侯，而诸侯家里的仁义多得很呢。这难道不是偷窃了仁义圣智吗？所以追随大盗、掠夺诸侯、偷窃仁义，以及用斗斛、权衡、符玺来图利的人，即使有高官厚爵的赏赐也无法劝阻，即使有严刑峻法的威胁也无法禁止。这种对盗跖大为有利而无法禁绝他们的情况，正是圣人的过错啊！

［解读］

①　"圣人不死，大盗不止"，这是本书中最偏激的论断之一，应该不是庄子本人的想法。事实上，后代往往并无圣人，而大盗依然不止。

②　"窃钩者诛，窃国者为诸侯"，这是沉痛的感慨，也反映出当时政治与人权的不理想状况。

［10.4］

　　故曰："鱼不可脱于渊，国之利器不可以示人。"彼圣人者，天下之利器也，非所以明天下也。故绝圣弃知，大盗乃止；擿（zhí）玉毁珠，小盗不起；焚符破玺，而民朴（pú）鄙；掊（pǒu）斗折衡，而民不争；殚（dān）残天下之圣法，而民始可与论议。擢乱六律，铄（shuò）绝竽（yú）瑟，塞（sè）瞽（gǔ）旷之耳，而天下始人含其聪矣；灭文章，散五采，胶离朱之目，而天下始人含其明矣；毁绝钩绳而弃规矩，攦（lì）工倕（chuí）之指，而天下始人有其巧矣。故曰："大巧若拙。"削（xuē）曾、史之行，钳杨、墨之口，攘弃仁义，而天下之德始玄同矣。彼人含其明，则天下不铄矣；人含其聪，则天下不累矣；人含其知，则天下不惑矣；人含其德，则天下不僻矣。彼曾、史、杨、墨、师旷、工倕、离朱者，皆外立其德，而以爚（yuè）乱天下者也，法之所无用也。

[白话]

　　所以说："鱼不能离开深渊，国家的利器不可显示给人看。"所谓圣人那一套，是治理天下的利器，不是拿来给天下人看的。因此，排除圣明、放弃智巧，大盗才会消失；丢掉玉石、毁坏珠宝，小盗就不会出现；焚烧信符、打破印玺，百姓就淳朴天真；劈开斗斛、折弯权衡，百姓就不会争执；完全破除天下的圣人法度，才可以与百姓谈论事情。搅乱六律，销毁竽瑟，塞住师旷的耳朵，然后天下人才可保住自己的听觉之聪；消除文采，解散五色，黏住离朱的眼睛，然后天下人才可保住自己的视觉之明；割坏钩绳，废弃规矩，折断工倕的手指，然后天下人才可保住自己的十指之巧。所以说："高明的机巧看来就像笨拙一样。"消除曾参、史鳝的善行，钳住杨朱、墨翟的利口，攘弃仁义，然后天下人的天赋才会玄妙齐一啊。人们保住自己的目明，天下就没有残缺之形；人们保住自己的耳聪，天下就没有难听之声；人们保住自己的智力，天下就没有迷惑之事；人们保住自己的天赋，天下就没有邪僻之行。像曾参、史、杨朱、墨翟、师旷、工倕、离朱等人，都是把自己的天赋展示出来，借以扰乱天下的。这些对正道都是没有用的。

　　　　　　　　　　　　　　　傅佩荣解读《庄子》（修订版）

① "鱼不可脱于渊，国之利器不可以示人"一语，出自《老子》
第三十六章。鱼若离水，无以为生；国之利器如果示人，必将
引起争斗。

② 《老子》第十九章有"绝圣弃智，民利百倍"与"绝巧弃利，
盗贼无有"二句；在此约省为"绝圣弃知，大盗乃止"。

③ 本段重点在于一个"含"字，就是保住原有天赋，不向外表现，
以免引起比较竞争之心。

[10.5]

子独不知至德之世乎？昔者容成氏、大庭氏、伯皇氏、中央
氏、栗陆氏、骊（lí）畜（xù）氏、轩辕氏、赫胥氏、尊卢氏、祝
融氏、伏戏（xī）氏、神农氏，当是时也，民结绳而用之，甘其
食，美其服，乐其俗，安其居，邻国相望，鸡狗之音相闻，民至
老死而不相往来。若此之时，则至治已。今遂至使民延颈举踵曰：
"某所有贤者。"赢粮而趣之，则内弃其亲，而外去其主之事，足
迹接乎诸侯之境，车轨结乎千里之外。则是上好知之过也。

[白话]

你难道不知道上古至德的时代吗？从前有过容成氏、大庭
氏、伯皇氏、中央氏、栗陆氏、骊畜氏、轩辕氏、赫胥氏、尊卢
氏、祝融氏、伏羲氏、神农氏，在那个时代，百姓以结绳来记
事，饮食香甜，服饰美好，习俗欢乐，居处安适，邻国彼此相
望，鸡鸣狗叫的声音也相互听得到，而百姓活到老死却不相往
来。像这样的时代，就是真正的太平了。现在竟然弄到让百姓伸
长脖子踮起脚跟说："某地有个贤人。"于是担起粮食前去投奔，

结果对内遗弃了自己双亲，对外不顾自己君主的事业，足迹出入于诸侯的国境，车轨往来于千里之外的远方。这是在上位的人喜欢智巧所造成的过错啊。

[解读]

① 本章所列的十二氏都是古代帝王，先后顺序有不同说法。

② "结绳"是指结绳记事，因为尚未发明文字。

③ 从"民结绳而用之"到"民至老死不相往来"，出于《老子》第八十章谈"小国寡民"的后半段。这种社会固然显得难以理解，但今日人与人之间的频繁往来程度，也是古人难以想象的事。

[10.6]

上诚好知而无道，则天下大乱矣。何以知其然邪？夫弓弩毕弋机变之知多，则鸟乱于上矣；钩饵网罟罾（zēng）笱（gǒu）之知多，则鱼乱于水矣；削（xuē）格罗落罝（jū）罘（fú）之知多，则兽乱于泽矣；知诈渐毒颉（xié）滑坚白同异之变多，则俗惑于辩矣。故天下每每大乱，罪在于好知。故天下皆知求其所不知而不知求其所已知者，皆知非其所不善而不知非其所已善者，是以大乱。故上悖日月之明，下烁（shuò）山川之精，中堕四时之施；惴耎（ruǎn）之虫，肖翘之物，莫不失其性。甚矣夫好知之乱天下也！自三代以下者是已，舍夫种种之民而悦夫役役之佞（nìng）；释夫恬淡无为而悦夫啍（tūn）啍之意，啍啍已乱天下矣。

[白话]

在上位的人若是喜欢智巧而不顾正道，天下就会大乱了。怎

　　　　　　　　　　　　傅佩荣解读《庄子》（修订版）

么知道是这样呢？弓箭、鸟网、机关这些智巧太多，鸟在天空受到惊吓就会乱飞；钓饵、渔网、竹篓这些智巧太多，鱼在水中受到惊吓就会乱游；竹篱、罗网、兽槛这些智巧太多，野兽在山泽里受到惊吓就会乱跑；智巧诈欺、钩心斗角、颠倒错乱、诡词强辩、坚白同异这些花样太多，世俗百姓受到惊吓，就会在分辨事理上陷于迷惑了。于是天下昏昏大乱，罪过就在于喜欢智巧。所以，天下人都知道要追逐他所不知道的，却不知道要探索他所已经知道的；都知道要责怪他所认为不好的，却不知道要责怪他所认为好的，因此才会造成大乱。于是，在上遮蔽了日月的光明，在下摧毁了山川的精华，在中破坏了四季的运行；无足的爬虫、微小的飞虫，无不失去了本性。因为喜欢智巧而扰乱天下，情况实在太严重了！从三代以来都是如此，舍弃淳厚的百姓而欣赏狡黠的佞人；撇开恬淡无为的原则而喜欢谆谆多言的教化。谆谆多言已经扰乱天下了。

[解读]

① "求其所不知"是指向外追逐新知识，不但永无止境，并且得到越多就越迷惑。"求其所已知"是指向内探索，从了解自己的本性与天赋开始，乃自我安顿的必经之途。

② "非其所不善"，是常见的表现，但是结果可能造成人与人互相责怪；"非其所已善"，则是检讨自己是否存有偏见与执著，是否需要调整价值观。

在宥　第十一

要旨：治理天下时，如果有所作为，那么不论为善为恶，结果都会带来灾难。何以如此？因为"人心"一旦受到挑拨，就会像捅开的蜂窝，后患无穷。万物皆生于土而反于土，依循自然规律，人为何不能因而忘记自己，不要刻意有所作为呢？本篇认为：有为将带来痛苦。但人类可能回复到原始社会吗？

[11.1]

闻在宥（yòu）天下，不闻治天下也。在之也者，恐天下之淫其性也；宥之也者，恐天下之迁其德也。天下不淫其性，不迁其德，有治天下者哉！昔尧之治天下也，使天下欣欣焉人乐其性，是不恬也；桀之治天下也，使天下瘁（cuì）瘁焉人苦其性，是不愉也。夫不恬不愉，非德也。非德也而可长久者，天下无之。人大喜邪？毗（pí）于阳；大怒邪，毗于阴。阴阳并毗，四时不至，寒暑之和不成，其反伤人之形乎！使人喜怒失位，居处无常，思虑不自得，中道不成章。于是乎天下始乔诘（jié）卓鸷（zhì），而后有盗跖、曾、史之行。故举天下以赏其善者不足，举天下以罚其恶者不给；故天下之大不足以赏罚。自三代以下者，匈匈焉终以赏罚为事，彼何暇安其性命之情哉！

[白话]

只听说保存宽待天下，没听说管理统治天下。所以要保存，是为了担心天下人放纵他的本性；所以要宽待，是为了担心天下人改变他的天赋。天下人都能不放纵本性、不改变天赋，哪里还用治理天下呢！从前尧治理天下时，使天下人都很高兴，以保有自己的本性为乐，这样就不安静了；桀治理天下时，使天下人都很忧愁，以保有自己的本性为苦，这样就不愉快了。不安静与不愉快，都不是天赋的常态。不合常态而可以维持长久，天下没有这样的事。人过于欢喜呢？会伤及阳气；过于愤怒呢？会伤及阴气。阴阳二气都受损，四季就将失序，寒暑就无法调和，这样反而伤害了人的身体啊！进而使人喜怒失常、生活不安、思虑没有结果、做事乱了分寸。于是天下开始出现狡黠乖戾的风气，然后才有盗跖、曾参、史等人的行为。如此一来，用尽天下之力来奖赏善人也嫌不足，用尽天下之力来惩罚恶人也嫌不够；亦即，天下虽大，却不足以做到赏善罚恶。从三代以来，都在喧嚷着要做到赏善罚恶，他们哪有时间安顿自己性命的真实处境呢！

[解读]

① "德"与"性"并举，代表那是天赋所得，天赋的常态，或原有的状态等。在宥："在"为任，为保存，"宥"为宽待。

② 与其想办法赏善罚恶，不如不要分辨善恶，更不如各自安顿性命之情。这样的逻辑所预设的人类社会，早已离我们远去了。

[11.2]

而且说（yuè）明邪（yé）？是淫于色也；说聪邪？是淫于

声也；说仁邪？是乱于德也；说义邪？是悖于理也；说礼邪？是相于技也；说乐邪？是相于淫也；说圣邪？是相于艺也；说知邪？是相于疵（cī）也。天下将安其性命之情，之八者，存可也，亡可也；天下将不安其性命之情，之八者，乃始脔（luán）卷怆（chuàng）囊而乱天下也。而天下乃始尊之惜之，甚矣天下之惑也！岂直过也而去之邪？乃齐戒以言之，跪坐以进之，鼓歌以儛（wǔ）之，吾若是何哉？故君子不得已而临莅天下，莫若无为。无为也而后安其性命之情。故贵以身于为天下，则可以托天下；爱以身于为天下，则可以寄天下。故君子苟能无解其五藏（zàng），无擢其聪明；尸居而龙见，渊默而雷声，神动而天随，从容无为而万物炊累（lěi）焉。吾又何暇治天下哉？

[白话]

再说，喜欢明吗？是沉溺于彩色；喜欢聪吗？是沉溺于声音；喜欢仁吗？是扰乱了常态；喜欢义吗？是违反了常理；喜欢礼吗？是助长了技巧；喜欢乐吗？是助长了耽溺；喜欢圣吗？是助长了才艺；喜欢智吗？是助长了挑剔。天下人如果能安顿性命的真实状态，那么这八种喜欢是可有可无的。天下人如果不能安顿性命的真实状态，那么这八种喜欢就会互相干扰、纠缠不清，造成天下大乱。天下人竟然还开始尊敬它们、爱惜它们，天下人的迷惑实在太过分了！人们哪里会因为事过境迁就放弃这些喜欢呢？他们还虔诚斋戒来谈论，正襟危坐来劝导，唱歌跳舞来赞美，我对这些又能怎么办呢？所以君子不得已而统治天下时，最好是没有作为。没有作为，然后可以安顿天下人性命的真实状态。所以，重视自身超过天下的人，就可以把天下委托给他；珍惜自身超过天下的人，就可以把天下交付给他。所以，君子如果能不放纵他的本能欲望，不炫耀他的耳目聪明，安居不动而活力展现，沉静缄默而声势浩大，心神出入而顺乎自然，从容无为而万物聚积。我又何必需要治理天下呢？

[解读]

① 这八种喜欢是"明、聪、仁、义、礼、乐、圣、知"。在此，由上下文可知：仁会影响常态，义会影响常理，礼所助长的是繁复的仪式技巧，圣则助长了多才多艺。这四者提醒我们本书看待价值的特定观点。尤其是"圣"字，并非指称圣贤之圣。"脔卷"为困卷，互相干扰；"伧囊"为扰攘，纠缠不清。

② "贵以身于为天下"二语，近似《老子》第十三章的"贵以身为天下"。这样的人可以寄托天下，因为他们一定是无为的。"炊累"为聚积，如炊气积累上升。

[11.3]

崔瞿（jù）问于老聃（dān）曰："不治天下，安臧人心？"老聃曰："汝慎无撄（yīng）人心。人心排下而进上，上下囚杀，淖约柔乎刚强，廉刿（guì）雕琢，其热焦火，其寒凝冰。其疾俯（fǔ）仰之间而再抚四海之外。其居也渊而静，其动也县（xuán）而天。偾（fèn）骄而不可系者，其唯人心乎！昔者黄帝始以仁义撄人之心，尧、舜于是乎股无胈（bá），胫（jìng）无毛，以养天下之形，愁其五藏（zàng）以为仁义，矜其血气以规法度。然犹有不胜也，尧于是放讙（huān）兜（dōu）于崇山，投三苗于三峗（wéi），流共工于幽都，此不胜天下也。夫施（yì）及三王而天下大骇矣。下有桀、跖，上有曾、史，而儒墨毕起。于是乎喜怒相疑，愚知相欺，善否（pǐ）相非，诞信相讥，而天下衰矣；大德不同，而性命烂漫矣；天下好知，而百姓求竭矣。于是乎釿（jīn）

锯制焉，绳墨杀（shài）焉，椎凿决焉。天下脊脊大乱，罪在撄人心。故贤者伏处大山嵁（zhàn）岩之下，而万乘之君忧栗乎庙堂之上。今世殊死者相枕也，桁（héng）杨者相推也，形戮者相望也，而儒墨乃始离跂攘臂乎桎梏之间。意，甚矣哉！其无愧而不知耻也甚矣！吾未知圣知之不为桁杨椄（jiē）槢（xí）也，仁义之不为桎梏凿（záo）枘（ruì）也，焉知曾、史之不为桀、跖嚆（hāo）矢也！故曰：绝圣弃知，而天下大治。"

[白话]

崔瞿问老聃说："不去治理天下，怎能使人心变好？"老聃说："你要谨慎，不可扰乱人心。人心排斥卑下而争求上进，在上进与卑下之间憔悴不堪，柔弱想要胜过刚强，棱角在雕琢中受伤，躁进时热如焦火，退却时冷若寒冰。变化速度之快，顷刻间可以往来四海之外。没事时，安静如深渊；一发动，远扬于高天。激荡骄纵而难以约束的，就是人心吧！从前黄帝开始用仁义来扰乱人心，尧舜接着努力，劳累得双股无肉、两腿无毛，来养活天下人的身体，想尽办法来推广仁义，费尽心血来制定法度。然而还是有治理不好的地方。于是尧把讙兜放逐到崇山，把三苗驱逐到三峗，把共工发配到幽都，这就是他治理不好的情况啊！到了三代帝王，天下已经大乱了。在下有夏桀、盗跖之流，在上有曾参、史之辈，而儒家、墨家也都出现了。然后，喜悦的与愤怒的互相猜疑，愚笨的与聪明的互相欺骗，善良的与邪恶的互相批评，虚伪的与诚实的互相嘲笑，天下风气从此衰败了；共同的天赋分歧，原有的性命也散乱了；天下人都爱好智巧，百姓之间也纠缠不清了。于是，拿出斧锯来制裁，搬出绳墨来规范，取出锥凿来处罚。天下纷纷大乱，罪过就在于扰乱人心。所以贤者隐居于高山深岩之下，而万乘之君忧虑恐惧于朝廷之上。当今之世，身首异处的尸体到处堆积，镣手铐脚的犯人互相推挤，受刑伤残的罪人举目皆是，而儒家墨家这才开始在枷锁之间努力奋斗。哎，太过分了！他们不觉惭愧又不知羞耻，实在太过分了！我怎么知道圣明与智巧不是镣铐上用来锁紧的栓木，仁与义不是枷锁上用来套人的洞孔，我怎么知道曾参、史不是夏桀、盗跖的先驱呢！所以说：排除圣明，放弃智巧，天下就太平了。"

[解读]

① 本文前段对人心的描写，可谓既生动又恐怖。不过，把这种状况归咎于黄帝的作为，或许算是一种寓言手法。廉刿："廉"借为"棱角"，"刿"为伤。殊死者：身首异处者。

② 儒家与墨家一再受到批判，反映了这两派是当时的显学。乱世中的显学，正如孔子所说的，"邦无道，谷，耻也"（国家不上轨道而做官领俸禄，就是耻辱）（《论语·宪问》）。因此，孔子对于庄子这样的批判，恐怕也是无可奈何的。

[11.4]

黄帝立为天子十九年，令行天下，闻广成子在于空同之山，故往见之，曰："我闻吾子达于至道，敢问至道之精。吾欲取天地之精，以佐五谷，以养民人；吾又欲官阴阳，以遂群生，为之奈何？"广成子曰："而所欲问者，物之质也；而所欲官者，物之残也。自而治天下，云气不待族而雨，草木不待黄而落，日月之光益以荒矣。而佞人之心翦翦者，又奚足以语至道？"

[白话]

黄帝在位做了十九年天子，政令通行天下。他听说广成子住在空同山上，特地前去拜访。他说："我听说先生已经抵达至道的境界，请问至道的精华是什么。我想要撷取天地的精华，用来助长五谷，养育人民；我还想要掌握阴阳，用来化育一切生命，那么要如何做呢？"广成子说："你所要询问的，是万物的实质；你所要掌握的，是万物的末节。自从你治理天下以来，云气还没有凝聚就下雨，草木还没有枯黄就凋谢，日月的光辉越来越黯淡了。你这种心胸浅陋的佞人，又哪里有资格谈论至道呢！"

[解读]

① 空同山又称崆峒山。广成子是假托之名。
② "十九年"似有特殊含义，如庖丁解牛所用的刀也是十九年。在十九年中，技可进于道；不然就是抵达某一界限，必须更上一层楼了。

[11.5]

　　黄帝退，捐天下，筑特室，席白茅，闲居三月，复往邀之。广成子南首而卧，黄帝顺下风膝行而进，再拜稽（qǐ）首而问曰："闻吾子达于至道，敢问，治身奈何而可以长久？"广成子蹶（jué）然而起，曰："善哉问乎！来，吾语女至道。至道之精，窈（yǎo）窈冥冥；至道之极，昏昏默默。无视无听，抱神以静，形将自正。必静必清，无劳女形，无摇女精，乃可以长生。目无所见，耳无所闻，心无所知，女神将守形，形乃长生。慎女内，闭女外，多知为败。我为女遂于大明之上矣，至彼至阳之原也；为女入于窈冥之门矣，至彼至阴之原也。天地有官，阴阳有藏。慎守女身，物将自壮。我守其一，以处其和。故我修身千二百岁矣，吾形未尝衰。"黄帝再拜稽首曰："广成子之谓天矣！"

　　　　　　　　　　　　　傅佩荣解读《庄子》（修订版）

[白话]

　　黄帝回去后，放弃天下，盖一间别室，铺上洁白的茅草，在里面清静地住了三个月，然后再去拜访广成子。广成子朝南躺着，黄帝从下方跪着前进，再拜叩头，问说："听说先生已经抵达至道的境界，请问：如何修身，才可以活得长久？"广成子迅速坐起来说："问得好啊！来，我告诉你至道是什么。至道的精华，幽深而无状；至道的极致，蒙昧而无声。不要看不要听，让精神安静，形体就会自己端正。一定要安静，一定要清净，不要劳累形体，不要耗费精力，这样就可以长生。眼无所见，耳无所闻，心无所知，让你的精神保住形体，形体就可以长生。持守你内在的精神，封闭你外在的感官，智巧多了就会失败。我带你登上光明之地，抵达那至阳的源头；我带你跨入幽深之门，抵达那至阴的源头。天地各有主宰，阴阳各有职分，只要谨慎持守你自己，万物都会自行成长。我守住一体，借此处于和谐之中，所以我修身一千二百岁了，我的形体还没有衰老。"黄帝再拜叩头说："广成子可以说是与自然合一了。"

[解读]

①　黄帝这一次问的是如何活得"长久"，而不是如何治理天下，所以算是回到根本的问题。

②　"至道"是指至高的道或纯一无瑕的道。"至阳"与"至阴"的用法与此类似；但是，阴阳并举，总是指称两种相对相成的力量或"气"而言。推究其"原"，依然是道。

③　"守其一以处其和"，一指"道"而言，和指"德"而言。至于以"天"字形容广成子，是说他与自然合一了。

[11.6]

广成子曰："来！余语女：彼其物无穷，而人皆以为有终；彼其物无测，而人皆以为有极。得吾道者，上为皇而下为王；失吾道者，上见光而下为土。今夫百昌皆生于土而反于土。故余将去女，入无穷之门，以游无极之野。吾与日月参光，吾与天地为常。当我，缗（mín）乎！远我，昏乎！人其尽死，而我独存乎！"

[白话]

广成子说："来！我告诉你。那至道无穷无尽，但人们都以为它有终端；那至道无边无际，但人们都以为它有界限。获得我至道的人，最好的可以成为古皇，最差的可以成为今王；错失我至道的人，最好的还能看见其光耀，最差的就化为尘土了。现在万物都是来自尘土又回归尘土。所以我要离你而去，跨入无穷无尽的领域，遨游于无边无际的旷野。我与日月一起发光，我与天地同样长久。别人朝我而来，我茫然无知啊！别人离我而去，我浑然不觉啊！人最后都会死亡，只有我独自存在啊！"

[解读]

① "皇"是上古至德之世的领袖，"王"也不失为后代的理想领袖。
② "今夫百昌皆生于土而反于土"，所描写的是有形体的万物，无不来自大地又回归大地。但是，随后所说的，则是专就人的心灵或精神而言。与形体死亡相对的，"也许"真有一种精神状态是永远存在的。关键在于：这样的精神状态不会像宗教界所谓的"灵魂"一样，自动在人死之后继续存在；它必须经由修炼过程才可"得道"。这种修炼过程可以落实为神仙家或道教的方术，也可以扣紧老子与庄子的思想主旨，将它理解为智慧的觉悟。

[11.7]

　　云将东游，过扶摇之枝而适遭鸿蒙。鸿蒙方将拊（fǔ）髀（bì）雀跃而游。云将见之，倘然止，贽（zhì）然立，曰："叟何人邪？叟何为此？"鸿蒙拊髀雀跃不辍，对云将曰："游！"云将曰："朕愿有问也。"鸿蒙仰而视云将曰："吁！"云将曰："天气不和，地气郁结，六气不调，四时不节。今我愿合六气之精以育群生，为之奈何？"鸿蒙拊髀雀跃掉头曰："吾弗知！吾弗知！"云将不得问。又三年，东游，过有宋之野，而适遭鸿蒙。云将大喜，行趋而进曰："天忘朕邪？天忘朕邪？"再拜稽（qǐ）首，愿闻于鸿蒙。

[白话]

　　云将到东方游玩，经过扶摇神木的枝头，恰巧遇上了鸿蒙。鸿蒙正拍着腿，像麻雀一样跳跃玩耍。云将看见他，就停了下来，站在一边，说："老先生是什么人？老先生在做什么？"鸿蒙拍着腿，像麻雀一样跳个不停，对云将说："玩耍啊！"云将说："我想向你请教。"鸿蒙抬头看着云将说："嗯！"云将说："天气不和顺，地气展不开，六气不协调，四季又失序。现在我想聚合六气的精华，用来养育万物，应该怎么做呢？"鸿蒙拍着腿，像麻雀一样跳着，转过头去说："我不知道！我不知道！"云将没法再问了。过了三年，云将再到东方游玩，经过宋国的郊野，恰巧又遇上了鸿蒙。云将高兴极了，快步走向前去，说："天忘记了我吗？天忘记了我吗？"再拜叩首，希望鸿蒙指教他。

[解读]

① "云将"代表云的主帅，"鸿蒙"代表自然元气，"扶摇"是东方神木，"六气"是阴阳风雨晦明。

② 云将尊称鸿蒙为"天"，除了表示至高敬意，也肯定"鸿蒙"代表与自然合一的状态。

[11.8]

鸿蒙曰："浮游不知所求；猖狂不知所往；游者鞅掌，以观无妄。朕又何知？"云将曰："朕也自以为猖狂，而民随予所往；朕也不得已于民，今则民之放也！愿闻一言。"鸿蒙曰："乱天之经，逆物之情，玄天弗成；解兽之群，而鸟皆夜鸣；灾及草木，祸及止虫。意，治人之过也。"云将曰："然则吾奈何？"鸿蒙曰："意，毒哉！僊（xiān）僊乎归矣。"云将曰："吾遇天难，愿闻一言。"鸿蒙曰："意，心养。汝徒处无为而物自化。堕尔形体，吐尔聪明，伦与物忘；大同乎涬（xìng）溟。解心释神，莫然无魂。万物云云，各复其根。各复其根而不知，浑浑沌沌，终身不离；若彼知之，乃是离之。无问其名，无窥其情，物故自生。"云将曰："天降朕以德，示朕以默。躬身求之，乃今也得。"再拜稽首，起辞而行。

[白话]

鸿蒙说："到处游玩，不知道追求什么；随意行动，不知道要去哪里；游玩的人自在得意，观看的范围无边无际。我又知道什么呢？"云将说："我也自以为是随意行动，但百姓却跟着我走；我也是不得已才治理百姓，现在百姓却依赖我。希望得到你的指教。"鸿蒙说："扰乱自然的常规，违背万物的常态，自然造化就无法成功；兽群纷纷离散，飞鸟夜夜哀鸣；灾害波及草木，祸患殃及昆虫。这应该是你治理人民的过错啊。"云将说："那么，我该怎么做呢？"鸿蒙说："唉，何苦呢！你还是起来回去吧。"云将说："我好不容易才遇到天，希望得到一点指教。"鸿蒙说："唉，心要修养。你只需没有作为，万物就将自行变化。放下你的形体，抛弃你的聪明，与外物相互忘记，与自然之气合而为一。解除心思，松开精神，茫茫然无知无觉。万物纷纭众多，各自回归根本。各自回归根本而不知怎么回事，就会混混沌沌，再也不会离开根本。一旦知道是怎么回事，就会离开根本。不必询问它的名称，不必察看它的真相，万物本来就是自行生长的。"云将说："天赐给我充实的状态，教导我静默的妙用。我亲身追求的答案，现在总算得到了。"再拜叩首，起身告辞而去。

[解读]

① "猖狂"的原意是"无心"，与后代的用法迥异，在此是指随意行动，没有特定目的。
② "滓溟"是自然元气的未分状态。

[11.9]

世俗之人，皆喜人之同乎己，而恶人之异于己也。同于己而欲之，异于己而不欲者，以出乎众为心也。夫以出乎众为心者，曷常出乎众哉！因众以宁所闻，不如众技众矣。而欲为人之国者，此揽乎三王之利而不见其患者也。此以人之国侥幸也。几何侥幸而不丧人之国乎！其存人之国也，无万分之一；而丧人之国也，一不成而万有余丧矣。悲夫，有土者之不知也。夫有土者，有大物也。有大物者，不可以物物；而不物物，故能物物。明乎物物者之非物也，岂独治天下百姓而已哉！出入六合，游乎九州，独往独来，是谓独有。独有之人，是之谓至贵。

[白话]

世俗的人都喜欢别人与自己相同，而厌恶别人与自己不同。与自己相同的，就愿意接纳，与自己不同的，就不愿意接纳，这是一心想要超出众人。一心想要超出众人的，何尝真正超出众人呢！靠着众人支持来肯定自己的见解，还不如让众人各自发挥才干。想要治理国家的人，如此就是只看到三代帝王的政绩，而没有见到它的后患。这样治理国家是凭着侥幸，有多少人是凭着侥幸而不亡国的呢！这样能保住国家的，不到万分之一；而失去国家的，就算要亡一万次也救不了一次。可悲啊！拥有领土的人竟然不知道这一点。拥有领土的人，就拥有广大万物；拥有广大万物的人，不可以主宰万物；而不去主宰万物，才能够主宰万物。明白了主宰万物的并非万物，这样的人岂止有能力治理天下百姓而已呢！他可以出入天地四方，遨游天下九州，独往也独来，称为独一无二。独一无二的人，可以称之为至为尊贵。

[解读]

① "物物"，是指把物当成物来役使，亦即主宰操纵之。不去主宰万物，只是任物自化，才是真正主宰了万物。

② "物物者之非物也"，因为主宰万物的是"道"，而"道"当然不是万物之一。

③ "独有之人"是体道之人。因为道是一，所以他成了"独"。但是，如果体道之人不止一位，他们能否合称为"独"呢？

[11.10]

大人之教，若形之于影，声之于响。有问而应之，尽其所怀，为天下配。处乎无响，行乎无方。挈（qiè）汝适复之挠（náo）挠，以游无端；出入无旁，与日无始；颂论形躯，合乎大同，大同而无己。无己，恶乎得有有！睹有者，昔之君子；睹无者，天地之友。

大人的教化，就像形体会有影子，声音会有回响一样。有问就有答，用尽所有的一切，与天下的需求配合。他们独处时寂静无声，行动时变化无常。带领万物回到自动状态，以遨游于无穷的领域；出出入入而无定向，与日并存而无开端。容貌身躯，合乎万物同化的境界；万物同化以致忘了自己。忘了自己，怎么还会有物！能看出有物的，那是从前的君子；能看出无物的，那是天地的朋友。

[解读]

① "大人"，意为体道之人，可以指圣人或至人。"大同"在此是指与万物同化，而非儒家所说的大同世界。

② "睹有者"，就会有所为；"睹无者"，就会无所为，然后才能与天地为友。

[11.11]

贱而不可不任者，物也；卑而不可不因者，民也；匿而不可不为者，事也；粗而不可不陈者，法也；远而不可不居者，义也；亲而不可不广者，仁也；节而不可不积者，礼也；中而不可不高者，德也；一而不可不易者，道也；神而不可不为者，天也。故圣人观于天而不助，成于德而不累，出于道而不谋，会于仁而不恃，薄于义而不积，应于礼而不讳，接于事而不辞，齐于法而不乱，恃于民而不轻，因于物而不去。物者莫足为也，而不可不为。不明于天者，不纯于德；不通于道者，无自而可；不明于道者，悲夫！何谓道？有天道，有人道。无为而尊者，天道也；有为而累者，人道也。主者，天道也；臣者，人道也。天道之与人道也，相去远矣，不可不察也。

虽然低贱但不能不放任的，是万物；虽然卑微但不能不顺应的，是百姓；虽然琐碎但不能不操持的，是世事；虽然粗疏但不能不陈述的，是法则；虽然遥远但不能不凭借的，是义理；虽然亲近但不能不推广的，是仁爱；虽然有节但不能不演练的，是礼仪；虽然中和但不能不提升的，是天赋；虽然合一但不能不变化的，是大道；虽然神妙但不能不运作的，是自然。因此，圣人观察自然而不助长；成就天赋而不劳累；符合大道而不谋划；推行仁爱而不依恃；实践义理而不积累；回应礼仪而不避讳；处理世事而不辞让；遵守法则而不妄为；依赖百姓而不轻视；顺从万物而不放弃。万物不需要我们有所作为，但是本身又不能不有所作为。不明白自然的人，无法保持天赋纯粹；不觉悟大道的人，没有任何作为可行；不明白大道的人，真是可悲啊！什么叫做道？有自然之道，也有人之道。无所作为而受到尊崇的，是自然之道；有所作为而劳累不堪的，是人之道。位居主宰的，是自然之道；位居臣下的，是人之道。自然之道与人之道之间的差距实在太远了，不可不分辨清楚。

[解读]

① 有些学者认为这一段话掺杂了儒家及法家思想，但是细究其基本立场，则并未背离庄子后学的引申，亦即对"道、德、天"这三个关键概念仍有其一贯的理解。

② 本文谈到"物、民、事、法、义、仁、礼、德、道、天"这十个概念，虽乱而有序。总结部分特别指出"天、德、道"三者的相互关系，不可不察。

天地　第十二

要旨：从"道"的角度看来，万物没有缺憾。人若悟道，
万物成为一个整体，死生也不足为意。此时，人与
天地同乐，有如复归于浑沌，无机巧也无机心。但
是，这不表示要否定人间价值，而是随物而化，对
"寿、富、多男子"也能欣然接受。"上如标枝，
民如野鹿"，一片自在祥和。然而，使人"失性"
的机会太多了，可不慎乎？

[12.1]

天地虽大，其化均也；万物虽多，其治一也；人卒虽众，其
主君也。君原于德而成于天。故曰："玄古之君天下，无为也，
天德而已矣。"以道观言，而天下之君正；以道观分，而君臣之
义明；以道观能，而天下之官治；以道泛观，而万物之应备。故
通于天者，道也；顺于地者，德也；行于万物者，义也；上治人
者，事也；能有所艺者，技也。技兼于事，事兼于义，义兼于德，
德兼于道，道兼于天。故曰："古之畜天下者，无欲而天下足，
无为而万物化，渊静而百姓定。"《记》曰："通于一而万事毕，
无心得而鬼神服。"

天地虽然广大，变化却是均匀的；万物虽然繁多，条理却是一致的；百姓虽然为数甚众，领导他们的则是君主。君主依据的是天赋，而成就的是自然。所以说："远古时代的君主治理天下，无所作为，只是依循自然与天赋而已。"从道的观点来看名称，天下的君主就会得到肯定；从道的观点来看分际，君臣的职责就会得到阐明；从道的观点来看才干，天下的官员就会发挥功能；从道的观点来广泛看待一切，万物的对应都是完备无缺的。所以，在上与天相通的，是道；在下与地相顺的，是德；在万物中运作的，是义；治理百姓所要做的，是事；才干有所专精的，是技。技要合于事，事要合于义，义要合于德，德要合于道，道要合于天。所以说："古代养育天下的人，没有欲望而天下自己满足，没有作为而万物自己化成，沉默寂静而百姓自己安定。"古书上说："觉悟了一体，万事都能成就；无心于获得，鬼神也会佩服。"

[解读]

① 本文前半段，至"而万物之应备"，合乎本书一贯的说法，所以"德"指天赋所得，"天"指自然。并且，"道"的地位可以笼罩全局。

② 本文后半段，列出"技、事、义、德、道、天"这六者之间以下承上的关系，就值得商榷了。譬如，同一段中出现"天"与"天、地"，并且天的位阶明显列在道与德之上，在理解上似有困难。唯一的解法是：天指"自然"，而这个自然是指"自己如此的状态"，于是"道兼于天"无异于《老子》第二十五章所说的，"道法自然"。

[12.2]

夫子曰："夫道，覆载万物者也，洋洋乎大哉！君子不可以不刳（kū）心焉。无为为之之谓天，无为言之之谓德，爱人利物之谓仁，不同同之之谓大，行不崖异之谓宽，有万不同之谓富，执故德之谓纪，德成之谓立，循于道之谓备，不以物挫志之谓完。君子明于此十者，则韬乎其事心之大也，沛乎其为万物逝也。若然者，藏金于山，藏珠于渊，不利货财，不近贵富；不乐寿，不哀夭；不荣通，不丑穷；不拘一世之利以为己私分，不以王天下为己处显，显则明。万物一府，死生同状。"

[白话]

先生说："道是覆盖及承载万物的，多么浩瀚广大啊！君子不可以不敞开心胸。没有作为而成功的，叫做自然；没有作为而显示的，叫做天赋；爱护众人照顾万物的，叫做仁恩；把不同意见化为相同的，叫做大度；行动毫不标新立异的，叫做宽阔；容纳各种不同事物的，叫做富有；保持原有天赋的，叫做纲纪；天赋得以完成的，叫做安立；顺从大道而行的，叫做齐备；不因外物而扭曲志向的，叫做完满。君子明白这十种道理，则心量之大将宽阔无比，万物归向也将势不可挡。像这样的人，把黄金藏于大山中，把明珠藏于深渊下；不重视财物，不追求富贵；不以长寿为乐，不以短命为悲；不以通达为荣，不以穷困为耻；不把举世的利益收揽为自己私有，不把称王天下当成自己的显耀，显耀就会暴露在外。万物是一个整体，死生并没有差别。"

[解读]

① 关于本段及下一段开头所谓的"夫子"是谁，有老子、孔子、庄子三种说法。我们不妨视之为寓言中的一位先生。刳心：

"刌"借为"夸",为虚大。崖异:"崖"为"僻"。事心:"事"
为"治"。

② 在此提及十个概念,"天、德、仁、大、宽、富、纪、立、备、
完",可供参考但不必深究,因为缺少系统上明确的完整性。
值得留意的是开头提及的"道"可以笼罩全局,所以不失本书
立场。也正因此,"天"是指自然,"德"是指天赋状态。

[12.3]

夫子曰:"夫道,渊乎其居也,淼(liáo)乎其清也。金石不
得,无以鸣。故金石有声,不考不鸣。万物孰能定之!夫王德之
人,素逝而耻通于事,立之本原而知通于神,故其德广。其心之
出,有物采之。故形非道不生,生非德不明。存形穷生,立德明
道,非王德者邪!荡荡乎!忽然出,勃然动,而万物从之乎!此
谓王德之人。视乎冥冥,听乎无声。冥冥之中,独见晓焉;无声
之中,独闻和焉。故深之又深而能物焉;神之又神而能精焉。故
其与万物接也,至无而供其求,时骋(chěng)而要其宿,大小、
长短、修远,各有其具。"

[白话]

先生说:"道,安静如深渊,澄澈如清水。金与石没有它的配
合,也将无从响起。所以,金与石可以发出声音,不敲则不响。谁
能确定万物如何感应呢?实现天赋的人,纯真行动而不屑于通晓俗
务,坚守源头而智力可以觉悟神妙的境界,如此他的天赋得以尽量
发挥。他的心思若要运作,是因为外物有所求。所以,形体若没有
大道,就不能出生;出生若没有天赋,就不能彰显。保存形体而活
完一生,坚守天赋而彰显大道,不是实现天赋的人吗!广大无比

啊！不知不觉就出现了，无声无息就行动了，万物都跟着他走！这就称为实现天赋的人。看过去一片昏暗，听起来毫无声响。一片昏暗之中，只有他见到了光明；毫无声响之中，只有他听到了和音。所以，在无比深远之处，却有东西存在；在无比神妙之境，却有真实存在。因此他与万物交往时，一无所有却能供应万物的需求，自在放任却能成为万物的归宿。大小、长短、远近，各得其宜。"

[解读]

① "王德"在此是指"旺盛其德"，意指"实现天赋"。依道家立场，"道"代表究竟真实，是一切的起源与归宿。"德"是道赋予每一物的天赋。只有人会面临"是否实现天赋"的问题。奇妙的是，一旦实现天赋，人将成为道的化身。

② "能物"与"能精"，犹如"有物"与"有精"。"物"是指不确定的某物，"精"则是指某物的真实性。《老子》第二十一章有"恍兮惚兮，其中有物；窈兮冥兮，其中有精"一语，可供参考。

[12.4]

黄帝游乎赤水之北，登乎昆仑之丘而南望，还（xuán）归，遗其玄珠。使知（zhì）索之而不得，使离朱索之而不得，使吃诟（gòu）索之而不得也。乃使象罔，象罔得之。黄帝曰："异哉，象罔乃可以得之乎？"

[白话]

黄帝到赤水北边去游玩，登上昆仑山向南眺望，不久要回去时，发现遗失了玄珠。他派知去找，没有找到；派离朱去找，没有找到；派吃诟去找，也没有找到。他再派象罔去找，象罔找到了。黄帝说："奇怪啊！象罔才可以找到吗？"

[解读]

① 这是一篇简短的寓言。赤水在昆仑山下，"玄珠"是玄妙的宝珠，用以喻"道"。"知"代表有才智的人，"离朱"代表有锐利眼光的人，"吃诟"代表行动迅速的人。他们分别使用思考、眼力、行动，却找不到遍布万物的道。

② "象罔"（又作罔象），即是无象，不着形迹，也无所用心。如此才可与道相应。

[12.5]

尧之师曰许由，许由之师曰啮（niè）缺，啮缺之师曰王倪，王倪之师曰被（pī）衣。尧问于许由曰："啮缺可以配天乎？吾藉王倪以要（yāo）之。"许由曰："殆哉圾（jí）乎天下！啮缺之为人也，聪明睿知，给数以敏，其性过人，而又乃以人受天。彼审乎禁过，而不知过之所由生。与之配天乎？彼且乘人而无天。方且本身而异形，方且尊知而火驰，方且为绪使，方且为物絯（gāi），方且四顾而物应，方且应众宜，方且与物化而未始有恒。夫何足以配天乎？虽然，有族，有祖，可以为众父，而不可以为众父父。治，乱之率也，北面之祸也，南面之贼也。"

[白话]

尧的老师是许由，许由的老师是啮缺，啮缺的老师是王倪，王倪的老师是被衣。尧请教许由说："啮缺可以担任天子吗？我想通过王倪去邀请他。"许由回答说："这样恐怕会危害天下啊！啮缺

　　　　　　　　　　傅佩荣解读《庄子》（修订版）

的为人，聪明睿智、机警敏捷；他禀赋过人，又能以人力去成就自然。他懂得怎样防堵过失，却不知道过失从何而生。要他担任天子吗？他将会依凭人力而摒弃自然。他将会以自己为本位而区分人我，将会看重智巧而急着应用，将会被小事所役使，将会被外物所牵绊，将会四处张望应接不暇，将会事事苛求完美，将会随着外物变化而不能保持常态。他哪里有资格担任天子呢？虽然如此，有族人聚集，就有一族的宗主，他可以担任一族之主，却不可以担任天下之主。治理是动乱的起因，是人臣的灾难，也是君主的祸害。"

[解读]

① 尧与许由固然真有其人，另外三位则不可考。他们之间的对话与互动，应该是庄子的杰作。相关材料请参考《齐物论》与《应帝王》两篇。

② 照辈分来看，啮缺是许由的老师，但是许由对这位老师的批评却相当直率，显示道家真正做到了"弟子不必不如师，师不必贤于弟子"。这种师生关系的合理性在于他们全都"以道为师"。"给数"为捷速。

[12.6]

尧观乎华。华封人曰："嘻，圣人！请祝圣人，使圣人寿。"尧曰："辞。""使圣人富。"尧曰："辞。""使圣人多男子。"尧曰："辞。"封人曰："寿、富、多男子，人之所欲也。女（rǔ）独不欲，何邪？"尧曰："多男子则多惧，富则多事，寿则多辱。是三者，非所以养德也，故辞。"封人曰："始也我以女为圣人邪，今然君子也。天生万民，必授之职。多男子而授之职，则何惧之有！富而使人分之，则何事之有！夫圣人鹑（chún）居而鷇（kòu）食，鸟行而无彰；天下有道，则与物皆昌；天下无道，则修德就闲。千岁厌世，去而上仙，乘彼白云，至于帝乡；三患莫至，身常无殃，则何辱之有！"封人去之，尧随之，曰："请问。"封人曰："退已！"

[白话]

尧到华地游览，华地的封疆官员对他说："啊，圣人！让我为圣人祝福。祝圣人长寿。"尧说："不必了。""祝圣人富有。"尧说："不必了。""祝圣人多生男子。"尧说："不必了。"封疆官员说："长寿、富有、多生男子，是大家都想要的，你却不想要，为什么呢？"尧说："多生男子就多恐惧，富有就多麻烦，长寿就多屈辱。这三样东西都不能用来涵育天赋，所以我要推辞。"封疆官员说："本来我以为你是个圣人，现在知道你只是个君子。天地生养万民，一定会授予职务。多生男子就分别授予职务，又有什么好恐惧的！富有就让别人来分享，又有什么麻烦呢！圣人随遇而安、饮食简单，就像飞行的鸟不留痕迹。天下有道，就与万物共同发展；天下无道，就在闲居中修养天赋。活了一千年，觉得够久了，就离开人间登上仙境，乘着白云飘到仙乡。世人担心的'老、病、死'三种祸患都不会降临，自身常保无灾无难，又有什么屈辱呢！"封疆官员转身离去，尧跟在后面说："还想请教你。"封疆官员说："你回去吧！"

[解读]

① 对于"寿、富、多男子"，尧的态度是能免则免，如此可以省去恐惧、麻烦与屈辱。这是某种智慧的表现，认定了多一事不如少一事。但是，封疆官员采取"顺其自然"的立场，改消极为积极，使祸患化解于无形，显然展现了更高的智慧。

② "圣人"与"君子"之分，在于前者顺其自然而常保天赋，后

　　　　　　　　　　　　　　傅佩荣解读《庄子》（修订版）

者则有主观的愿望，因而容易受到外界的牵制。

③　"去而上仙，乘彼白云，至于帝乡"，是战国晚期神仙家的口吻。这一类的说法只要当成寓言来看，并不违背庄子的思想。

[12.7]

尧治天下，伯成子高立为诸侯。尧授舜，舜授禹，伯成子高辞为诸侯而耕。禹往见之，则耕在野。禹趋就下风，立而问焉，曰："昔尧治天下，吾子立为诸侯。尧授舜，舜授予，而吾子辞为诸侯而耕。敢问，其故何也？"子高曰："昔者尧治天下，不赏而民劝，不罚而民畏。今子赏罚而民且不仁，德自此衰，刑自此立，后世之乱，自此始矣。夫子阖行邪？无落吾事！"悒（yì）悒乎耕而不顾。

[白话]

尧治理天下时，伯成子高被封为诸侯。等到尧让位给舜，舜让位给禹之后，伯成子高辞去诸侯之位，回家耕田。禹前去拜访他时，他正在田地里耕作。禹赶快走到下方，站好请教说："以前尧治理天下时，你被封为诸侯。等到尧让位给舜，舜再让位给我，你就辞去诸侯之位，回家耕田。请问这是什么缘故？"子高说："以前尧治理天下，不用奖赏，人民自动向上；不必惩罚，人民自动敬畏。现在你施行赏罚，人民还是不行善，道德从此衰败，刑罚从此确立，后世的祸乱也将从此开始了。你怎么还不走呢？不要耽误了我的耕作。"说完就低头认真工作，不再理会禹了。

[解读]

①　尧在上文才被批评为"君子"，在这里则受到推崇，真是"比

上不足，比下有余"啊！相形之下，禹的水平更低，而后代政治领袖则是不堪设想了。《论语·子路》记载子贡请教孔子"今之从政者何如"时，孔子的回答是："噫！斗筲（shāo）之人，何足算也！"（噫！这些人的器识像是厨房里的小用具，算得了什么呢？）由此可见，儒道两家立场虽然不同，对政治人物的评价却有异曲同工之妙。

② 伯成子高辞官耕田，身影像是《论语·微子》中的长沮、桀溺、荷蓧丈人等。孔子对他们的质疑是："鸟兽不可与同群，吾非斯人之徒与而谁与？"（我们没有办法与飞禽走兽一起生活，如果不与人群相处又要同谁相处呢？）儒道二家的志趣不同，在此清楚地呈现。

[12.8]

泰初有无，无有无名。一之所起，有一而未形。物得以生，谓之德；未形者有分，且然无间，谓之命；留动而生物，物成生理，谓之形；形体保神，各有仪则，谓之性。性修反德，德至同于初。同乃虚，虚乃大。合喙鸣；喙鸣合，与天地为合。其合缗（mín）缗，若愚若昏，是谓玄德，同乎大顺。

[白话]

在最起始的时候，只是"无"存在，尚未出现"有"也尚未出现"名"；这就是"一"的由来，混同为一而尚未具体成形。万物获得它才可生成的，就叫做"德"；尚未具体成形的分为阴阳二气，往来流通没有空隙的，就叫做"命"；这种流通变动的过程，产生了万物，万物产生之时各有条理，就叫做"形"；形体保守着精神，各自有其规则，就叫做"性"。本性经过修养，

　　　　　　　　傅佩荣解读《庄子》（修订版）

回到原有的德；再由德推到极致，与最起始的状态混同。混同才会空虚，空虚才会广大。如此将可融合众人之言；众人之言一旦融合，就与天地相合。这种相合没有任何痕迹，像是愚昧又像是昏沉；这就是最深奥的德，也等同于最大的顺应了。

[解读]

① 本段所述，为庄子的万物形成论。太初的"无"在有与名之前，也正是老子所谓的"吾不知其名，强字之曰道"(《老子》第二十五章)。其次，则是对于"德、命、形、性"的定义与描述，值得细读深思。

② 从"性修反德"开始，是我们人类特有的任务。因为只有人类才有可能偏离本性与遗忘天赋。至于"同乎大顺"，则是指顺于大道，与大道合一。留动："留"借为"流"。合喙鸣："喙鸣"为众言。

[12.9]

夫子问于老聃曰："有人治道若相放，可不可，然不然。辩者有言曰：'离坚白，若县(xuán)寓。'若是则可谓圣人乎？"老聃曰："是胥易技系劳形怵(chù)心者也。执留之狗成思，蝯(yuán)狙(jū)之便自山林来藉。丘，予告若，而所不能闻与而所不能言。凡有首有趾无心无耳者众；有形者与无形无状而皆存者尽无。其动，止也；其死，生也；其废，起也，此又非其所以也。有治在人，忘乎物，忘乎天，其名为忘己。忘己之人，是之谓入于天。"

[白话]

孔子请教老子说："有人在修养道术时，总是与大家背逆而行，把不可的说成可，不是的说成是。善辩的人还会说：'坚是坚，白是白，就像时间与空间之不同。'这样的人可以称作圣人吗？"老聃说："这是知识上没有定见，肢体上受到束缚，以致形体劳累、心神不安的人啊。会捉狐狸的狗才会被人役使，猿猴因为行动敏捷才会被人从山林捕来。孔丘，我要告诉你的，是你无法听到也无法说出的道理。有头有脚而无心无耳的人很多，有形体的人能与无形无状的道并存的，却一个也没有。人的动静、生死、穷达，都不是自己安排得来的。一个人所能做的，是忘掉外物，忘掉自然，这样叫做忘己。忘掉自己的人，可以说是与自然合一了。"

[解读]

① "治道"是指修养道术，所以看起来应该与众不同。但是如果勉强求异，反而扭曲了自然状态，变成庸人自扰。相放："放"借为方，为反，为逆。县寓："县"为弥，久长，为时间；"寓"为宇，为空间。执留："留"借为狸；成思："思"为"累"之误字。来藉："藉"为措，为捕。

② 庄子的建议是"忘"，忘有超脱及化解之作用。因此，忘己之人才可回归自然。

[12.10]

　　将闾葂（miǎn）见季彻曰："鲁君谓葂也曰：'请受教。'辞不获命，既已告矣，未知中否。请尝荐之。吾谓鲁君曰：'必服恭俭，拔出公忠之属而无阿私，民孰敢不辑！'"季彻局局然笑曰："若夫子之言，于帝王之德，犹螳螂之怒臂以当车轶，则必不胜任矣！且若是，则其自为处，危其观台，多物将往，投迹者众。"将闾葂觍（xì）觍然惊曰："葂也汒（máng）若于夫子之所言矣。虽然，愿先生之言其风也。"季彻曰："大圣之治天下也，摇荡民心，使之成教易俗，举灭其贼心而皆进其独志，若性之自为，而民不知其所由然。若然者，岂足尧、舜之教民，溟涬（xìng）然夷之哉？欲同乎德而心居矣。"

[白话]

　　将间蒮去见季彻，他说："鲁国国君对我说：'请你多指教。'我推辞，他不答应，我只好告诉他了。不知道对不对，我试着说给你听听。我对鲁君说：'一定要做到恭敬节俭，提拔公正忠诚的人而没有偏私，这样人民怎么敢不和睦呢！'"季彻听了哈哈大笑，说："像先生这番话，对于帝王应有的德行而言，就如同螳螂奋力举起手臂来抵挡车轮，必定是不能胜任的。并且果真如你所说的去做，鲁君自己就会处于危险的高位，因为前往归附的人将会很多，其中虚有其表的人也一定不少。"将间蒮大吃一惊，说："我对先生的话感到茫然不解。不过，还是想请先生说个大概的道理。"季彻说："大圣人治理天下时，用的方法是放任民心，使他们成就教化、改变风俗，完全消除他们的害人念头，而促成他们自得的志趣，就像是本性自动要这么做，而他们并不知道何以如此。能做到这一步，又怎么会推崇尧、舜的教化，茫茫然地跟随在后呢？大圣人的目标是天下同德而内心安定。"

[解读]

① 将间蒮的想法代表儒家，而季彻的说法则代表道家。
② "大圣"的"大"字，有超越平庸之意。相形之下，尧、舜显得平庸了。大圣的作为，正如老子所言："功成事遂，百姓皆谓：'我自然。'"（《老子》第十七章）百姓都说："我本来即是如此。""不知其所以然"原是"自然"的妙用。

　　子贡南游于楚，反于晋，过汉阴，见一丈人方将为圃畦（qí），凿隧而入井，抱瓮而出灌，搰（hú）搰然用力甚多而见功寡。子贡曰："有械于此，一日浸百畦，用力甚寡而见功多，夫子不欲乎？"为圃者卬（áng）而视之曰："奈何？"曰："凿木为机，后重前轻，挈（qiè）水若抽，数如泆（yì）汤，其名为槔（gāo）。"为圃者忿然作色而笑曰："吾闻之吾师：'有机械者必有机事，有机事者必有机心。机心存于胸中，则纯白不备；纯白不备，则神生不定，神生不定者，道之所不载也。'吾非不知，羞而不为也。"子贡瞒然惭，俯而不对。有间，为圃者曰："子奚为者邪？"曰："孔丘之徒也。"为圃者曰："子非夫博学以拟（nǐ）圣，於于以盖众，独弦哀歌以卖名声于天下者乎？汝方将忘汝神气，堕汝形骸，而庶几乎！而身之不能治，而何暇治天下乎！子往矣，无乏吾事。"子贡卑陬（zōu）失色，顼（xū）顼然不自得，行三十里而后愈。

[白话]

　　子贡前往南方的楚国游历，返回晋国时，经过汉水南岸，看见一个老人在菜园里工作。这老人凿通一条地道到井边，抱着瓮进去装水出来灌溉，花了许多力气而效果不彰。子贡说："现在有一种机械，每天可以灌溉一百块菜园，用力很少而效果很大，老先生不想要吗？"种菜老人抬起头看着子贡说："怎么做到的？"子贡说："削凿木头做成机器，后面重而前面轻，提水就像抽引一样，快得像沸汤涌溢。这种机器叫做桔槔。"种菜老人怒形于色，然后讥笑说："我听我的老师说过：'使用机械的人，一定会进行机巧之事；进行机巧之事的人，一定会生出机巧之心。机巧之心存在于胸中，就无法保持纯净状态；无法保持纯净状态，心神就不安定；心神不安定的人，是无法体验大道的。'所以，我不是不懂得使用机械，而是因为觉得羞耻才不用的。"子贡满脸惭愧，低着头不说话。过了一会儿，种菜老人说："你是做什么的？"子贡说："我是孔子的弟子。"种菜老人说："那不就是以博学来比拟圣人，以浮夸来超群出众，自唱哀歌走遍天下来换取名声的人吗？你应该忘记你的心神才智，毁弃你的形体作用，也许还可以接近大道。你连自己都修养不好，又怎么有时间去治理天下呢？你走吧，不要耽误了我的事。"子贡羞愧得面无人色，一副怅然若失的样子，走了三十里的路才恢复过来。

[解读]

① 种菜老人口中的老师，代表道家人物。道家不是不懂得机械利用那一套，而是担心得不偿失或因小失大，反而错过了体道的良机。

② "有机械者必有机事，有机事者必有机心"。这句批评对今日科技时代虽是当头棒喝，但是我们无法走回头路，只能努力在使用机械时减少"机心"，或者不让"机心"泛滥到生活的每一方面。

[12.12]

其弟子曰："向之人何为者邪？夫子何故见之变容失色，终日不自反邪？"曰："始吾以为天下一人耳，不知复有夫人也。吾闻之夫子：'事求可，功求成。用力少，见功多者，圣人之道。'今徒不然。执道者德全，德全者形全，形全者神全；神全者，圣人之道也。托生与民并行，而不知其所之，汒（mǎng）乎淳备哉！功利机巧，必忘夫人之心。若夫人者，非其志不之，非其心不为。虽以天下誉之，得其所谓，謷（áo）然不顾；以天下非之，失其所谓，傥（tǎng）然不受。天下之非誉，无益损焉，是谓全德之人哉！我之谓风波之民。"反于鲁，以告孔子。孔子曰："彼假修浑沌氏之术者也，识其一，不知其二；治其内，而不治其外。夫明白入素，无为复朴，体性抱神，以游世俗之间者，汝将固惊邪？且浑沌氏之术，予与汝何足以识之哉！"

[白话]

　　子贡的弟子说："刚才那个人是做什么的？先生为何见了他就脸色大变，一整天都不能恢复呢？"子贡说："起初我以为天下只有孔子是独一无二的，不知道还有像这样的人。我听老师说过：'做事要求可行，功效要求可成。用的力气少而获得的功效多，就是圣人之道。'现在这个人却不以为然，他认为掌握住道的人，天赋才会圆满；天赋圆满的人，形体才会圆满；形体圆满的人，精神才会圆满；精神圆满，才是圣人之道啊！寄托生命于世间，与众人一起生活，但不知他往何处去，广大无边又淳厚完备啊！功利机巧是一定不会放在心中的。像这样的人，不是他的志趣就不会去追求，不是他的心愿就不会去行动。即使天下人都称赞他，让他获得名声，他也傲然不顾；即使天下人都指责他，让他失去名声，他也漠然不受。天下人的毁誉，对他没有减少也没有增加。这才是所谓的全德之人啊！我只能算是随着风波起伏的人。"子贡回到鲁国后，报告孔子这件事。孔子说："他修习的是浑沌氏的道术，但是只知其一而不知其二，只注重内在修养而不能顺应外在变化。如果真是明白一切而抵达纯粹，无所作为而回归原始，体察本性而抱持精神，然后再遨游于世俗之间的人，又怎么会让你感到惊讶呢？再说，浑沌氏的道术，我与你又怎么有办法分辨呢！"

[解读]

①　依子贡所说，种菜老人的境界近似［1.7］所描写的宋荣子："举

世而誉之而不加劝，举世而非之而不加沮。"这也是孔子说他只知其一而不知其二的缘故。若是内外皆治，就会做到〔22.14〕所说的："古之人，外化而内不化。"

② 一旦修成"浑沌氏之术"，亦即外化而内不化，就不会让任何人感觉压力或惭愧。正如〔7.8〕所谓的"中央之帝——浑沌"。不过，子贡经此一事，体认自己是"风波之民"，也算是小有收获了。

〔12.13〕

谆（zhūn）芒将东之大壑，适遇苑风于东海之滨。苑风曰："子将奚之？"曰："将之大壑。"曰："奚为焉？"曰："夫大壑之为物也，注焉而不满，酌焉而不竭。吾将游焉！"苑风曰："夫子无意于横目之民乎？愿闻圣治。"谆芒曰："圣治乎？官施而不失其宜，拔举而不失其能，毕见其情事而行其所为，行言自为而天下化。手挠顾指，四方之民莫不俱至，此之谓圣治。""愿闻德人。"曰："德人者，居无思，行无虑，不藏是非美恶。四海之内共利之之谓悦，共给之之为安；怊（zhāo）乎若婴儿之失其母也，傥乎若行而失其道也。财用有余，而不知其所自来，饮食取足，而不知其所从，此谓德人之容。""愿闻神人。"曰："上神乘光，与形灭亡，此谓照旷。致命尽情，天地乐而万事销亡，万物复情，此之谓混冥。"

〔白话〕

谆芒往东走向大海，在东海岸边恰好遇到苑风。苑风问："你要去哪里？"谆芒说："要去大海那儿。"苑风又问："要做什么呢？"谆芒说："大海这种东西，灌注而不会满溢，取用而不会枯竭。我要去遨游一番。"苑风说："先生不关心老百姓吗？我想请教什么是圣人之治。"谆芒说："圣人之治吗？施政设官各得其宜，拔举人才各尽其能；充分了解情况，然后做好各自的事，做好各自的事，天下也自然上轨道了。这时只要挥挥手，以目示意，四方百姓没有不赞同的。这就叫做圣人之治。"苑风说："我想请教什么是德人。"谆芒说："所谓德人，安居时没有意念，行动时没有谋虑，胸中不存着是非与善恶。四海之内人人共利，他就喜悦；人人共享，他就心安。他怅怅然好像婴儿失去了母亲，茫茫然好像走路迷失了方向。财货有余，却不知是从何而来的；饮食充足，却不知是由何而生的。这就是德人的样貌。"苑风说："我想请教什么是神人？"谆芒说："至高的神人驾驭光明，形体已被化解无遗，这叫做照彻空旷。将生命的真实完全展现，与天地同乐而没有任何牵累，万物也都回归于真实。这叫做混同为深奥的一。"

[解读]

① 本文以"圣治、德人、神人"为焦点，分别描述越来越高的层次。"圣治"意指圣人之治，代表仍有求治的心。"德人"让一切安处于各自的"得"，乃能无所欠缺。"神人"则与道相合。

② 有关神人的描述，可参考［1.9］所说的寓言。

[12.14]

门无鬼与赤张满稽观于武王之师，赤张满稽曰："不及有虞氏乎！故离此患也。"门无鬼曰："天下均治而有虞氏治之邪？其乱而后治之与（yú）？"赤张满稽曰："天下均治之为愿，而何计以有虞氏为！有虞氏之药疡（yáng）也，秃而施髢（tì），病而求医。孝子操药以修慈父，其色燋（jiāo）然，圣人羞之。至德之世，不尚贤，不使能；上如标枝，民如野鹿。端正而不知以为义，相爱而不知以为仁，实而不知以为忠，当而不知以为信，蠢动而相使，不以为赐。是故行而无迹，事而无传。”

[白话]

门无鬼与赤张满稽看到武王伐纣的军队。赤张满稽说："他比不上虞舜啊！所以才遭遇这干戈之祸。"门无鬼说："是天下太平，虞舜才去治理呢？还是天下大乱，虞舜才去治理呢？"赤张满稽说："天下太平就符合了人民的心愿，还需要虞舜做什么？虞舜治疗长头疮的病人时，秃了才给他装假发，就像病了才去求医诊治。孝子拿药去治他慈父的病，弄得神色憔悴，圣人还是为他惭愧。在至德的时代，不推崇贤人，不任用能人。君主有如高处的树枝，人民有如自在的野鹿。行为端正而不知那是义；相亲相爱而不知那是仁；诚实待人而不知那是忠；言行相符而不知那是信；大家自动互相帮助，不以为那是恩赐。所以，行为不曾留下痕迹，事件也不曾传到后代。"

[解读]

① 虞舜之治胜过武王之治，是大家熟悉的史评。不过，比起至德之世，仍然差了一截。

② 在至德之世，"上如标枝，民如野鹿"一语实为生动的描述，像"义、仁、忠、信、赐"这些品德，都是无心而自然的结果。在后代，则是越教效果越差。问题是：为什么至德之世会转变为乱世呢？

[12.15]

孝子不谀其亲，忠臣不谄其君，臣、子之盛也。亲之所言而然，所行而善，则世俗谓之不肖子；君之所言而然，所行而善，则世俗谓之不肖臣。而未知此其必然邪？世俗之所谓然而然之，所谓善而善之，则不谓之道谀之人也。然则俗故严于亲而尊于君邪？谓己道人，则勃然作色；谓己谀人，则怫（fú）然作色。而终身道人也，终身谀人也；合譬饰辞聚众也，是终始本末不相坐。垂衣裳，设采色，动容貌，以媚一世，而不自谓道谀，与夫人之为徒，通是非，而不自谓众人，愚之至也。知其愚者，非大愚也；知其惑者，非大惑也。大惑者，终身不解；大愚者，终身不灵。三人行而一人惑，所适者犹可致也，惑者少也；二人惑则劳而不至，惑者胜也。而今也以天下惑，予虽有祈向，不可得也。不亦悲乎！大声不入于里耳，《折杨》《皇荂（fū）》，则嗑（hé）然而笑。是故高言不止于众人之心；至言不出，俗言胜也。以二垂钟惑，而所适不得矣。而今也以天下惑，予虽有祈向，其庸可得邪！知其不可得也而强之，又一惑也。故莫若释之而不推。不推，谁其比忧！厉之人夜半生其子，遽取火而视之，汲汲然唯恐其似己也。

[白话]

孝子不阿谀自己的父母，忠臣不谄媚自己的国君；这是臣与子的精彩表现。如果对父母所说的都同意，所做的都赞成，那就是世俗所谓的不肖子；如果对国君所说的都同意，所做的都赞成，那就是世俗所谓的不肖臣。但是，这样就一定正确吗？对世俗所同意的都同意，所赞成的都赞成，却不会被称为谄媚阿谀的人。难道世俗比父母更可敬，比国君更可尊吗？听到说自己谄媚别人，就勃然变色；听到说自己阿谀别人，就愤然变色。然而，一辈子都在谄媚别人，一辈子都在阿谀别人；以善用比喻、修饰语词来招揽群众，正是前后操守无法一致的表现。穿上宽大衣裳，装饰华丽色彩，露出动人容貌，以此讨好举世的人，却不认为自己是在谄媚阿谀；与世俗之人为伍，一起同是同非，却不认为自己是众人之一，这真是愚蠢之至。知道自己愚蠢的，不是大愚蠢；知道自己迷惑的，不是大迷惑。大迷惑，终身不能理解；大愚蠢，终身不能觉悟。三人同行而有一人迷惑，还可以抵达目的地，因为迷惑的人少；如果有二人迷惑，那就怎么辛苦也走不到目的地，因为迷惑的人多。现在则是天下人都迷惑了，我虽然公开昭示了方向，也帮不了大家。这不是很可悲吗？高雅的音乐不被俚俗所欣赏，人们听到《折杨》《皇荂》等民间小调就开怀大笑。因此，高妙的言论不会在众人心中停留；至理之言不出现，世俗之言就充斥着。由于两种论点不同而造成迷惑，结果无法抵达目的地。现在则是天下人都迷惑了，我虽然公开昭示方向，又怎么帮得上忙呢？知道帮不上忙还勉强去做，又是一大迷惑。所以不如放开，不再追究。不去追究，还有谁会与我一起忧愁呢？丑女半夜生子，急着取火来照看，惶惶然唯恐孩子长得像自己。

[解读]

① 本文颇有庄子自述心情的意味。他看到世人的处境，"大惑者，终身不解；大愚者，终身不灵"；然后承认只靠他一人实在帮不上忙。最后一小段有关"厉之人"的寓言，表面上说的是：丑女知道自己丑，但不知道（或不希望）孩子会长得像自己。这显然是一大迷惑。庄子以此自我解嘲，因为他的作品流传后世，不是陷于"知其不可得也而强之"的迷惑中吗？换言之，有所作为即是迷惑，除非忘掉自己的美丑。孩子生了就顺其自然，如此而已。

② 道人："道"为导，所指为导，"谀"为阿谀。祈向：如向导口呼路径以示人。"大声"指雅乐，如《咸池》《六英》。《折杨》

《皇荂》则是古代的民间歌曲。二垂钟惑："二垂"为倾意两方，"钟"为踵，为至。

百年之木，破为牺尊，青黄而文之，其断在沟中。比牺尊于沟中之断，则美恶有间矣，其于失性一也。跖与曾、史，行义有间矣，然其失性均也。且夫失性有五：一曰五色乱目，使目不明；二曰五声乱耳，使耳不聪；三曰五臭（xiù）熏鼻，困惾（zōng）中颡（sǎng）；四曰五味浊口，使口厉爽；五曰趣舍滑（gǔ）心，使性飞扬。此五者，皆生之害也。而杨、墨乃始离跂（qí）自以为得，非吾所谓得也。夫得者困，可以为得乎？则鸠鸮（xiāo）之在于笼也，亦可以为得矣。且夫趣舍声色以柴其内，皮弁（biàn）鹬（shù）冠，搢（jìn）笏（hù）绅修以约其外。内支盈于柴栅，外重（chóng）纆（mò）缴，睆（wǎn）睆然在缴之中而自以为得，则是罪人交臂历指，而虎豹在于囊槛（jiàn），亦可以为得矣。

[白话]

百年之树，砍下来做成祭祀用的酒樽，以青色与黄色画上花纹；剩余的断木就被丢弃在沟中。酒樽与沟中断木相比对，美丑是有差别的，但是由丧失本性来看，却是一样的。盗跖与曾参、史相比对，行为的好坏是有差别的，然而丧失本性却是相同的。丧失本性有五种情况：一是五色乱目，使人眼睛看不清楚；二是五声乱耳，使人耳朵听不明白；三是五臭熏鼻，使人鼻塞难以呼吸；四是五味浊口，使人味觉大受损伤；五是取舍迷乱心思，使人本性浮动。这五种都是人生的祸患。而杨朱、墨翟还在标新立异，自以为有所得，但这不是我所说的得。有所得的人反而受困，可以算是得吗？那么，斑鸠与猫头鹰被关在笼子里，也可以算是得了。再说，让取舍、声色的念头塞住内心，让皮帽、羽冠、玉板、宽带、礼服的装饰拘束外形，里面堆满了栅栏，外面是重重绳索的束缚，眼睁睁地困处在绳索之中还自以为有所得，那么犯人被反绑双手、夹住十指，虎豹被关在笼子里，也可以算是得了。

[解读]

① 本文以"眼、耳、鼻、舌、心"为本性是否受到干扰的考量，其中又以心最为关键。以前面四种感官能力来说，花样越多就麻烦越大，还不如单纯清静。越少花样就越符合自然的状态，亦即不会失去本性。

② 心的情况在原则上并无不同，只要减少内在的意念与外在的装饰，看起来自然些，就是有所得了。换言之，"不失其性"即是得。

天道　第十三

要旨：本篇谈天道，一并述及帝道与圣道，并且肯定黄帝、尧、舜等人的作为。其中描写的圣人是以道为师、得享"天乐"的，不但享受自然之乐，也能蓄养天下万民，抵达"太平"之境。唯独对于孔子之标举仁义，仍有未安。至于"桓公读书"之喻，则提醒我们要崇本抑末，以求亲自验证悟道之妙。

[13.1]

天道运而无所积，故万物成；帝道运而无所积，故天下归；圣道运而无所积，故海内服。明于天，通于圣，六通四辟于帝王之德者，其自为也，昧然无不静者矣。圣人之静也，非曰静也善，故静也；万物无足以铙（náo）心者，故静也。水静则明烛须眉，平中准，大匠取法焉。水静犹明，而况精神！圣人之心静乎！天地之鉴也，万物之镜也。夫虚静恬淡寂漠无为者，天地之平而道德之至。故帝王圣人休焉。休则虚，虚则实，实者伦矣。虚则静，静则动，动则得矣。静则无为，无为也则任事者责矣。无为则俞俞；俞俞者忧患不能处，年寿长矣。夫虚静恬淡寂漠无为者，万物之本也。明此以南乡（xiàng），尧之为君也；明此以北面，舜之为臣也。以此处上，帝王天子之德也；以此处下，玄圣素王之道也。以此退居而闲游江海，山林之士服；以此进为而抚世，则功大名显而天下一也。静而圣，动而王，无为也而尊，朴素而天下莫能与之争美。夫明白于天地之德者，此之谓大本大宗，与天和者也；所以均调天下，与人和者也。与人和者，谓之人乐；与天和者，谓之天乐。

[白话]

　　自然之道的运行是不停滞的，所以万物生成；帝王之道的运行是不停滞的，所以天下归顺；圣人之道的运行是不停滞的，所以海内钦服。明白自然之道，通晓圣人之道，又能兼顾时空条件、把握帝王品性的人，就会在自处时昏昏昧昧，让一切归于清静。圣人保持清静，不是因为清静是好事，所以要清静，而是因为万物都不足以扰乱他的内心，所以他会清静。水面静止时，可以清楚照见胡须眉毛，水的平面也合乎测量标准，可以让大工匠取法。水面静止时还会显得明亮，又何况是人的精神呢！圣人的心是清静的，可以作为天地的明鉴，万物的明镜。至于虚静、恬淡、寂寞、无为，则是天地的本来样貌，也是道与德的真实内涵。所以帝王与圣人都止息于此。止息才可虚空，虚空才可充实，充实才可完备。虚空才可清静，清静才可活动，活动才可自得。清静才可无所作为，无所作为才可让官员各尽其责。无所作为才可自在愉悦；自在愉悦的人不受忧患所困，年寿自然长久。虚静、恬淡、寂寞、无为，是万物的本来样貌。明白这个道理而面向南方，就是尧这样的君王；明白这个道理而面向北方，就是舜这样的大臣。以这个道理来处于上位，是帝王天子的品性；以这个道理来处于下位，是玄圣素王的途径。以这个道理来退居闲游于江海之上，则山林中的隐士也都佩服；以这个道理来进而安抚人间，则功名显扬，统一天下。静止时成为圣人，活动时成为帝王，无所作为却受到尊崇，保持原始单纯而天下无人可以与他比美。明白天地的真实状态，就是理解了大根本大宗主，可以与自然和谐相处；以此协调天下，可以与人们和谐相处。与人们和谐相处，称为人间之乐；与自然和谐相处，称为自然之乐。

[解读]

① 本文并列"天道、帝道、圣道"。天道是一切的本源，圣道与帝道的关系已显示"内圣外王"的架构。不过，"内圣外王"一语到《天下》篇才正式使用。

② "六通四辟"意指六合（上下及四方）通达，四时（春夏秋冬）开展，兼含空间与时间因素。"水静犹明，而况精神"一语，是值得我们向往及修行的目标。

③ "玄圣素王"意指内在修养抵达高明的圣人境界，而外在身分并非帝王。"素王"是指有帝王之德而无帝王之位的人。本章对尧、舜的肯定，有些出人意表。

④ "天地之德"的"德"字，在此依然是指其功能或真实状态而言。"天乐"一词意指与自然同乐，是庄子的重要观念。

[13.2]

庄子曰："吾师乎，吾师乎！䪡（jī）万物而不为戾，泽及万世而不为仁，长于上古而不为寿，覆载天地、刻雕众形而不为巧。此之谓天乐。故曰：'知天乐者，其生也天行，其死也物化。静而与阴同德，动而与阳同波。'故知天乐者，无天怨，无人非，无物累，无鬼责。故曰：'其动也天，其静也地，一心定而王天下；其鬼不祟，其魂不疲，一心定而万物服。'言以虚静推于天地，通于万物，此之谓天乐。天乐者，圣人之心，以畜天下也。"

傅佩荣解读《庄子》（修订版）

[白话]

　　庄子说:"我的老师啊!我的老师啊!它毁坏万物而不算是暴戾,泽被万代而不算是仁慈,生于上古而不算是长寿,覆天载地、雕塑众生而不算是巧艺。这就是所谓的自然之乐。所以说:'体会自然之乐的人,活着能与自然顺行,死时能与万物俱化,静止时与阴气同归沉寂,活动时与阳气同步奔波。'所以体会自然之乐的人,没有自然灾难,没有人间怨恨,没有外物牵累,没有鬼神责怪。所以说:'他活动时就像天,静止时就像地,一心安定而平治天下;他身体没病痛,精神不疲乏,一心安定而万物顺服。'这是说,要把虚静之心推到天地,普及万物,这样就是所谓的自然之乐。自然之乐,就是圣人存心用来养育天下的。"

[解读]

① "吾师乎"这一小段话,曾见于[6.12],出于许由之口;在此则明指为庄子所说,用来描述自然之乐所体会的境界。

② "其鬼不祟,其魂不疲","鬼魂"在此应是"魂魄"。古人相信人有三魂七魄,分别指称人的精神与身体。"物化"一词亦见于"庄周梦蝶"(见[2.17]),所指为与万物同化。但在梦蝶部分另有一句不可忽略,就是"周与胡蝶则必有分矣",表示人另有可贵之处,不能与蝴蝶视为等同。

[13.3]

　　夫帝王之德,以天地为宗,以道德为主,以无为为常。无为也,则用天下而有余;有为也,则为天下用而不足。故古之人贵夫无为也。上无为也,下亦无为也,是下与上同德。下与上同德则不臣。下有为也,上亦有为也,是上与下同道。上与下同道则不主。上必无为而用天下，下必有为为天下用。此不易之道也。故古之王天下者，知虽落天地，不自虑也；辩虽雕万物，不自说（yuè）也；能虽穷海内，不自为也。天不产而万物化，地不长而万物育，帝王无为而天下功。故曰：莫神于天，莫富于地，莫大于帝王。故曰：帝王之德配天地。此乘天地，驰万物，而用人群之道也。

[白话]

帝王的品性，要以天地作为根本，以道与德作为主导，以无为作为法则。无为，则治理天下绰绰有余；有为，则被天下所用还唯恐不足。所以古人看重无为。如果在上位的无为，在下位的也无为，那就是下与上品性相同，下与上品性相同，则不合臣道。如果在下位的有为，在上位的也有为，那就是上与下途径相同，上与下途径相同，则不合君道。在上位的一定要无为才可治理天下，在下位的一定要有为才可被天下所用。这是不变的原则。所以古代统治天下的人，智力虽然涵盖天地，不会自行谋划；辩才虽然遍及万物，不会自行述说；能力虽然冠绝海内，不会自行作为。天不生产而万物自行变化，地不生长而万物自行繁衍，帝王无为而天下自行上轨道。所以说：没有比天更神奇的，没有比地更富有的，没有比帝王更伟大的。所以说：帝王的品性可以与天地相匹配。这就是随顺天地、应和万物、治理人群的途径啊。

[解读]

① 本文以"上无为"与"下有为"对举，说明君臣之道。这与前文所描写的尧"明此以南乡"与舜"明此以北面"，似乎有些矛盾。但是，就"明此"而言，是指明白"虚静、恬淡、寂寞、无为"的道理，这并不表示在实际做法上，南向与北面不可分

　　　　　　　　　　　　　　傅佩荣解读《庄子》（修订版）

工合作。换言之，既然有了"上下"之分，就已经不可能大家都"无为"了。

② 有些专家认为，由此段开始的三大段［13.3］、［13.4］和［13.5］，直到"非上之所以畜下也"，不能代表老庄思想的原貌。这一点可供参考。不过，由［22.14］"古之人外化而内不化"（古代的人，随外物变化而内心保持不变）一语看来，这三章未必不能代表"外化"的观点。庄子没有理由非要否定世间现成的状况不可。"安时而处顺"一语（见［3.5］）不是合理的说明吗？

［13.4］

本在于上，末在于下；要在于主，详在于臣。三军五兵之运，德之末也；赏罚利害，五刑之辟，教之末也；礼法度数，形名比详，治之末也；钟鼓之音，羽旄（máo）之容，乐之末也；哭泣衰（cuī）绖（dié），隆杀（shài）之服，哀之末也。此五末者，须精神之运，心术之动，然后从之者也。末学者，古人有之，而非所以先也。君先而臣从，父先而子从，兄先而弟从，长先而少从，男先而女从，夫先而妇从。夫尊卑先后，天地之行也，故圣人取象焉。天尊，地卑，神明之位也；春夏先，秋冬后，四时之序也；万物化作，萌区有状；盛衰之杀（shài），变化之流也。夫天地至神，而有尊卑先后之序，而况人道乎！宗庙尚亲，朝廷尚尊，乡党尚齿，行事尚贤，大道之序也。语道而非其序者，非其道也；语道而非其道者，安取道哉！

［白话］

本源处于上位，末端处于下位。简要在于君主，详尽在于臣下。三军武器的使用，是德行的末端；赏罚利害，施以刑责，是教化的末端；讲究礼法，详察形名，是政治的末端；钟鼓的声音，羽毛的舞动，是音乐的末端；哭哭啼啼，披麻戴孝，穿上各级丧服，是哀悼的末端。这五种末端表现，要靠运用精神、动用心术，然后才可办成。这种末端之学，古人早就有了，但不视之为根本。君在先而臣在后，父在先而子在后，兄在先而弟在后，长在先而少在后，男在先而女在后，夫在先而妇在后。有尊卑有先后，这是天地运行的方式，所以圣人取法于此。天尊地卑，是神明的位列；春夏先，秋冬后，是四时的次序。万物化育生长，萌芽之初即各有不同；盛衰起伏的阶段，依照变化而流转。天地是最为神奇的力量，还有尊卑先后的顺序，何况是人间的途径呢！宗庙推崇的是血亲，朝廷推崇的是位尊，乡党推崇的是年长，办事推崇的是贤能，这是大道的顺序。谈论道而否定它的顺序，就是否定了道；谈论道而否定了道，又要用道做什么！

[解读]

① "五兵"是指"弓、殳（shū）、矛、戈、戟（jǐ）"。"五刑"是指"劓（yì）、墨、刖（yuè）、宫、大辟"。"刑名"又作"形名"，以名责实，求名实相符，借此稳定人间秩序。

② "五末"是就"德、教、治、乐、哀"而言，都是失去本源之后的末端表现。

[13.5]

是故古之明大道者，先明天而道德次之，道德已明而仁义次之，仁义已明而分（fèn）守次之，分守已明而形名次之，形名已明而因任次之，因任已明而原省次之，原省已明而是非次之，是非已明而赏罚次之，赏罚已明而愚知处宜，贵贱履位，仁贤不肖袭情，必分其能，必由其名。以此事上，以此畜下，以此治物，以此修身，知谋不用，必归其天，此之谓太平，治之至也。故《书》曰："有形有名。"形名者，古人有之，而非所以先也。古之语大道者，五变而形名可举，九变而赏罚可言也。骤而语形名，不知其本也；骤而语赏罚，不知其始也。倒道而言，迕（wǔ）道而说者，人之所治也，安能治人！骤而语形名赏罚，此有知治之具，非知治之道。可用于天下，不足以用天下。此之谓辩士，一曲之人也。礼法数度，形名比详，古人有之。此下之所以事上，非上之所以畜下也。

[白话]

因此，古代阐明大道的人，都要先阐明自然，接着才是道与德；道与德阐明了，接着才是仁义；仁义阐明了，接着才是职分；职分阐明了，接着才是形名；形名阐明了，接着才是材用；材用阐明了，接着才是审察；审察阐明了，接着才是是非；是非阐明了，接着才是赏罚；赏罚阐明了，而后愚笨与聪明的人各得其所，贤良与不肖的人各依其实，一定要区分他们的才能，一定要根据他们的名分。用这个道理来侍奉君主，教化百姓，治理外物，修养自己，不用任何智谋，一定要回归自然；这就叫做太平，是治理的最高境界。所以古书上说："有形有名。"以名责实的形名，古人早已有了，但不置于优先的地位。古代谈论大道的人，经过五个阶段才可以举出形名，经过九个阶段才可以论及赏罚。直接谈到形名，是不知根本；直接谈到赏罚，是不知起源。颠倒大道而发言，违反大道而谈论的人，只能被人统治，又怎能统治别人！直接谈到形名赏罚，只是懂得治理的工具，而不懂得治理的原则；可以被天下所用，却不足以统治天下。这种人叫做辩士，只有一技之长。礼法制度、形名详察，古人早就有了；这些是臣下用来侍奉君主的，而不是君主用来教化臣下的。

① 本文列出九个层次，依序是"天，道德，仁义，分守，形名，用任，原省，是非，赏罚"。其中，天是指自然（自己如此，本然的状态）；道德是指道与德，有别于后续的仁义。这都符合庄子的思想。接着一段批判了形名与赏罚，等于是质疑法家的立场。既然如此，我们又何必排除本文于《庄子》一书之外呢？

② "太平"是指完全平定的状态。此名在后代有广泛的应用，如汉顺帝时的《太平经》、张角所创的太平道、清代的太平天国等。

[13.6]

昔者舜问于尧曰："天王之用心何如？"尧曰："吾不敖无告，不废穷民，苦死者，嘉孺子而哀妇人，此吾所以用心已。"舜曰："美则美矣，而未大也。"尧曰："然则何如？"舜曰："天德而出宁，日月照而四时行，若昼夜之有经，云行而雨施矣！"尧曰："胶胶扰扰乎！子，天之合也；我，人之合也。"夫天地者，古之所大也，而黄帝、尧、舜之所共美也。故古之王天下者，奚为哉？天地而已矣。

［白话］

从前舜请教尧说："天子的用心是怎样的？"尧说："我不怠慢孤苦无依的人，不抛弃穷困潦倒的人，哀悼死者，善待孩童，同情妇女。这就是我的用心所在。"舜说："好固然好，但还不够宏大。"尧说："那么应该怎样呢？"舜说："天生成而地平静，日月照耀而四季运行，就像昼夜自有常轨，云飘过而雨降下。"尧说："我真是扰攘多事啊！你，合于自然；我，合于人间。"说到天地，古人认为是宏大的，而黄帝、尧、舜都共同赞美。所以古代统治天下的人，要像什么呢？只要像天地就可以了。

[解读]

① 尧与舜的对话是虚拟的，听起来尧代表儒家而舜代表道家，所以舜的境界较高。事实上，在《论语·泰伯》中有"唯天为大，唯尧则之"一语，显示儒家并非忽略"天"。不过，双方对天的认知仍然各有所重。

[13.7]

孔子西藏书于周室。子路谋曰："由闻周之征藏史有老聃者，免而归居，夫子欲藏书，则试往因焉。"孔子曰："善。"往见老聃，而老聃不许，于是繙（fān）六经以说。老聃中其说，曰："大（tài）谩，愿闻其要。"孔子曰："要在仁义。"老聃曰："请问，仁义，人之性邪？"孔子曰："然。君子不仁则不成，不义则不生。仁义，真人之性也，又将奚为矣？"老聃曰："请问，何谓仁义？"孔子曰："中心物恺，兼爱无私，此仁义之情也。"老聃曰："意，几乎后言！夫兼爱，不亦迂乎！无私焉，乃私也。夫子若欲使天下无失其牧乎？则天地固有常矣，日月固有明矣，星辰固有列矣，禽兽固有群矣，树木固有立矣。夫子亦放德而行，循道而趋，已至矣；又何偈（jié）偈乎揭仁义，若击鼓而求亡子焉？意，夫子乱人之性也！"

[白话]

孔子想把自己编修的书籍，存藏于鲁国西边的周王室。子路建议说："我听说周王室的典藏官，有一位叫老聃的，已经离职回家了。老师想要藏书，不妨去请教他。"孔子说："好。"孔子前往拜访老聃，而老聃不同意他这么做。于是孔子引述六经，想要说服老聃；老聃打断他的话，说："太冗长了，我只想听听要点。"孔子说："要点在于仁义。"老聃说："请问，仁义是人的本性吗？"孔子说："是的。君子不仁就无法成就为君子，不义就无法立足发展。仁义确实是人的本性，此外还有什么可以做的呢？"老聃说："请问：什么叫做仁义？"孔子说："内心和乐，兼爱无私，这是仁义的真实表现。"老聃说："噫，后面这句话很危险！谈兼爱，不是太迂腐了吗？说无私，其实还是有私心。先生是想让天下人不要失去养育吗？那么，天地本来就有常轨，日月本来就有光明，星辰本来就有行列，禽兽本来就会群居，树木本来就会成长。先生只要依循天赋常态去走，顺着自然途径前进，就可以达到目的了。又何必拼命提倡仁义，好像敲着鼓去追赶逃跑的人呢？噫，先生扰乱了人的本性啊！"

［解读］

① 六经：依《天运》所云："丘治《诗》《书》《礼》《乐》《易》《春秋》六经。"

② 中心物恺："物"为"易"之误，所指为和易，恺为乐。其次，"兼爱无私"本是美事，但是，兼爱不仅迂腐而且劳苦不堪，无私若是存有目的，则仍难免于私心。依此界说仁义，又肯定此为人之本性，则是一厢情愿的想法。事实上，儒家也没有这么天真的想法。因此，与其说庄子批判儒家，不如说他批判的是这种天真的想法。一般认为"兼爱"为墨家观点，儒家的爱是有差别等级的，要由亲及疏，合乎人情。至于"无私"，则是儒家"君子"所应追求的目标。

[13.8]

　　士成绮见老子而问曰："吾闻夫子圣人也。吾固不辞远道而来愿见，百舍重趼（jiǎn）而不敢息。今吾观子，非圣人也，鼠壤有余蔬，而弃妹，不仁也！生熟不尽于前，而积敛无崖。"老子漠然不应。士成绮明日复见，曰："昔者吾有刺于子，今吾心正郤（xì）矣，何故也？"老子曰："夫巧知神圣之人，吾自以为脱焉。昔者子呼我牛也而谓之牛，呼我马也而谓之马。苟有其实，人与之名而弗受，再受其殃。吾服也恒服，吾非以服有服。"士成绮雁行避影，履行遂进而问："修身若何？"老子曰："而容崖然，而目冲然，而颡（sǎng）頯（kuí）然，而口阚（hǎn）然，而状义（é）然。似系马而止也。动而持，发也机，察而审，知巧而睹于泰，凡以为不信。边竟有人焉，其名为窃。"

[白话]

　　士成绮拜访老子，问他说："我听说先生是圣人，所以不管路途遥远，也想来看看您；走了一百天，脚底长了厚茧都不敢休息。现在我看先生，却不是个圣人。老鼠洞里还有剩菜，却弃之不顾，这是不仁；生熟食物已经用不完了，还要不停地聚敛。"老子神情漠然，没有回应。士成绮第二天又来，说："昨天我讥笑您，今天我感觉有些心虚，这是什么缘故呢？"老子说："巧智神圣这样的人，我自认为可以免了。昨天你叫我牛，我就称作牛；你叫我马，我就称作马。如果真有其实，别人给我相符的名称而我不接受，就是双重罪过。我的行为一向是如此，我不是存心这么做的。"士成绮侧身弯腰，蹑步向前，再问："要怎么修身呢？"老子说："你的面色高傲，双目凸显，额头外露，口张欲说，身形高耸。好像奔驰的马被系住。想动又强自忍住，发作就疾如放矢，考察则力求详细，智巧而显出骄态。这些都是矫揉造作。边境有这样的人，他的名字叫做小偷。"

① 老子是我行我素，还是顺其自然？他是极端的以自我中心，还是抵达无我之境？这个问题值得我们深思。弃妹："妹"为末，为抹，所指为抹杀弃置。

② 老子口中的士成绮，在世间到处可见，亦即矫揉造作之人不少。他们被称为"窃"，是因为欺世盗名。

[13.9]

老子曰："夫道，于大不终，于小不遗，故万物备。广广乎其无不容也，渊乎其不可测也。形德仁义，神之末也，非至人孰能定之！夫至人有世，不亦大乎，而不足以为之累。天下奋棅（bǐng）而不与之偕（xié）；审乎无假而不与利迁，极物之真，能守其本。故外天地，遗万物，而神未尝有所困也。通乎道，合乎德，退仁义，宾（bìn）礼乐，至人之心有所定矣！"

[白话]

老子说："谈到道，再大也不会穷尽它，再小也不会遗漏它，所以万物都在它里面。广大啊，它无所不包；渊深啊，它不可测量。刑罚、德惠、仁爱、正义，都是精神的末迹，若不是至人，谁能确定它这些！至人拥有天下，天下不是很大吗？却不足以成为他的负担。天下人争夺权柄，他不会同流合污；他处于无所假借的状态，因而不随万物转移；他穷究事物的真相，能够把握住根本。所以他超越天地，遗忘万物，而精神未尝有任何困扰。贯通大道，配合天赋，辞退仁义，摈弃礼乐；至人的心有其安定之处。"

① 本文两次谈到"神"。由"神之末",可知神有本末,末是指应用而言;至人保住神之本,所以可以界定其末为何。由"神未尝有所困",可知一般人的神常为外物所困。那么,圣人何以如此特别?因为他的"心"有所定。心与神(精神)之间的关系值得玩味。

② "审乎无假而不与利迁",利为物之误。此语亦见于［5.1］。

［13.10］

世之所贵道者,书也。书不过语,语有贵也。语之所贵者,意也,意有所随。意之所随者,不可以言传也,而世因贵言传书。世虽贵之哉,犹不足贵也,为其贵非其贵也。故视而可见者,形与色也;听而可闻者,名与声也。悲夫!世人以形色名声为足以得彼之情。夫形色名声果不足以得彼之情,则知者不言,言者不知,而世岂识之哉!桓公读书于堂上,轮扁斲(zhuó)轮于堂下,释椎(chuí)凿而上,问桓公曰:"敢问:公之所读者,何言邪?"公曰:"圣人之言也。"曰:"圣人在乎?"公曰:"已死矣。"曰:"然则君之所读者,古人之糟魄已夫!"桓公曰:"寡人读书,轮人安得议乎!有说则可,无说则死!"轮扁曰:"臣也以臣之事观之。斲轮,徐则甘而不固,疾则苦而不入,不徐不疾,得之于手而应于心,口不能言,有数存焉于其间。臣不能以喻臣之子,臣之子亦不能受之于臣,是以行年七十而老斲轮。古之人与其不可传也死矣,然则君之所读者,古人之糟魄已夫!"

［白话］

世人认为道可贵,是因为书本的记载,书本不过是语言而已，所以语言是可贵的。语言可贵之处在于意义，意义有它的根据。意义的根据不能靠谈论来传递，而世人却因为重视言论而传述成书。世人虽认为书本可贵，其实并不是那么可贵，因为他们认为可贵的并不是真正可贵的部分。所以，眼睛可以看见的，是形状与颜色；耳朵可以听见的，是名称与声音。可悲啊！世人以为靠形状、颜色、名称、声音就可以掌握意义的真实根据。靠形状、颜色、名称、声音实在不足以掌握意义的真实根据。所以，懂的人不说，说的人不懂；那么世人又要从何处去认清这一点呢？齐桓公在堂上读书，轮扁在堂下做车轮。轮扁放下锥凿，上堂去问桓公说：“请教大人：大人所读的是什么人的言论？”桓公说：“圣人的言论。”轮扁说：“圣人还活着吗？”桓公说：“已经死了。”轮扁说：“那么大人所读的，不过是古人糟粕罢了！”桓公说：“寡人读书，做轮子的人怎么可以随便议论！说得出理由就算了，说不出理由就处你死罪。”轮扁说：“我是从我做的事来看。做轮子，下手慢了就会松动而不牢固，下手快了就会紧涩而嵌不进。要不慢不快，得之于手而应之于心。有口也说不出，但是这中间是有奥妙技术的。我不能传授给我儿子，我儿子也不能从我这里继承，所以我七十岁了还在做轮子。古人与他们不可传授的心得都已经消失了，那么君上所读的，不过是古人的糟粕罢了。”

[解读]

① 本文谈到读书，要设法“去其糟粕而得其精华”，亦即要由文字资料去领悟原始的意义根据。不过，人生的经验与心得，即使亲如父子也无法继承，还是要由自己去体会。庄子在此贬低教育的作用，无非是要人不可迷信书本。

② “知者不言，言者不知”一语，见于《老子》第五十六章。不过，老子的五千言也算是“言”，我们亦不可拘泥于其中的文字。

天运 第十四

要旨：如果真有天籁，则本篇所描写的黄帝演奏《咸地》
可以作为代表。它使听者体验"惧、怠、惑"。惧
使人难以安于现实，怠使人陷入心灵空虚，惑使人
由愚可以悟道。接着，孔子面对道家老子时，受到
什么教训与启发，在本篇说得既生动又深刻。在庄
子笔下，儒家似乎只能甘拜下风。另外，有关"孝"
的六境可谓神来之笔。

[14.1]

"天其运乎？地其处乎？日月其争于所乎？孰主张是？孰维
纲是？孰居无事推而行是？意者其有机缄（jiān）而不得已邪？意
者其运转而不能自止邪？云者为雨乎？雨者为云乎？孰隆施是？
孰居无事淫乐而劝是？风起北方，一西一东，有上彷徨。孰嘘吸
是？孰居无事而披拂是？敢问何故？"巫咸祒（chāo）曰："来！
吾语女。天有六极五常，帝王顺之则治，逆之则凶。九洛之事，
治成德备，监照下土，天下戴之，此谓上皇。"

"天在运行吗？地在静止吗？日月在争夺位子吗？谁在主导这些？谁在维系这些？谁会闲着无事来推动这些？或者是有机关操纵而不得不如此？或者是顺势运转而自己停不下来？云是为了降下雨来吗？雨是为了蒸气成云吗？谁在兴云降雨？谁会闲着无事乐于做这样的事？风从北方吹来，忽东忽西，在天空飘动，谁在吐气成风？谁会闲来无事而扇动起风？那么请问这些是什么缘故？"巫咸祒说："来，我告诉你。自然界有上下四方的六极，以及金木水火土的五常，帝王顺应这些就天下太平，违逆这些就祸乱丛生。九州聚落的事务都治理有成、功德圆满；上位者的光辉照临人间，受到天下人拥戴，这就是最古的上皇之治。"

[解读]

① 本文以"云、雨、风"的循环与运行，来描写自然界"自己如此"的状态。"上皇"只是顺天应人，不必有什么用心的作为。

[14.2]

商大（tài）宰荡问仁于庄子。庄子曰："虎狼，仁也。"曰："何谓也？"庄子曰："父子相亲，何为不仁？"曰："请问至仁。"庄子曰："至仁无亲。"大宰曰："荡闻之，无亲则不爱，不爱则不孝。谓至仁不孝，可乎？"庄子曰："不然。夫至仁尚矣，孝固不足以言之。此非过孝之言也，不及孝之言也。夫南行者至于郢（yǐng），北面而不见冥山，是何也？则去之远也。故曰：'以敬孝易，以爱孝难；以爱孝易，而忘亲难；忘亲易，使亲忘我难；使亲忘我易，兼忘天下难；兼忘天下易，使天下兼忘我难。'夫德遗尧、舜而不为也，利泽施于万世，天下莫知也，岂直太息而言仁孝乎哉！夫孝悌仁义忠信贞廉，此皆自勉以役其德者也，不足多也。故曰：'至贵，国爵并焉；至富，国财并焉；至愿，名誉并焉。'是以道不渝。"

［白话］

宋国的太宰荡请教庄子什么是仁。庄子说："虎狼也有仁的表现。"太宰问："怎么说呢？"庄子说："虎狼父子相亲，怎么不是仁呢？"太宰说："请问什么是至仁？"庄子说："至仁无所亲近。"太宰说："我听说，没有亲近，就不关爱，不关爱就不孝顺。说至仁不孝顺，可以吗？"庄子说："不只是这样的。至仁是最高境界，孝顺实在不足以说明它。你所说的亲爱并未超过孝顺，而是还算不上孝顺。譬如，向南走的人，到达郢都之后，就看不见北方的冥山了，为何如此？因为离得太远了。所以说：'用恭敬来行孝容易，用爱心来行孝较难；用爱心来行孝容易，行孝时忘记双亲较难；行孝时忘记双亲容易，行孝时使双亲忘记我较难；行孝时使双亲忘记我容易，我同时忘记天下人较难；我同时忘记天下人容易，使天下人同时忘记我较难。'不在意尧舜的德行而无所作为，恩泽推加于万世而天下不知。又怎么会赞叹仁与孝呢？所谓孝、悌、仁、义、忠、信、贞、廉，都是人们勉强用来奴役天赋的，并不值得称许。所以说：'最尊贵的人，抛弃了国家的爵位；最富有的人，抛弃了国家的财货；最显荣的人，抛弃了名声与赞誉。'因此大道是长存不变的。"

［解读］

① 依"虎狼，仁也"的说法，禽兽莫不有仁；但是只有人"可能"修成"至仁"之境。于是，仁只是生物本能的偏爱表现，人又怎能自限于仁呢？

② 庄子谈"孝"之言，共有六层次："敬，爱，忘亲，使亲忘我，

兼忘天下，使天下兼忘我。"其中，前四步已经足以大幅提升一般人的孝顺观念；最后两步则抵达最富道家特色的至孝或至仁了。

[14.3]

北门成问于黄帝曰："帝张《咸池》之乐于洞庭之野，吾始闻之惧，复闻之怠，卒闻之而惑；荡荡默默，乃不自得。"帝曰："汝殆其然哉！吾奏之以人，征之以天，行之以礼义，建之以太清。四时迭起，万物循生；一盛一衰，文武伦经；一清一浊，阴阳调和，流光其声；蛰（zhé）虫始作，吾惊之以雷霆；其卒无尾，其始无首；一死一生，一偾（fèn）一起；所常无穷，而一不可待。女故惧也。

[白话]

北门成请教黄帝说："您在广漠的原野上演奏《咸池》乐章。我开始听时觉得恐惧，继续听着觉得松懈，最后听完觉得迷惑。心神恍惚，无话可说，不再是平常的自己了。"黄帝说："你这样就差不多了。我依照人情来演奏，顺应自然来发挥，配合礼义来进行，展现出最清明的原始境界。四时相继出现，万物依序而生；有盛有衰，分合存亡；有清有浊，阴阳调和；乐声流动而广播。蛰虫刚刚苏醒，我用雷霆之声来惊动它们。这种乐声，结束时没有终点，开始时没有起点；有时消逝有时出现，有时倒下有时站起；变化无穷而全然不可预期，所以你感觉恐惧。

[解读]

① 北门成聆听《咸池》，而有"惧、怠、惑"三种感觉，本文先谈惧。习于人间之事，乍听雷霆之声，不知下一步何去何从，

所以惧。

② 一般《庄子》版本中，在"建之以太清"之下，有"夫至乐者，先应之以人事，顺之以天理，行之以五德，应之以自然，然后调理四时，太和万物"这三十五字。历代专家指出，此为郭注误入正文。

[14.4]

吾又奏之以阴阳之和，烛之以日月之明；其声能短能长，能柔能刚，变化齐一，不主故常；在谷满谷，在阬（kēng）满阬；涂郤（xì）守神，以物为量。其声挥绰，其名高明。是故鬼神守其幽，日月星辰行其纪。吾止之于有穷，流之于无止。子欲虑之而不能知也，望之而不能见也，逐之而不能及也；傥然立于四虚之道，倚于槁梧而吟。知困乎所欲虑，目穷乎所欲见，力屈乎所欲逐，子既不及已夫！形充空虚，乃至委蛇（yí）。女委蛇，故怠。

[白话]

我又用阴阳的协调来演奏，用日月的光明来烛照。乐声可短可长，可柔可刚，变化有一定规律，又能推陈出新；流到山谷就充满山谷，流到深坑就充满深坑；塞住空隙，守住精神，与外物完全相顺。乐声悠扬，节奏明朗。因此，鬼神安处于幽冥之中，日月星辰各依轨道运行。我的乐声停歇于有穷之处，却流动于无止之境。你想要思索却无法了解，想要观察却无法看见，想要追逐却无法赶上。茫茫然站在四方空虚的大路上，倚靠着枯木而吟唱。想要了解，思索已经用完；想要看见，目光已经穷尽；想要追逐，力气已经衰竭；觉得自己赶不上了！形体显得空洞虚无，到了随顺外物的地步。你随顺外物，所以会感觉松懈。

[解读]

① 本文接着谈"怠"。对于乐声"不能知，不能见，不能及"，放下这些感官心思的运作，然后才可空虚委蛇，入于怠。这种松懈看似消极，其实是转向智慧的必经之途。

[14.5]

　　吾又奏之以无怠之声，调之以自然之命。故若混（hùn）逐丛生，林乐（yuè）而无形，布挥而不曳（yì），幽昏而无声。动于无方，居于窈冥；或谓之死，或谓之生；或谓之实，或谓之荣；行流散徙，不主常声。世疑之，稽于圣人。圣也者，达于情而遂于命也。天机不张而五官皆备。此之谓天乐，无言而心说（yuè）。故有焱（yàn）氏为之颂曰：'听之不闻其声，视之不见其形，充满天地，苞裹六极。'女欲听之而无接焉，而故惑也。乐也者，始于惧，惧故祟；吾又次之以怠，怠故遁；卒之于惑，惑故愚；愚故道，道可载而与之俱也。"

[白话]

　　我又用无所松懈的乐声来演奏，以自己如此的固定规律来调和。所以乐声混然相逐，丛然并生，繁复合会而不着形迹，散播挥洒而毫不停滞，幽深昏暗而无声可闻。动时不知去向，止时悠远蒙昧；或以为是消逝，或以为是出现，或以为是真实，或以为是显耀。任意流行散从，没有固定的声调。世人感到疑惑，就向圣人询问。所谓圣，是指明白真实情况，随顺应有之命。自然本性不必活动而五官的功能已经具备，这就叫做自然之乐，无言而心中喜悦。所以神农氏称颂它说：'听不到它的声音，看不见它的形象；它充满天地之间，包含上下四方在其中。'你想听却没有途径，所以会迷惑。这种乐声,开始时使人恐惧,恐惧得好像会有祸患;我接着使人松懈,松懈得好像遭到遗弃;我最后再使人迷惑,迷惑得好像愚笨无知;而愚笨,就好像道一样了。这样才可以与道并存啊!"

[解读]

① 本文最后谈惑。由惑到愚,再由愚到道;因为只有回归原点,才可能与道(究竟真实)合而为一。有焱氏(神农氏)的称颂即是针对道而言。以音乐来描述道,确有雅意。

② 本文所界说的"圣"是:"达于情而遂于命。""情"是真实情况;"命"是"自然之命",亦即自己如此的固定规律。这里的关键仍是智慧。无智慧则不成圣人。这是道家的基本立场。

[14.6]

孔子西游于卫,颜渊问师金曰:"以夫子之行为奚如?"师金曰:"惜乎,而夫子其穷哉!"颜渊曰:"何也?"师金曰:"夫刍狗之未陈也,盛以箧(qiè)衍(yǎn),巾以文绣,尸祝斋戒以将之。及其已陈也,行者践其首脊,苏者取而爨(cuàn)之而已;将复取而盛以箧衍,巾以文绣,游居寝卧其下,彼不得梦,必且数眯(mǐ)焉。今而夫子,亦取先王已陈刍狗,取弟子游居寝卧其下。故伐树于宋,削(xuē)迹于卫,穷于商周,是非其梦邪?围于陈蔡之间,七日不火食,死生相与邻,是非其眯邪?夫水行莫如用舟,而陆行莫如用车。以舟之可行于水也,而求推之于陆,则没世不行寻常。古今非水陆与?周鲁非舟车与?今蕲(qí)行周于鲁,是犹推舟于陆也,劳而无功,身必有殃。彼未知夫无方之传,应物而不穷者也。

孔子往西游历，到了卫国。颜渊请教太师金说："我老师这次的游历，您以为会怎样呢？"太师金说："可惜了，你的老师会陷于困境啊！"颜渊说："为什么？"太师金说："刍狗还没有用来祭祀时，装在竹筐里，盖着锦绣手巾，主祭者还要先斋戒再接送它。等到祭祀过后，路上行人踩踏它的头与背，捡草的人把它拿去当柴烧了。如果有人把它收拾起来，再装在竹筐里，盖上锦绣手巾，起居睡卧都在它旁边；那么这个人不做梦就算了，不然一定噩梦连连。现在你的老师，也是收拾起先王祭祀用过的刍狗，聚集弟子们起居睡卧在它旁边。所以，他在宋国树下讲学，树被砍倒；到了卫国，事迹都被抹杀；他在商地与周地都陷于困境，这不是他做的梦吗？后来，他被围困于陈国与蔡国之间，七天不能生火煮饭，濒临死亡边缘；这不是他的噩梦吗？在水上前行最好用船，在陆上前进最好用车。以为船在水上可以前行，就把它推上陆地，那么一辈子也走不了几步。古代与现代相比，不就是水与陆吗？周朝与鲁国相比，不就是船与车吗？现在希望把周朝的制度推行于鲁国，就好像把船推到陆上行走，不但徒劳无功，自己还一定会遭殃。他不懂得变迁流转，顺应外物而永无穷尽的道理。

[解读]

① "刍狗"是用草扎成的狗，供祭祀时使用。《老子》第五章有云："天地不仁，以万物为刍狗。圣人不仁，以百姓为刍狗。"庄子此处仍以刍狗为喻，所指的是过时而无用的观念与制度。

② 伐树于宋：是说孔子曾在宋国一棵大树下为弟子讲学，而宋国司马桓魋憎恨孔子，就在他们离去后，砍了这棵大树。削迹于卫：是说卫国当权派讨厌孔子，设法抹杀他的事迹。宋国是商朝遗民受封之地，所以可称为商地。

③ 寻常：八尺为寻，倍寻（一丈六尺）为常。

[14.7]

且子独不见夫桔（jié）槔（gāo）者乎？引之则俯，舍之则仰。彼，人之所引，非引人者也。故俯仰而不得罪于人。故夫三皇五帝之礼义法度，不矜于同而矜于治。故譬三皇五帝之礼义法度，其犹柤（zhā）梨橘柚邪！其味相反而皆可于口。故礼义法度者，应时而变者也。今取猿（yuán）狙（jū）而衣（yì）以周公之服，彼必龁（hé）啮（niè）挽裂，尽去而后慊（qiè）。观古今之异，犹猿狙之异乎周公也。故西施病心而矉（pín）其里，其里之丑人见而美之，归亦捧心而矉其里。其里之富人见之，坚闭门而不出；贫人见之，挈（qiè）妻子而去走。彼知美而不知矉之所以美。惜乎，而夫子其穷哉！"

[白话]

再说，你难道没看过抽水的桔槔吗？牵引它，它就俯下去；放开它，它就仰上来。它是被人牵引，而不是牵引人，所以俯仰都不会得罪人。所以，三皇五帝的礼仪法度，不在乎是否相同，而在乎治理有成。所以，要比喻三皇五帝的礼仪法度，可以说就像山楂、水梨、橘子、柚子一样，味道有别但都很可口。所以，礼仪法度是随着时代在变化的。现在如果给猿猴穿上周公的衣服，它一定咬破撕裂，全部剥掉才高兴。观察古今的差异，就好像猿猴与周公之不同。所以，西施因为心痛而皱起眉头；乡里中的丑女见她样子很美，回去后也捧着心皱起眉头；乡里的富人见到她，紧闭门扉不出来；穷人见到她，带着妻子儿女远远避开。丑女知道皱起眉头很美，却不知道皱起眉头为什么很美。可惜了，你的老师会陷于困境啊！"

① "三皇"是指燧人氏、伏羲氏、神农氏。"五帝"是指黄帝、颛顼、帝喾、帝尧、帝舜。这些都算是古代，但是把古今之异，比拟为"猨狙之异乎周公"，实在过度夸张了。

② 以"西施"的故事来比喻孔子为东施效颦的"丑人"，亦嫌刻薄。不知这位鲁国的太师金是何居心？或者，只有他才真正了解孔子的居心？

[14.8]

孔子行年五十有一而不闻道，乃南之沛见老聃。老聃曰："子来乎？吾闻子，北方之贤者也，子亦得道乎？"孔子曰："未得也。"老子曰："子恶乎求之哉？"曰："吾求之于度数，五年而未得也。"老子曰："子又恶乎求之哉？"曰："吾求之于阴阳，十有二年而未得也。"老子曰："然，使道而可献，则人莫不献之于其君；使道而可进，则人莫不进之于其亲；使道而可以告人，则人莫不告其兄弟；使道而可以与（yù）人，则人莫不与其子孙。然而不可者，无它也，中无主而不止，外无正而不行。由中出者，不受于外，圣人不出；由外入者，无主于中，圣人不隐。名，公器也，不可多取。仁义，先王之蘧（qú）庐也，止可以一宿（xiǔ）而不可久处。觏（gòu）而多责。

[白话]

孔子五十一岁了，还不懂得道是什么，于是去南方的沛地拜访老聃。老聃说："你来了啊！我听说你是北方的贤人，你也领悟了道吗？"孔子说："尚未领悟。"老聃说："你是怎么寻求的？"孔子说："我从典章制度中寻求，花了五年还未领悟。"老子说："接着，你又是怎么寻求的？"孔子说："我从阴阳变化中寻求，花了十二年还未领悟。"老子说："对的。如果道可以奉献，那么人们无不拿来奉献君主；如果道可以敬呈，那么人们无不拿来敬呈父母；如果道可以告诉别人，那么人们无不拿来告诉兄弟；如果道可以送给别人，那么人们无不拿来送给子孙。然而这一切都不可能，原因不是别的，就是：心中若无主宰，则道不会停留；外在若无印证，则道不会运行。由心中发出的，如果外在没有顺应作用，圣人就不会展示；由外在进入的，如果心中没有主导力量，圣人就不会留存。名衔，是天下共有之物，不可以多取。仁义，是先王的旅舍，只可以住一晚，而不可久留；形迹为人所见，就会多犯过错。

[解读]

① 孔子求道的方法是度数与阴阳。度数是维系人间秩序的规范，阴阳是左右自然界变化的原则。这两者互相搭配，"不可多取，不可久处"，再回归于究竟真实，才有可能领悟大道。

② 老子所说的"由中生者"与"由外入者"，显然是指内与外之对应与互动。由内而发的，必须可以"应物"；由外而入的，必须自己先有一个主导力量，否则谈不上悟道的智慧。

[14.9]

　　古之至人，假道于仁，托宿于义，以游逍遥之墟，食（sì）于苟简之田，立于不贷之圃。逍遥，无为也；苟简，易养也；不贷，无出也。古者谓是采真之游。以富为是者，不能让禄；以显为是者，不能让名；亲权者，不能与人柄。操之则栗，舍之则悲，而一无所鉴，以窥其所不休者，是天之戮民也。怨、恩、取、与、谏、教、生、杀八者，正之器也，唯循大变无所湮（yīn）者为能用之。故曰：'正者，正也。'其心以为不然者，天门弗开矣。"

[白话]

古代的至人，只是向仁借路，向义借宿，以便遨游于逍遥的境界，取食于简陋的田地，处身于不施与的园圃。逍遥，就无所作为；简陋，就容易养活；不施与，就没有耗费。古人称此为探取真实之后的得道之行。认为财富可贵的人，不能把利禄让给人；认为显耀可贵的人，不能把名声让给人；热衷于权力的人，不能把权柄让给人。他们抓着这些就紧张害怕，放开了又难过悲哀，完全无法看清自己不断追逐的是什么。这就是自然所惩罚的人。怨、恩、取、与、谏、教、生、杀这八种做法，是导正的工具。只有顺着自然的变化而无所停滞的人，才可以使用它们。所以说：'导正，就是使人合乎正道。'内心不能如此肯定的，自然之门就不会开启。"

[解读]

① 采真之游："真"字必与"道"相连，因为道是究竟真实。采（采）真之游，即指得道之行。

② "操之则栗，舍之则悲"一语，用以描写热衷于"名、利、权、位"的人，可谓入木三分。

③ 天门：自然之门，是通往大道的。

[14.10]

孔子见老聃而语仁义。老聃曰："夫播糠眯（mǐ）目，则天地四方易位矣；蚊虻（méng）噆（zǎn）肤，则通昔不寐矣。夫仁义憯（cǎn）然乃愦吾心，乱莫大焉。吾子使天下无失其朴，吾子亦放风而动，总德而立矣，又奚杰然若负建鼓而求亡子者邪？夫鹄

（hú）不日浴而白，乌不日黔（qián）而黑。黑白之朴，不足以为辩；名誉之观，不足以为广。泉涸（hé），鱼相与处于陆，相呴（xǔ）以湿，相濡以沫，不若相忘于江湖。"

[白话]

孔子拜访老聃时谈论仁义。老聃说："飞扬的米糠掉进眼睛，天地四方看来位置都变了；蚊虻叮咬到皮肤，让人整夜都无法入睡。仁义作祟而扰乱我的心，没有比它更大的祸害了。你只需使天下人不失去淳朴的本性，你自己也顺着习俗去行动，把握天赋来处世，又何必费尽力气好像敲着大鼓去追那逃走的人呢？天鹅不必天天洗澡，自然洁白；乌鸦不必天天浸染，自然漆黑。黑白是天生的，不值得辩论；名声是表面的，不值得推广。泉水干涸了，几条鱼一起困在陆地上。互相吐气来湿润对方，互相吐沫来润泽对方，这实在不如在江湖中互相忘记对方。"

[解读]

① 本文以播糠、蚊虻比喻仁义对人造成的困扰，十分生动。问题是：在孔子的时代背景，如何可能回归原始，无所作为？

② "泉涸"一段已见于[6.4]。

[14.11]

孔子见老聃归，三日不谈。弟子问曰："夫子见老聃，亦将何规哉？"孔子曰："吾乃今于是乎见龙！龙，合而成体，散而成章，乘乎云气而养乎阴阳。予口张而不能嗋（xié），予又何规老聃哉？"子贡曰："然则人固有尸居而龙见，雷声而渊默，发动如天地者乎？赐亦可得而观乎？"遂以孔子声见老聃。老聃方将倨（jù）堂而应，微曰：“予年运而往矣，子将何以戒我乎？”子贡曰：“夫三皇五帝之治天下不同，其系声名一也。而先生独以为非圣人，如何哉？”老聃曰：“小子少进！子何以谓不同？”对曰：“尧授舜，舜授禹。禹用力而汤用兵，文王顺纣而不敢逆，武王逆纣而不肯顺，故曰不同。”老聃曰：“小子少进！余语女三王五帝之治天下。黄帝之治天下，使民心一，民有其亲死不哭，而民不非也。尧之治天下，使民心亲，民有为（wèi）其亲杀（shài）其杀而民不非也。舜之治天下，使民心竞，民孕妇十月生子，子生五月而能言，不至乎孩而始谁，则人始有夭矣。禹之治天下，使民心变，人有心而兵有顺，杀盗非杀，人自为种而天下耳。是以天下大骇，儒、墨皆起。其作始有伦，而今乎妇，女何言哉！余语女，三皇五帝之治天下，名曰治之，而乱莫甚焉。三皇之知，上悖日月之明，下睽（kuí）山川之精，中堕四时之施。其知憯（cǎn）于蛎（lì）虿（chài）之尾，鲜规之兽莫得安其性命之情者，而犹自以为圣人，不可耻乎？其无耻也！”子贡蹴蹴然立不安。

[白话]

　　孔子拜访老聃回来之后，整整三天不讲话。弟子问他说：“老师去拜访老聃，可曾提出什么规劝呢？”孔子说：“我到现在才在那儿见到了龙！龙，合起来成为一个整体，散开来成为锦绣文章，驾着云气，翱翔于天地之间，我张着口不能合拢，我又有什么可以规劝老聃的呢？”子贡说：“难道真有安居不动而活力展现，沉静缄默而声势浩大，发动起来有如天地那样无所不包的人吗？我也可以去看他吗？”于是他以孔子的名义去拜访老聃。老聃正坐在大堂上接待他，轻声说：“我年纪老迈了，你有什么指教吗？”子贡说：“三皇五帝治理天下各不相同，而声名相继却是一样的。只有先生认为他们不是圣人，这是什么缘故呢？"老聃说："年轻人，上前一点！你为什么说他们各不相同？"子贡回答说："尧让位给舜，舜让位给禹，禹用力治水而汤用兵讨伐，文王顺从商纣而不敢违逆，武王违逆商纣而不肯顺从。所以说他们各不相同。"老聃说："年轻人，上前一点！我来告诉你，三皇五帝是怎么治理天下的。黄帝治理天下，使民心淳一，人民有双亲过世而不哭的，但是大家并不认为不对。尧治理天下，使民心相亲，人民为了孝亲而对别人有差别待遇，但是大家并不认为不对。舜治理天下，使民心竞争，孕妇十个月生产，孩子生下五个月就会说话，不满周岁就懂得分辨别人，于是人开始有短命早死的。禹治理天下，使民心多变，人各怀心机，刀兵顺势而出，杀盗贼不算杀人，人们自成族群争夺天下，于是天下人大为惊慌，儒家、墨家纷纷兴起。这些治理开始时还有秩序，现在却背道而驰，你有什么话说呢！我告诉你，三皇五帝治理天下，名义上说是治理，其实是作乱莫此为甚！三皇的治理，在上遮蔽了日月的光明，在下摧毁了山川的精华，在中破坏了四季的运行。他们的心智比蝎子的尾端还要恶毒，以致连微小的动物都无法安定其性命的真实状态，这样的人还自以为是圣人，不是可耻吗？真是无耻啊！"子贡惊惶得站都站不稳。

[解读]

① 本文以"三皇五帝"指称春秋时代以前的政治领袖，所以举例时可以从黄帝直到周武王。子贡与老聃的对话内容，代表儒家与道家对这些先王的评价。

② 黄帝、尧、舜、禹的治理，分别是使民心"一，亲，竞，变"，而成效则是每况愈下。老聃认为统治者方面要负主要的，甚至唯一的责任。这一点实在值得商榷。

③ "杀盗非杀"一语，亦曾见于《荀子·正名》与《墨子·小取》，

可见战国时代的一般观念。问题是：谁在决定什么人是"盗"？并且，"杀盗非杀"若可成立，所有做过坏事的人不是丧失人权了吗？而谁又不曾做过坏事呢？

[14.12]

孔子谓老聃曰："丘治《诗》《书》《礼》《乐》《易》《春秋》六经，自以为久矣，孰知其故矣；以奸者七十二君，论先王之道而明周、召（shào）之迹，一君无所钩用。甚矣夫！人之难说也，道之难明邪？"老子曰："幸矣，子之不遇治世之君也！夫六经，先王之陈迹也，岂其所以迹哉！今子之所言，犹迹也。夫迹，履之所出，而迹岂履哉！夫白鶂（nì）之相视，眸子不运而风化；虫，雄鸣于上风，雌应于下风而化。类自为雌雄，故风化。性不可易，命不可变，时不可止，道不可壅。苟得于道，无自而不可；失焉者，无自而可。"孔子不出三月，复见，曰："丘得之矣。乌鹊孺，鱼傅沫，细要者化，有弟而兄啼。久矣夫，丘不与化为人！不与化为人，安能化人！"老子曰："可，丘得之矣！"

[白话]

孔子对老聃说："我研究《诗》《书》《礼》《乐》《易》《春秋》六经，自以为很久了，已经熟知其中的内容。我拿这些学问晋见七十二位国君，讲解先王的道理，阐明周公、召公的事迹，竟然没有一位国君愿意采纳。真是太难了！是这些人难以说服，还是道理难以发扬？"老子说："真是幸运啊，你没有遇上治世的国君！所谓六经，不过是先王陈旧的足迹，哪里是足迹的根源呢？现在你所谈的，也好像是足迹。所谓足迹，是鞋子踩出来的，难道足迹等于鞋子吗？雌雄白互相注视，眼珠不必转动就自然受孕；虫子，雄的在上风处叫，雌的在下风处应，就自动受孕；物种各有雌雄，所以会受孕生育。本性不可更动，命定不可改变，时间不可停留，大道不可阻塞。如果体会了道，没有什么行不通的；如果错失了道，怎么都行不通。"孔子闭门不出三个月，再去拜访老子说："我明白了。乌鸦与喜鹊孵化而生；鱼类濡沫而生；蜂类蜕化而生；弟弟出生，哥哥就失宠啼哭。已经很久了，我没有与造化做朋友！没有与造化做朋友，又怎么能够教化别人！"老聃说："可以了。孔丘你体会到了。"

[解读]

① 以奸者七十二君："奸"为干，为干犯、进谏。"履"与"迹"的比喻，提醒人在阅读书籍时，还须回归真实世界。在此，所谓的真实世界是指自然界"自己如此"的状态。

② 孔子的体会是就自然界"卵生、湿生、化生、胎生"而言，各行其道而不可妄分优劣。所谓"与化为人"是指"任其自化"，顺其自然即可。

刻意　第十五

要旨："刻意"为立定心志要做成某些事。凡是设定目的的人都将有所期待。唯圣人可以做到"德全而形不亏"，他的表现与真人无异，可以恬淡无为，守住精神。

[15.1]

刻意尚行，离世异俗，高论怨诽（fěi），为亢而已矣；此山谷之士，非世之人，枯槁赴渊者之所好（hào）也。语仁义忠信，恭俭推让，为修而已矣；此平世之士，教诲之人，游居学者之所好也。语大功，立大名，礼君臣，正上下，为治而已矣；此朝廷之士，尊主强国之人，致功并兼者之所好也。就薮（sǒu）泽，处闲旷，钓鱼闲处，为无而已矣；此江海之士，避世之人，闲暇者之所好也。吹呴呼吸，吐故纳新，熊经鸟申，为寿而已矣；此道引之士，养形之人，彭祖寿考者之所好也。若夫不刻意而高，无仁义而修，无功名而治，无江海而闲，不道引而寿，无不忘也，无不有也。澹然无极而众美从之。此天地之道，圣人之德也。

[白话]

砥砺心志，崇尚品行，超脱现实，言论不满，只是追求高傲而已；这是山林之士，是愤世嫉俗的人，是形容枯槁、不畏牺牲的人所喜好的。满口仁义忠信，行为恭俭辞让，只是追求修身而已；这是治世之士，是实施教诲的人，是在各地讲学的人所喜好的。谈论大功劳，建立大名声，制定君臣礼仪，匡正上下关系，只是追求治国而已；这是朝廷之士，是尊君强国的人，是成就功业、兼并敌国的人所喜好的。依傍于山泽，栖身于旷野，终日悠闲垂钓，只是追求逃避而已；这是江海之士，是逃避世俗的人，是闲暇隐逸的人所喜好的。练习呼吸，吐出浊气吸入新气，像熊一样直立，像鸟一样伸展，只是追求长寿而已；这是练功之士，是保养形体的人，是彭祖那样高寿的人所喜好的。如果不砥砺心志而能高尚，没讲求仁义而能修身，没建立功名而能治国，没置身江海而能闲游，不练习导引而能长寿；什么都没有，又什么都有。淡泊到了极点，而一切的美好却随之而来。这是天地的大道，是圣人的表现。

[解读]

① 本文列出五种人，他们所追求的分别是："亢、修、治、无、寿"。其中第四项的"无"，是指逃避而言，因为这五种人平列叙述，到最后一段才综合说明如何是"无不忘（无）也，无不有也"，而这才合乎天地之道及圣人之道。

② 所谓"不刻意而高"这五句，都是期许人减少对外在及有形条件的依赖。外表上与常人无异，内心却可抵达各种境界。

[15.2]

故曰：夫恬惔（dàn）、寂漠、虚无、无为，此天地之平而道德之质也。故曰：圣人休焉，休则平易矣，平易则恬惔矣。平易恬惔，则忧患不能入，邪气不能袭，故其德全而神不亏。故曰，圣人之生也天行，其死也物化，静而与阴同德，动而与阳同波；不为福先，不为祸始；感而后应，迫而后动，不得已而后起。去知（zhì）与故，循天之理。故无天灾，无物累，无人非，无鬼责。其生若浮，其死若休。不思虑，不豫谋。光矣而不耀，信矣而不期。其寝不梦，其觉无忧。其神纯粹，其魂不罢（pí）。虚无恬惔，乃合天德。

[白话]

　　所以说：恬淡、寂寞、虚无、无为，这是天地的平准，也是道与德的实质。所以说：圣人放下一切，放下一切就显得平凡单纯，平凡单纯就显得恬淡了。平凡单纯而恬淡，则忧患不能进入，邪气不能侵袭，所以能使天赋保持完整而精神亦不亏损。所以说：圣人活着能与自然顺行，死时能与万物俱化，静止时与阴气同归沉寂，活动时与阳气同步奔波；不做幸福的起因，不做祸患的开始；有所感而后响应，有所迫而后行动，不得已而后兴起。抛开智力与巧计，顺从自然的规律。所以说，没有自然灾难，没有外物拖累，没有别人抱怨，没有鬼神责怪。生时有如浮游，死时有如休息。没有深思熟虑，没有预先筹划。光亮而不耀眼，守信而不执著。睡觉时不做梦，醒来后没烦恼。精神洁净纯粹，身体从不疲乏。如此虚无恬淡，才合乎自然禀赋。

[解读]

① 本文多句取自《天道》，可对照参考。

② 本文所描写的圣人，又恢复了正面的身份，与神人无异，成为道家的典型之一。

[15.3]

　　故曰，悲乐者，德之邪；喜怒者，道之过；好恶者，心之失。故心不忧乐，德之至也；一而不变，静之至也；无所于忤（wǔ），虚之至也；不与物交，淡之至也；无所于逆，粹之至也。故曰，形劳而不休则弊，精用而不已则劳，劳则竭。水之性，不杂则清，莫动则平；郁闭而不流，亦不能清；天德之象也。故曰：纯粹而不杂，静一而不变，淡而无为，动而以天行，此养神之道也。夫有干越之剑者，柙（xiá）而藏之，不敢用也，宝之至也。精神四达并流，无所不极，上际于天，下蟠（pán）于地，化育万物，不可为象，其名为同帝。纯素之道，唯神是守；守而勿失，与神为一；一之精通，合于天伦。野语有之曰："众人重利，廉士重名，贤士尚志，圣人贵精。"故素也者，谓其无所与杂也；纯也者，谓其不亏其神也。能体纯素，谓之真人。

[白话]

　　所以说：悲哀与快乐，是违背了天赋；喜悦与愤怒，是偏离了大道；爱好与厌恶，是迷失了人心。所以，心中无忧无乐，是天赋的最高表现；专一而不变化，是清静的最高表现；无所抵触，是空虚的最高表现；不与外物交接，是淡泊的最高表现；无所违逆，是纯粹的最高表现。所以说：形体劳累而不休息就会困顿，精力用尽还不停止就会疲乏，疲乏之后就枯竭了。水的本性，不含杂质就会清澈，不去搅动就会平静，但是闭塞而不流动，也不会清澈，这是自然所赋予的现象。所以说：纯粹而不混杂，专一而不变化，淡泊而无所作为，行动时顺着自然，这是保养精神的途径。就像拥有吴国、越国的宝剑，收藏在剑匣里，不敢轻易使用，因为那是最珍贵的宝物。精神四通八达，无所不至，上接于天，下及于地，化育万物，不见迹象，它的功用是与上帝一样的。纯粹朴素的道，只有精神可以保守住它；保守住它而不丧失，就会使精神变得专一；专一就能与真实相通，然后合乎自然的规则。俗话说："普通的人看重利益，廉洁的人看重名誉，贤人看重志节，圣人看重真实。"所以，朴素的意思，是说它没有掺杂质；纯粹的意思，是说它不亏损精神。能够实践纯粹朴素的道，就称为真人。

[解读]

① "同帝"的字面意思是"与上帝相同"，所指的是德合天地，功参造化。人的精神可以达到此一境界，方法则是纯素之道。

② 圣人所贵的"精"，是指"真实"而言。道即是"究竟真实"。

③ "干、越之剑"：干是吴国的干溪，越是越国的越山，皆出产名剑。

傅佩荣解读《庄子》（修订版）

缮性　第十六

要旨：本篇谈到改善本性，由此而"复其初"，但方法可
　　　能错了。自古及今，步步堕落，从"至一"到"顺
　　　而不一"，又到"安而不顺"，再到"不安而乱"，
　　　无法回复原状。最后谈到"古之得志者"，让人警
　　　惕。本篇"复其初"一语常被宋朝学者借用，但意
　　　思大不相同。

[16.1]

缮性于俗学，以求复其初；滑（gǔ）欲于俗思，以求致其明；
谓之蔽蒙之民。古之治道者，以恬养知。生而无以知为也，谓之
以知养恬。知与恬交相养，而和理出其性。夫德，和也；道，理
也。德无不容，仁也；道无不理，义也；义明而物亲，忠也；中
纯实而反乎情，乐（yuè）也；信行容体而顺乎文，礼也。礼乐遍
行，则天下乱矣。彼正而蒙己德，德则不冒。冒则物必失其性也。

[白话]

用世俗的学问来改善本性，以求回复原始状态；用世俗的想
法来调理欲望，以求获得清明状态；这种人称为蔽塞愚昧的人。

古代修道的人，以恬淡涵养智慧；智慧生成而不去利用，称为以智慧涵养恬淡。智慧与恬淡互相涵养，和顺与条理就会从本性展现出来。所谓的德，就是和顺；道，就是条理。德没有不包容的，那就是仁；道没有无条理的，那就是义；义明白展现而外物得以亲近，那就是忠；内心淳朴实在而回归真实情感，那就是乐；表现于言行举措而合乎节文，那就是礼。只靠礼与乐的推行，天下就大乱了。每个人努力改正而接受自己的德，有了德就不会带来混乱，一混乱则万物必定会丧失自己的本性。

[解读]

① 本文对"仁、义、忠、乐、礼"所作的界说，可以推源于德与道。对德与道的描述，亦有根据。如［5.6］有"德者，成和之修也"；［17.8］有"知道者必达于理"。德是天赋所具，道是究竟真实，这两点是我们要常记于心的。

[16.2]

古之人，在混芒之中，与一世而得澹漠焉。当是时也，阴阳和静，鬼神不扰，四时得节，万物不伤，群生不夭，人虽有知，无所用之，此之谓至一。当是时也，莫之为而常自然。逮德下衰，及燧（suì）人、伏戏（xī）始为天下，是故顺而不一。德又下衰，及神农、黄帝始为天下，是故安而不顺。德又下衰，及唐、虞始为天下，兴治化之流，浇淳散朴，离道以善，险德以行，然后去性而从于心。心与心识，知而不足以定天下，然后附之以文，益之以博。文灭质，博溺心，然后民始惑乱，无以反其性情而复其初。

[白话]

　　古代的人，处在混沌蒙昧之中，世间的人全都淡漠无为。那个时候，阴阳和谐宁静，鬼神不来侵扰，四时合乎节序，万物不受伤害，众生没有夭折，人们虽有智力却无处可用。这叫做最高的合一状态。那个时候，无所作为而一切都是自己如此。等到天赋本性开始堕落，就有燧人氏、伏羲氏出来治理天下，只能顺应自然而无法维持合一状态。天赋本性继续堕落，就有神农氏、黄帝出来治理天下，只能安定天下而无法顺应自然。天赋本性又再继续堕落，就有唐尧、虞舜出来治理天下，大兴教化之风，使人心由淳朴变为浇薄，以作为偏离大道，以行动损害天赋，然后舍弃本性而顺从人心。心与心交相往来，即使有所知也不足以安定天下；于是再添上文饰，加上博学。文饰泯灭了质朴，博学陷溺了心智；然后人民才感觉迷惑与混乱，无法再回归性命的真实状态而恢复本来的样子了。

[解读]

① 本文追溯人类堕落的过程，关键在于三次"德下衰"。但是，为何会出现第一次的"逮德下衰"，则没有答案。

② "德"是指天赋本性，而不是指教化所推崇的道德。这种德与"质"一致，也是人之"初"，是超越善恶之分的自然状态。

[16.3]

　　由是观之，世丧道矣，道丧世矣，世与道交相丧也。道之人何由兴乎世，世亦何由兴乎道哉！道无以兴乎世，世无以兴乎道，虽圣人不在山林之中，其德隐矣。隐故不自隐。古之所谓隐士者，非伏其身而弗见也，非闭其言而不出也，非藏其知而不发也，时命大谬也。当时命而大行乎天下，则反一无迹；不当时命而大穷乎天下，则深根宁极而待；此存身之道也。古之存身者，不以辩饰知，不以知穷天下，不以知穷德，危然处其所而反其性，己又何为哉！道固不小行，德固不小识。小识伤德，小行伤道。故曰：正己而已矣。乐全之谓得志。古之所谓得志者，非轩冕之谓也，谓其无以益其乐而已矣。今之所谓得志者，轩冕之谓也。轩冕在身，非性命也，物之傥来寄也。寄之，其来不可圉（yǔ），其去不可止。故不为轩冕肆志，不为穷约趋俗，其乐彼与此同，故无忧而已矣。今寄去则不乐，由是观之，虽乐，未尝不荒也。故曰：丧己于物，失性于俗者，谓之倒置之民。

[白话]

由此看来，世间失去了道，道也失去了世间。世间与道互相失去了，得道之人如何兴起世间，世间又如何兴起道呢？道无从兴起世间，世间无从兴起道，就算圣人不藏在山林之中，他的作为表现一样会被隐没啊！隐藏，本来不是自己要隐藏的。古代所谓的隐士，不是伏匿身体而不出现，不是收敛言论而不说话，不是掩藏智力而不表露，而是时机与命运完全不对啊！如果时运得以配合，他在天下全面推行道，就会回归合一境界而不露形迹；如果时运无法配合，他在天下到处走不通，就守住根本、安顿源头，耐心等待下去。这是保存自己的方法。古代保存自己的人，不用巧辩去装饰智力，不用智力去困扰天下，不用智力去困扰天赋，屹然独处于世间而回归自己的本性，他还有什么要做的呢！道本来就不靠有限的行动，天赋本来就不靠有限的知识；有限的知识会伤害天赋，有限的行动会伤害道。所以说：只要端正自己就可以了。乐于保全自己，就是得志。古人所谓得志，不是指高官厚禄，而是说心中的快乐已无法增加。现在所谓得志，正是指高官厚禄。高官厚禄加在身上，不是本性之命，而是外物偶然来寄托。

寄托的东西，来时不能抗拒，去时无法阻止。所以，不因为高官厚禄而放纵心意，不因为穷困潦倒而迁就世俗；前者与后者的快乐是一样的，所以只是没有忧愁而已。现在，寄托的东西失去了就不快乐，这样看来，即使在快乐时也不会没有慌乱啊！所以说：在外物中丧失自己，在世俗中迷失本性，就称为本末倒置的人。

[解读]

① 本文对"隐士"的描写，归结于"时命大谬"，再推源于世间无道。庄子本人就是一个例子。

② "乐全"是指乐于保全自己，也可以指快乐无以复加，所以稍后会说"无以益其乐"。以此描述"得志"，则天下何人不可得志？

秋水　第十七

要旨：本篇论述之精巧，可与《齐物论》篇并列佳构。七个问题层层深入，化解了争竞比较之心，也肯定了万物各有其价值，最后聚焦于分辨天与人。人的智慧可分高下，有人悟道，也有人像井底之蛙。庄子借几段寓言描述自己的境界，充分显示了自信与自得之乐。最后则是"鱼乐"之辩，但其真谛何在？值得仔细品味。

[17.1]

秋水时至，百川灌河。泾（jīng）流之大，两涘（sì）渚（zhǔ）崖之间，不辩牛马。于是焉河伯欣然自喜，以天下之美为尽在己。顺流而东行，至于北海，东面而视，不见水端。于是焉河伯始旋其面目，望洋向若而叹曰："野语有之曰，'闻道百，以为莫己若者'，我之谓也。且夫我尝闻少仲尼之闻，而轻伯夷之义者，始吾弗信。今我睹子之难穷也，吾非至于子之门则殆矣，吾长见笑于大方之家。"

[白话]

秋天的雨水随着季节来临，千百条溪流一起注入黄河，河面水流顿时宽阔起来，使两岸及沙洲之间远远望去，连对面是牛是马都无法分辨。于是黄河之神河伯得意洋洋，以为天下所有的美好全在自己身上了。他顺着水流向东而行，到了北海，朝东边看过去，却看不见水的尽头。这时河伯才改变原先得意的脸色，望着海洋对北海之神若感叹说："俗话说：'听了许多道理，就以为没人比得上自己。'这就是说我了。而且我曾经听人鄙薄孔子的见识，而轻视伯夷的义行，起初我不相信；现在我总算目睹了你的难以穷尽的广大。我要是不到你这里来就糟了，我将永远被有道之士看笑话了。"

[解读]

① 河伯一开始的得意是可以理解的；他见了北海若之后的感叹，显示了真诚之心，想要寻求究竟真实。缺少真诚之心与反省能力，又不肯向人请教，才会见笑于"大方之家"。河伯名冯夷，已见于 [6.5]。

② 大方之家：方指道，家指人，即有道之士。

③ 由河伯的感叹带出第一个问题：北海真的很大吗？以及，大与小要如何分辨？

[17.2]

北海若曰："井蛙不可以语（yù）于海者，拘于虚也；夏虫不可以语于冰者，笃于时也；曲士不可以语于道者，束于教也。今尔出于崖涘（sì），观于大海，乃知尔丑，尔将可与语大理矣。天下之水，莫大于海，万川归之，不知何时止而不盈；尾闾泄之，不知何时已而不虚；春秋不变，水旱不知。此其过江河之流，不可为量数。而吾未尝以此自多者，自以比形于天地，而受气于阴阳，吾在于天地之间，犹小石小木之在大山也。方存乎见少，又奚以自多！计四海之在天地之间也，不似礨（lěi）空之在大泽乎？计中国之在海内，不似稊（tí）米之在太仓乎？号物之数谓之万，人处一焉；人卒九州，谷食之所生，舟车之所通，人处一焉；此其比万物也，不似豪末之在于马体乎？五帝之所连，三王之所争，仁人之所忧，任士之所劳，尽此矣！伯夷辞之以为名，仲尼语（yù）之以为博。此其自多也，不似尔向之自多于水乎？"

［白话］

北海若说："井底之蛙不可以同它谈海，因为它受到空间的拘束；夏天的虫不可以同它谈冰，因为它受到时间的限制；褊狭之士不可以同他谈道，因为他受到礼教的束缚。现在你离开河流看到了大海，总算知道自己的丑陋，这才可以同你谈谈大道的条理啊。天下的水，没有比海更大的，所有的河流都注入它，不知何时停止，却又不会满溢；它从尾闾流泻，不知何时停止，却又不会干涸。春天秋天都没有变化，水灾旱灾也没有影响。它的广大超过江河的流水，无法以数量计算。但是我从未因此就以为自己了不起，我知道自己的形体寄托于天地而气息得自于阴阳；我存在于天地之间，就好像小石头、小树木存在于大山之中。这么渺小的存在，又怎么会以为自己了不起！这样算起来，四海存在于天地之间，不是像蚂蚁洞存在于大湖泊中吗？中国存在于四海之内，不是像小米粒存在于大谷仓里吗？世间物种的数目以万来计，人只是其中之一；人群聚集成九州，使五谷得以生长，舟车得以通行，个人也只是其中之一。个人与万物相比较，不是像一根毫毛在马身上一样吗？五帝所禅让的，三王所争夺的，仁人所忧虑的，侠士所劳苦的，全都可以由此看透。伯夷辞让爵位以取得名声，孔子讲述六经以显示渊博，这些都是自以为了不起，不是像你以前也以河水而自以为了不起吗？"

① 大理：大道的条理，亦即"究竟真实"所显示的规则。

② 尾闾：又名沃焦，古人认为此地是海水流泄之处。

③ 从天地看四海，从四海看中国，从万物看人类，从人类看个人，然后谁还敢有"自多"之心？

[17.3]

河伯曰："然则吾大天地而小豪末，可乎？"北海若曰："否。夫物，量无穷，时无止，分（fèn）无常，终始无故。是故大知观于远近，故小而不寡，大而不多，知量无穷。证向今故，故遥而不闷，掇（duō）而不跂（qí），知时无止。察乎盈虚，故得而不喜，失而不忧，知分之无常也。明乎坦涂，故生而不说（yuè），死而不祸，知终始之不可故也。计人之所知，不若其所不知；其生之时，不若未生之时；以其至小求穷其至大之域，是故迷乱而不能自得也。由此观之，又何以知豪末之足以定至细之倪！又何以知天地之足以穷至大之域！"

[白话]

河伯说："那么，我把天地看成大，把毫毛看成小，可以吗？"北海若说："这样也不对。以万物来说，体积各有大小，时序各有长短，得与失无法规定，始与终没有开端。因此，有大智慧的人，对远近看得清楚，所以体积小而不以为少，体积大而不以为多，他知道体积各有大小。对古今看得明白，所以长寿而不以为无趣，短命而不以为不足，他知道时序各有长短。对盈亏看得仔细，所以得到而不以为欣喜，失去而不以为忧愁，他知道得失无法规定。对生死看得透彻，所以活着不以为是快乐，死时不以为是灾难，他知道始与终是没有开端的。计算人所知道的，比不上他所不知道的；人活着的时间，比不上他未曾活着的时间。以极其渺小的生命去探索极其庞大的领域，难怪会陷于迷惑混乱而无法安然自得啊！由此看来，又怎么知道毫毛可以确定最小的度量！又怎么知道天地可以穷尽最大的领域！"

[解读]

① 本文提及"量、时、分、终始"，皆为相对的判断。所以万物应该各安其是，既不必互相比较，也不必因而自寻烦恼。

② 坦涂：指生命的必经之途，包括生死在内。

③ 河伯与北海若的对话，共有七段。首段顺着河伯的感叹，说明开阔心胸，由大观小的重要性。本文是第二段，指出大小之分亦不必要。

[17.4]

河伯曰："世之议者皆曰：'至精无形，至大不可围。'是信情乎？"北海若曰："夫自细视大者不尽，自大视细者不明。故异便，此势之有也。夫精，小之微也；垺（fú），大之殷也。夫精粗者，期（jī）于有形者也；无形者，数之所不能分也；不可围者，数之所不能穷也。可以言论者，物之粗也；可以意致者，物之精也；言之所不能论，意之所不能察致者，不期精粗焉。是故大人之行，不出乎害人，不多仁恩；动不为利，不贱门隶；货财弗争，不多辞让；事焉不借人，不多食乎力，不贱贪污；行殊乎俗，不多辟异；为在从众，不贱佞谄；世之爵禄不足以为劝，戮耻不足以为辱；知是非之不可为分，细大之不可为倪。闻曰：'道人不闻，至德不得，大人无己。'约分之至也。"

河伯说:"世间议论的人都说:'最精细的东西没有形体,最广大的东西不可界定范围。'这是真实的情况吗?"北海若说:"从小物的观点来看大物,没有办法看得完整;从大物的观点来看小物,没有办法看得清楚。两者各有其便,这是情势使然。所谓精细,是指小之中最小的;庞大,是指大之中最大的。所谓精细与粗大,都一定是有形的东西。无形的东西,不能用数量来区分;不可界定范围的东西,不能用数量来穷尽。可以用言语来谈论的,是粗大的事物;可以用意念来传达的,是精细的事物;至于言语所不能谈论,意念所不能传达的,就不属于精粗的领域了。所以大人的作为,不存着害人之心,也不表扬仁慈恩惠;行动不为了利益,也不看轻守门仆役;不争夺财货,也不鼓励辞让;凡事不借重别人的力量,也不标榜劳苦自己;不鄙夷贪污的举动;行事与流俗不同,也不称许乖僻怪异;作为顺从众人的要求,也不轻视奉承谄媚的话。世间的高官厚禄不足以使他振奋,刑罚与耻辱也不足以使他蒙羞。他知道是与非并没有定论,小与大也没有标准。我曾听说:'有道之人没有名声,至高的德一无所得,大人化解了自己。'这就是安于本分所达到的最高境界啊!"

[解读]

① 第三问是就精粗之物皆为有形,亦皆为相对而言,由此推至无形的层次,才可消解比较之心。

② 大人:体道之人,其表现看似不辨善恶,其实是因为体道而超越了善恶之分。

③ [1.7]有"至人无己,神人无功,圣人无名",可与本文末句对照。

[17.5]

河伯曰："若物之外，若物之内，恶（wū）至而倪贵贱？恶至而倪小大？"北海若曰："以道观之，物无贵贱。以物观之，自贵而相贱。以俗观之，贵贱不在己。以差观之，因其所大而大之，则万物莫不大；因其所小而小之，则万物莫不小。知天地之为稊（tí）米也，知豪末之为丘山也，则差数睹矣。以功观之，因其所有而有之，则万物莫不有；因其所无而无之，则万物莫不无。知东西之相反而不可以相无，则功分定矣。以趣观之，因其所然而然之，则万物莫不然；因其所非而非之，则万物莫不非。知尧、桀之自然而相非，则趣操睹矣。

[白话]

河伯说："那么从一物的外表，或者从一物的内在，要依据什么来分辨贵贱？依据什么来界定大小呢？"北海若说："从道的立场来看，万物没有贵贱之分。从万物的立场来看，是以自己为贵而互相贱视。从世俗的立场来看，贵贱都不由自己决定。从差别的角度来看，顺着一物大的一面而说它大，那么万物没有不大的；顺着一物小的一面而说它小，那么万物没有不小的。由此知道天地就像一粒小米，也知道毫毛就像一座山丘，然后可以看出万物差别的距离了。从功用的角度来看，顺着一物所有的去使用它，那么万物没有无作用的；顺着一物所无的去废弃它，那么万物没有有作用的。由此知道东方西方互相对立而不可以彼此缺少，然后可以界定万物功能的分际了。从取向的角度来看，顺着一物所肯定的去加以肯定，那么万物没有不受肯定的；顺着一物所否定的去否定它，那么万物没有不被否定的。由此知道尧与桀都肯定自己而否定对方，然后可以看出万物取向的操持了。

① 第四问有关贵贱大小之分。"以道观之，物无贵贱"一语是最高原则。

② 本文依序取为观察的立场是"道，物，俗，差，功，趣"。六者之中，后三者似为前三者的引申。譬如，呼应"俗"的是"趣"；"趣"为取向，指人生的价值取向，所以随后以"尧、桀"为例。

［17.6］

昔者尧、舜让而帝，之、哙（kuài）让而绝；汤、武争而王，白公争而灭。由此观之，争让之礼，尧、桀之行，贵贱有时，未可以为常也。梁丽可以冲城，而不可以窒穴，言殊器也；骐（qí）骥（jì）骅（huá）骝（liú），一日而驰千里，捕鼠不如狸狌，言殊技也；鸱（chī）鸺（xiū）夜撮蚤，察豪末，昼出瞋（chēn）目而不见丘山，言殊性也。故曰，盖师是而无非，师治而无乱乎？是未明天地之理，万物之情也。是犹师天而无地，师阴而无阳，其不可行明矣。然且语而不舍，非愚则诬也。帝王殊禅，三代殊继。差其时，逆其俗者，谓之篡夫；当其时，顺其俗者，谓之义之徒。默默乎河伯，女恶知贵贱之门，小大之家？"

［白话］

从前尧、舜因为禅让而传承帝位，燕王哙、子之却因为禅让而导致亡国，商汤、周武王靠争夺而称王，楚国白公却因争夺而死亡。由此看来，争夺与禅让的体制，尧与桀的所为，是贵是贱要看时机，不可一成不变。栋梁可以冲撞城门，却不可以堵塞小洞，这是因为器用不同；骐骥骅骝可以一日奔驰千里，但是捕捉老鼠的本事不如野猫与黄鼠狼，这是因为技能不同；猫头鹰晚上能抓跳蚤，看清毫毛，但是大白天却张着眼睛也看不到山丘，这是因为本性不同。所以说，为什么只取法是而忽略非，只取法治而忽略乱呢？这是不明白天地的条理、万物的实况啊！就好像取法天而忽略地，取法阴而忽略阳，很明显是行不通的。然而人们还是一直这样说，若不是愚昧无知就是有心欺骗了。帝王的禅让彼此不同，三代的继承各有差别。不合时机、违逆民情的，被称为篡位独夫；合乎时机、顺应民情的，被称为仁义之士，别再说了，河伯，你怎么会了解贵贱的区别，小大的分辨呢？"

[解读]

① 本文继续发挥第四问，就不同的"器，技，性"说明万物各有其长短，所以不必妄分贵贱优劣，关键在于：用得其"时"。

② 燕王哙让位于子之，三年而国乱，楚平王之孙白公（名胜），作乱而死。这些事件，前者与庄子同时，在此列入"昔者"，可知本篇为庄子后学所作。

[17.7]

河伯曰："然则我何为乎，何不为乎？吾辞受趣（qǔ）舍，吾终奈何？"北海若曰："以道观之，何贵何贱，是谓反衍；无拘而志，与道大蹇（jiǎn）。何少何多，是谓谢施；无一而行，与道参差（cēn cī）。严乎若国之有君，其无私德；繇（yóu）繇乎若祭之有社，其无私福；泛泛乎其若四方之无穷，其无所畛（zhěn）域。兼怀万物，其孰承翼！是谓无方。万物一齐，孰短孰长？道无终始，物有死生，不恃其成。一虚一满，不位乎其形。年不可举，时不可止。消息盈虚，终则有始。是所以语大义之方，论万物之理也。物之生也，若骤若驰，无动而不变，无时而不移。何为乎，何不为乎？夫固将自化。"

[白话]

河伯说："那么，我应该做什么，不应该做什么呢？我在推辞与接受，争取与舍弃之间，又应该怎么办呢？"北海若说："从道的观点看来，无所谓贵无所谓贱，这称之为漫无边际；所以不要拘束你的心志，而要与道相符合。无所谓少无所谓多，这称之为漫无原则；所以不要执著于你的行动，而要与道相搭配。要严肃端正像一国的国君，没有偏私的恩惠；要悠远超然像祭祀的社神，没有偏私的福佑；要广大普遍像四方之无限延伸，没有办法加以限制。包容了万物，还要扶助谁呢？这称之为漫无偏向。万物是齐一的，谁是短的谁是长的？道无始无终，而万物有生有死，不可依赖自己的成就。有时空虚有时盈满，没有固定不移的形体。岁月不可留住，时间不可停止。消减、成长、充实、空虚，结束之后又再开始。这样就是讲大道的原则，谈万物的条理。万物的生长，有如快马奔驰，一举一动都在改变，无时无刻不在迁移。应该做什么，不应该做什么？一切都会自己变化的。"

[解读]

① 第五问谈到出处进退的问题，答案是了解"反衍，谢施，无方"，就是"漫无边际，漫无原则，漫无偏向"，由此与"道"并行。

② 以"自化"来解消河伯的问题，似乎有所不足，所以接着会有第六问。

[17.8]

　　河伯曰："然则何贵于道邪？"北海若曰："知道者必达于理，达于理者必明于权，明于权者不以物害己。至德者，火弗能热，水弗能溺，寒暑弗能害，禽兽弗能贼。非谓其薄之也，言察乎安危，宁于祸福，谨于去就，莫之能害也。故曰，天在内，人在外，德在乎天。知夫人之行，本乎天，位乎得；蹢躅（zhí zhú）而屈伸，反要而语极。"曰："何谓天？何谓人？"北海若曰："牛马四足，是谓天；落马首，穿牛鼻，是谓人。故曰，无以人灭天，无以故灭命，无以得徇（xùn）名。谨守而勿失，是谓反其真。"

[白话]

　　河伯说："那么，道有什么可贵的呢？"北海若说："了解道的人，必定通达条理，通达条理的人必定明白权宜，明白权宜的人不会因为外物而伤害自己。保存至高天赋的人，火不能烧伤他，水不能淹没他，严寒酷暑不能损伤他，飞禽走兽不能侵害他。这不是说他敢于接近这些东西，而是说他能够明察安危，善处祸福，谨慎进退，因此什么也不能伤害他。所以说，自然存于内心，人为表现在外，天赋就安立于自然之中。了解人的行动是本于自然而处于天赋之中，就可以在进退时屈伸自如，回归根本而体悟源头了。"河伯说："什么是自然？什么是人为？"北海若说："牛马生来就有四只脚，这叫做自然，给马头套个勒，给牛鼻穿个孔，这叫做人为。所以说：不要以人为去摧毁自然，不要用智巧去破坏命定，不要为贪得而追逐名声。谨守这些道理而不违失，这叫做回归真实。"

[解读]

①　本文包括第六问与第七问。第六问是随前面的"自化"观念而来。

既然一切"自化"，又何必珍惜道呢？关键在于：是否知"道"。"自化"有两种：一是不知"道"而听其自化；二是知"道"而顺其自化。前者蒙昧而后者清明，后者更可由清明入于状似蒙昧。这时已可化被动为主动，孕生道家特有的智慧之乐。

② 第七问"何谓天？何谓人？"形同附录，其实是扼要的总结，就是"反其真"，回归真实之道。

[17.9]

夔（kuí）怜蚿（xián），蚿怜蛇，蛇怜风，风怜目，目怜心。夔谓蚿曰："吾以一足趻踔（chěn chuō）而行，予无如矣。今子之使万足，独奈何？"蚿曰："不然。子不见夫唾者乎？喷则大者如珠，小者如雾，杂而下者不可胜数也。今予动吾天机，而不知其所以然。"蚿谓蛇曰："吾以众足行，而不及子之无足，何也？"蛇曰："夫天机之所动，何可易邪？吾安用足哉！"蛇谓风曰："予动吾脊胁而行，则有似也。今子蓬蓬然起于北海，蓬蓬然入于南海，而似无有，何也？"风曰："然，予蓬蓬然起于北海而入于南海也，然而指我则胜我，鰌（qiū）我亦胜我。虽然，夫折大木，蜚（fēi）大屋者，唯我能也。故以众小不胜为大胜也。为大胜者，唯圣人能之。"

[白话]

独脚的夔美慕多脚的蚿，蚿美慕蛇，蛇美慕风，风美慕目，目美慕心。夔对蚿说："我用一只脚跳着走路，我是没有办法啊。现在你用这么多脚走路，究竟是怎么做到的？"蚿说："不是这样的。你没见过吐唾沫的人吗？他喷出来的唾沫，大的像珠子，小的像细雾，混杂而下，数都数不清。现在我只是发动自然能力来走路，却不知为什么会这样。"蚿对蛇说："我用这么多脚走路，却还赶不上没有脚的你，为什么呢？"蛇说："自然能力所发动的方式，怎么可以改变呢？我何必用到脚啊！"蛇对风说："我鼓动背与胸来走路，还是像有脚一样。现在你呼呼地从北海刮起，又呼呼地吹入南海，却好像没有痕迹，为什么呢？"风说："是的。我呼呼地从北海刮起，再吹入南海，然而，人们用手指挡我就胜过了我，用脚踢我也胜过了我。可是要折断大树、吹垮大屋，只有我做得到。这是放弃许多小的胜利，来追求大的胜利。完成大的胜利的，只有圣人能够做到。"

[解读]

① 天机：自然能力；这是天赋即有，无法解释也不必解释。"天机"一词亦见于［6.1］，指"天赋的领悟力"。

② 在风之后，照理还有目与心。我们可以推说：风再怎么吹，也比不上眼波流转，可以任意望向四面八方。目再怎么转，也比不上起心动念，随时可以涵盖古今。

[17.10]

孔子游于匡，宋人围之数匝（zā），而弦歌不辍。子路入见，曰："何夫子之娱也？"孔子曰："来，吾语女。我讳穷久矣，而不免，命也；求通久矣，而不得，时也。当尧、舜而天下无穷人，非知得也；当桀、纣而天下无通人，非知失也；时势适然。夫水行不避蛟（jiāo）龙者，渔父之勇也；陆行不避兕（sì）虎者，猎夫之勇也；白刃交于前，视死若生者，烈士之勇也；知穷之有命，知通之有时，临大难而不惧者，圣人之勇也。由处矣！吾命有所制矣！"无几何，将甲者进，辞曰："以为阳虎也，故围之；今非也，请辞而退。"

　　孔子周游到了匡城，宋国人把他的住所重重围住，但他还是弹琴唱歌，终日不停。子路进入屋内，问说："为什么老师还这么快乐呢？"孔子说："过来，我告诉你。我避开穷困很久了，却不能免，这是命定啊；寻求发达很久了，却不能得，这是时运啊。在尧、舜的时代，天下没有穷困的人，这不是因为他们智力卓越；在桀、纣的时代，天下没有发达的人，这不是因为他们智力低劣。差别是由时势碰巧如何所造成的。在水中行动不避开蛟龙，这是渔夫的勇敢；在陆上行走不避开野牛与老虎，这是猎人的勇敢；刀刃相交于眼前，却视死如生，这是烈士的勇敢；知道穷困是由命定，知道发达要靠时运，遇到大的灾难而不害怕，这是圣人的勇敢。子路，你少安毋躁，我的命运自有定数。"没过多久，一个带着兵器的人进来，道歉说："以为你是阳虎，所以才动员包围。现在知道不是，特来致歉，并且要退兵了。"

[解读]

①　匡：是卫国的匡城。鲁国的阳虎曾经欺压匡人，为孔子驾车的颜刻曾为阳虎驾过车，所以发生这场误会。《论语·子罕》记载了相关资料。庄子此处以宋人代替卫人，但是重点在于后面的谈话。这段谈话依然是庄子所虚拟的。

②　本文谈到四种勇敢，分别属于"渔父、猎夫、烈士、圣人"。孔子在此显然代表了圣人之勇。值得注意的是，任何人都可以修养这种圣人之勇。

[17.11]

　　公孙龙问于魏牟曰："龙少学先王之道，长而明仁义之行；

合同异，离坚白；然不然，可不可；困百家之知，穷众口之辩，吾自以为至达已。今吾闻庄子之言，汇（máng）然异之。不知论之不及与，知之弗若与？今吾无所开吾喙，敢问其方。"公子牟隐机大息，仰天而笑曰："子独不闻夫埳（kǎn）井之蛙乎？谓东海之鳖曰：'吾乐与！吾跳梁乎井干之上，入休乎缺甃（zhòu）之崖。赴水则接掖（yè）持颐（yí），蹶泥则没足灭跗（fū）。还（xuán）虷（hán）蟹与科斗，莫吾能若也。且夫擅一壑之水，而跨跱（zhì）埳井之乐，此亦至矣。夫子奚不时来入观乎？'东海之鳖左足未入，而右膝已絷（zhí）矣。于是逡（qūn）巡而却，告之海曰：'夫千里之远，不足以举其大；千仞之高，不足以极其深。禹之时，十年九潦（liáo），而水弗为加益；汤之时，八年七旱，而崖不为加损。夫不为顷久推移，不以多少进退者，此亦东海之大乐也。'于是埳井之蛙闻之，适适然惊，规规然自失也。

[白话]

公孙龙问魏牟说："我从小就学习先王之道，长大后又明白仁义的行为。能把事物的同与异混合为一，把一物的坚硬与白色分离为二。不对的说成对，不可的说成可。为难百家的知识，驳倒众人的辩论，我自以为是最通达事理的人了。现在我听到庄子的言论，怪异得使我感觉茫茫然。不知是我的辩论比不上他，还是智力不像他这么好？现在我张口不知该说什么，所以想请教这是什么道理。"魏牟靠着桌子长叹一声，仰天大笑说："你难道没有听过坎井之蛙的故事吗？浅井里的一只青蛙对东海来的大鳖说：'我真快乐呀！我一出来就可以在水井栏杆上跳跃，一回去就可以靠着破砖边上休息。跳到水里，水就接住我的双臂，托起我的两腮；踩在泥上，泥就淹没我的双脚，盖过我的脚背。回头看看井里的赤虫、螃蟹与蝌蚪，没有谁比得上我。再说，能够独占一坑水而盘踞一口浅井的快乐，这也算是最大的了。先生何不就请进来看看呢？'东海的大鳖左脚还没有踏进井里，右脚膝盖就已经被绊住了。于是它摇晃地退后几步，告诉青蛙大海那边的情形。它说：'一千里的距离，不足以形容它的大；八千尺的高度，不足以说尽它的深。夏禹的时候，十年有九年水灾，而海面并没有因此上升；商汤的时候，八年有七年旱灾，而水位并没有因此下降。不随着时间长短而有所改变，不因为水量多少而有所增减。这也是东海带给我的大快乐啊！'坎井之蛙听了之后，显得神色惊慌，尴尬地不知所措。

[解读]

① 公孙龙已见于[2.8]的解读第四条，他与惠施同为名家代表。魏牟为魏国公子。魏牟在此成为庄子的代言人。

② 坎井之蛙与东海之鳖的比喻，不但生动有趣，而且不乏实例。只是大多数人不会认为自己是前者。

[17.12]

且夫知不知是非之竟，而犹欲观于庄子之言，是犹使蚊负山，商蚷（jù）驰河也，必不胜任矣。且夫知不知论极妙之言，而自适一时之利者，是非埳井之蛙与？且彼方跐（cǐ）黄泉而登大皇，无南无北，奭（shì）然四解，沦于不测；无东无西，始于玄冥，反于大通。子乃规规然而求之以察，索之以辩，是直用管窥天，用锥指地也，不亦小乎？子往矣！且子独不闻夫寿陵余子之学于邯郸与？未得国能，又失其故行矣，直匍匐而归耳。今子不去，将忘子之故，失子之业。"公孙龙口呿（qū）而不合，舌举而不下，乃逸而走。

[白话]

　　再说，你的智力不能了解是非的究竟，而想看清楚庄子的言论，这就好像让蚊子去背一座山，让马蚿去渡一条河一样，必定是无法胜任的。并且，你的智力不能体会最高妙的言论，却得意于一时的口舌之利，这不正是坎井之蛙吗？庄子正在下抵黄泉而上登苍天，没有南北之分，全面获得解脱，进入高深莫测之境；没有东西之分，出于玄远幽深之处，回归万物相通的大道。你还琐琐碎碎地想要用察考与辩论来探求，这简直就是用竹管去观察天，用锥子去测量地，不是太渺小了吗？你回去吧！你难道没有听过寿陵的少年去邯郸学走路的故事吗？他没有学会别人的走路本事，又忘记了自己原来的走法，结果只好爬着回家。现在你还不走开，就会忘记你原有的技能，失去你本来的专长了。"公孙龙张口结舌无法作声，慌慌张张地离开了。

[解读]

① 寿陵在燕国，邯郸是赵的国都。放弃自己的步法，去学习别国的步法，结果可能连走路都成问题。"邯郸学步"的比喻并不是教我们不要向别人学习，而是要先考虑自己的能力，并且注意方法与步骤。庄子的境界太高，不是可以轻易体会的。

[17.13]

　　庄子钓于濮水，楚王使大夫二人往先焉，曰："愿以竟内累矣！"庄子持竿不顾，曰："吾闻楚有神龟，死已三千岁矣。王巾笥（sì）而藏之庙堂之上。此龟者，宁其死为留骨而贵乎？宁其生而曳尾于涂中乎？"二大夫曰："宁生而曳尾涂中。"庄子曰："往矣！吾将曳尾于涂中。"

庄子在濮水边钓鱼，楚王派两位大夫先去表达心意，说："希望把国家大事托付给您。"庄子手持钓竿，头也不回地说："我听说楚国有一只神龟，已经死了三千年；楚王特地用竹箱装着，手巾盖着，保存在庙堂之上。这只龟，是宁可死了，留下骨头受到尊贵待遇呢？还是宁可活着，拖个尾巴在泥地里爬呢？"二位大夫说："宁可活着，拖个尾巴在泥地里爬。"庄子说："你们请回吧！我还想拖个尾巴在泥地里爬呢！"

[解读]

① 这段对话有如运用现代人所谓的"同理心"，让二位大夫设身处地自己来回答。当然，先要有庄子的借事为喻，才可能引发同理心。只是不知二位大夫回去面对楚威王时，要如何解释了。

[17.14]

惠子相（xiàng）梁，庄子往见之。或谓惠子曰："庄子来，欲代子相。"于是惠子恐，搜于国中三日三夜。庄子往见之，曰："南方有鸟，其名鹓雏（yuān chú），子知之乎？夫鹓雏，发于南海而飞于北海，非梧桐不止，非练实不食，非醴泉不饮。于是鸱（chī）得腐鼠，鹓雏过之，仰而视之曰：'吓！'今子欲以子之梁国而吓我邪？"

[白话]

惠子做梁国宰相时，庄子前去拜访他。有人对惠子说："庄子来这里，是想取代你的宰相之位。"于是惠子大为惊慌，连着三天三夜在全国各地搜索庄子。庄子自己去见惠子，对他说：

"南方有一种鸟，名叫鹓雏，你知道吗？鹓雏这种鸟，从南海出发，飞向北海，途中不是梧桐树就不栖息，不是竹子的果实就不吃，不是甘美的泉水就不喝。这时有一只猫头鹰抓着腐烂的老鼠，瞥见鹓雏飞过，就抬头望着鹓雏大叫一声：'吓！'现在你想用你的梁国来吓我吗？"

[解读]

① 由《庄子》全书看来，惠子似乎是庄子唯一有名有姓的朋友。但是这位朋友却为了梁国宰相之位而怀疑庄子，实在令人失望。庄子把梁国比喻为"腐鼠"，也算教训了这位朋友。鹓雏是一种凤鸟。

② 此时梁国国君为梁惠王，孟子亦曾往见梁惠王。可惜，孟子与庄子没有交往机会，或者即使见了面，也是"道不同，不相为谋"。

[17.15]

　　庄子与惠子游于濠梁之上。庄子曰："儵（tiáo）鱼出游从容，是鱼乐也。"惠子曰："子非鱼，安知鱼之乐？"庄子曰："子非我，安知我不知鱼之乐？"惠子曰："我非子，固不知子矣；子固非鱼也，子之不知鱼之乐，全矣。"庄子曰："请循其本。子曰'汝安知鱼乐'云者，既已知吾知之而问我。我知之濠上也。"

[白话]

　　庄子与惠子在濠水的桥上游览。庄子说："白鱼在水中，从容地游来游去，这是鱼的快乐啊。"惠子说："你不是鱼，怎么知道鱼快乐呢？"庄子说："你不是我，怎么知道我不知道鱼快乐呢？"惠子说："我不是你，当然不知道你的情况；而你也不是鱼，所以你不知道鱼快乐，这样就说完了。"庄子说："还是回到我们开头所谈的。你说'你怎么知道鱼快乐'这句话时，你已经知道我知道鱼快乐才来问我。我是在濠水的桥上知道的啊！"

[解读]

① 人靠言语互相沟通，而效果未必理想。那么，人与万物之间能否沟通？答案在庄子看来，是肯定的。白鱼以"出游从容"，使庄子觉得鱼乐。鱼是否乐或能否乐，是一回事；庄子的感觉则是另一回事。庄子说出自己的感觉，原本不必勉强别人同意。惠子却执著于言语的真实根据，而忽略了人的心灵能力未必要靠言语才可抵达真实。

② 在这场简短的辩论中，惠子为什么输了？他一开始听到庄子说"鱼乐"就"知道"庄子知道鱼乐，但他随后所说的是"我不是你，当然不知道你的情况"。先说知道，又说不知道，这不是自相矛盾吗？所以他自知陷入矛盾而不再追问下去。这整段辩论并未触及庄子是"如何"知道鱼乐的。

至乐　第十八

要旨：人间有最大的快乐吗？像富贵、长寿、名声，都要
人付出代价，并且享受这些快乐的后遗症也很大。
"无心而为"才是至乐。这种觉悟使人看透生死。
本篇有"庄子妻死"与"见空骷髅"等章，助人
深思。至于鲁侯与海鸟之喻，以及列子的体悟之悟，
皆各有理趣。

[18.1]

天下有至乐无有哉？有可以活身者无有哉？今奚为奚据？奚
避奚处？奚就奚去？奚乐奚恶？夫天下之所尊者，富贵寿善也；
所乐者，身安厚味美服好色音声也；所下者，贫贱夭恶也；所苦
者，身不得安逸，口不得厚味，形不得美服，目不得好色，耳不
得音声。若不得者，则大忧以惧，其为形也亦愚哉！夫富者，苦
身疾作，多积财而不得尽用，其为形也亦外矣！夫贵者，夜以继
日，思虑善否，其为形也亦疏矣！人之生也，与忧俱生，寿者惛
(hūn)惛，久忧不死，何之苦也！其为形也亦远矣！烈士为天下见
善矣，未足以活身。吾未知善之诚善邪，诚不善邪？若以为善矣，
不足活身；以为不善矣，足以活人。故曰："忠谏不听，蹲循勿

争。"故夫子胥争之以残其形；不争，名亦不成。诚有善无有哉？

[白话]

　　天下有至乐，还是没有呢？有可以活命的方法，还是没有呢？现在，该从事什么又该保存什么？该逃避什么又该接受什么？该取得什么又该放弃什么？该喜欢什么又该厌恶什么？天下人所看重的，是财富、显贵、长寿、名声；所喜爱的，是安逸、美食、华服、彩色、乐音；所鄙视的，是贫穷、卑贱、短命、诟辱；所苦恼的，是身体得不到安逸，口里吃不到美食，身体穿不到华服，眼睛看不到彩色，耳朵听不到乐音。如果得不到这些，就十分忧虑甚至害怕，这样对待自己的生命，也太愚蠢了！富有的人，劳苦身体，辛勤工作，累积大量钱财而不能充分享用，这样对待自己的生命，也太见外了！显贵的人，夜以继日，思索考虑决策的对错，这样对待自己的生命，也太疏忽了！人活在世间，与忧愁共生，长寿者烦恼特多，长期忧愁又死不了，何其痛苦啊！这样对待自己的生命，也太远离了！烈士受到天下人称赞，可是却无法活命。我不知道这种善是真善，还是真不善？如果说它是善，却不能让人活命；说它是不善，却能让人活下去。所以说："忠诚的谏言不被接纳，就自动退下不再争辩。"像伍子胥就因为争辩而残害了自己的生命。如果他不争辩，又得不到忠臣的名声。那么到底是有善，还是没有呢？

[解读]

① 本文以天下人"所尊、所乐、所下、所苦"的内容为题材，说明依此对待自己的生命，其实是颠倒错乱。若是无法活命，并且无法活得没有忧愁，则世间的任何价值都是虚幻的。

② "富贵寿善"之善，为称美，为名声。后面所说的善与不善，

则指好与不好。"蹲循"为逡巡不进。

[18.2]

今俗之所为与其所乐，吾又未知乐之果乐邪，果不乐邪？吾观夫俗之所乐，举群趣者，誙（kēng）誙然如将不得已，而皆曰乐者，吾未之乐也，亦未之不乐也。果有乐无有哉？吾以无为诚乐矣，又俗之所大苦也。故曰："至乐无乐，至誉无誉。"天下是非果未可定也。虽然，无为可以定是非。至乐活身，唯无为几存。请尝试言之：天无为以之清，地无为以之宁。故两无为相合，万物皆化生。芒（huǎng）乎芴（hū）乎，而无从出乎！芴乎芒乎，而无有象乎！万物职职，皆从无为殖。故曰："天地无为也，而无不为也。"人也孰能得无为哉？

[白话]

现在世俗之人有自己的作为以及自己的快乐，我也不知道这种快乐果真是快乐呢，还是其实并不快乐？我看世俗之人的快乐，都是群相趋附，好像坚定不移地追求不得不做的事，然后大家都说这是快乐。我看不出这是快乐，也看不出这是不快乐。真的有快乐，还是没有呢？我把"无为"当成真正的快乐，而世俗之人却认为那是很大的苦恼！所以说："至高的快乐是解消了快乐，至高的声誉是解消了声誉。"天下的是非确实无法断定。虽然如此，无为还是可以决定是非。要想达成至乐与保全生命，只有无为或许可以做到。我试着说明一下：天无为所以能清朗，地无为所以能安宁；这两种无为互相配合，万物得以变化生长。恍恍惚惚，甚至好像没有来源！惚惚恍恍，甚至好像没有形状！万物不断化生，都是从无为繁衍出来的。所以说："天地无所作为，而所有的一切又都是它们做成的。"我们这些人，谁能领悟无为的道理呢？

[解读]

① 庄子所谓的"不得已"，原本是指各种条件成熟之后，所形成的自然趋势。所以，能够依循不得已，是高明的作为。但是，在此，与"俗之所乐"有关的"不得已"，则是受到群相趋附的影响，身不由己地跟着走。

② 若以"至乐、活身"为目标，则确实只有"无为"才有可能达成。这种无为，表面上无所作为，其实却像天地一般，在自然状态中做成了一切。《老子》第三十七章有"道常无为而无不为"一语。

[18.3]

庄子妻死，惠子吊之，庄子则方箕（jī）踞（jù）鼓盆而歌。惠子曰："与人居，长子老身，死不哭亦足矣，又鼓盆而歌，不亦甚乎！"庄子曰："不然。是其始死也，我独何能无概然！察其始而本无生；非徒无生也，而本无形；非徒无形也，而本无气。杂乎芒芴之间，变而有气，气变而有形，形变而有生，今又变而之死，是相与为春秋冬夏四时行也。人且偃（yǎn）然寝（qǐn）于巨室，而我噭（jiào）噭然随而哭之，自以为不通乎命，故止也。"

[白话]

庄子的妻子死了，惠子去吊丧。这时庄子正蹲在地上，一面敲盆一面唱歌。惠子说："你与妻子一起生活，她把孩子抚养长大，现在年老身死，你不哭也就罢了，竟然还要敲着盆子唱歌，不是太过分了吗？"庄子说："不是这样的。当她刚死的时候，我又怎么会不难过呢？可是我省思之后，察觉她起初本来是没有生命的；不但没有生命，而且没有形体；不但没有形体，而且没有气。然后在恍恍惚惚的情况下，变出了气，气再变化而出现形体，形体再变化而出现生命，现在又变化而回到了死亡，这就好像春夏秋冬四季的运行一样。这个人已经安静地睡在天地的大房屋里，而我还在一旁哭哭啼啼。我以为这样是不明白生命的道理，所以停止哭泣啊！"

[解读]

① 本文描写庄子对死亡的看法，就是把死亡当成气的聚散过程的一个阶段，好像春夏秋冬四季的自然运行一样。问题在于：冬季之后还有下一个春季，而死亡之后还有下一个生命吗？

② 学习庄子，可以化解我们对死亡的感伤与恐惧，由此减少我们对生命的执著与妄念。既然死亡不可避免，我们只能设法在有生之年，努力悟道，以体验精神上的自在与逍遥。

[18.4]

支离叔与滑介叔观于冥伯之丘，昆仑之虚，黄帝之所休。俄而柳生其左肘，其意蹶（jué）蹶然恶之。支离叔曰："子恶之乎？"滑介叔曰："亡，予何恶！生者，假借也，假之而生；生者，尘垢也。死生为昼夜。且吾与子观化而化及我，我又何恶焉！"

[白话]

支离叔与滑介叔一起到冥伯的丘陵、昆仑的荒野去观赏风景，那是黄帝曾经休息过的地方。忽然间滑介叔的左臂上长出一个瘤，他好像有些吃惊，露出厌恶的表情。支离叔说："你厌恶

　　　　　　　　　傅佩荣解读《庄子》（修订版）

它吗?"滑介叔说:"不,我怎么会厌恶!生命,就是假托借用,由假托借用而出现了生命;这样的生命,其实是尘土泥垢。而死生的变化,就像昼夜的轮替一样。现在我与你一起观赏万物的变化,而变化降临到了我身上,我又厌恶什么呢!"

[解读]

① 以"假借"描写生命,是说生命本身并非实体,没有什么自我可言;以"尘垢"描写生命,表示生命注定回归大地,所以不必坚持它有什么特定的价值。然后,对于死与生,也就顺应而接受了。"死生为昼夜"一语,描写万物的自然行程十分生动。

② 当生命出现变化时,不仅不必有情绪反应,而且可以像《大宗师》所云:"浸假而化予之左臂以为鸡,予因以求时夜……"由此深入体验人生。

[18.5]

庄子之楚,见空髑髅(dú lóu),髐(xiāo)然有形。撽(qiào)以马捶,因而问之曰:"夫子贪生失理,而为此乎?将子有亡国之事、斧钺(yuè)之诛,而为此乎?将子有不善之行,愧遗父母妻子之丑,而为此乎?将子有冻馁之患,而为此乎?将子之春秋故及此乎?"于是语卒,援髑髅,枕而卧。夜半,髑髅见梦曰:"子之谈者似辩士,视子所言,皆生人之累也,死则无此矣。子欲闻死之说乎?"庄子曰:"然。"髑髅曰:"死,无君于上,无臣于下,亦无四时之事,从然以天地为春秋,虽南面王乐,不能过也。"庄子不信,曰:"吾使司命复生子形,为子骨肉肌肤,反子父母妻子闾里知识,子欲之乎?"髑髅深矉(pín)蹙(cù)頞(è)曰:"吾安能弃南面王乐而复为人间之劳乎?"

庄子来到楚国，看见路边有一副空的骷髅头，形骸已经枯槁。庄子用马鞭敲击它，然后问道："你是因为贪图生存、违背常理，才变成这样的吗？还是因为国家败亡、惨遭杀戮，才变成这样的？还是因为作恶多端，惭愧自己留给父母妻子耻辱而活不下去，才变成这样的？还是因为挨饿受冻的灾难，才变成这样的？还是因为你的年寿到了期限，才变成这样的？"说完这些话，就拉过骷髅头当作枕头，睡起觉来。到了半夜，庄子梦见骷髅头对他说："你谈话的方式像个辩士，你所说的那些都是活人的麻烦，死了就没有这些忧虑了。你想听听死人的情形吗？"庄子说："好。"骷髅头说："人死了，上没有国君，下没有臣子，也没有四季要料理的事，自由自在与天地并生共存；就算是南面称王的快乐，也不能超过它啊！"庄子不相信，他说："我叫司命官恢复你的形体，加给你骨肉肌肤，还给你父母妻子与乡亲故旧，你愿意这样吗？"骷髅头皱起眉，忧愁地说："我怎能放弃南面称王的快乐，再回人间去辛苦呢？"

[解读]

① 庄子质疑骷髅头五个问题，反映了乱世之中使人致死的五种理由，其中只有最后一种是寿终正寝，使人感慨。即使一个人好生恶死，也无法逃避最后的宿命。不过，认为死者之乐超过"南面王乐"，会不会使人因而好死恶生呢？

② 本文强调死者之乐，已有矫枉过正之嫌。至于庄子所表现的好生恶死，应该是故意设问，否则违背前述"死生为昼夜"的原则。

[18.6]

颜渊东之齐，孔子有忧色。子贡下席而问曰："小子敢问，回东之齐，夫子有忧色，何邪？"孔子曰："善哉女问！昔者管子有言，丘甚善之，曰：'褚（zhǔ）小者不可以怀大，绠（gěng）短者不可以汲深。'夫若是者，以为命有所成而形有所适也，夫不可损益。吾恐回与齐侯言尧、舜、黄帝之道，而重以燧人、神农之言。彼将内求于己而不得，不得则惑，人惑则死。且女独不闻邪？昔者海鸟止于鲁郊，鲁侯御而觞之于庙，奏《九韶》以为乐，具太牢以为膳。鸟乃眩视忧悲，不敢食一脔，不敢饮一杯，三日而死。此以己养养鸟也，非以鸟养养鸟也。夫以鸟养养鸟者，宜栖（qī）之深林，游之坛陆，浮之江湖，食之鳛（qiū）鲦（tiáo），随行列而止，委蛇（yí）而处。彼唯人言之恶闻，奚以夫譊（náo）譊为（wèi）乎！《咸池》《九韶》之乐，张之洞庭之野，鸟闻之而飞，兽闻之而走，鱼闻之而下入，人卒闻之，相与还而观之。鱼处水而生，人处水而死。彼必相与异，其好恶故异也。故先圣不一其能，不同其事。名止于实，义设于适，是之谓条达而福持。"

［白话］

颜渊往东去了齐国，孔子露出忧愁的脸色。子贡离席上前问道："学生大胆请教：颜回往东去了齐国，老师露出忧愁的脸色，为什么呢？"孔子说："你问得好！从前管子说过一句话，我深有同感，他说：'小袋子不可以装进大东西，短绳子不可以汲取深井的水。'他这么说，是因为人的命定条件有它的成型，形体能力也有它的限制，这些是无法增加或减少的。我担心颜回会与齐侯谈论尧、舜、黄帝的道理，再强调燧人氏、神农氏的言论。齐侯将以这些标准要求自己，可是又做不到，做不到就会迷惑；人一迷惑就会陷于死地。并且，你难道没听说过吗？从前有只海鸟飞到鲁国郊外，鲁侯把它迎进太庙，送上好酒款待，为它演奏《九韶》乐曲，宰杀牛羊猪作为膳食。海鸟却目光迷离、神情忧戚，不敢吃一口肉，不敢喝一杯酒，结果三天就死了。这是用养自己的方法去养鸟，而不是用养鸟的方法去养鸟。如果用养鸟的方法去养鸟，就应该让它在森林中栖息，在沙洲上走动，在江湖上飞翔，啄食泥鳅小鱼，随着群鸟而居，自由自在生活。鸟就是讨厌听到人的声音，为什么还要弄得那么喧闹！像《咸池》《九韶》这样的乐曲，在广阔的原野上演奏时，鸟一听见就飞走，兽一听见就跑开，鱼一听见就潜入水中；只有人们听了，会围绕起来欣赏。鱼在水里可以活，人在水里就会死；鱼与人本性不同，好恶自然也不同。所以古代圣人不要求人们具有一致的能力，或者做到同样的事情；只要名与实相符，该做的都是适当的，就可以了。这就叫做通达顺畅，使一切都配合得恰到好处。"

[解读]

① 命有所成：一个人有什么样的命定条件，就会遭遇什么样的结果。形有所适：一个人有什么样的形体能力，就有适合他发展的方式与范围。命与形是天生的，所以一切好像都是注定的。但是，这并不表示人不能启发智慧。

② 海鸟之喻，以鲁侯比拟颜回，以海鸟比拟齐侯，由此暗示颜回不必前往齐国。但是，齐侯岂有海鸟之自然本性？因此，海鸟之喻独立来看，反而较有理趣。

[18.7]

列子行食于道从，见百岁髑髅，攓（qiān）蓬而指之曰："唯予与女知，而未尝死，未尝生也。若果养乎？予果欢乎？"种有几，得水则为𬬸（jì），得水土之际则为蛙蠙（bīn）之衣，生于陵屯则为陵舄（xì），陵舄得郁栖则为乌足，乌足之根为蛴螬

（qí cáo），其叶为胡蝶。胡蝶胥也化而为虫，生于灶下，其状若脱，其名为鸲掇（qú duó）。鸲掇千日为鸟，其名为干余骨。干余骨之沫为斯弥，斯弥为食醯（xī）。颐辂（yí lù）生乎食醯，黄軦（kuàng）生乎九猷（yóu），瞀芮（mào ruì）生乎腐蠸（huān）。羊奚比乎不筝（sǔn），久竹生青宁，青宁生程，程生马，马生人，人又反入于机。万物皆出于机，皆入于机。

[白话]

列子旅行时，坐在路边吃饭，看到一个百年的骷髅头，就拔去覆盖的杂草，指着它说："只有我与你知道，你不曾有过死，也不曾有过生。你真的忧愁吗？我真的开心吗？"物种由微小的几而来，几遇到水就长成断续如丝的继草，遇到水土交界之处就长成青苔。落在丘陵地上就长成车前草，车前草遇到粪土就长成乌足草。乌足草的根变成金龟子的幼虫，叶子则变为蝴蝶。蝴蝶一会儿就变成小虫，活在炉灶底下，形状好像蜕了皮一样，名叫鸲掇。鸲掇过了一千日就变成鸟，名叫干余骨。干余骨的唾沫变为斯弥，斯弥再变为蠛蠓。颐辂从蠛蠓生出来，黄軦从九猷生出来，瞀芮从黄甲虫生出来。羊奚草与不长笋的老竹生出青宁虫，青宁虫生出大虫，大虫生出马，马生出人。人又回归于最初的几。万物都来自于几，又回到几之中。

[解读]

① 列子对髑髅所说的话，说明了：人最后会发现自己不曾死也不曾生，因为死与生只是同一个变化中的阶段及过程；因此，死了不必忧愁，活着也毋须开心。列子认为只有他与髑髅知道这个奥秘，可见一般人还有待启发。

② "种有几"这一大段资料，代表古人素朴而粗糙的演化观念。它

说明了：一、物种有共同的来源，就是"几"（微小之物）；二、演化是由简单趋于复杂，配合环境条件而出现变化；三、植物、动物与人之间的连续演变，显然又突破了物种观念，回到庄子思想的一贯立场，就是主张一切都是气的变化。

③ 这种演化现象以"人"为其成果，然后可以作整体描述，就是"万物皆出于机，皆入于机"。这个"机"字就是"种有几"的"几"字，所指的是极其微小之物，亦即我们难以把握的"气"。

④ 有些学者把"机"理解为"无"或"自然"，虽然不违道家主旨，但已经是扩大及延伸的诠释了。

达生　第十九

要旨：本篇寓言最多，亦广为人知，如"丈人承蜩""津人操舟""吕梁泳者""梓庆削木""醉者驾车""呆若木鸡"等，有的由技入艺，臻于化境；有的无心而为，顺其自然；契机皆在由忘而化、由化而游，以致"形全精复，与天为一"。至于"桓公见鬼"一章，则显示出庄子的知见之广。

[19.1]

达生之情者，不务生之所无以为；达命之情者，不务命之所无奈何。养形必先之以物，物有余而形不养者有之矣；有生必先无离形，形不离而生亡者有之矣。生之来不能却，其去不能止。悲夫！世之人以为养形足以存生；而养形果不足以存生，则世奚足为哉？虽不足为而不可不为者，其为不免矣。夫欲免为形者，莫如弃世。弃世则无累，无累则正平，正平则与彼更生，更生则几矣。事奚足弃而生奚足遗？弃事则形不劳，遗生则精不亏。夫形全精复，与天为一。天地者，万物之父母也。合则成体，散则成始。形精不亏，是谓能移；精而又精，反以相天。

明白生命的真实状况的人，不会去追求生命所不需要的东西；明白命运的真实状况的人，不会去追求命运所达不到的目标。保养形体一定要先具备物资，但是物资有余而形体不能保养好的，有这样的人啊；保全生命一定要先使它不脱离形体，但是形体尚未脱离而生命已经失落的，有这样的人啊。生命来时不能拒绝，去时不能阻止。可悲啊！世人以为保养形体就足以保存生命，可是保养形体实在不足以保存生命，那么世间还有什么事情值得做呢？虽然不值得做，却又不可不做，所做的不免就是为了形体了。如果想要避免为形体操劳，最好就是抛开世事。抛开世事就没有拖累，没有拖累就平心静气，平心静气就能与变化一起更新，能够不断更新就接近于道了。世事为何应该抛弃，生命为何应该遗忘？抛弃世事，则形体不劳累；遗忘生命，则精神不亏损。形体健全，精神充足，就与自然合而为一。天地是万物的父母；两者相合必形成物体，两者离散就回归原始。形体与精神不亏损，就能顺应各种变化；修养了再修养，最后归于随顺自然。

[解读]

① 本文重点在于"形全精复"，做法则是"弃事遗生"。看起来颇为消极，其实是另有所好，就是要随顺自然。

② 庄子所谓的"几"，常指"接近于道"。由于道的境界不容易用文字表述，所以"几"字留待读者自行体会。

[19.2]

子列子问关尹曰："至人潜行不窒，蹈火不热，行乎万物之上而不栗。请问何以至于此？"关尹曰："是纯气之守也，非知巧果敢之列。居，予语女！凡有貌象声色者，皆物也，物与物何以相远？夫奚足以至乎先？是色而已。则物之造乎不形，而止乎无所化。夫得是而穷之者，物焉得而止焉！彼将处乎不淫之度，而藏乎无端之纪，游乎万物之所终始。壹其性，养其气，合其德，以通乎物之所造。夫若是者，其天守全，其神无郤（xì），物奚自入焉！

[白话]

列子问关尹说："至人潜入水中不会窒息，踩在火上不会灼伤，行走于万物之上也不会害怕，请问为什么能达到这样的境界？"关尹说："这是靠着保守住纯粹之气，而不是用智力巧计或勇敢果决之类的办法。请坐下，我来告诉你。凡是具有形象声色的，都是物；物与物之间的差距怎么会这么大？他是凭什么条件而处于万物之前的？万物所有的，只是形象声色而已；而万物是从没有形象声色之处产生的，并且将终止于无所变化的状态。如果领悟这个道理而完全了解的话，万物怎么能够妨碍他呢！他将停留在平常的处境中，隐藏于不露形迹的状况里，遨游于万物变化的过程中，整合他的本性，涵养他的气，不离开他的天赋，由此与产生万物的根源相通。像这样的人，自然禀赋完整保全，精神状态没有缺陷，万物要从哪里去侵犯他呢！

[解读]

① 本文谈到"养其气"，目的是要得到"纯气"。这种功夫依然不离智慧，就是领悟万物皆由"不形"而来，并且止于"无所化"，然后不会被貌象声色所惑。进而"通乎物之所造"，可以"游"也。

② 重点在于"壹其性，养其气，合其德"；在此，"性、气、德"皆为自然所赋，而"壹、养、合"则是庄子所强调的方法了。

[19.3]

　　夫醉者之坠车，虽疾不死。骨节与人同而犯害与人异，其神全也。乘亦不知也，坠亦不知也，死生惊惧不入乎其胸中，是故遻（wù）物而不慑（shè）。彼得全于酒而犹若是，而况得全于天乎？圣人藏于天，故莫之能伤也。复雠（chóu）者不折镆（mò）、干；虽有忮（zhì）心者不怨飘瓦，是以天下平均。故无攻战之乱，无杀戮之刑者，由此道也。不开人之天，而开天之天。开天者德生，开人者贼生。不厌其天，不忽于人，民几乎以其真。"

[白话]

　　喝醉酒的人摔下车子，虽然受伤但不会摔死。骨骼关节与别人相同，受到的伤害却不一样，这是因为他的精神处于整合的状态。乘车时没有知觉，坠车时也没有知觉，像死、生、惊慌、害怕之类的情绪都没有进入他的心中，所以出了意外状况并不感到害怕。借着酒来保持精神整合的人尚且如此，何况是借着自然来保持精神整合的人呢？圣人藏身于自然中，所以万物没有办法伤害他。复仇的人不去折断敌人的宝剑，心中有恨的人不去怪罪落在头上的瓦片，能够这样，天下就太平安定了。所以，没有战争的祸患，没有杀戮的刑罚，都是由于这个道理啊。不要开启人为的禀赋，而要开启自然的禀赋。开启自然，生出天赋本性；开启人为，生出盗贼祸害。对自然不厌倦，对人为不疏忽，百姓大概就可以保住真实的一面了。"

[解读]

① 　以"醉者"描写一个人"神全"，意思是他暂时失去一般人的知觉与情绪。人在遇到灾难时，想象中的恐惧往往造成更大的伤害。如果能与自然相顺，则在清醒时也可以神全。

② 镆、干：镆邪、干将，为古代宝剑之名，参考［6.8］的解读第二条。复仇者不迁怒于宝剑，怀恨者不怪罪于飘瓦；表示一事归一事，万物趋于单纯，然后人间灾难可以化解了。

③ "天"字在此，是指自然，也指禀赋或潜能。但是，"开人之天"，为何会"贼生"？这是比较费解的问题。譬如，人若发挥智巧，就会造成困境；但是智巧不也是人的禀赋之一吗？

［19.4］

仲尼适楚，出于林中，见痀偻（gōu lóu）者承蜩（tiáo），犹掇（duō）之也。仲尼曰："子巧乎，有道邪？"曰："我有道也。五六月累丸二而不坠，则失者锱（zī）铢；累三而不坠，则失者十一；累五而不坠，犹掇之也。吾处身也，若厥株拘；吾执臂也，若槁木之枝。虽天地之大，万物之多，而唯蜩翼之知。吾不反不侧，不以万物易蜩之翼，何为而不得！"孔子顾谓弟子曰："用志不分，乃凝于神。其痀偻丈人之谓乎！"

［白话］

孔子到楚国去，经过一片树林，看见一个弯腰驼背的老人在粘蝉，好像在地上捡东西一样。孔子说："您的技巧高明啊，有什么诀窍吗？"老人说："我有诀窍。经过五六个月的练习，我在竹竿顶上放两颗弹丸而不会掉落，这样去粘蝉就很少失手了；接着，放三颗弹丸而不会掉落，这样失手的机会只有十分之一；等到放五颗弹丸而不会掉落，粘蝉就好像在地上捡东西一样了。我站稳身体，像是直立的枯树干；我举起手臂，像是枯树上的枯枝。天地虽大，万物虽多，我所察觉的只有蝉翼。我不会想东想西，连万物都不能用来交换蝉翼，这样怎么会粘不到呢！"孔子回头对弟子说："用心专一而不分散，表现出来有如神明的作为。说的就是这位弯腰驼背的老人啊！"

[解读]

① 粘蝉老人的诀窍有二：一是长期的练习，第一关是五六个月，后续的时间并未说明；二是专注的心思，眼中只看到蝉翼，并且连万物都不能用来交换。把握这两点诀窍，我们学习任何技术，最后都可以得心应手，"犹掇之也"。

② "用志不分，乃凝于神"。在此，"凝"与"拟、疑"通用，为"相似"之意，有如我们所谓的"出神入化"或"鬼斧神工"。

[19.5]

颜渊问仲尼曰："吾尝济乎觞（shāng）深之渊，津人操舟若神。吾问焉，曰：'操舟可学邪？'曰：'可。善游者数能。若乃夫没（mò）人，则未尝见舟而便操之也。'吾问焉而不吾告，敢问何谓也？"仲尼曰："善游者数能，忘水也。若乃夫没人之未尝见舟而便操之也，彼视渊若陵，视舟之覆犹其车却也。覆却万方陈乎前而不得入其舍，恶往而不暇！以瓦注者巧，以钩注者惮（dàn），以黄金注者殙（hūn）。其巧一也，而有所矜，则重外也。凡外重者内拙。"

[白话]

颜渊请教孔子说："我曾渡过一处叫做觞深的深渊，摆渡人划船的技术，灵巧如神。我问他：'划船可以学得会吗？'他说：'可以。会游泳的人很快就学会了。如果是会潜水的人，即使没有见过船也能立刻就划。'我问他其中缘故，他却不告诉我。请问老师，他说的是什么意思？"孔子说："会游泳的人很快就学会，因为他忘记了水的存在；如果是会潜水的人，即使没有见过船也能立刻就划，因为他把深渊看成丘陵，把翻船看成倒车。翻船倒车的各种状况发生在眼前，他也不会放在心上；那么他到任何地方不都是轻松自在吗？用瓦片做赌注的人，技巧相当灵活；用带钩做赌注的人，就会心存恐惧；用黄金做赌注的人，就头昏脑涨了。赌博的技巧是一样的，但是有所顾忌，那是因为看重外物啊。凡是以外物为重的，内心就会笨拙。"

[解读]

① 会游泳的人"忘水"；会潜水的人"视渊若陵"，无视于水。没有在意水的特性，让自己与水合一，划船就像驾车（甚至走路）一样简单。这是因为他以平常心面对，所以做起来轻松自在。不过，在达到会游会潜的水准之前，还是不可缺少苦练的过程。
② 赌博时的赌注大小，确实会影响心理，所以最好还是避开。不过，"凡外重者内拙"的原则仍是普遍有效的。

[19.6]

田开之见周威公，威公曰："吾闻祝肾学生，吾子与祝肾游，亦何闻焉？"田开之曰："开之操拔篲（huì）以侍门庭，亦何闻于夫子！"威公曰："田子无让，寡人愿闻之。"开之曰："闻之夫子曰：'善养生者，若牧羊然，视其后者而鞭之。'"威公曰："何谓也？"田开之曰："鲁有单（shàn）豹者，岩居而水饮，不与民共利，行年七十而犹有婴儿之色，不幸遇饿虎，饿虎杀而食之。有张毅者，高门县（xuán）薄，无不走也，行年四十而有内热之病以死。豹养其内而虎食其外，毅养其外而病攻其内。此二子者，皆不鞭其后者也。"仲尼曰："无入而藏，无出而阳，柴立其中央。三者若得，其名必极。夫畏涂者，十杀一人，则父子兄弟相戒也，必盛卒徒而后敢出焉，不亦知乎！人之所取畏者，衽（rèn）席之上，饮食之间，而不知为之戒者，过也！"

[白话]

田开之晋见周威公，威公说："我听说祝肾在学习养生，你与祝肾交往，也曾听他说过什么吗？"田开之说："我只是在老师门下做些清扫的工作，又能从他那儿听到什么呢！"威公说："田先生不要谦让，我很想听听。"田开之说："我听老师说过：'会养生的人，好像是在牧羊，要看准落后的羊挥鞭子。'"威公说："'这话是什么意思？'"田开之说："鲁国有一个人，名叫单豹，他住在岩洞里，只喝清水维生，不与众人争利，活到七十岁，还有婴儿般的容颜；他不幸遇到一只饿虎，就被饿虎咬死吃掉了。另外有一个人，名叫张毅，凡是高门大宅的富贵人家，他无不奔走钻营，结果活到四十岁就患内热病而死。单豹修养内心，而老虎吃掉他的身体；张毅保养身体，而疾病由内部侵害他。这两个人都是没有鞭打落后的羊啊。"孔子说："不要深入荒山到隐藏自己的地步，不要行走世间到显扬自己的地步，要像枯木一样处于两者之间。若能领悟这三点，一定可以实现养生之名。对于危险的路段，如果知道十人中有一人被杀，那么父子兄弟就会互相警惕，一定要多找些人然后才敢外出，这样不也是明智吗！但是，人最该害怕的，是在卧榻之上与饮食之间，却又不知道对此警惕，实在是个过错啊！"

[解读]

① 牧羊时，"视其后者而鞭之"，整群羊才不会走散。用在养生上，就是要按照自己的状况，矫正极端的行为。单豹可以隐居，

但不宜离开人群太远；张毅可以钻营，但不宜弄到内外失调。

② 人最该畏惧的，确实是食与色，这两者在不知不觉中会趋于极端，伤及性命。

[19.7]

祝宗人玄端以临牢箧（cè），说（shuì）彘（zhì）曰："汝奚恶死？吾将三月豢（huàn）汝，七日戒，三日齐（zhāi），藉白茅，加汝肩尻（kāo）乎雕俎之上，则汝为之乎？"为彘谋，曰不如食以糠糟而错之牢箧之中。自为谋，则苟生有轩冕之尊，死得于豚（zhuàn）楯（shǔn）之上，聚偻之中则为之。为彘谋则去之，自为谋则取之，所异彘者何也？

[白话]

祭祀官穿着黑色礼服，来到猪圈，对着猪说："你为什么不想死呢？我花三个月的时间喂养你，然后守戒七天，作斋三天，再用白茅草做席位，把你的两肩两臀放在雕满纹饰的供桌上，这样你会愿意吗？"如果是为猪设想，会说那还不如喂它吃糟糠，一直安置在猪圈里。如果是为自己设想，那么只要活着时享有富贵的尊荣，死后能装在画满纹饰的棺材中与灵车上，就愿意这么做。为猪设想，会拒绝这么做；为自己设想，却同意这么做。那么，他与猪的差别到底是什么？

[解读]

① 考虑猪的遭遇时，人知道"与其成为祭品，不如活得平凡"；考虑人的遭遇时，由于"当局者迷"，反而看不清楚应该做何选择。

② 也许有些人认为自己想清楚了，主动选择"与其活得平凡，不如成为祭品"这一条路。庄子对此大概也无话可说。"滕楯"为枢车，"聚偻"为枢车之饰。

[19.8]

桓公田于泽，管仲御，见鬼焉。公抚管仲之手曰："仲父何见？"对曰："臣无所见。"公反，诶（xī）诒（yí）为病，数日不出。齐士有皇子告敖者，曰："公则自伤，鬼恶（wū）能伤公！夫忿滀（chù）之气，散而不反，则为不足；上而不下，则使人善怒；下而不上，则使人善忘；不上不下，中身当心，则为病。"桓公曰："然则有鬼乎？"曰："有。沉有履。灶有髻（jì）。户内之烦壤，雷霆处之；东北方之下者，倍阿鲑蠪（lóng）跃之；西北方之下者，则泆阳处之。水有罔象，丘有峷（shēn），山有夔（kuí），野有彷徨，泽有委蛇（yí）。"公曰："请问委蛇之状何如？"皇子曰："委蛇，其大如毂（gǔ），其长如辕，紫衣而朱冠。其为物也，恶闻雷车之声，则捧其首而立。见之者殆乎霸。"桓公辴（zhěn）然而笑曰："此寡人之所见者也。"于是正衣冠与之坐，不终日而不知病之去也。

[白话]

齐桓公在沼泽区打猎，管仲替他驾车。桓公见到了鬼，就拉着管仲的手说："仲父看到什么东西吗？"管仲说："我什么也没看见。"桓公回去之后，失魂落魄，生起病来，几个月没出门。齐国一位书生，名叫皇子告敖的，前来看望桓公，对他说："您是自己伤到自己，鬼怎么能伤到您呢！因愤怒而结聚的气，如果向外发散而不收回，就会使人疲惫不堪；如果往上升而不下沉，就会使人容易发怒；如果往下沉而不上升，就会使人容易忘记；如果不上升也不下沉，就会积在身体当中的心里面，然后生病。"桓公说："不过，有鬼存在吗？"皇子告敖说："有。污泥中有履鬼；炉灶里有髻鬼；门户内扰攘之处，住着雷霆鬼；东北方墙下，有倍阿鲑蠪鬼在跳跃；西北方墙下，住着泆阳鬼。水里有罔象鬼；丘陵上有峷鬼；山中有夔鬼；旷野有彷徨鬼；沼泽有委蛇鬼。"桓公说："请问，委蛇鬼的形状像什么？"皇子说："委蛇鬼，体形像车轮那么大，身高像车辕那么长，穿紫衣戴红帽。这种东西，讨厌听到雷车的声音，一听到就拱着手站起来。看到他的人，将会成为霸主。"桓公听了开怀大笑说："这正是我所见到的。"于是整理好衣冠，与他坐着谈话，没过多久，病就不知不觉好了。

[解读]

① 皇子告敖首先谈"气"，认为气应该不断流通，否则将会影响身心健康。这是正确的养生观念，因为人的身心状态原是一个整体。

② 他接着谈到十种鬼。这些鬼属于古代的民俗信仰，大都依附在特定的环境中，有些已不易深究其来源及样貌。略举尚可知者如下：髻为灶神，穿赤衣，状如美女。倍阿鲑蠪：倍阿为神名，鲑蠪状如小儿，长一尺四寸，带剑持戟。泆阳：豹头马尾。罔象：水神，状如小儿，黑色、赤衣、大耳、长臂。峷：状如狗，有角，文身五彩。夔：形如鼓，一足。彷徨：状如蛇，两头，有五彩。桓公所见的委蛇鬼，才是皇子告敖的重点所在；至于是否真的"见之者殆乎霸"，或者这只是他为桓公开导心理困境的托词，则不得而知了。

[19.9]

　　纪渻（shěng）子为王养斗鸡。十日而问："鸡已乎？"曰："未也，方虚憍（jiāo）而恃气。"十日又问，曰："未也，犹应向景（yǐng）。"十日又问，曰："未也，犹疾视而盛气。"十日又问，曰："几矣，鸡虽有鸣者，已无变矣，望之似木鸡矣，其德全矣。异鸡无敢应者，反走矣。"

[白话]

　　纪渻子为齐王培养斗鸡。培养了十天，齐王就问："鸡可以上场了吗？"纪渻子说："还不行，它现在只是姿态虚骄，全靠意气。"过了十天，齐王又来问，纪渻子说："还不行，它对外来的声音及影像，还会有所回应。"再过十天，齐王又来问，纪渻子说："还不行，它还是目光犀利、盛气不减。"再过十天，齐王又来问，纪渻子说："差不多了！别的鸡虽然鸣叫，它已经不为所动了。看起来像一只木头鸡了。它的天赋保持完整了。别的鸡没有敢来应战的，一见到它就回头跑走了。"

[解读]

①　纪渻子培养斗鸡，先后四十天，其实代表四个阶段，就是由外而内：由虚张声势，回应外在，修炼内在，到呆若木鸡。以"德全"描写鸡，是说它保持了完全的天赋，自然可以胜过一般的对手。以全克分，以静制动，正是道家的手法。

[19.10]

　　孔子观于吕梁，县（xuán）水三十仞，流沫四十里，鼋（yuán）鼍（tuó）鱼鳖之所不能游也。见一丈夫游之，以为有苦而欲死也，使弟子并流而拯之。数百步而出，被发行歌而游于塘下。孔子从而问焉，曰："吾以子为鬼，察子则人也。请问：蹈水有道乎？"曰："亡，吾无道。吾始乎故，长乎性，成乎命。与齐俱入，与汩（mì）偕出，从水之道而不为私焉。此吾所以蹈之也。"孔子曰："何谓始乎故，长乎性，成乎命？"曰："吾生于陵而安于陵，故也；长于水而安于水，性也；不知吾所以然而然，命也。"

[白话]

孔子在吕梁观赏，只见瀑布有二十几丈高，水花四溅奔腾，一流就是四十里，连鼋、鼍、鱼、鳖都无法在里面游动。这时看到一个男子在游水，孔子以为是受了苦而想寻死的人，就叫弟子沿着水流设法救他。那人潜游几百步的距离，才从水中出来，然后披头散发，唱着歌在堤岸下游荡。孔子跟过去问他说："我以为你是鬼，仔细看了才知道是人。请教你：游水有诀窍吗？"那人说："没有，我没有什么诀窍。我从现成处境开始，发展天赋本性，达成命定状况。我与漩涡一起卷入水底，再与波浪一起涌出水面，顺着水势而不由自己安排，这就是我游水的方法。"孔子说："什么是从现成处境开始，发展天赋本性，达成命定状况？"那人说："我生在山地就安于山地，这是现成处境；成长于水中就安于水中，这是天赋本性；不知道我为什么会这样而还是变成这样，这是命定状况。"

[解读]

① 始乎故，长乎性，成乎命：每个人都有现成处境，亦即既定的生存条件；以此为基础及凭借，可以进而发展天赋本性；然后所达成的，是特殊的命定状况。顺此而行，最自然的结果也会显得神妙无比，就像孔子看待这位泳者一样。

② 与齐俱入："齐"借为"脐"，为中，为漩涡。

[19.11]

梓庆削木为鐻（jù），鐻成，见者惊犹鬼神。鲁侯见而问焉，曰："子何术以为焉？"对曰："臣工人，何术之有！虽然，有一焉。臣将为，未尝敢以耗气也，必齐（zhāi）以静心。齐三日，而不敢怀庆赏爵禄；齐五日，不敢怀非誉巧拙；齐七日，辄然忘吾有四枝形体也。当是时也，无公朝，其巧专而外骨消，然后入山林，观天性；形躯至矣，然后成见，然后加手焉；不然则已。则以天合天，器之所以疑神者，其是与！"

[白话]

梓庆削木头，制成野兽形状的架子，可以用来挂钟鼓的。钟架做成后，见到的人都惊讶不已，好像那是鬼神所为。鲁侯接见梓庆，问他说："你是靠什么秘诀做成的？"梓庆说："我是一个工人，哪有什么秘诀？虽然如此，还是有一点可说。我在准备做钟架之前，向来不敢损耗气力，一定要靠斋戒来平静内心。斋戒三天，不敢存想奖赏爵禄；斋戒五天，不敢存想毁誉巧拙；斋戒七天，往往忘了自己还有身体四肢。这个时候，不再想到是为朝廷做事，只专注于技巧，而让外来的顾虑消失，然后深入山林，视察树木的自然本性；遇到形态躯干适当的，好像看到现成的钟架，这才动手加工；没有这样的机会，就什么都不做。这是以自然去配合自然，做出的器物被人以为是鬼神所为，大概就是这个缘故吧！"

[解读]

① 梓庆（梓为官名）的准备功夫有三个阶段，依序是：忘利、忘名、忘身。然后，再以虚静之心去观察树木的天性，亦即不会受到树木的枝叶花果所迷惑。这时可以看出什么树木天生即是钟架，制作之后就像是鬼斧神工了。

② "以天合天"，是指：以树木的本性去配合钟架的本性。人类在
制作器物方面的巧妙，莫过于此。疑神："疑"为拟似。

[19.12]

东野稷以御见庄公，进退中绳，左右旋中规。庄公以为造父
弗过也。使之钩百而反。颜阖遇之，入见曰："稷之马将败。"公
密而不应。少焉，果败而反。公曰："子何以知之？"曰："其马
力竭矣，而犹求焉，故曰败。"

[白话]

东野稷因为驾车技术而被卫庄公召见。他驾车时，前进后退都
合乎准绳，左右旋转也合乎规矩。庄公认为连古代驾车名家造父
也比不上他，就让他驾着马车转一百圈再回来。颜阖看到这种情
景，就去见庄公说："东野稷的马要失足了。"庄公默不作声。过
了一会儿，果然马匹失足而回。庄公说："你是凭什么知道？"颜
阖说："马的力气已经耗尽，可是还要强求，所以我说它会失足。"

[解读]

① 造父：周穆王时代的善御者，曾为周王驾车立功，受封赵城，
为赵国始祖。
② 颜阖是鲁国贤人，曾受聘到卫国辅佐太子，事见 [4.10]。不过
这些人物未必真有庄子所描写的这些事迹。

[19.13]

工倕旋而盖规矩，指与物化而不以心稽，故其灵台一而不

桎。忘足，屦（jù）之适也；忘要，带之适也；知忘是非，心之适也；不内变，不外从，事会之适也；始乎适而未尝不适者，忘适之适也。

[白话]

工倕随手画个圆圈就可以合乎规矩，手指顺着外物变化而不必思考计算，所以他的心神专一而没有窒碍。忘了脚的存在，是鞋子造成的舒适；忘了腰的存在，是衣带造成的舒适；理智上忘了是非，是心造成的舒适；没有内在的变化，也没有外在的盲从，是一切事情恰到好处所造成的舒适。从舒适开始，然后没有任何情况会不舒适，那就是忘了舒适所造成的舒适。

[解读]

① "灵台"是指"心"而言；在此说它"一而不桎"，表示它也可能"不一而桎"，所以修养是必要的。
② "忘适之适"，是由根本上化解"有所求，必有所待"的状况。如果做不到这一点，至少也须努力于"自适其适"，见 [8.4]。

[19.14]

有孙休者，踵门而诧子扁庆子曰："休居乡不见谓不修，临难不见谓不勇；然而田原不遇岁，事君不遇世，宾于乡里，逐于州部，则胡罪乎天哉？休恶遇此命也？"扁子曰："子独不闻夫至人之自行邪？忘其肝胆，遗其耳目，芒然彷徨乎尘垢之外，逍遥乎无事之业，是谓为而不恃，长而不宰。今汝饰知以惊愚，修身以明污，昭昭乎若揭日月而行也。汝得全而形躯，具而九窍，无中道夭于聋盲跛蹇（jiǎn）而比于人数，亦幸矣，又何暇乎天

之怨哉？子往矣！"孙子出，扁子入。坐有间，仰天而叹。弟子
问曰："先生何为叹乎？"扁子曰："向者休来，吾告之以至人
之德，吾恐其惊而遂至于惑也。"弟子曰："不然。孙子之所言是
邪？先生之所言非邪？非固不能惑是。孙子所言非邪？先生所言
是邪？彼固惑而来矣，又奚罪焉！"扁子曰："不然。昔者有鸟
止于鲁郊，鲁君说之，为具太牢以飨之，奏《九韶》以乐之。鸟
乃始忧悲眩视，不敢饮食。此之谓以己养养鸟也。若夫以鸟养养
鸟者，宜栖之深林，浮之江湖，食之以委蛇（yí），则平陆而已
矣。今休，款启寡闻之民也，吾告以至人之德，譬之若载鼷以车
马，乐鴳（yàn）以钟鼓也，彼又恶（wū）能无惊乎哉！"

[白话]

有一个名叫孙休的人，登门拜访老师扁庆子说："我住在乡
里，没有人说我修养差；遭到危难，没有人说我不勇敢；但是我
耕种田地不曾遇上丰年，事奉国君不曾遇上盛世，被乡里的人摒
弃，被州郡的人放逐。我是什么地方得罪了上天？为什么会碰
到这样的命运？"扁子说："你难道没有听过至人的做法吗？他
忘记在内的肝胆，排除在外的耳目，自在地徘徊于尘世之外，并
逍遥于无为之始。这叫做有所作为而不居功，培养成长而不主
导。现在你夸耀聪明来惊吓愚人，修养德行来凸显污秽；到处张
扬，好像举着日月走在路上。你还能够保全你的身体，拥有你的
九窍，没有半途损伤，变成耳聋、眼瞎、脚跛，还可以算是一个
人，已经很幸运了。怎么还有时间抱怨上天呢？你回去吧！"孙
休走后，扁子进入屋内，坐了一会儿，仰天叹了一口气。弟子问
他："老师为什么叹气呢？"扁子说："刚才孙休来，我告诉他有
关至人的作为，我担心他听了会受到惊吓而陷于迷惑。"弟子说：
"不会的。孙休所说的是对的吗？老师所说的是错的吗？那么错

的当然不可能使对的感到迷惑。孙休所说的是错的吗？老师所说的是对的吗？那么他原本就是因为迷惑才来的，又怎么能怪罪别人呢？"扁子说："不是这样的。从前有只鸟飞到鲁国郊外，鲁君很喜欢它，就宰杀牛羊猪来喂食它，安排演奏《九韶》来取悦它。这只鸟却开始神情忧戚、目光迷离，不敢吃也不敢喝。这叫做用养自己的方法去养鸟。如果用养鸟的方法去养鸟，就应该让它在森林中栖息，在江湖上飞翔，自由自在啄食，那就平安无事了。现在孙休只是个孤陋寡闻的平民，我却告诉他至人的作为，这就好比是用车马来载运老鼠，用钟鼓来取悦麻雀，他又怎能不受到惊吓呢？"

[解读]

① 孙休所质疑的，"胡罪乎天哉？"一语，表示古人对"天"仍保持传统的观念，就是相信天能主宰人的遭遇，而人也有可能得罪天。在此，就不能把天视为自然了。

② "为而不恃，长而不宰"，出于《老子》第十章及第五十一章，用以描写"玄德"。

③ 至人之德："德"是禀赋或特性。由于至人并非天生如此，所以"德"是指其修养方法或作为表现。

④ 扁子最后引述"昔者有鸟"一小段，见于［18.6］。意思是，即使至人之德再怎么美好，也未必适用于那位孙休。款启："款"为空、为孔，"启"为开，有如开小孔般的见识。

傅佩荣解读《庄子》（修订版）

山木 第二十

要旨：处世秘方在于判断"材与不材"何者安全。然后"虚己以遊世"，不受万物拖累。本篇一再谈及孔子的受困，足以提醒世人如何自求多福。庄子自身亦有乱世求生的法则，如"见利思害"。篇中借孔子之口说"人与天一也"，是古代所谓"天人合一"的最早版本，而其所说的"天"是指自然界而言。从"道"看来，万物合成一个整体。

[20.1]

　　庄子行于山中，见大木，枝叶盛茂，伐木者止其旁而不取也。问其故，曰："无所可用。"庄子曰："此木以不材得终其天年。"夫子出于山，舍于故人之家。故人喜，命竖子杀雁而烹之。竖子请曰："其一能鸣，其一不能鸣，请奚杀？"主人曰："杀不能鸣者。"明日，弟子问于庄子曰："昨日山中之木，以不材得终其天年；今主人之雁，以不材死。先生将何处？"庄子笑曰："周将处夫材与不材之间。材与不材之间，似之而非也，故未免乎累。若夫乘道德而浮游则不然。无誉无訾（zǐ），一龙一蛇，与时俱化，而无肯专为；一上一下，以和为量（liáng），浮游乎万物之祖；物物而不物于物，则胡可得而累邪！此神农、黄帝之法则也。若夫万物之情，人伦之传，则不然。合则离，成则毁；廉则挫，尊则议，有为则亏，贤则谋，不肖则欺。胡可得而必乎哉！悲夫！弟子志之，其唯道德之乡乎！"

[白话]

庄子在山中行走时，看见一棵大树，枝叶十分茂盛，伐木的人在树旁休息，却不加砍伐。庄子问他什么缘故，伐木的人说："这棵树没有任何用处。"庄子对弟子说："这棵树因为不成材，得以过完自然的寿命。"庄子一行人从山里出来后，借住在朋友家中。朋友很高兴，吩咐僮仆杀鹅来款待客人。僮仆请示说："一只鹅会叫，另一只不会叫，请问该杀哪一只？"主人说："杀不会叫的那只。"第二天，弟子请教庄子说："昨天山中的树木，因为不成材得以过完自然的寿命；现在主人的鹅，却因为不成材而被杀。老师打算如何自处呢？"庄子笑着说："我将处于成材与不成材之间。成材与不成材之间，看起来如此而其实不是如此，仍然无法避免受到拖累。如果能够顺应自然禀赋而与之遨游，后果就不同了。没有赞美也没有诋毁，可以成龙也可以成蛇，随着时势变化，不作任何坚持。可以往上也可以往下，以和谐为考量，遨游于万物之初的境地，驾驭万物而不被万物所驾驭，如此又怎么会受拖累呢！这是神农与黄帝的行为准则。至于万物的实情、人伦的运作，却不是这样。有聚合就有分离，有成功就有失败，锐利的会受挫折，崇高的会被议论，有所作为就有所亏损，杰出的会被利用，无用的会被欺负。如此又怎么能加以肯定呢！可悲啊！弟子们记住，只有归向自然禀赋，才是唯一的出路啊！"

[解读]

① 山木与鹅的对比非常生动。这两者没有选择余地，人却可以选

择，而答案是"材与不材之间"。所谓"似之而非"，是说每一次都要视情况而定，因此未免过于被动，以致有所拖累。

② 道德："道"是"究竟真实"，德是相对的真实。这是道家的基本观点。"道德"合称，可以指自然禀赋，就是一切自然的状况与条件。

[20.2]

市南宜僚见鲁侯，鲁侯有忧色。市南子曰："君有忧色，何也？"鲁侯曰："吾学先王之道，修先君之业；吾敬鬼尊贤，亲而行之，无须臾离居。然不免于患，吾是以忧。"市南子曰："君之除患之术浅矣！夫丰狐文豹，栖于山林，伏于岩穴，静也；夜行昼居，戒也；虽饥渴隐约，犹且胥疏于江湖之上而求食焉，定也；然且不免于罔罗机辟之患。是何罪之有哉？其皮为之灾也。今鲁国独非君之皮邪？吾愿君刳（kū）形去皮，洒心去欲，而游于无人之野。南越有邑焉，名为建德之国。其民愚而朴，少私而寡欲，知作而不知藏，与而不求其报，不知义之所适，不知礼之所将，猖狂妄行，乃蹈乎大方。其生可乐，其死可葬。吾愿君去国捐俗，与道相辅而行。"

[白话]

市南宜僚晋见鲁侯，鲁侯面色忧愁。市南子说："您面色忧愁，是什么缘故？"鲁侯说："我学习先王的理想，实践先君的作为；我敬奉鬼神，尊重贤人，认真这么做而没有片刻懈怠。但还是无法避免祸患，我为此而忧心。"市南子说："您消除祸患的技术太差了！以大狐与花豹来说，它们栖息于山林中，隐藏在岩洞里，可以算是安静了；昼伏夜出，可以算是警惕了；即使饥渴难忍，还是要到远离江湖的地方去找食物，可以算是镇定了。尽管如此，还是无法避免罗网与机关的祸患。它们有什么过错吗？是那层皮招来的灾难啊。现在鲁国难道不是您的皮吗？我希望您能挖空形体，抛弃外皮，洗涤心智，摒除欲望，进而遨游于杳无人迹的旷野中。南越地区有个城市，名叫建德之国。那儿的百姓愚昧而淳朴，少有私心与欲望，只知耕作而不知储存，给予而不求回报，不知义要如何安排，也不知礼要如何实施，无拘无束而随意行动，却合乎自然的大原则。他们生时可以过得快乐，死时可以平安下葬。我希望您能放下国事、抛弃流俗，与大道并肩而行。"

[解读]

① 市南宜僚亦见于［24.11］和［25.5］，似为楚国隐士，今借其名以说鲁侯。

② 鲁侯口中的"先王"，是指较远的祖先，如王季、文王；"先君"是指较近的周公、伯禽。在此，"道"是指理想目标，"业"是指具体作为。

③ 建德之国，所建之德不是仁义，而是自然。小国寡民的原始社会或许可以接近这种描写。如果期许鲁侯"与道相辅而行"，首先要考虑的是：如何说明这样的道？后文于此有辨。"少私而寡欲"一语，可参考《老子》第十九章的"见素抱朴，少私寡欲。""猖狂妄行"一语则完全没有今日的负面含义。

[20.3]

君曰："彼其道远而险，又有江山，我无舟车，奈何？"市南子曰："君无形倨（jù），无留居，以为君车。"君曰："彼其道幽远而无人，吾谁与为邻？吾无粮，我无食，安得而至焉？"市南子曰："少君之费，寡君之欲，虽无粮而乃足。君其涉于江而浮于海，望之而不见其崖，愈往而不知其所穷。送君者皆自崖而反，君自此远矣。故有人者累，见有于人者忧。故尧非有人，非见有于人也。吾愿去君之累，除君之忧，而独与道游于大莫之国。方舟而济于河，有虚船来触舟，虽有惼（biǎn）心之人不怒；有一人在其上，则呼张歙（xī）之；一呼而不闻，再呼而不闻，于是三呼邪，则必以恶声随之。向也不怒而今也怒，向也虚而今也实。人能虚己以游世，其孰能害之！"

[白话]

鲁侯说："那个道，既遥远又危险，还有山水阻隔，我没有车与船，怎么去得了呢？"市南子说："您不要自恃尊贵，不要贪恋权位，这样就算找到车子了。"鲁侯说："那个道，幽静遥远又不见人迹，我要与谁做伴呢？我没有米粮，我没有食物，怎么到得了呢？"市南子说："减少您的耗费，降低您的欲望，即使没有粮食也会够用。您接着就越过大江，漂流海上，直到望不见岸边，再继续向着不知边际何在的地方前进。送行的人都从岸边回去了，您也从此远远离开了。所以说，统治百姓的，会有拖累；受制于百姓的，会有忧愁。像尧就是既不统治百姓，也不受制于百姓。我希望解除您的拖累，取消您的忧愁，让您独自与大道在无有之国遨游。譬如，合并的两舟在渡河时，被一艘空船撞上了，就算是急躁的人也不会发怒；如果有一个人在这艘船上，那么就会呼喊着要他避开；一次呼喊不听，二次呼喊不听，到了第三次呼喊时，就会骂出难听的话了。刚才不发怒而现在发怒，是因为刚才船上无人而现在有人。人若能空虚自我而在世间遨游，那么谁能伤害他呢！"

① 鲁侯的问题具有代表性，显示一般人的考虑。对于未曾体道的人而言，确实可以找到许多借口来推托。

② 念到"送君者皆自崖而反，君自此远矣！"这一句，心中不免茫然；还好市南子所说的是比喻，亦即：我们不必离群索居，但须努力"虚己以游世"。"虚船触舟"之喻可谓发人深省。

[20.4]

北宫奢为卫灵公赋敛以为钟，为坛乎郭门之外。三月而成上下之县（xuán）。王子庆忌见而问焉，曰："子何术之设？"奢曰："一之间，无敢设也。奢闻之：'既雕既琢，复归于朴。'侗（tóng）乎其无识，傥（tǎng）乎其怠疑；萃乎芒乎，其送往而迎来；来者勿禁，往者勿止；从其强梁，随其曲傅，因其自穷。故朝夕赋敛而毫毛不挫，而况有大涂者乎！"

[白话]

北宫奢为卫灵公募款来制造编钟，先在城门外设下祭坛。举行设坛祭钟的仪式之后三个月，就做成了上下两层编钟。王子庆忌见了就问他："先生是用什么方法来做成这件事的？"北宫奢说："在一个整体里面，不敢加进什么方法。我听说：'既雕刻又琢磨之后，还要回归于淳朴。'傻傻的好像没有知识，怅怅的好像不会疑虑；在茫昧恍惚之中，送走离开的而迎接前来的；不拒绝前来的，不阻止离开的；顺从那顽固反对的，放任那愿意支持的，让他们自然发展到底。所以，我虽然早晚都在募款，但别人感觉不到任何损失；我尚且如此，更何况是领悟大道的人啊！"

① 本文重点在于"赋敛"的方法。北宫奢把百姓看成一个整体，不分彼此就没有对立，没有对立就没有压力。让百姓觉得募款制钟是一件自然的事。主办者"复归于朴"，使一切都自然形成。"直木先伐，甘井先竭"一语，不免使人闻之心惊。

② "大涂"即指大道，表示"道"与路有关，可以让人走得通。北宫奢的做法已经合乎标准了。

[20.5]

孔子围于陈、蔡之间，七日不火食。大公任往吊之，曰："子几死乎？"曰："然。""子恶死乎？"曰："然。"任曰："予尝言不死之道。东海有鸟焉，名曰意怠。其为鸟也，翂（fēn）翂翐（zhì）翐，而似无能；引援而飞，迫胁而栖；进不敢为前，退不敢为后；食不敢先尝，必取其绪。是故其行列不斥，而外人卒不得害，是以免于患。直木先伐，甘井先竭。子其意者饰知以惊愚，修身以明污，昭昭乎如揭日月而行，故不免也。昔吾闻之大成之人曰：'自伐者无功。'功成者堕，名成者亏。孰能去功与名而还与众人！道流而不明居，得行而不名处；纯纯常常，乃比于狂；削迹捐势，不为功名。是故无责于人，人亦无责焉。至人不闻，子何喜哉！"孔子曰："善哉！"辞其交游，去其弟子，逃于大泽，衣（yì）裘褐，食杼（zhù）栗，入兽不乱群，入鸟不乱行。鸟兽不恶，而况人乎！

[白话]

孔子被围困在陈国与蔡国交界的地方，七天不能生火做饭。太公任去慰问他说："你快要饿死了吧？"孔子说："是的。"太公任说："你不喜欢死吧？"孔子说："是的。"太公任说："我来谈一谈不死的方法。东海有一种鸟，名叫意怠。这种鸟飞行缓慢，好像没什么本事；要靠别的鸟带领才肯飞翔，要与别的鸟挤在一起才肯栖息；前进时不敢领先，后退时不敢落后；饮食时不敢先尝，一定吃剩下的。所以它在鸟群中不会受排斥，而人们终究无法伤害它，因此可以避开祸患。挺直的树木先被砍伐；甘美的水井先被汲干。你有心于夸耀聪明来惊吓愚人，修养品德来凸显污秽，到处张扬，好像举着日月在走路，所以不能免于祸患。从前我听领悟大道的人说过：'自夸的人没有功绩。'功业成就的会毁坏，声名彰显的会减损。谁能抛弃功业与声名，回到与众人相同的处境啊！大道普遍流行而不显扬其地位，大德广为流传而不昭示其作用。淳朴专一而恒常不变，像是不明事理的狂人；隐匿形迹，抛弃权势，不追逐功名。因而对别人无所求，别人也对他无所求。至人默默无闻，你为什么喜好名声呢？"孔子说："说得好啊！"于是辞别朋友，遣散弟子，逃到山林中。穿的是粗布衣服，吃的是杼栗野果；走入兽群，兽不乱跑；走入鸟群，鸟不惊飞。鸟兽都不讨厌他，何况是人呢！

[解读]

① 孔子与弟子确实曾经受困于陈、蔡之间，但是太公任以及这一番话，显然是虚构的。它代表道家对儒家的建议。"大成之人"是指老子，引语见《老子》第二十四章。老子是大成之人，孔子自然被比下去了。"直木先伐，甘井先竭"一语，不免使人闻之心惊。

② 至人所要效法的是"道"与"德"（"得"），这两者皆是真实而自然的本源。

[20.6]

孔子问子桑雽（hù）曰："吾再逐于鲁，伐树于宋，削迹于卫，穷于商周，围于陈蔡之间。吾犯此数患，亲交益疏，徒友益散，何与？"子桑雽曰："子独不闻假人之亡与？林回弃千金之璧，负赤子而趋。或曰：'为其布与？赤子之布寡矣；为其累与？赤子之累多矣；弃千金之璧，负赤子而趋，何也？'林回曰：'彼以利合，此以天属也。'夫以利合者，迫穷祸患害相弃也；以天属者，迫穷祸患害相收也。夫相收之与相弃亦远矣；且君子之交淡若水，小人之交甘若醴。君子淡以亲，小人甘以绝，彼无故以合者，则无故以离。"孔子曰："敬闻命矣！"徐行翔佯（yáng）而归，绝学捐书，弟子无挹（yì）于前，其爱益加进。异日，桑雽又曰："舜之将死，直泠（líng）禹曰：'汝戒之哉！形莫若缘，情莫若率。缘则不离，率则不劳；不离不劳，则不求文以待形，不求文以待形，固不待物。'"

[白话]

孔子请教子桑雽说："我两次被鲁国驱逐出境，在宋国树下讲学，连树都被砍掉，在卫国的行迹被人消除，在商、周之地都没有出路，在陈国与蔡国之间又受到围困。我遭遇这么多灾难，亲戚故旧日渐疏远，弟子朋友日渐离散，为什么会这样呢？"子桑雽说："你难道没有听过假国人逃亡的故事吗？林回舍弃价值千金的璧玉，背着婴儿逃走。有人问他：'你是考虑财货吗？婴儿的财货很少；你是考虑拖累吗？婴儿的拖累很多。舍弃千金璧玉，背着婴儿逃难，为什么呢？'林回说：'那是以利益结合，这是以本性相连。'以利益结合的，碰到穷困祸患就会互相抛弃；以本性相连的，碰到穷困祸患就会互相收容。互相收容与互相抛弃，两者差得太远了；再说，君子之间的交往平淡得像水一样，小人之间的交往甜蜜得像酒一样；君子平淡而能相亲，小人甜蜜而易断绝。不因利益而结合的，就不会因利益而分离。"孔子说："我诚心接受你的指导。"于是慢慢步行，悠闲地走回去，从此终止讲学，抛弃书籍。弟子不必向他行礼，但是敬爱之心日益增长。有一天，桑雩又说："舜在临死前，告诫禹说：'你要警惕啊！形体最好是随顺，情感最好是真诚。随顺就不会背离，真诚就不会劳累；不背离也不劳累，就不必找礼仪来安排形体的作为；不必找礼仪来安排形体的作为，当然也就用不着外物了。'"

[解读]

① 在庄子笔下，孔子一再谈到自己的患难，可见道家是有鉴于此，并深深引以为戒。孔子最后虚心受教，则是庄子一厢情愿的想法。

② "君子之交淡若水，小人之交甘若醴"，已成传世名言；但是更重要的是下一句："君子淡以亲，小人甘以绝。"

[20.7]

庄子衣（yì）大布而补之，正緳（jié）系履而过魏王。魏王曰："何先生之惫（bèi）邪？"庄子曰："贫也，非惫也。士有道德不能行，惫也；衣弊履穿，贫也，非惫也，此所谓非遭时也。王独不见夫腾猿乎？其得柟（nán）梓豫章也，揽蔓其枝而王（wàng）长其间，虽羿、蓬蒙不能眄（miǎn）睨（nì）也。及其得柘（zhè）棘枳枸（gōu）之间也，危行侧视，振动悼栗，此筋骨非有加急而不柔也，处势不便，未足以逞其能也。今处昏上乱相之间，而欲无惫，奚可得邪？此比干之见剖心征也夫！"

傅佩荣解读《庄子》（修订版）

[白话]

　　庄子穿着一件打了补丁的粗布衣服，用麻绳拴住脚上的破鞋，然后去见魏王。魏王说："先生为什么这样萎靡呢？"庄子说："是贫穷，不是萎靡啊。读书人有道德理想而不能实践，才是萎靡；至于衣服破旧、鞋子穿孔，是贫穷，而不是萎靡。这是所谓生不逢时啊。您难道没有见过跳跃的猿猴吗？当它处在柟、梓、豫、章这些大树上的时候，可以攀缘树枝，往来自如，就算是后羿、蓬蒙这样的神射手也不能小看它。等到它处在柘、棘、枳、枸这些多刺的树丛中时，就要小心行动，瞻前顾后，还会害怕得发抖，这不是因为筋骨变得僵硬而不柔软，而是所处的情势不利，没有办法施展它的才能啊。现在处在昏君乱臣的时代，要想不萎靡，怎么可能呢？像比干被纣王剖心而死，就是一个例证啊！"

[解读]

①　庄子先承认自己是穷而不是惫，最后又说处在昏上乱相的今日，读书人不可能不惫。由此可知，他是又穷又惫。问题在于：惫是"士有道德不能行"，那么这里所说的"不能行"，是他自己不愿意行，还是环境所迫而不能行？答案若是自己不愿，当然算是萎靡；答案若是环境所迫，也算是萎靡吗？那么，庄子为何开始时不承认自己是萎靡呢？

②　"士有道德不能行"，在此，道德是指道德理想，是念书人学习之后用来济世的。这个用法比较接近儒家立场。如果是道家，则"行与不行"全在自己，又何惫之有？

[20.8]

　　孔子穷于陈蔡之间，七日不火食。左据槁木，右击槁枝，而歌焱（yàn）氏之风，有其具而无其数，有其声而无宫角（jué）。木声与人声，犁然有当于人之心。颜回端拱还（xuán）目而窥之。仲尼恐其广己而造大也，爱己而造哀也，曰："回，无受天损易，无受人益难。无始而非卒也，人与天一也。夫今之歌者其谁乎！"回曰："敢问无受天损易。"仲尼曰："饥渴寒暑，穷桎（zhì）不行，天地之行也，运物之泄也，言与之偕逝之谓也。为人臣者，不敢去之。执臣之道犹若是，而况乎所以待天乎？"

[白话]

孔子被围困在陈国与蔡国之间，七天没有生火做饭。他左手靠着枯树，右手敲着枯枝，唱起神农时代的歌谣，有敲击的器具而没有节奏，有歌声而没有音律，但是击木声与歌唱声听来很清楚，反映了唱歌者的心情。颜回恭敬地站着，转过头来看孔子。孔子担心他推崇自己到太高的程度，爱护自己到哀伤的地步，就说："回，不受自然的损害还算容易，不受人为的助益却很难。没有任何开始不也是结束的，人与自然是一个整体。现在唱歌的人是谁呢？"颜回说："请问：不受自然的损害还算容易，这是什么意思？"孔子说："饥渴寒暑，穷困不通，都是天地的运行，万物的流转，就是说要随着它们一起变化的意思。譬如做臣子的，不敢违逆君王之命。奉行臣子之道的尚且如此，更何况是对待自然呢？"

[解读]

① 本文重点在于"无始而非卒也，人与天一也。"一物有开始必有结束；从永恒的眼光来看，开始即是结束，甚至可说：万物既无开始也无结束。然后，"人与天一也"一语，是"天人合一"的最早说法。在此，显然是指"自然与人合而为一"，其实说"合一"不如说"本来是一"，因为就自然而言，人并非可以

与之相合的相对之物。不过，就人可能违逆自然而言，合一竟
成了难得的理想境界。
② 孔子在此的说法，使他成为道家的代言人。

[20.9]

"何谓无受人益难？"仲尼曰："始用四达，爵禄并至而不
穷。物之所利，乃非己也，吾命有在外者也。君子不为盗，贤人
不为窃，吾若取之，何哉？故曰：鸟莫知于鷾鸸（yì ér），目之
所不宜处，不给（jǐ）视，虽落其实，弃之而走。其畏人也，而
袭诸人间，社稷存焉尔！""何谓无始而非卒？"仲尼曰："化其
万物而不知其禅之者，焉知其所终？焉知其所始？正而待之而已
耳。""何谓人与天一邪？"仲尼曰："有人，天也；有天，亦天
也。人之不能有天，性也。圣人晏然体逝而终矣。"

[白话]

颜回说："不受人的助益很难，是什么意思？"孔子说："初
次被任用就顺利发展，爵位俸禄源源不绝而来。这些外物的利益，
不是出于我自己的努力，而是我的命运所带来的外在成就。君子
不肯做强盗，贤人不肯做小偷，我如果收取这些利益，又是为了
什么？所以说，鸟类之中没有比燕子更聪明的，看到有不宜停留
的地方，就不再看第二眼，即使掉落口中的食物，也舍弃不顾，
立即飞走。燕子这么怕人，却又寄居人的屋舍，只是因为窝巢
在那儿啊！"颜回说："没有任何开始不也是结束的，是什么意
思？"孔子说："万物一直在变化，却不知道是如何替代更换的，
怎么知道它的结束？怎么知道它的开始？只能认真地顺应罢了。"
颜回说："人与自然是一个整体，是什么意思？"孔子说："有人

为的一切，那是出于自然；有自然的一切，那也是出于自然。人
为的一切不能保全自然，那是本性的问题。只有圣人能够安然顺
应变化到极致。"

[解读]

① 以燕子比喻君子对人间"若即若离"的态度，确实生动有趣。

② "人之不能有天，性也"一语，可以把焦点置于"有天"与"顺
天"之别，强调人的本性只能顺天而不能有天。但是，配合下
一句所描述的，就知道人之所以不能有天（保全自然），其实
是本性有问题。人的本性也是来自于自然的，为何会出问题？
这是庄子必须面对的质疑。

[20.10]

庄周游于雕陵之樊，睹一异鹊自南方来者，翼广七尺，目
大运寸，感周之颡（sǎng），而集于栗林。庄周曰："此何鸟
哉？翼殷不逝，目大不睹。"蹇（jiǎn）裳躩（jué）步，执弹而留
之。睹一蝉，方得美荫而忘其身。螳螂执翳（yì）而搏之，见得
而忘其形；异鹊从而利之，见利而忘其真。庄周怵（chù）然曰：
"噫！物固相累，二类相召也。"捐弹而反走，虞人逐而谇（suì）
之。庄周反入，三日不庭。蔺且从而问之："夫子何为顷间甚不
庭乎？"庄周曰："吾守形而忘身，观于浊水而迷于清渊。且吾
闻诸夫子曰：'入其俗，从其俗。'今吾游于雕陵而忘吾身，异鹊
感吾颡，游于栗林而忘真。栗林虞人以吾为戮，吾所以不庭也。"

[白话]

庄子到雕陵的栗园里游玩，看见一只怪鹊从南方飞来，翅膀

张开有七尺，眼睛直径有一寸，它擦过庄子的额头，停在栗林中。庄子说："这是什么鸟啊？翅膀大却飞不远，眼睛大却看不清。"于是提起衣裳，快步走过去，手握弹弓守候在一旁。这时看到一只蝉，刚刚找到舒服的树荫，忘了自己还有身体；一只螳螂躲在隐蔽的树叶中，准备捕捉蝉，见到利益就忘了自己还有形躯；怪鹊盯住螳螂正要下手，见到利益就忘了自己是只大鸟。庄子心生警惕说："啊！万物就是这样互相牵累，因利害而一个招惹一个啊。"他扔下弹弓，转身离去，这时栗林的守园人在后面追赶责问。庄子回到家中，三天都不开心。弟子蔺且于是问他："老师最近为什么觉得不开心呢？"庄子说："我留意外物的形躯而忘了自身的处境，看多了浊水反而对清水觉得迷惑。并且我曾听老师说过：'到一个地方，就要顺从那儿的习俗。'现在，我在雕陵游玩而忘了自己还有身体，让怪鹊擦过我的额头；在栗林游玩而忘了自己是谁，让栗林守园人以为我是可耻的小偷，我就是这样才不开心的啊！"

[解读]

① 本文使用了"忘其身、忘其形、忘其真"三个词语，意思相近，都是见外而忘内（包括身体、形躯、自己），见利而忘害。庄子身入栗园，就可能受到误会，他与蝉、螳螂、异鹊不是相去不远吗？人间不正是一个大栗园吗？谁又能免于被误会呢？

② 蹇裳："蹇"通"搴"，提衣。执弹而留之："留"为止而伺之。三日不庭："庭"借为"逞"，快意。以吾为戮："戮"为辱。

[20.11]

阳子之宋，宿于逆旅。逆旅人有妾二人，其一人美，其一人恶。恶者贵而美者贱。阳子问其故，逆旅小子对曰："其美者自美，吾不知其美也；其恶者自恶，吾不知其恶也。"阳子曰："弟子记之，行贤而去自贤之行，安往而不爱哉！"

［白话］

阳子到宋国去，住在一家旅店。旅店主人有两个小妾，其中一人美丽，一人丑陋；丑陋的受主人宠爱，美丽的却受到冷落。阳子询问其中缘故，旅店主人回答说："美丽的自以为美丽，我却不觉得她美；丑陋的自以为丑陋，我却不觉得她丑。"阳子说："弟子们记住，行善而不要自以为有善行，到哪里会不受喜爱呢？"

［解读］

① 美丑不只是外表的评估，还牵涉到欣赏者主观的感觉。美者易有骄气，反而不受欢迎，这是常见的事。

田子方　第二十一

要旨：本篇多为寓言与重言，其中有不少高明之士，如东郭
　　　顺子、温伯雪子、臧丈人、伯昏无人、孙叔敖、真儒
　　　士、真画师等。颜渊师法孔子，但觉"夫子奔逸绝
　　　尘"；孔子往见老子，才知"天地之大全"；真是人
　　　外有人，天外有天。这些作品的用意，依然是要勉人
　　　领悟大道，以成就老子所谓"人亦大"的理想。

[21.1]

　　田子方侍坐于魏文侯，数称溪工。文侯曰："溪工，子之师
邪？"子方曰："非也，无择之里人也。称道数（shuò）当，故
无择称之。"文侯曰："然则子无师邪？"子方曰："有。"曰："子
之师谁邪？"子方曰："东郭顺子。"文侯曰："然则夫子何故未
尝称之？"子方曰："其为人也真。人貌而天，虚缘而葆真，清
而容物。物无道，正容以悟之，使人之意也消。无择何足以称
之！"子方出，文侯傥（tǎng）然，终日不言。召前立臣而语（yù）
之曰："远矣，全德之君子！始吾以圣知之言、仁义之行为至矣，
吾闻子方之师，吾形解而不欲动，口钳（qián）而不欲言。吾所
学者，直土梗耳！夫魏真为我累耳！"

田子方陪坐在魏文侯身旁，谈话时多次称赞溪工。文侯说："溪工是你的老师吗？"子方说："不是的，是我的同乡。他的言谈议论都很有道理，所以我称赞他。"文侯说："那么你没有老师吗？"子方说："有。"文侯说："你的老师是谁呢？"子方说："是东郭顺子。"文侯说："那么你为什么没有称赞过他？"子方说："他为人真诚，外貌一如常人而内心与自然相合，顺应世俗而能保持真实，洁身自处而能包容外物。对于无道的人，就用庄重态度来开导，使他打消邪念。我哪里有资格称赞他呢！"子方离去后，文侯若有所失，整天不说话，然后召来站在身边的臣子，对他们说："遥不可及啊，禀赋完全的君子！起初我以为圣智的言论、仁义的行为是最高明的，现在我听到还有子方的老师这种人，我的身体好像散开了不想动，嘴巴好像封住了不想说。我过去所学的，简直是土制的假人！魏国真是我的拖累啊！"

[解读]

①　田子方，名无择，据说与魏文侯同为子夏的学生。本文对东郭顺子的描写，显示了得道之人的风范。关键在于"真"，真诚而真实，就会与自然相洽。

②　全德之君子："全德"是指完全保持自然禀赋而言。相形之下，圣智与仁义是人为的，无异于"土梗"，亦即不真实之物。

[21.2]

温伯雪子适齐，舍于鲁。鲁人有请见之者，温伯雪子曰："不可。吾闻中国之君子，明乎礼义而陋于知人心。吾不欲见也。"至于齐，反舍于鲁，是人也又请见。温伯雪子曰："往也蕲（qí）

见我，今也又蕲见我，是必有以振我也。"出而见客，入而叹。明日见客，又入而叹。其仆曰："每见之客也，必入而叹，何邪？"曰："吾固告子矣：中国之民，明乎礼义而陋乎知人心。昔之见我者，进退一成规、一成矩，从容一若龙、一若虎；其谏我也似子，其道我也似父，是以叹也。"仲尼见之而不言。子路曰："吾子欲见温伯雪子久矣。见之而不言，何邪？"仲尼曰："若夫人者，目击而道存矣，亦不可以容声矣！"

[白话]

温伯雪子前往齐国，中途投宿于鲁国。鲁国有人请求见他，温伯雪子说："不行，我听说鲁国的君子，明白礼义的形式，却拙于了解人心，我不想见他。"到了齐国之后，回程也投宿于鲁国，这个人又来请求见面。温伯雪子说："上次要求见我，现在又要求见我，想必有什么可以启发我的事。"于是出去见了客人，回到房间就叹气。第二天再出去见了客人，回到房间又叹气。他的仆人说："每次去见这位客人，回到房间一定叹气，为什么呢？"温伯雪子说："我早就告诉你了：'鲁国的人明白礼义的形式，却拙于了解人心。'我所见过的这个人，进退有规有矩，举止从容像龙与虎一般；劝告我的态度像儿子对待父亲，开导我的态度像父亲对待儿子，所以我要叹气啊。"孔子见到温伯雪子时，没说任何话。子路说："老师早就想见温伯雪子了，现在见了面却不说话，为什么呢？"孔子说："像他这样的人，视线相接就可以展现大道，也不容许多说什么了。"

[解读]

① 中国：中原之国，在此指鲁国而言。
② 温伯雪子叹气，是因为这位客人停留在礼义层次，未能体悟

"知者不言，言者不知"的道理。这也是为何最后要加说一段孔子的故事。

③ 人心：在此是就人的真实生命而言。相对于人心，礼义就是人为的造作。人心以道为依归，能够悟道，就不必多谈礼义之类的规劝了。

[21.3]

颜渊问于仲尼曰："夫子步亦步，夫子趋亦趋，夫子驰亦驰，夫子奔逸绝尘，而回瞠（chēng）若乎后矣！"夫子曰："回，何谓邪？"曰："夫子步，亦步也；夫子言，亦言也；夫子趋，亦趋也；夫子辩，亦辩也；夫子驰，亦驰也；夫子言道，回亦言道也；及奔逸绝尘而回瞠若乎后者，夫子不言而信，不比而周，无器而民滔乎前，而不知所以然而已矣。"仲尼曰："恶（wū）！可不察与！夫哀莫大于心死，而人死亦次之。日出东方而入于西极，万物莫不比方；有目有趾者，待是而后成功。是出则存，是入则亡。万物亦然，有待也而死，有待也而生。吾一受其成形，而不化以待尽。效物而动，日夜无隙，而不知其所终。熏然其成形，知命不能规乎其前。丘以是日徂（cú）。吾终身与女（rǔ）交一臂而失之，可不哀与？女殆著乎吾所以著也。彼已尽矣，而女求之以为有，是求马于唐肆也。吾服女也甚忘；女服吾也甚忘。虽然，女奚患焉！虽忘乎故吾，吾有不忘者存。"

[白话]

颜回请教孔子说："老师慢行，我也慢行；老师快走，我也快走；老师奔跑，我也奔跑；但是老师奔走如飞，绝尘而去，我却干瞠着眼，落在后面了。"孔子说："回，怎么说呢？"颜回说："老师慢行我也慢行，是指老师说话我也说话；老师快走我也快走，是指老师辩论我也辩论；老师奔跑我也奔跑，是指老师谈论道我也谈论道；等到老师奔走如飞绝尘而去，我却干瞪着眼落在后面，是指老师不说话却能让人信任，不亲近却能让人融洽，没有爵位却能让百姓聚集过来。我就是不知道这是什么缘故啊。"孔子说："噢！怎么可以不明察呢！最悲哀的莫过于心死，而身死还在其次。太阳从东方升起，到西边落下，万物无不顺着这个方向；有头有脚的人，都要顺着太阳的运行才能办成事情，日出而作，日入而息。万物也是如此，顺着太阳而消逝，顺着太阳而出现。我一旦承受形体而出生，就执著于此直到生命尽头，顺应外物而行动，日夜都不间断，而不知道最后止于何处。自然而然地成就了形体，知道命运是不能预先测度的，所以我一天一天向前走。我长期与你相处在一起，你却没有了解这个道理，能不悲哀吗？你大概是见到我所见到的现象了。它们已经逝去，而你以为它们存在，还在继续寻找，这就好像在空的市场寻找马一样。我心目中的你，很快就消失了；你心目中的我，也很快就消失了。就算如此，你又担心什么！过去的我虽然消失了，还有那不消失的东西存在。"

[解读]

① 颜回的问题很诚实，而孔子劝他不要"心死"，就是不要放弃领悟大道的希望。心死比身死更可悲，表示人活着是有目的的。

② 在此，孔子的人生态度是"不知而顺应"，颜回则努力求知，想要把握不断变化之"迹"，而忘了还有"真"存在。"真"即是最后所说的"不忘者"，也就是回归于整体之道。唐肆："唐"为空，"肆"为市肆。吾服女："服"为思存。

[21.4]

　　孔子见老聃，老聃新沐，方将被（pī）发而干，慹（zhé）然似非人。孔子便而待之，少焉见，曰："丘也眩与？其信然与？向者先生形体掘若槁木，似遗物离人而立于独也。"老聃曰："吾游于物之初。"孔子曰："何谓邪？"曰："心困焉而不能知，口辟焉而不能言。尝为汝议乎其将：至阴肃肃，至阳赫赫。肃肃出乎天，赫赫发乎地；两者交通成和而物生焉，或为之纪而莫见其形。消息满虚，一晦一明，日改月化，日有所为，而莫见其功。生有所乎萌，死有所乎归，始终相反乎无端，而莫知乎其所穷。非是也，且孰为之宗？"

[白话]

　　孔子去见老子，老子刚洗完头，正披散着头发等它干，站立不动的样子好像不是活人。孔子退到门外去等待，稍后见面时，就说："是我眼花了呢？还是真的如此？刚才先生的身体直立有如枯木，好像排除外物、脱离人间而独立自存。"老子说："我遨游于万物初始的境地。"孔子说："这是什么意思呢？"老子说："我的心好像被困住了，不能分辨；我的口好像被合起来，不能说话；我就尝试为你谈个大概吧：至阴之气寒冷无比，至阳之气炎热异常；寒冷之气由天而下，炎热之气由地而上；这两者互相交通融合就产生了万物，也许有什么力量在安排秩序，却又看不见它的形体。万物有消有长，时满时虚，夜暗昼明，日迁月移，每天都有些作为，却看不到任何功绩。出生，有它的源头；死亡，有它的归宿；始与终相反而没有开端，也不知将止于何处。如果不是这样，又有谁是这一切的主宰呢？"

① 物之初：万物初始，是由阴阳二气交感而化生一切。至于为何是二气，又为何要交感？则无从追究了。

② 孰为之宗：谁是主宰？答案应该是"道"。不过，道的主宰方式并非我们可以想象。所以从人的角度来看，谈不上有谁在主宰这一切。

[21.5]

孔子曰："请问游是。"老聃曰："夫得是，至美至乐也。得至美而游乎至乐，谓之至人。"孔子曰："愿闻其方。"曰："草食之兽不疾易薮（sǒu），水生之虫不疾易水。行小变而不失其大常也，喜怒哀乐不入于胸次。夫天下也者，万物之所一也。得其所一而同焉，则四支百体将为尘垢，而死生终始将为昼夜，而莫之能滑（gǔ），而况得丧祸福之所介乎！弃隶者若弃泥涂，知身贵于隶也。贵在于我，而不失于变。且万化而未始有极也，夫孰足以患心！已为道者解乎此。"孔子曰："夫子德配天地，而犹假至言以修心，古之君子，孰能脱焉！"老聃曰："不然。夫水之于汋（zhuó）也，无为而才自然矣；至人之于德也，不修而物不能离焉。若天之自高，地之自厚，日月之自明，夫何修焉！"孔子出，以告颜回曰："丘之于道也，其犹醯（xī）鸡与！微夫子之发吾覆也，吾不知天地之大全也。"

[白话]

孔子说："请问遨游于物之初是怎么回事？"老子说："处在那种境地，是最美妙，也最快乐的。享受最美妙的，遨游于最快乐的，就可以称为至人。"孔子说："我想听听有什么方法。"老子说："吃草的动物不担心改变草泽，水生的小虫不担心更换池沼，这是只作小的变化而没有失去大的常规，所以喜怒哀乐不会进入心中。天下，是万物所形成的一个整体。了解这是一个整体，就会把万物视为相同，然后即使四肢百骸都要化为尘垢，死生终始都将像是昼夜，也不会使他受到扰乱，更何况是得失祸福这些小事呢？抛弃得失祸福这些累赘，就像抛弃泥土一样，因为知道自身比这些累赘更可贵。可贵的是我自己，不会因为变化而失去。而且万物变化从来就没有止境，那么还有什么值得担心的！已经得道的人就能了解这一点。"孔子说："先生的德行已经与天地相合，却还借助于至人之言来修养内心，古代的君子，谁能免于修养呢？"老子说："不是的。水对于润泽外物，是无所作为而本性自己如此。至人对于德行，是未曾修养而众人不能离开他。像天本来就高，地本来就厚，日月本来就光明，哪里需要修养呢？"孔子出去后，告诉颜回说："我对于道的了解，就像酒瓮中的小飞虫，要不是先生揭开盖子，我实在不知道天地的完整面貌。"

[解读]

① 只要明白万物是一个整体，人就不会受得失祸福所影响。但是，这并不表示要抹杀自我，所以"贵在于我，而不失于变"一语，是了解庄子思想的关键。肯定合一，又不否定自我；能领悟这句话，才能欣赏道家。

② 至人之德：在此，德指"德行"，因为稍后谈及"修"；但是，这个德字，与其说是侧重道德之义，不如说是侧重行为表现之义。

[21.6]

　　庄子见鲁哀公。哀公曰："鲁多儒士，少为先生方者。"庄子曰："鲁少儒。"哀公曰："举鲁国而儒服，何谓少乎？"庄子曰："周闻之，儒者冠圜（yuán）冠者，知天时；履句（gōu）屦（jù）者，知地形；缓佩玦（jué）者，事至而断。君子有其道者，未必为其服也；为其服者，未必知其道也。公固以为不然，何不号于国中曰：'无此道而为此服者，其罪死！'"于是哀公号之五日，而鲁国无敢儒服者。独有一丈夫儒服而立乎公门。公即召而问以国事，千转万变而不穷。庄子曰："以鲁国而儒者一人耳，可谓多乎？"

[白话]

　　庄子晋见鲁哀公。哀公说："鲁国的儒者很多，而学习先生这套方术的很少。"庄子说："鲁国的儒者很少。"哀公说："全鲁国的人都穿着儒服，怎么能说少呢？"庄子说："我听说，儒者中戴圆帽的，懂得天时；穿方鞋的，明白地形；佩戴五色丝绳系的玉玦的，遇事有决断。君子有某种修养的，未必穿某种服装；穿某种服装的，未必了解某种修养。如果您认为我说得不对，何不下命令给国人说：'不具备儒者修养而穿儒服的，都要处以死罪。'于是哀公发出这项命令，五天之后鲁国没有人敢再穿儒服。只有一个男子穿着儒服站在哀公府的大门外。哀公召见他，征询他对国事的意见，问题千变万化，他都从容应答。庄子说："全鲁国只有一位儒者，可以算多吗？"

[解读]

① 　古代讲究礼仪，服装代表身份，因此虚有其表的人很多。庄子实事求是的态度，出于尊重真实。缓佩玦者："缓"为"绥"之误。

② 依本文所述，庄子对名副其实的儒者，也是肯定的。其中谈及的"道"，是指某种专业的智慧及修养而言。

[21.7]

百里奚爵禄不入于心，故饭牛而牛肥，使秦穆公忘其贱，与之政也。有虞氏死生不入于心，故足以动人。宋元君将画图，众史皆至，受揖而立，舐（shì）笔和墨，在外者半。有一史后至者，儃（tǎn）儃然不趋，受揖不立，因之舍。公使人视之，则解衣盘礴臝（luǒ）。君曰："可矣，是真画者也。"

[白话]

百里奚不把爵位俸禄放在心上，所以养牛而牛肥，让秦穆公忘记他地位卑贱，把国政交给他。舜不把生死放在心上，所以孝行可以感动世人。宋元君打算画些图样，所有画师都来了，行礼作揖之后站在一旁，调理笔墨，半数的人站到门外去了。有一位画师稍晚才到，悠闲地走进来，行礼作揖之后也不站立恭候，就直接到画室去了。宋元君派人去察看，他已经解开衣襟，袒露上身，盘腿端坐着。宋元君说："行了，这才是真正的画师。"

[解读]

① 百里奚，虞国人，虞国被晋国灭亡后，他被卖到秦国为人养牛。舜多次被父亲、继母与弟弟所谋害，依然不改孝悌。庄子认为他们都是"虚其心"的例证。

② 宋元君的画师也有类似的修养。作画时必须放开一切，专注于画作上，才能有杰作出现。庄子对后代艺术的启发，不难想见。
盘礴：箕坐；臝：袒裸。

[21.8]

文王观于臧，见一丈夫钓，而其钓莫钓。非持其钓有钓者也，常钓也。文王欲举而授之政，而恐大臣父兄之弗安也；欲终而释之，而不忍百姓之无天也。于是旦而属之大夫曰："昔者寡人梦见良人，黑色而髯，乘驳马而偏朱蹄，号曰：'寓而政于臧丈人，庶几乎民有瘳（chōu）乎！'"诸大夫蹴（cù）然曰："先君王也。"文王曰："然则卜之。"诸大夫曰："先君之命，王其无它，又何卜焉。"遂迎臧丈人而授之政。典法无更，偏令无出。三年，文王观于国，则列士坏植散群，长官者不成德，鍮（yǔ）斛（hú）不敢入于四竟。列士坏植散群，则尚同也；长官者不成德，则同务也，鍮斛不敢入于四竟，则诸侯无二心也。文王于是焉以为大师，北面而问曰："政可以及天下乎？"臧丈人昧然而不应，泛然而辞，朝令而夜遁，终身无闻。颜渊问于仲尼曰："文王其犹未邪？又何以梦为乎？"仲尼曰："默，汝无言。夫文王尽之也，而又何论刺焉！彼直以循斯须也。"

[白话]

文王在臧地巡视时，看见一个老人在垂钓，他的钓钩上没有钓饵，他不是拿着钓钩在钓鱼的，这是最高明的钓法。文王想要举用他并且把政事托付给他，但又恐怕大臣父兄会猜忌不安；想要放弃他算了，又不忍见到百姓失去庇荫。于是早朝时，他传话给大夫说："昨晚我梦见一位贤人，面色黝黑，留着胡子，骑着斑驳的杂色马，马蹄的半边是红色的，他吩咐我说：'把你的政事托付给臧地老人，国家才有治好的机会！'"大夫们惊异地说："是先君在命令您啊！"文王说："那么，占卜看看。"大夫们说："先君下了命令，大王别无选择，又何必再占卜呢。"于是去迎接臧地老人，把政事托付给他。典章法规全无更改，偏颇政令从

田子方　第二十一 301

不发布。过了三年，文王在国内巡视，看到士人不结朋党，长官不施恩泽，外国的度量衡不敢进入境内。士人不结朋党，那是同心协力；长官不施恩泽，那是分工合作；外国度量衡不敢进入境内，那是诸侯没有异心。文王于是拜他为太师，行弟子之礼之后请教说："政事可以推及天下吗？"臧地老人闷声不响没有回应，又泛泛说些推辞的话，早上还在处理政事，晚上就逃逸无踪，从此再也没有消息了。颜回请教孔子说："文王的威信大概还不够吧？为什么要假托做梦呢？"孔子说："安静些，你别说话。文王已经很完美了，你还有什么好批评的！他只是顺应当时的民情啊！"

[解读]

① 臧地，靠近渭水；老人，似指姜太公（吕望）。无钩而钓，是为常钓，愿者上钩也。文王得此启发，想让老人依此法来治国。

② 文王辖下，已有不少诸侯，但他想要进而安定天下。臧丈人不愿勉强自己参与这种重大的革命活动。斔斛：斔为六斛四斗的容器，斛为五斗的容器，两者合称，所指为度量衡的工具。

[21.9]

列御寇为伯昏无人射，引之盈贯，措杯水其肘上，发之，适（dí）矢复沓（tà），方矢复寓。当是时，犹象人也。伯昏无人曰："是射之射，非不射之射也。尝与汝登高山，履危石，临百仞之渊，若能射乎？"于是无人遂登高山，履危石，临百仞之渊，背逡（qūn）巡，足二分垂在外，揖御寇而进之。御寇伏地，汗流至踵。伯昏无人曰："夫至人者，上窥青天，下潜黄泉，挥斥八极，神气不变。今汝怵然有恂（xún）目之志，尔于中也殆矣夫！"

　　列御寇为伯昏无人表演射箭。他拉满了弓弦，在臂弯上放一杯水，第一箭才射出，第二箭像是接连重叠般紧跟着出手，然后第三箭已经搭在弦上了。这个时候，他像个木头人，一动也不动。伯昏无人说："这是在乎射箭的射法，而不是不在乎射箭的射法。我想试着与你登上高山，脚踏危石，下临百丈深渊，那样你还能射吗？"于是伯昏无人就登上高山，脚踏危石，下临百丈深渊，再背转身来向后退行，脚有一部分悬空在外，然后向列御寇作揖，请他上前表演。列御寇伏在地上，冷汗直流到脚跟。伯昏无人说："至人啊！上能窥见青天，下能潜入黄泉，纵横往来八方，神色丝毫不变。现在看你心中惊慌、眼目眩惑的样子，你射中的可能性太小了！"

[解读]

① 平地射箭，可以表现技巧；危地射箭，就要先看内在的定力了。所谓"不射之射"，即是无心之射。先须无心，才可化解外在环境的险恶，由技显艺，再由艺进道。至人即是如此，得道之后，技艺何足论哉！

② 適矢："適"通"镝"。

[21.10]

　　肩吾问于孙叔敖曰："子三为令尹而不荣华，三去之而无忧色。吾始也疑子，今视子之鼻间栩栩然，子之用心独奈何？"孙叔敖曰："吾何以过人哉！吾以其来不可却也，其去不可止也；吾以为得失之非我也，而无忧色而已矣。我何以过人哉！且不知其在彼乎？其在我乎？其在彼邪，亡乎我；在我邪，亡乎彼。方将蹚蹒，方将四顾，何暇至乎人贵人贱哉！"仲尼闻之曰："古之真人，知（zhì）者不得说，美人不得滥，盗人不得劫，伏戏、黄帝不得友。死生亦大矣，而无变乎己，况爵禄乎！若然者，其神经乎大山而无介，入乎渊泉而不濡，处卑细而不惫，充满天地，既以与人，己愈有。"

[白话]

肩吾问孙叔敖说："你三次出仕令尹而不感觉荣耀，三次下台而没有忧愁的脸色。我起初怀疑你是伪装的，现在看你神情欣然自得，你的用心是怎么样的呢？"孙叔敖说："我有什么过人之处呢！我认为令尹的职位，来时不可推辞，去时不可阻止；我认为得与失都由不得我，所以就没有忧愁的脸色了。我有什么过人之处呢！再说，不知道可贵的是在令尹呢？还是在我呢？如果是在令尹，就与我无关；如果是在我，就与令尹无关。我正蹚蹒得意，正环顾四周，哪有空闲去管别人所谓的贵与贱呢！"孔子听到这段对话，就说："古代的真人，智者不能说服他，美女不能诱惑他，强盗不能抢夺他，伏羲、黄帝不能与他为友。死生这么大的事，都无法改变他，何况是爵位俸禄呢！像这样的人，他的精神穿越大山而没有阻碍，潜入深水而不会沾湿，身处卑微而不会萎靡，充满于天地之间，给人的越多，自己拥有的也越多。"

[解读]

① 令尹：楚国的令尹，相当于宰相之位。孙叔敖三上三下，并未随之喜与忧，因为他知道可贵的是自己。庄子以"蹚蹒""四顾"来描写的还有一人，即是［3.3］中的庖丁。不过，两者境界仍有不同。庖丁由技而艺，在"解牛"一事上志得意满。孙叔敖则已达"道"，亦即孔子口中的"真人"。

傅佩荣解读《庄子》（修订版）

② "既以与人己愈有"的说法，出于《老子》第八十一章："既以为人己愈有，既以与人己愈多。"

[21.11]

楚王与凡君坐，少焉，楚王左右曰凡亡者三。凡君曰："凡之亡也，不足以丧吾存。夫'凡之亡不足以丧吾存'，则楚之存不足以存存。由是观之，则凡未始亡而楚未始存也。"

[白话]

楚王与凡国国君坐在一起，一会儿工夫，楚王的左右大臣就三次说到"凡国要灭亡了。"凡国国君说："即使凡国灭亡了，也不能消除我的存在。既然'凡国灭亡不能消除我的存在'，那么楚国存在也不能保障你的存在。这样看来，可以说凡国不曾灭亡而楚国也不曾存在。"

[解读]

① 凡国为周公之后，此处凡君应为凡僖侯。凡君认为：凡国与凡君不能画上等号。个人在群体中，仍有其真实自我要珍惜。若是忽略真实自我，群体只是一个名目而已。譬如，楚国即使长存，楚王仍有寿限。
② 结论时，凡君跳开当时的政治形势，把凡亡楚存说成凡存楚亡，因为由道观之，并无存亡可言。

知北游　第二十二

要旨：人之生死，有如气之聚散，因此人须觉悟，身体、生存、性命、子孙皆非自己所有。然而人生又非徒然与枉然，因此要修行以求悟道。"精神生于道"一语是重要契机。精神一展现，则可体验"道无所不在"，则可欣赏"天地有大美"。由此再转换为处世的上策，则是"外化而内不化"，外在和光同尘，内心自有天地，与道结伴而游。

[22.1]

知北游于玄水之上，登隐弅（fèn）之丘，而适遭无为谓焉。知谓无为谓曰："予欲有问乎若：何思何虑则知道？何处何服则安道？何从何道则得道？"三问而无为谓不答也，非不答，不知答也。知不得问，反于白水之南，登狐阕（què）之上，而睹狂屈焉。知以之言也问乎狂屈。狂屈曰："唉！予知之，将语（yù）若。"中欲言而忘其所欲言。知不得问，反于帝宫，见黄帝而问焉。黄帝曰："无思无虑始知道，无处无服始安道，无从无道始得道。"知问黄帝曰："我与若知之，彼与彼不知也，其孰是邪？"黄帝曰："彼无为谓真是也，狂屈似之，我与汝终不近也。"夫知者不言，言者不知，故圣人行不言之教。道不可致，德不可至。仁可为也，义可亏也，礼相伪也。故曰："失道而后德，失德而后仁，失仁而后义，失义而后礼。礼者，道之华而乱之首也。"故曰："为道者日损，损之又损，以至于无为。无为而无不为也。"今已为物也，欲复归根，不亦难乎！其易也，其唯大人乎！

[白话]

　　知去北方游历，到了玄水北岸，登上隐弅山丘，恰好遇到了无为谓。知对无为谓说："我想请教你几个问题：怎样思索、怎样考虑才能懂得道？怎样处事、怎样行动才能安于道？由什么途径、用什么方法才能获得道？"问了三次，而无为谓都不回答，不是不回答，而是不知如何回答。知问不下去，就回到白水南岸，登上狐阕山丘，正好看见狂屈。知以同样的问题请教狂屈，狂屈说："噫！我知道答案，也打算告诉你。"但是他心中想说却忘记了想说的话。知问不下去，就回到黄帝的宫中，看见黄帝又再向他请教。黄帝说："没有思索、没有考虑才能懂得道；没有处事、没有行动才能安于道；没有途径、没有方法才能获得道。"知问黄帝说："我与你都懂了，他们二人还不懂，到底谁对呢？"黄帝说："那个无为谓是真正对的。狂屈像是对的，我与你毕竟隔了一层。"懂的人不说话，说话的人不懂，所以圣人要实行不说话的教诲。道不能靠人给予，德不能由外而来。仁可以靠有所作为来达成，义可以靠有所不为来实践，礼只是互相虚伪往来。所以说："失去道然后有德，失去德然后有仁，失去仁然后有义，失去义然后有礼。礼，是道的虚饰，乱的开端啊。"所以说："修道的人每天减少一点作为，减少又减少，最后达到无所作为的境界，无所作为其实是没有什么不做成的。"现在已经处于万物之中，想要回归根源，实在太困难了！如果说容易，大概只有对得道的大人而言吧！

① "知"代表求知者,"无为谓"代表无为无谓的体道者,"狂屈"代表不拘形迹的近道者,"黄帝"则代表凡人的领袖。

② 知所提的三问,黄帝所给的三答,都极为精彩;但是,道家深知言语的限制,认为要想领悟道与德,需要另一番不同的功夫。

③ 本文多处引用《老子》,如"知者不言"一段出自第五十六章与第四十三章;"失道而后德"一段出自第三十八章,但最后一句原是"忠信之薄而乱之首";"为道者日损"一段出自第四十八章。

[22.2]

生也死之徒,死也生之始,孰知其纪! 人之生,气之聚也。聚则为生,散则为死。若死生为徒,吾又何患! 故万物一也。是其所美者为神奇,其所恶者为臭腐;臭腐复化为神奇,神奇复化为臭腐。故曰:"通天下一气耳。"圣人故贵一。知谓黄帝曰:"吾问无为谓,无为谓不应我,非不我应,不知应我也;吾问狂屈,狂屈中欲告我而不我告,非不我告,中欲告而忘之也;今予问乎若,若知之,奚故不近?"黄帝曰:"彼其真是也,以其不知也;此其似之也,以其忘之也;予与若终不近也,以其知之也。"狂屈闻之,以黄帝为知言。

[白话]

生是死的同类,死是生的开始,谁知道其中的头绪! 人的出生,是气的聚合;气聚则生,气散则死。如果死生是同类的,我又有什么好担心的呢! 所以万物是一体的。人们把欣赏的东西称为神奇,把厌恶的东西称为腐朽;腐朽可以再化为神奇,神奇可以再化为腐朽。所以说："整个天下，是一气通贯的。"圣人因此看重同一。知对黄帝说："我问无为谓，无为谓不回答我，不是不回答我，而是不知如何回答我。我问狂屈，狂屈心中想告诉我却没有告诉我，不是不告诉我，而是心中想告诉我却忘记了想说什么；现在我请教你，你明明懂得，为什么说隔了一层呢？"黄帝说："无为谓是真正对的，因为他不知要说什么；狂屈像是对的，因为他忘记要说什么；我与你毕竟隔了一层，因为我们知道要说什么。"狂屈听到这件事，认为黄帝是懂得说话的人。

[解读]

① 圣人所贵之"一"，是指万物来自"一气"，而其根源则是"道"：究竟真实只是一个"道"而已。说"一气"时，是描写道；说阴阳二气时，是描写变化的历程，所以有聚散现象。道，既恒存不替又变化无穷，其秘诀在此。如果追问：为何在"气"之后，要另立一个"道"？则其答案涉及道家的最高智慧，亦即：对万物而言，道必须兼具超越性与内存性。道在气中，而气不等于道。道无所不在，但又不随万物之变化而有所增减。

[22.3]

天地有大美而不言，四时有明法而不议，万物有成理而不说。圣人者，原天地之美而达万物之理。是故至人无为，大圣不作，观于天地之谓也。今彼神明至精，与彼百化。物已死生方圆，莫知其根也。扁然而万物自古以固存。六合为巨，未离其内；秋毫为小，待之成体；天下莫不沉浮，终身不故；阴阳四时运行，各得其序；惽（hūn）然若亡而存；油然不形而神；万物畜而不知。此之谓本根，可以观于天矣。

[白话]

　　天地有全然的美妙，却不发一言；四时有明显的规律，却不必商议；万物有既定的道理，却不加说明。圣人，就是要存想天地的美妙，而通达万物的道理；所以至人无所作为，大圣不会妄动，正是观察天地的缘故。配合天地的灵妙精纯，随着天地的千变万化。万物或死或生，或方或圆，无从得知这一切的根源。万物蓬勃生长，自古以来就一直存在。上下四方虽然广大，却超不出它的范围；秋天野兽的毫毛虽然细微，也要靠它才组成形体。天下万物无不起起伏伏，不会始终如一；阴阳变化、四季运行，各自有其秩序；昏昏暗暗的样子，好像不在却又存在；自动自发的样子，不见形迹却有神妙作用；万物受到养育而毫不知情。这就称为本来的根源，可以由此观察自然了。

[解读]

① 本文由天地、四时、万物，推到这一切背后的道，但却不谈及"道"字。不可言说的道，可以由此得到彰显。

② "根"与"本根"，皆用来比喻道。明乎此，可为圣人与至人。"圣"字有明白通达之意，"至"字则指最高境界。两者在体道上，是二而一的。另外还有"神"字，指神妙难测而言。至人、神人、圣人三名，皆曾见于 [1.7]。

[22.4]

　　啮（niè）缺问道乎被（pī）衣，被衣曰："若正汝形，一汝视，天和将至；摄汝知，一汝度，神将来舍。德将为汝美，道将为汝居，汝瞳焉如新生之犊而无求其故。"言未卒，啮缺睡寐。被衣大说，行歌而去之，曰："形若槁骸，心若死灰，真其实知，不以故自持。媒媒晦晦，无心而不可与谋。彼何人哉！"

[白话]

啮缺向被衣请教什么是道。被衣说："你端正形体，专一视听，自然的和谐就会来到；收敛聪明，集中思绪，鬼神就会来停留。德将会成为你的完美，道将成为你的居所，你茫茫然像初生的小牛，不要去追问怎么回事。"话还没说完，啮缺就睡着了。被衣十分高兴，唱着歌离开，说："形体像枯槁的树木，内心像熄灭的灰烬，所知若是真实，就不会执著于智巧。蒙蒙昧昧的样子，没有心思而不可与他谋事。这是什么样的人啊！"

[解读]

① "德"是自然禀赋，只需保存完整，就足以显示一人之美。"道"是究竟真实，本来即是万物的居所，只是人常常忘了归根而已。

② 啮缺睡着了，寓意是超越分辨之知，不再想探问道是什么。类似"形若槁骸，心若死灰"的描述，亦见于［2.1］。

[22.5]

舜问乎丞曰："道可得而有乎？"曰："汝身非汝有也，汝何得有夫道？"舜曰："吾身非吾有也，孰有之哉？"曰："是天地之委形也；生非汝有，是天地之委和也；性命非汝有，是天地之委顺也；子孙非汝有，是天地之委蜕也。故行不知所往，处不知所持，食不知所味。天地之强阳气也，又胡可得而有邪？"

　　舜请教丞说："道可以获得而拥有吗？"丞说："你的身体都不是你所拥有的，你怎么能拥有道呢？"舜说："我的身体不是我所拥有的，那么是谁拥有它呢？"丞说："它是天地所赋予的形体；生存不是你所拥有的，是天地所赋予的中和之气；性命不是你所拥有的，是天地所赋予的顺应过程；子孙不是你所拥有的，是天地所赋予的蜕变结果。所以，行路不知去处，居住不知保养，饮食不知滋味。这一切都是天地间变动的气，又怎么可能拥有它呢？"

[解读]

①　本文谈到"身，生，性命，子孙"，认为都是天地之间"气"的变动，而没有一个作为主体的自我存在。如果把"我有这些"改成"我是这些"，就可以"安时而处顺"，随之起伏生灭而不执著。对人而言，领悟"有"与"是"之间的异同，是回归真实的重要步骤。

[22.6]

　　孔子问于老聃曰："今日晏闲，敢问至道。"老聃曰："汝齐戒，疏瀹（yuè）而心，澡雪而精神，掊（pǒu）击而知。夫道，窅（yǎo）然难言哉！将为汝言其崖略。夫昭昭生于冥冥，有伦生于无形，精神生于道，形本生于精，而万物以形相生。故九窍者胎生，八窍者卵生。其来无迹，其往无崖，无门无房，四达之皇皇也。邀于此者，四肢强，思虑恂达，耳目聪明。其用心不劳，其应物无方，天不得不高，地不得不广，日月不得不行，万物不得不昌，此其道与！且夫博之不必知，辩之不必慧，圣人以断之矣！若夫益之而不加益，损之而不加损者，圣人之所保也。渊渊乎其若海，魏魏乎其若山，终则复始也。运量万物而不匮。则君子之道，彼其外与！万物皆往资焉而不匮。此其道与！

[白话]

孔子请教老子说："今天闲来无事，冒昧请问什么是至高的道。"老子说："你先斋戒，疏通你的心思，洗净你的精神，去除你的智巧。道是深奥难言的啊！我来为你说个大概。明白彰显的一切，来自黑暗隐晦的源头，有形之物来自无形之物，精神来自道，形体来自精气；然后万物借着形体代代相生，所以有九窍的动物是胎生的，有八窍的动物是卵生的。道，来无踪迹，去无边际，没有门径也没有房间，四面通达，无所不包。领悟此道的人，四肢强壮，思虑畅达，耳聪目明，即使用心也不会劳累，顺应万物而不拘一格。天没有它，不会高；地没有它，不会广；日月没有它，不会运行；万物没有它，不会昌盛，这就是道吧！再说，'博学的不一定有知识，善辩的不一定有见解'，圣人早已弃绝这些了。只有那增加了却看不出增加，减少了却看不出减少的道，才是圣人所要保有的。渊深啊，它像海一样；高大啊，它像山一样；结束了又再开始，涵容万物而没有遗漏。所谓君子的道，只是它的外在表现！万物从它获得资源而不会变得匮乏的，那才是道啊！

[解读]

① "精神生于道"一语，表示在人的生命中，精神有展现的潜能；但是若不经由对道的领悟，它亦无从体现出来。换言之，世人若不与道接触，则"没有"精神可言。道是究竟真实，而精神生于道，所以精神才是人的真实成分。人若不体现其精神，实无异于假人。

[22.7]

中国有人焉，非阴非阳，处于天地之间，直且为人，将反于宗。自本观之，生者，暗（yīn）醷（yì）物也。虽有寿夭，相去几何？须臾之说也，奚足以为尧、桀之是非！果蓏（luǒ）有理，人伦虽难，所以相齿。圣人遭之而不违，过之而不守。调而应之，德也；偶而应之，道也。帝之所兴，王之所起也。人生天地之间，若白驹之过郤（xì），忽然而已。注然勃然，莫不出焉；油然漻（liú）然，莫不入焉。已化而生，又化而死。生物哀之，人类悲之。解其天弢（tāo），堕其天袠（zhì），纷乎宛乎，魂魄将往，乃身从之，乃大归乎！不形之形，形之不形，是人之所同知也，非将至之所务也，此众人之所同论也。彼至则不论，论则不至；明见无值，辩不若默；道不可闻，闻不若塞：此之谓大得。"

[白话]

以中国的人来说，都是由阴阳二气所合成，生存于天地之间，只是暂且作为人，将来都会返本归宗。从本源上来看，所谓生命，就是有气息之物。虽有长寿短命之分，但是两者相差多少呢？不过片刻而已，哪里有工夫去分辨尧与桀的是非呢！瓜果有它生长的规律，人间关系虽然复杂，也有它的秩序，所以这两者可以模拟。圣人碰上这些事不会违逆，错过这些事也不会执著。协调而能顺应的，是德；遇上就能顺应的，是道。这就是帝业兴盛、王室崛起的理由。人活在天地之间，就像白马飞驰掠过墙间的小孔，只是一刹那罢了。蓬蓬勃勃，一切都出生了；昏昏蒙蒙，一切都死去了。既由变化而出生，又由变化而死去，生物为此哀伤，人类为此悲痛。解下自然的弓袋，丢弃自然的剑囊，移转变迁，魂魄要离开时，身体也跟着走了，这就是回归大本啊！由无形到有形，又由有形归于无形，这是人们都知道的，并不是探究至道的人所要追求的，这只不过是人们共同的说法啊。得道的人不谈论，谈论的人尚未得道，明显看到的其实一无所见，辩论不如沉默。道是听不见的，听见还不如听不见，这就叫做真正有所得。"

[解读]

① 帝王之兴起，是因为顺应自然，亦即把握了道与德。由此可知，庄子并不反对理想的帝王。"小国寡民"虽然比较原始，毕竟在现实上已不可见。

② 天弢与天衾：是指自然所赋予的外在形貌，如人、马、牛等。这些形貌若能消解，万物本质上只是一气而已。

③ 以"白驹之过隙"来描写人生的短暂，虽然生动但难免使人心惊。

[22.8]

东郭子问于庄子曰："所谓道，恶（wū）乎在？"庄子曰："无所不在。"东郭子曰："期而后可。"庄子曰："在蝼蚁。"曰："何其下邪？"曰："在稊（tí）稗（bài）。"曰："何其愈下邪？"曰："在瓦甓（pì）。"曰："何其愈甚邪？"曰："在屎溺（niào）。"东郭子不应。庄子曰："夫子之问也，固不及质。正获之问于监市履狶（xī）也，每下愈况。汝唯莫必，无乎逃物。至道若是，大言亦然。周遍咸三者，异名同实，其指一也。尝相与游乎无何有之宫，同合而论，无所终穷乎！尝相与无为乎！澹而静乎！漠而清乎！调而闲乎！寥已吾志，无往焉而不知其所至，去而来而不知其所止，吾已往来焉而不知其所终，彷徨乎冯闳（hóng），大知入焉而不知其所穷。物物者与物无际，而物有际者，所谓物际者也。不际之际，际之不际者也。谓盈虚衰杀，彼为盈虚非盈虚，彼为衰杀非衰杀，彼为本末非本末，彼为积散非积散也。"

东郭子请教庄子说:"所谓的道,在哪里呢?"庄子说:"无所不在。"东郭子说:"一定要说个地方才可以。"庄子说:"在蝼蚁中。"东郭子说:"为什么如此卑微呢?"庄子说:"在杂草中。"东郭子说:"为什么更加卑微呢?"庄子说:"在瓦块中。"东郭子说:"为什么越说越过分呢?"庄子说:"在屎尿中。"东郭子不出声了。庄子说:"先生的问题,本来就没有触及实质。有个市场监督官,名叫获的,他向屠夫询问检查大猪肥瘦的方法,就是用脚踩在越往腿下的部分而有肉,这只猪就越肥。你不要执著在一个地方,万物都是无法逃离的。至高的道是如此,伟大的言论也一样。'周全、普遍、通通'这三个语词,名称相异而实际相同,所指的是同一种状况。让我们一起遨游于无何有之乡,混同万物来谈论,一切都是无穷无尽的啊!让我们一起无所作为吧!恬淡又安静啊!漠然又清幽啊!平和又悠闲啊!我的心思空虚寂寥,出去了不知到达何处,回来了不知停在哪里;我来来往往啊,不知终点何在。翱翔于辽阔无边的境界,运用最大的智力,也不知边界何在。主宰万物的道与万物之间,没有分际;物与物是有分际的,就是所谓万物之间的分际;无分际的道寄托于有分际的物中,就像有分际的物寄托于无分际的道中。以盈虚衰杀来说,道使物有盈虚,而自身没有盈虚;道使物有衰杀,而自身没有衰杀;道使物有始终,而自身没有始终;道使物有聚散,而自身没有聚散。"

[解读]

① 本文是庄子论道的精彩之作。首先,道是"无所不在"的。道是究竟真实,因此凡是真实之物,皆有道在其中。其次,说道无所不在,不等于说道"无所不是",因为道不会随着一物之变化而变化。换言之,说"是"的重点是肯定内存性,亦即道

内存于万物之中，说"在"的重点是肯定超越性，亦即道不受万物所影响。以上两点，至为紧要。

② 庄子说道在"蝼蚁、稊稗、瓦甓、屎溺"，由动物、植物、矿物到废物，目的是要破除一般人的价值观，正是所谓的"以道观之，物无贵贱"（［17.5］）。当然，道也在人们所谓的高贵的事物中。

③ 每下愈况：越往下踩，越知猪肥。理由是：猪的腿是上肥下瘦的，如果往下踩而有肉，就表示猪很肥。用于描述"道"时，就是肯定任何卑微的地方，只要你踩得到（说得出名目），就有道存在其中。"周、遍、咸"所指的，也是这一点。今日所用的"每况愈下"，是指情况越来越差，与庄子此语无关。

④ 在结论中，"物物者""不际""彼"，都是指"道"而言。

［22.9］

娿（ē）荷甘与神农学于老龙吉。神农隐几（jī），阖户昼瞑。娿荷甘日中奓（zhà）户而入曰："老龙死矣！"神农拥杖而起，嚗（bó）然放杖而笑，曰："天知予僻陋谩訑（dàn），故弃予而死。已矣！夫子无所发予之狂言而死矣夫！"弇（yǎn）堈（gāng）吊闻之，曰："夫体道者，天下之君子所系焉。今于道，秋毫之端万分未得处一焉，而犹知藏其狂言而死，又况夫体道者乎！视之无形，听之无声，于人之论者，谓之冥冥，所以论道，而非道也。"

［白话］

娿荷甘与神农一起向老龙吉学道。神农靠着桌子，关起门来白天睡觉。娿荷甘中午推开门进来说："老龙死了。"神农扶着拐杖站起来，又"砰"的一声丢下拐杖，笑着说："老师知道我鄙陋虚浮，所以舍弃我而死。完了！老师没有留下启发我的玄妙之言就死了啊！"弇堈吊听说了这件事，就说："悟道的人是天下君子所归附的对象。现在老龙吉对于道，连一根秋毫末端的万分之一都没有得到，他还懂得藏起他的玄妙之言而死，又何况是悟道的人呢！道，要看却没有形象，要听却没有声音，谈论它的人说它是幽深黑暗；可以谈论的道，并不是道啊！"

[解读]

① 神农的"笑"，可能原意是"叹"，因为他接着所说的话并无笑意。

② 弇堈吊说老龙吉尚未悟道，而用"秋毫之端万分未得处一焉"来描述，听起来非常夸张。在此，所要强调的是：悟道与否，像是一道门槛，只有门内门外之别，而没有谁比较接近门槛的问题。凡是重视"智慧"（觉悟）的学说，常有类似的主张。

[22.10]

于是泰清问乎无穷，曰："子知道乎？"无穷曰："吾不知。"又问乎无为，无为曰："吾知道。"曰："子之知道，亦有数乎？"曰："有。"曰："其数若何？"无为曰："吾知道之可以贵，可以贱，可以约，可以散。此吾所以知道之数也。"泰清以之言也问乎无始曰："若是，则无穷之弗知与无为之知，孰是而孰非乎？"无始曰："不知深矣，知之浅矣；弗知内矣，知之外矣。"于是泰清仰而叹曰："弗知乃知乎，知乃不知乎！孰知不知之知？"无始曰："道不可闻，闻而非也；道不可见，见而非也；道不可言，言而非也。知形形之不形乎！道不当名。"无始曰："有问道而应之者，不知道也；虽问道者，亦未闻道。道无问，问无应。无问问之，是问穷也；无应应之，是无内也。以无内待问穷，若是者，外不观乎宇宙，内不知乎大（tài）初。是以不过乎昆仑，不游乎大虚。"

[白话]

　　于是，泰清请教无穷说："你懂得道吗？"无穷说："我不懂。"又去请教无为，无为说："我懂得道。"泰清说："你所知的道，可以说明吗？"无为说："可以。"泰清说："如何说明呢？"无为说："我所知的道是可以高贵，可以卑贱，可以聚合，可以离散的。这是我所知的道的说明。"泰清拿这一番话来请教无始说："这样看来，无穷的不知与无为的知，究竟谁对谁错呢？"无始说："不知是深奥的，对照出知的浅薄；不知是内行的，对照出知的外行。"于是泰清仰起头来叹口气说："不知就是知啊，知就是不知啊！谁懂得不知就是知呢？"无始说："道无法被听见，可听见的就不是道；道无法被看见，可看见的就不是道；道无法被述说，可述说的就不是道。谁懂得主宰一切形体的，是没有形体的呢！道不应该有名称。"无始说："有人问道就回答的人，是不懂得道。即使是问道的人，也没有听说过道。道无法问，问了也无法答。无法问还要问，所问是空的；无法答还要答，所答也是空的。以空答去响应空问，像这样的人，对外不能观察宇宙万象，对内不能了解最初本源，就是说他不能跨越昆仑高山，不能遨游太虚境界。"

[解读]

① 泰清、无穷、无为、无始，都是虚拟之名，也都代表某种心境。其间的高下之别，可待深思。

② "不知"的意思有二：一是幼稚无知；二是超越"能知与所知"

的对立，亦即面对道时，根本无所面对，也就无所可知。庄子所说的，显然是后者。换言之，道不可能成为知的对象，所以无知远胜于有知。

[22.11]

光曜问乎无有曰："夫子有乎？其无有乎？"无有弗应也，光曜不得问，而孰视其状貌，窅（yǎo）然空然，终日视之而不见，听之而不闻，搏之而不得也。光曜曰："至矣，其孰能至此乎！予能有无矣，而未能无无也；及为无有矣，何从至此哉！"

[白话]

光曜请教无有说："先生是存在呢？还是不存在？"无有不回答，光曜问不下去，就仔细观察他的容貌，他看起来空虚而恍惚，整天看他却看不见，听他却听不到，摸他却摸不着。光曜说："这是最高境界了，谁能抵达这种境界呢！我能做到'有无'，而不能做到'无无'；我就算做到了'无有'，如何能够抵达这种境界呢？"

[解读]

① 光曜代表有光可照的智者。无有则代表无形无相的道。

② "视之而不见"一语，出自《老子》第十四章，原是用以描述道的。

③ 在此，修养有三个层次：有无，无有，无无。光曜可以做到"有无"，亦即体认一切是无；就算他做到"无有"，亦即体认到并无一切，也还做不到"无无"，亦即根本排除思虑与体认。因此，开始所假托的"无有"之名，应该正名为"无无"，所

　　　　　　　　　　傅佩荣解读《庄子》（修订版）

以他根本不作回应。但是，面对无无，又何从请教呢？

大马之捶钩者，年八十矣，而不失豪芒。大马曰："子巧与！有道与？"曰："臣有守也。臣之年二十而好（hào）捶钩，于物无视也，非钩无察也。是用之者，假不用者也，以长得其用，而况乎无不用者乎？物孰不资焉！"

[白话]

大司马家中有一个制作腰带带钩的人，已经八十岁了，所做的带钩没有丝毫差错。大司马问他："你是有技巧呢？还是有道术？"他说："我有持守的原则。我二十岁就喜欢做带钩，对别的东西根本不看，不是带钩就不仔细观察。我用心于此，是因为我不用心于别的东西，才能专于此用，那么何况是无所不用心的人呢？万物怎能不助成他呢！"

[解读]

① 本文认为：心无旁骛，专于一技，数十年下来必有神奇效果。
② "无不用者"是指无所不用心，亦即无所用心，顺其自然。正如"无不为"是来自"无为"，所以最后会肯定"物孰不资焉"。

冉求问于仲尼曰："未有天地可知邪？"仲尼曰："可，古犹今也。"冉求失问而退。明日复见，曰："昔者吾问'未有天地可知乎？'夫子曰：'可，古犹今也。'昔日吾昭然，今日吾昧然，

敢问何谓也？"仲尼曰："昔之昭然也，神者先受之；今之昧然
也，且又为不神者求邪！无古无今，无始无终。未有子孙而有子
孙，可乎？"冉求未对。仲尼曰："已矣，未应矣！不以生生死，
不以死死生。死生有待邪？皆有所一体。有先天地生者物邪？物
物者非物，物出不得先物也，犹其有物也。犹其有物也，无已，
圣人之爱人也终无已者，亦乃取于是者也。"

［白话］

冉求请教孔子说："没有天地之前的情况，可以知道吗？"
孔子说："可以，古代就与现在一样。"冉求没有再问，就退下去
了。第二天又来见孔子，说："昨天我问'没有天地之前的情况，
可以知道吗？'老师说：'可以，古代就与现在一样。'昨天我
明白，今天我却迷惑了，请问为什么会这样？"孔子说："昨天
明白，是你以心神直接领悟；今天迷惑，是你不用心神，想要探
求形迹吧！没有古代也没有现在，没有开始也没有终结；没有子
孙以前就有了子孙，可以吗？"冉求没有回答。孔子说："算了，
不必回答了！死不用靠生来制造，生也不用靠死来结束。死与生
有所等待吗？它们各自是一个整体。有先于天地而生的物吗？主
宰万物的不是物。物不能先于物而生，而是好像本来就有物存在
一样。好像本来就有物存在一样，就没有穷尽了，圣人在爱人时
能够没有穷尽，也正是取法于此。"

［解读］

① 本文所谓"无古无今，无始无终"，是说我们不能找到一个定
点，用来区分古今与始终，因为万物并无"未有"之时，就如
不可说"未有子孙而有子孙"。但是，这是否主张万物永恒论
呢？事实上，万物一直在生生死死，生死各有整体，又合成一

个整体。因此，永恒的不是物，而是"物物者"（道）。我们所能肯定的只是"好像本来就有物一样"。

[22.14]

颜渊问乎仲尼曰："回尝闻诸夫子曰：'无有所将，无有所迎。'回敢问其游。"仲尼曰："古之人，外化而内不化，今之人，内化而外不化。与物化者，一不化者也。安化安不化，安与之相靡，必与之莫多。狶韦氏之囿（yòu），黄帝之圃，有虞氏之宫，汤武之室。君子之人，若儒墨者师，故以是非相齑（jī）也，而况今之人乎！圣人处物不伤物。不伤物者，物亦不能伤也。唯无所伤者，为能与人相将迎。山林与，皋（gāo）壤与，使我欣欣然而乐与！乐未毕也，哀又继之。哀乐之来，吾不能御，其去弗能止。悲夫，世人直为物逆旅耳！夫知遇而不知所不遇，能能而不能所不能。无知无能者，固人之所不免也。夫务免乎人之所不免者，岂不亦悲哉！至言去言，至为去为。齐知之所知，则浅矣。"

[白话]

颜渊请教孔子说："我曾听老师说过：'不要送往，不要迎来。'请问其中的道理。"孔子说："古代的人，随外物变化而内心保持不变；现在的人，内心多变而不能随外物变化。能随外物变化的人，就是因为内心持守不变。他能安于变化，也能安于不变化。要能安然与变化相顺应，就须合乎分寸。狶韦氏的苑囿，黄帝的园圃，舜的王宫，商汤、周武王的屋宇，都是他们各自遨游的地方。君子之类的人，像儒家、墨家的老师们，还要用是非互相攻击，何况是现在的一般人呢！圣人与万物相处而不伤害万物，不伤害万物的人，万物也不能伤害他。正因为无所伤害，才能与人相往来。山林啊，原野啊，都能使我欣欣然快乐啊！快乐还未结束，悲哀又接着出现。悲哀与快乐来临时我不能抗拒，离去时我也不能阻止。可悲啊！世人只不过是外物寄居的旅舍罢了！知道自己所遭遇的，而不知道自己不曾遭遇的；能做自己所能做的，而不能做自己做不到的。有所不知、有所不能，本来就是人所不可避免的状况。努力避免人所不可避免的状况，岂不是很可悲吗？最高明的言论，是没有言论；最高明的作为，是没有作为。平凡人所知道的一切，实在太浅陋了。"

[解读]

① "外化而内不化"一语，是庄子的处世原则。前此各篇谈到内外之分者，以此为其枢纽。[25.3] 有"日与物化者，一不化者也"，其意相近。

② "为物逆旅"一语，表示人受外物影响，而有哀与乐。所以要由文首的"无将迎"到文中的"相将迎"，如此才可超越凡人之知。

杂篇

庚桑楚　第二十三

要旨：本篇由学生请益的角度，让老聃发挥他的观点。若想在世间做到"知、仁、义"，则难以抉择对谁有利。老子为此畅谈"卫生之经"，提出九个问题要人自省。文中再度提及古之人的至高智慧是明白"未始有物"。然后行走于世间，则像圣人一般，全依"不得已"而定。

[23.1]

老聃之役有庚桑楚者，偏得老聃之道，以北居畏垒之山，其臣之画然知者去之，其妾之挈（qiè）然仁者远之；拥肿之与居，鞅掌之为使。居三年，畏垒大壤。畏垒之民相与言曰："庚桑子之始来，吾洒然异之。今吾日计之而不足，岁计之而有余。庶几其圣人乎！子胡不相与尸而祝之，社而稷之乎？"庚桑子闻之，南面而不释然。弟子异之。庚桑子曰："弟子何异于予？夫春气发而百草生，正得秋而万宝成。夫春与秋，岂无得而然哉？天道已行矣。吾闻至人，尸居环堵之室，而百姓猖狂不知所如往。今以畏垒之细民，而窃窃焉欲俎（zǔ）豆予于贤人之间。我其杓（dì）之人邪？吾是以不释于老聃之言。"

[白话]

老聃的弟子中，有一位叫做庚桑楚的，他学了一些老聃的道，就去北方住在畏垒山中。他的仆人中有炫耀智巧的，就被辞去，他的侍妾中有标榜爱心的，就被疏远；只有无知的人与他同住，只有朴素的人供他差使。定居三年之后，畏垒一带大为丰收。畏垒的百姓互相说道："庚桑子刚来时，我们很惊讶，觉得他很特别。现在我们的收入，以日计算仍嫌不足，以年计算却有剩余。他大概是圣人吧！我们何不一起推他为主，敬奉他呢？"庚桑子听到这件事，南面而坐，神情不悦，弟子们觉得奇怪。庚桑子说："你们为什么觉得我很奇怪？春天气息勃发而百草生长，到了秋天所有果实都成熟了。春天与秋天，难道没有凭借就能如此吗？这是自然之道运行的结果啊！我听说，至人安静地住在狭小斗室中，而百姓自由走动，不知该去哪里。现在畏垒的小民窃窃私语，要把我列在贤人之间来敬奉。我难道是做表率的人吗？想起老聃的话，我就于心不安。"

[解读]

① 庚桑楚的作为，在一般人看来，确实很特别。畏垒百姓以为这是造成丰收的理由，所以想要尊崇他。他的作为，其实只是顺其自然而已。但是，顺其自然而让别人觉得特别，就表示修行尚未到家。"拥肿"为不中绳墨之人，"鞅掌"为不修容仪之人，前者无知而后者朴素。万宝成：宝为实。杓之人："杓"为"的"，以己为准的，为楷模。

② 老聃的话，应该是指"功成事遂，百姓皆谓我自然"（《老子》第十七章）。现在，百姓并未认为是"自己如此"，而要归功于庚桑楚。所以这是有违老聃之旨。

[23.2]

弟子曰："不然。夫寻常之沟，巨鱼无所还其体，而鲵鳅
（qiū）为之制；步仞之丘陵，巨兽无所隐其躯，而蘖狐为之祥。
且夫尊贤授能，先善与利，自古尧、舜以然，而况畏垒之民乎！
夫子亦听矣！"庚桑子曰："小子来！夫函车之兽，介而离山，
则不免于罔罟之患；吞舟之鱼，砀（dàng）而失水，则蚁能苦之。
故鸟兽不厌高，鱼鳖不厌深。夫全其形生之人，藏其身也，不厌
深眇（miǎo）而已矣！且夫二子者，又何足以称扬哉！是其于辩
也，将妄凿垣墙而殖蓬蒿也。简发而栉，数米而炊，窃窃乎又何
足以济世哉！举贤则民相轧，任知则民相盗。之数物者，不足以
厚民。民之于利甚勤，子有杀父，臣有杀君，正昼为盗，日中穴
阫（péi）。吾语汝，大乱之本，必生于尧、舜之间，其末存乎千
世之后。千世之后，其必有人与人相食者也！"

[白话]

弟子说："不是这样的。平常的小水沟里，大鱼没有转身的
空间，可是泥鳅却自在悠游；低矮的小丘陵上，巨兽没有藏身的
地方，可是狐狸却来去自如。再说，尊重贤者，举用能人，推崇
善行，施与利益，从古时尧、舜以来就是如此，何况是畏垒的人
民呢！老师就顺从他们吧！"庚桑子说："年轻人，你们过来！
口能含车的巨兽，独自离开山林，就无法避免罗网的祸患；口能
吞船的大鱼，漂流而脱离海水，就连蚂蚁也能欺负它。所以，鸟
兽不嫌山高，鱼鳖不嫌水深。要保全形体与本性的人，隐藏自己
也不嫌深远罢了。并且，尧、舜二人又怎么值得称赞呢！他们对
贤者、能人、善行、利益的分辨，就像胡乱捣毁城墙，却种植蓬
草来做屏障一样！挑着头发来梳理，数着米粒来下锅，这样斤斤
计较又怎么能够救助世人呢！推举贤者，人民就会互相倾轧；任

用智者，人民就会互相诈骗。这些做法，都不足以使人民淳厚。人民追求利益十分迫切，于是子会弑父，臣会弑君，白天抢劫，正午挖墙。我告诉你们，大乱的根源，一定出现于尧、舜之时，而流弊影响到千年之后。千年以后，一定会有人吃人的事发生！"

[解读]

① 弟子的想法，是要庚桑楚不做巨鱼或巨兽，而迁就百姓的需求。但是，庚桑楚的回答，认定自己已经是巨鱼、巨兽，亦即"全其形生之人"。换言之，人只要努力"全其形生"，就是不凡之物。寻常："寻"为八尺，"常"为一丈六尺。步仞："步"为六尺，"仞"为七尺。为之祥："祥"为善。

② 以尧、舜的作为为"大乱之本"，在本书中已是常识。但是，"人与人相食"的预言，依然让人心惊。

[23.3]

南荣趎（chú）蹴（cù）然正坐曰："若趎之年者已长矣，将恶乎托业以及此言邪？"庚桑子曰："全汝形，抱汝生，无使汝思虑营营。若此三年，则可以及此言矣。"南荣趎曰："目之与形，吾不知其异也，而盲者不能自见；耳之与形，吾不知其异也，而聋者不能自闻；心之与形，吾不知其异也，而狂者不能自得。形之与形亦辟矣，而物或间之邪？欲相求而不能相得？今谓趎曰：'全汝形，抱汝生，无使汝思虑营营。'趎勉闻道达耳矣。"庚桑子曰："辞尽矣，奔蜂不能化藿蠋（dú），越鸡不能伏鹄（hú）卵，鲁鸡固能矣。鸡之与鸡，其德非不同也，有能与不能者，其才固有巨小也。今吾才小，不足以化子。子胡不南见老子？"南荣趎赢粮，七日七夜至老子之所。老子曰："子自楚之所来乎？"南荣趎曰：

"唯。"老子曰："子何与人偕来之众也？"南荣趎惧然顾其后。老子曰："子不知吾所谓乎？"南荣趎俯而惭，仰而叹曰："今者吾忘吾答，因失吾问。"老子曰："何谓也？"南荣趎曰："不知乎？人谓我朱愚。知乎？反愁我躯。不仁则害人，仁则反愁我身；不义则伤彼，义则反愁我己。我安逃此而可？此三言者，趎之所患也，愿因楚而问之。"老子曰："向吾见若眉睫之间，吾因以得汝矣，今汝又言而信之。若规规然若丧父母，揭竿而求诸海也。汝亡人哉，惘惘乎！汝欲反汝情性而无由入，可怜哉！"

[白话]

　　南荣趎听了这番话，神色惊异，端坐着说："像我的年纪已经很大了，要怎么学习，才可以达到老师所说的境界呢？"庚桑子说："保全你的形体，守住你的本性，不要让你的思虑陷于困惑。像这样三年下来，就可以达到我所说的境界了。"南荣趎说："眼睛的形状，我不知道彼此有什么不同，可是瞎子却看不见；耳朵的形状，我不知道彼此有什么不同，可是聋子却听不到；心的形状，我不知道彼此有什么不同，可是疯子却控制不住自己。身体的形状彼此相近，大概是被外物阻塞了吧？我想要了解却无法领悟。现在你对我说：'保全你的形体，守住你的本性，不要让你的思虑陷于困惑。'我是太晚听到这一番道理了。"庚桑子说："我的话说完了。小土蜂不能培育大青虫，小鸡不能孵化天鹅蛋，大鸡就可以了。鸡与鸡的天赋并没有什么不同，却存在着能与不能的差异，这是因为它们的才能本来就有大小之别。现在我的才能小，不足以教导你。你为何不去南方拜访老子？"南荣趎担着粮食，走了七天七夜，来到老子的住处。老子说："你是从庚桑楚那里来的吗？"南荣趎说："是的。"老子说："你怎么同这么多人一起来呢？"南荣趎惊讶地回头看后面。老子说："你不知道我在说什么吗？"南荣趎惭愧地低下头，接着仰起头来叹息说："现在我忘记了我的回答，因而也忘记了我的问题。"老子说："怎么说呢？"南荣趎说："没有智巧吗？人们说我愚蠢；有智巧吗？反而使我自己愁苦。没有仁心就会害人，有仁心反而使我自己愁苦；没有义气就会伤人，有义气反而使我自己愁苦。我怎样才能避免这些呢？这三个问题是我所担心的，希望借着庚桑楚的关系来请教您。"老子说："刚才我看你眉目之间的神色，就知道你的心事了，现在又从你的话得到证实。你无所适从的样子，好像失去了父母的照顾，又像拿着竹竿去探测海的深度。你是迷失的人啊，茫无所知啊！你想要恢复本来的性情却找不到途径，真是可怜啊！"

[解读]

① 南荣趎认为自己太晚听到庚桑楚的劝言，是因为他年纪已长，不愿再熬三年。他的问题是：为什么人们的眼、耳、心在形状上相似，而功效大不相同？他显然需要更有力的指引，所以庚桑楚建议他去拜访老子。勉闻道："勉"借为"晚"。越鸡：小鸡；鲁鸡：大鸡。

② 老子接见南荣趎时，问话有如当头棒喝。南荣趎一人前来，但心中想的仍是人与人间的"知、仁、义"的问题，所以老子说他同许多人一起来了。在老子眼中，谁能免于"可怜哉"的叹息。

[23.4]

南荣趎请入就舍，召其所好，去其所恶，十日自愁，复见老子。老子曰："汝自洒濯，孰哉郁郁乎！然而其中津津乎犹有恶也。夫外韄（hù）者不可繁而捉，将内揵（qián）；内韄者不可缪（móu）而捉，将外揵。外内韄者，道德不能持，而况放道而行者乎！"

南荣趎曰："里人有病，里人问之，病者能言其病，病者犹未病也。若趎之闻大道，譬犹饮药以加病也，趎愿闻卫生之经而已矣。"老子曰："卫生之经，能抱一乎？能勿失乎？能无卜筮而知吉凶乎？能止乎？能已乎？能舍诸人而求诸己乎？能翛（xiāo）然乎？能侗（tóng）然乎？能儿子乎？儿子终日嗥（háo）而嗌（yì）不嗄（shà），和之至也；终日握而手不掜（yì），共其德也；终日视而目不瞚（shùn），偏不在外也。行不知所之，居不知所为，与物委蛇（yí），而同其波，是卫生之经已。"南荣趎曰："然则是至人之德已乎？"曰："非也。是乃所谓冰解冻释者能乎。夫至人者，相与交食乎地而交乐乎天，不以人物利害相撄，不相与为怪，不相与为谋，不相与为事，翛然而往，侗然而来，是谓卫生之经已。"曰："然则是至乎？"曰："未也。吾固告汝曰：'能儿子乎？'儿子动不知所为，行不知所之，身若槁木之枝而心若死灰。若是者，祸亦不至，福亦不来。祸福无有，恶有人灾也！"

[白话]

南荣趎请求留在馆舍受业，修炼自己认为好的，革除自己认为坏的。十天下来平息了愁苦，再去请见老子。老子说："你虽然洗心革面，努力修养有如蒸气上腾啊！但是其中的动荡状态显示还有一些缺点。如果是耳目受到束缚，就没有办法在繁杂中把握自己，而应该关闭心思；如果是心思受到束缚，就没有办法在纠缠中控制自己，而应该关闭耳目。如果外在耳目与内在心思都受到束缚，那么即使有道与德都治不好，何况是刚刚学道的人呢！"南荣趎说："乡里中的人生病，乡里中的别人去探病时，病人能说出他的病情，那么这个病人还不算是重病。像我这样的人听闻大道，却好像吃了药反而加重病情，我只想听听养护生命的道理就够了。"老子说："养护生命的道理，试问：能保住完整的生命吗？能不失去本性吗？能不靠占卜就知道吉凶吗？能安分吗？能知足吗？能不学别人而反身自求吗？能无拘无束吗？能无知无识吗？能像婴儿吗？婴儿整天啼哭而喉咙不会沙哑，这是因为气息淳和到极点；整天握拳而双掌不会弯曲，这是因为配合他的本性；整天睁眼而双目不转动，这是因为心思不受外物干扰。走路时不知要去哪里，安居时不知要做什么，顺应万物，随波逐流。这就是养护生命的道理了。"南荣趎说："那么，这就是至人的行为表现了吗？"老子说："不是的。这只能让冰冻融化而已。谈到至人，他与大家一起在世间饮食，在自然中同乐，不因人物及利害而扰乱内心，不参与标新立异，不参与图谋策划，不参与具体事务。无拘无束地去，无知无识地来，这就叫做养护生命的道理了。"南荣趎说："那么，这是最高境界了吗？"老子说："还不算。我已经告诉过你：'能像婴儿吗？'婴儿行动时不知要做什么，走路时不知要去哪里，身体像槁木枯枝，心思像已灭的灰烬。像这样，祸也不会到，福也不会来。祸与福都没有，怎么还会有人为的灾害呢！"

[解读]

① 老子的"外韄内揵，内韄外揵"之说，是切实可行的办法，值得参考。南荣趎明白自己是"放道而行者"，只想再就具体的"卫生之经"来请教。

② 老子谈论卫生之经时，三段说法循环往复，主旨在于复归于"儿子"之自然状态。这种状态兼具"翛然侗然"与"槁木死灰"（参考 [2.1] 和 [22.4]）于一身，值得仔细参详。

[23.5]

宇泰定者，发乎天光。发乎天光者，人见其人，物见其物。人有修者，乃今有恒；有恒者，人舍之，天助之。人之所舍，谓之天民；天之所助，谓之天子。学者，学其所不能学也；行者，行其所不能行也；辩者，辩其所不能辩也。知止乎其所不能知，至矣；若有不即是者，天钧败之。备物以将形，藏不虞以生心，敬中以达彼，若是而万恶至者，皆天也，而非人也，不足以滑（gǔ）成，不可内于灵台。灵台者有持，而不知其所持，而不可持者也。不见其诚己而发，每发而不当，业入而不舍，每更为失。为不善乎显明之中者，人得而诛之；为不善乎幽闲之中者，鬼得而诛之。明乎人，明乎鬼者，然后能独行。券（quán）内者，行乎无名；券外者，志乎期费。行乎无名者，唯庸有光；志乎期费者，唯贾（gǔ）人也，人见其跂（qì），犹之魁然。与物穷者，物入焉；与物且者，其身之不能容，焉能容人！不能容人者无亲，无亲者尽人。兵莫憯（cǎn）于志，镆铘（yé）为下，寇莫大于阴阳，无所逃于天地之间。非阴阳贼之，心则使之也。

[白话]

内心完全安定的人，会发出自然的光辉。发出自然光辉的人，会使人显示人的本质，使物显示物的本质。人能修养自己，才会恒久安定；恒久安定的人，人们会依附他，自然会帮助他。人们所依附的，称为自然之民；自然所帮助的，称为自然之子。学习的人，是在学习他学不会的东西；实践的人，是在实践他做不到的事情；辩论的人，是在辩论他讲不通的道理。知道停止于自己所不能知道的领域，就是最高的境界了。如果有人不这么做，自然的限制会让他失败。拥有物质是为了养护形体，隐藏于无念虑之中是为了保全心思，端正内在是为了通达外在；如果做到这些，仍然遭遇各种灾难，那是自然的安排，而不是人为所致，因此不足以扰乱和谐的修养，也不能侵入内在的灵台。作为灵台的心，是有所持守的，但是它并不知道它所持守的其实是不能持守的。如果不是出自真诚而发为言行，就算发出也不会合宜；如果已经不发为言行而不能止息，一定会有更大的偏差。在光天化日之下做不对的事，人可以处罚他；在阴暗隐蔽之处做不对的事，鬼可以处罚他。对人光明磊落，对鬼也光明磊落，然后才能独行而不惧。契合内在要求的人，行动不会显露声名；配合外在要求的人，志向在于努力发财。行动不会显露声名的人，他的作为自有光辉；志向在于努力发财的人，只是个商人罢了，别人看他情况危急，他还以为很平安呢。与万物相通的人，万物都来依附他；与万物相隔的人，对自己都不能包容，怎么可能包容别人！不能包容别人的人无法与人亲近，无法与人亲近的人就自绝于人了。最厉害的兵器是人的用心，连莫邪宝剑也比不上；最大的敌人是阴阳之气，让你在天地之间无处遁逃。伤害人的不是阴阳之气，而是人的心意造成的啊。

[解读]

① 本文指称"心"的语词，有"心""宇""灵台"。"心"字侧重其用，可译为用心、心意，这样的心是可善可恶的。"宇"字强调其自成一个空间，有如内在的屋宇或内在的世界，可译为内心，这样的心是可定可不定的。"灵台"则以心为神灵之台，在此台上所持守的是神灵，所以又说那是不能持守的。在此有两种可能：一、心只能准备好，等待神灵来居；二、心本身也有可能"展现"神灵的境界。

② 本文以"天"为自然，所以"天光，天民，天子，天钧"皆不离自然之意。"自然"有如此不凡的作用，是因为它来自于道，未受人为的影响。

③ "明乎人，明乎鬼，然后能独行"一语，不但强调"慎独"的必要，在提醒人不可"为不善"方面，更是双管齐下。由此可知，庄子的逍遥并非狂妄放肆的言行。

【 23.6 】

　　道通，其分也成也，其成也毁也。所恶乎分者，其分也以备；所以恶乎备者，其有以备。故出而不反，见其鬼；出而得，是谓得死。灭而有实，鬼之一也。以有形者象无形者而定矣。出无本，入无窍。有所出而无窍者有实，有实而无乎处，有长而无乎本剽（piào）。有实而无乎处者，宇也。有长而无本剽者，宙也。有乎生，有乎死，有乎出，有乎入，入出而无见其形，是谓天门。天门者，无有也，万物出乎无有。有不能以有为有，必出乎无有，而无有一无有，圣人藏乎是。古之人，其知有所至矣。恶乎至？有以为未始有物者，至矣，尽矣，弗可以加矣。其次以为有物矣，将以生为丧也，以死为反也，是以分已。其次曰始无有，既而有生，生俄而死。以无有为首，以生为体，以死为尻；孰知有无死生之一守者，吾与之为友。是三者虽异，公族也，昭、景也，著戴也，申氏也，著封也，非一也？

【 白话 】

　　道遍在万物，万物却是有区分才会形成，一旦形成就走向毁灭。之所以讨厌区分，是因为区分之物已经完整了；之所以讨厌完整，是因为完整之物还在追求完整。所以，向外寻找而不能回归自身的人，就会离死期不远，看到自己的鬼魂；向外寻找而有所收获，就叫做步入死地。本性泯灭而徒具形体，与鬼魂是同一类的。以有形的生命效法无形的存在，就可以得到安定了。出来时没有根源，消逝时没有归宿。有出来而没有归宿的，有实际存在；有实际存在而没有处所，有延长存在而没有本末。有实际存在而没有处所的，就是宇；有延长存在而没有本末的，就是宙。有生，有死，有出来，有逍逝；逍逝与出来都看不到形迹的，叫做自然之门。自然之门就是无有，万物是从无有出来的。有不能靠有来生出有，一定要出于无有，而无有常是无有。圣人以此为藏身之所。古代的人，智力抵达某种境界。什么境界呢？他们认为不曾有物存在，这是最高明的见解，已经完美了，没有可能再超越了。其次，是认为有物存在，不过却把出生当成丧失，把死亡当成回归，这已经有所分别了。再次，是认为起初是无有的，后来有了出生，出生不久就死亡；把无有当成头，把出生当成身体，把死亡当成尾椎。谁能了解有、无、死亡、出生本来是一体的，我就与他做朋友。无有、出生、死亡这三种情况虽然不同，却出自同一根源。譬如楚国公族中，昭氏、景氏代表祖先传下的姓氏，而申氏则代表封邑所加的姓氏，他们不都是同一个楚国的公族吗？

[解读]

① "道通"，因为究竟真实遍在一切。万物却在分合生灭之中。人只有向无形的道学习，才可得到安定。

② "宇"是上下四方；"宙"是往古来今。但是，本文的宇宙观显然超越了这种描述。换言之，"自然"所代表的不只是有，还应该向着无有前进，所以会出现"天门"之说。

③ "未始有物"一段，其大意已见于 [2.8]。稍后的 [22.14] 也谈到类似观点，可见庄子所肯定的永恒存在者只有"道"。

[23.7]

有生，黬（yǎn）也，披然曰移是。尝言移是，非所言也。虽然，不可知者也。腊者之有膍（pí）胲（hǎi），可散而不可散也；观室者周于寝庙，又适其偃（yǎn）焉，为是举移是。请尝言移是。是以生为本，以知为师，因以乘是非；果有名实，因以己为质；使人以为己节，因以死偿节。若然者，以用为知，以不用为愚，以彻为名，以穷为辱。移是，今之人也，是蜩与学鸠同于同也。

[白话]

　　有生命的人，都有缺点；就是在纷纷扰扰中改变是非。尝试解说什么是改变是非，又没有办法说清楚；即使说清楚了，也没有办法理解。譬如，祭祀的牲品中有牛的四肢五脏，在祭祀后可以分散，而在祭祀时不可分散；又如，参观宫室的人，绕行寝殿庙堂之后，还要使用厕所。这些都是改变是非的例子。现在再来尝试解说改变是非。这是以生存为根本，以智力为老师，由此造成许多是非；果真有名与实的区分，就以自己为主；使人以为自己的是非判断就是节操，因而以死来保全节操。像这样的人，就会以用世为聪明，以不用世为愚蠢，以通达为荣耀，以穷困为耻辱。改变是非，现在的人正是如此，这就像蝉与斑鸠共同认可的那种知识啊。

[解读]

① 移是：改变是非，亦即是非不定。时空条件不同，是非跟着调整。这种是非，以个人的或群体的当下需要来决定，有其实用性，但往往制造混淆与困扰。

② 最后读到的"蜩与学鸠"，使人联想起［1.4］中的"之二虫，又何知？"它们与大鹏鸟之间的差距一直存在。

[23.8]

　　蹍（zhǎn）市人之足，则辞以放骜（áo），兄则以妪（yù），大亲则已矣。故曰，至礼有不人，至义不物，至知不谋，至仁无亲，至信辟金。彻志之勃，解心之谬（miù），去德之累，达道之塞。贵富显严名利六者，勃志也。容动色理气意六者，谬心也。恶欲喜怒哀乐六者，累德也。去就取与知能六者，塞道也。此四六者不荡胸中则正，正则静，静则明，明则虚，虚则无为而无不为也。道者，德之钦也；生者，德之光也；性者，生之质也。性之动，谓之为；为之伪，谓之失。知者，接也；知者，谟也；知者之所不知，犹睨（nì）也。动以不得已之谓德，动无非我之谓治，名相反而实相顺也。

[白话]

　　踩了路人的脚，就要道歉说自己失礼；若是兄弟的脚，就要怜惜抚慰；若是父母的脚，就可以算了。所以说，至礼没有人我之分，至义没有物我之分，至智不用谋略，至仁不分亲疏，至信不需金玉为凭。疏导志向的迷惑，解开心思的束缚，抛弃天赋的拖累，打通大道的阻塞。尊贵、富有、显赫、威严、名声、利禄这六项，是迷惑志向的东西。容貌、举止、面色、情理、血气、意念这六项，是束缚心思的东西。厌恶、爱好、喜悦、愤怒、悲哀、欢乐这六项，是拖累天赋的东西。去职、就任、取得、给予、智巧、才干这六项，是阻塞大道的东西。这四种各六项不在胸中激荡，就会心正，心正就会安静，安静就会澄明，澄明就会虚空，虚空就无所作为同时没有什么事做不成的。大道，是天赋兴起的基础；生命，是天赋显示的光辉；本性，是生命的实质所在。本性的活动，称为作为；作为的虚伪，称为过失。智力，要接触外物；智力，要用心谋划；智者也有不知道的事，就像眼睛斜视，所见有限。行动出于不得已，叫做天赋；行动不背离自我，叫做治理；这两者名义相反而实际是相顺的。

[解读]

①　本文谈到"至礼、至义、至知、至仁、至信"，似乎特地针对

儒家所谓的五常：仁、义、礼、智、信。这五常之上，加个"至"字，就超越了相对性，形成道家的绝对理想。此绝对理想来自于道。

② 若在"志、心、德、道"这四方面努力修养，就可以体悟"无为而无不为"的胜境。德（天赋）与治（治理），一出于天，一出于人，两者可以相顺。

[23.9]

羿工乎中微，而拙乎使人无己誉。圣人工乎天而拙乎人。夫工乎天而俍（liáng）乎人者，唯全人能之。唯虫能虫，唯虫能天。全人恶天，恶人之天；而况吾天乎人乎！一雀适羿，羿必得之，或也；以天下为之笼，则雀无所逃。是故汤以庖人笼伊尹，秦穆公以五羊之皮笼百里奚。是故非以其所好笼之而可得者，无有也。介者扡（chǐ）画，外非誉也；胥靡登高而不惧，遗死生也。夫复謵（xí）不馈，而忘人。忘人，因以为天人矣。故敬之而不喜，侮之而不怒者，唯同乎天和者为然。出怒不怒，则怒出于不怒矣；出为无为，则为出于无为矣。欲静则平气，欲神则顺心，有为也欲当，则缘于不得已，不得已之类，圣人之道。

[白话]

羿善于射中微小的对象，而拙于使别人不称赞自己。圣人善于契合自然，而拙于配合人为。善于契合自然又长于配合人为的，只有全人才办得到。只有动物能够安于动物，只有动物能够配合自然。全人没有自然之见，没有人为与自然之分；怎么会像我一样想着自然啊，人为啊！一只麻雀飞过羿的面前，说羿一定会射中它，那还有些变数；如果把天下当作鸟笼，麻雀就无处可逃了。

所以商汤用厨师来笼络伊尹，秦穆公用五张羊皮来笼络百里奚。所以，不利用一个人的所好来笼络他而可以成功，那是没有的事。断足者行事不守法度，因为不在乎毁誉了；受刑者登高也不害怕，因为超越了死生。别人再三恐吓，我也不回应，根本忘记别人的存在，忘记别人，就可以成为自然之人了。所以，能做到受尊敬而不欣喜，受侮辱而不生气的，只有那与自然的韵律完全配合的人了。发出怒气而不是有心发怒，那么怒气是出于不怒了；有所作为而不是有心去做，那么作为是出于无为了。要安静，就要平定气息；要体悟神妙境界，就要顺应内心；有所作为若要恰到好处，就须顺着不得已而行。出于不得已的做法，就是圣人之道。

[解读]

① 圣人"工乎天而拙乎人"；全人"工乎天而俍乎人"。全人的境界显然高于圣人。全人能够如此，是因为"恶（乌，无）天，恶人之（与）天"。凡是有天、人之分的，就受到限制了。这实在太难了，所以接着所谈的仍为圣人之道。

② 圣人之道要由"外非誉，遗死生，忘人"，再到"同乎天和"。这时的作为要顺着"不得已"。不得已并非出于勉强或无奈，而是指外在条件成熟之时，顺势而行的智慧。

傅佩荣解读《庄子》（修订版）

徐无鬼　第二十四

要旨：古代政治由上而下，只要说服统治者，天下就太平
无事。但这正是艰难的挑战。今日情况不同，人人
皆可自修自省，亦可以逍遥无待，但调节自己的观
念并非易事。首先要去除外在包装，以真心与人相
待，不必炫耀，不可偏执，不慕荣利。然后修养身
心，体验"未始有物"而成为真人。

[24.1]

徐无鬼因女商见魏武侯，武侯劳之曰："先生病矣，苦于山
林之劳，故乃肯见于寡人。"徐无鬼曰："我则劳于君，君有何劳
于我？君将盈耆（shì）欲，长好恶，则性命之情病矣；君将黜耆
欲，掔（qiān）好恶，则耳目病矣。我将劳君，君有何劳于我？"
武侯超然不对。少焉，徐无鬼曰："尝语君，吾相狗也。下之质
执饱而止，是狸德也；中之质若视日；上之质若亡其一。吾相狗，
又不若吾相马也。吾相马，直者中绳，曲者中钩，方者中矩，圆
者中规，是国马也，而未若天下马也。天下马有成材，若恤若失，
若丧其一。若是者，超轶（yì）绝尘，不知其所。"武侯大说（yuè）
而笑。

徐无鬼由于女商的安排，前往拜见魏武侯，武侯慰问他说："先生疲惫了，山林生活一定很劳苦，才肯见寡人。"徐无鬼说："我是来慰问君侯的，君侯有什么可以慰问我的呢？君侯若是想满足嗜欲，放纵好恶之情，那么性命的真实就会受损；君侯若是想断绝嗜欲，去除好恶之情，那么耳目的享受就会受损。我正要来慰问君侯，君侯有什么可以慰问我的呢？"武侯怅然若失，没有回答。过了一会儿，徐无鬼说："我来告诉你，我的相狗术。下等资质的狗只求吃饱就好，表现像猫一样的天赋；中等资质的狗好像看着太阳，神情专注；上等资质的狗好像忘了自己的存在。我的相狗术，又不如我的相马术。我相马所看的，直的要合乎绳墨，曲的要合乎弯钩，方的要合乎矩尺，圆的要合乎圆规，这样就是国马了，但是还比不上天下马。天下马有天生的材质，在静止或走动时，都像忘了自己的存在。这样的马，跑起来超逸绝尘，不知止于何处。"武侯非常高兴，笑了起来。

[解读]

① 徐无鬼面对武侯时，做到了"说大人，则藐之"。不过，他的凭借并非孟子所谓的浩然之气，而是庄子所肯定的智慧。

② 相马时，直的是指齿，曲的是指背上，方的是指头，圆的是指目。武侯听到这些"言不及义"的话，为何大悦而笑？理由请见下文。

[24.2]

徐无鬼出，女商曰："先生独何以说（shuì）吾君乎？吾所以说吾君者，横说之则以《诗》《书》《礼》《乐》，从（zòng）说之则以《金版》《六弢（tāo）》，奉事而大有功者不可为数，而吾君未尝启齿。今先生何以说吾君，使吾君说（yuè）若此乎？"徐无鬼曰："吾直告之吾相狗马耳。"女商曰："若是乎？"曰："子不闻夫越之流人乎？去国数日，见其所知而喜；去国旬月，见所尝见于国中者喜；及期（jī）年也，见似人者而喜矣。不亦去人滋久，思人滋深乎？夫逃虚空者，藜藿（lí huò）柱乎鼪鼬（shēng yòu）之径，踉（liàng）位其空，闻人足音跫（qióng）然而喜矣，有况乎昆弟亲戚之謦（qǐng）欬（kài）其侧者乎！久矣夫莫以真人之言謦欬吾君之侧乎！"

［白话］

徐无鬼出来后，女商说："先生究竟对君侯说了些什么？我一向告诉君侯的，从远处说，是谈《诗》《书》《礼》《乐》，从近处说，是谈《金版》《六弢》，见于行事而大有效验的不计其数，而君侯从来没有开口笑过。现在先生对君侯说了些什么，让君侯这么高兴呢？"徐无鬼说："我只是告诉他，我怎么相狗与相马而已。"女商说："就是这样吗？"徐无鬼说："你没有听过越国有被流放的人吗？离开国家几天后，看见认识的人就很高兴；离开国家一个月后，看到曾在国内见过的东西就很高兴；等到离开国家一年以后，看到像是同乡的人就很高兴。这不是离开故人越久，思念故人越深吗？至于逃难到空旷荒地的人，野草把黄鼠狼出没的路径都堵塞了，长久居住在旷野中，听到人走路的脚步声就高兴起来，更何况是有兄弟亲戚在身边谈笑呢！很久没有人用真实的言语在君侯身边谈笑了啊！"

［解读］

① 《金版》《六弢》，记载姜太公的兵法与谋术。《六弢》所论为

文、武、虎、豹、龙、犬。

② 以"越之流人"比拟武侯，因为政治领袖与人群之间，难免有很大的距离。徐无鬼把武侯当成凡人看，与他谈相狗、相马之事，使武侯感觉自己重新回到人的世界，自然会觉得高兴了。

[24.3]

徐无鬼见武侯，武侯曰："先生居山林，食芧（xù）栗，厌葱韭，以宾寡人，久矣夫！今老邪？其欲干酒肉之味邪？其寡人亦有社稷之福邪？"徐无鬼曰："无鬼生于贫贱，未尝敢饮食君之酒肉，将来劳君也。"君曰："何哉，奚劳寡人？"曰："劳君之神与形。"武侯曰："何谓邪？"徐无鬼曰："天地之养也一，登高不可以为长，居下不可以为短。君独为万乘之主，以苦一国之民，以养耳目鼻口，夫神者不自许也。夫神者，好和而恶奸；夫奸，病也，故劳之。唯君所病之，何也？"武侯曰："欲见先生久矣。吾欲爱民而为义偃兵，其可乎？"徐无鬼曰："不可。爱民，害民之始也；为义偃兵，造兵之本也。君自此为之，则殆不成。凡成美，恶器也；君虽为仁义，几且伪哉！形固造形，成固有伐，变固外战。君亦必无盛鹤列于丽谯（qiáo）之间。无徒骥于锱坛之宫，无藏逆于得，无以巧胜人，无以谋胜人，无以战胜人。夫杀人之士民，兼人之土地，以养吾私与吾神者，其战不知孰善？胜之恶乎在？君若勿已矣，修胸中之诚，以应天地之情而勿撄。夫民死已脱矣，君将恶乎用夫偃兵哉！"

[白话]

徐无鬼拜见魏武侯，武侯说："先生住在山林里，吃橡树子，饱食葱菜韭菜，抛弃寡人已经很久了！现在老了吗？想尝尝酒肉的味道吗？还是寡人能得到你的帮助造福国家呢？"徐无鬼说：
"我生长于贫贱之中，从来不敢享用君侯的酒肉，我是来慰问君
侯的。"武侯说："你说什么？要如何慰问寡人呢？"徐无鬼说：
"要慰问君侯的心神与身体。"武侯说："这话是什么意思呢？"
徐无鬼说："天地养育万物是均等的，登上高位的不可认为自己
尊贵，屈居下位的不可认为自己卑贱。君侯一人作为万乘之主，
劳苦一国人民，来满足耳目口鼻的欲望，但是心神却不允许自己
这么做。人的心神，喜欢和谐而厌恶偏私；偏私，就是有病，所
以我前来慰问。只是君侯所生的病，该怎么办呢？"武侯说："希
望见到先生已经很久了。我想要爱护人民，为了道义而停止战争，
这样可以吗？"徐无鬼说："不可以。爱护人民，是残害人民的
开始；为了道义而停止战争，是起兵作战的根源。君侯从这里着
手，一定不会成功。凡是大家公认的美好事物，都是作恶的工
具。君侯虽然行仁义，恐怕也是虚伪的啊！有形象，一定会有伪
造的形象；有成功，一定会有失败的时候；有改变，一定带来外
在的争斗。君侯千万不要在高楼之间陈列兵阵，不要在锱坛宫前
集合兵骑，不要悖理去贪求，不要用巧诈去胜过别人，不要用谋
略去胜过别人，不要用战争去胜过别人。像杀害别国的百姓，兼
并别国的土地，来满足自己的私欲与心意，这种战争不知有什么
好处？胜利的人又在哪里？君侯不如停下这一切，修养内心的真
诚，来顺应天地的实际情况，不要去扰乱它。那么，人民就可以
摆脱死亡的威胁，君侯又何必谈什么停止战争呢！"

[解读]

① 在徐无鬼看来，人有形与神；形如果放纵，神不会允许。武侯
   一听就懂，想要"爱民、偃兵"。由此可见良师益友的重要。
   但是，任何有心的作为，在道家看来都有后遗症。

"鹤列"为阵名，谓兵如鹤之列行。"丽谯"为连栋的高楼。

② 道家所谓的"修胸中之诚"，其目的不是为了行仁义，而是为了"应天地之情"，所以重点在于智慧体悟。

[24.4]

黄帝将见大隗（wěi）乎具茨（cí）之山，方明为御，昌宇骖（cān）乘（shèng），张若、謵（xí）朋前马，昆阍（hūn）、滑（gǔ）稽后车；至于襄城之野，七圣皆迷，无所问涂。适遇牧马童子，问涂焉，曰："若知具茨之山乎？"曰："然。""若知大隗之所存乎？"曰："然。"黄帝曰："异哉小童！非徒知具茨之山，又知大隗之所存。请问为天下？"小童曰："夫为天下者，亦若此而已矣，又奚事焉！予少而自游于六合之内，予适有瞀（mào）病，有长者教予曰：'若乘日之车而游于襄城之野。'今予病少痊，予又且复游于六合之外。夫为天下，亦若此而已。予又奚事焉？"黄帝曰："夫为天下者，则诚非吾子之事，虽然，请问为天下。"小童辞。黄帝又问。小童曰："夫为天下者，亦奚以异乎牧马者哉！亦去其害马者而已矣。"黄帝再拜稽首，称天师而退。

[白话]

黄帝要去具茨山拜见大隗，由方明驾车，昌宇陪乘，张若、謵朋在马前引导，昆阍、滑稽在车后跟随。来到襄城郊外，七位圣人都迷失了方向，没有人可以问路。正好遇见牧马的童子，就向他问路说："你知道具茨山吗？"童子说："是的。"又问："你知道大隗住在哪里吗？"童子说："是的。"黄帝说："这个童子真是特别啊！不但知道具茨山，还知道大隗的住所。我想请教怎么治理天下。"童子说："治理天下的人，也只是这样罢了，哪里有什么事呢！我小时候自己在天地之内遨游，我恰好患了目眩症，一位长辈教我说：'你可以乘坐太阳车，到襄城郊外去遨游。'现在我的病稍微好些，我又要到天地之外去遨游。治理天下也只是这样罢了，我又有什么事可做呢？"黄帝说："治理天下，实在不是你的事。虽然如此，还是要请教怎么治理天下。"童子推辞。黄帝又再请教。童子说："治理天下的人，与牧马的人又有什么不同呢！也只是除去对马有害的东西罢了。"黄帝一再叩首拜谢，称他为天师，然后离去。

[解读]

① 七圣皆迷，牧马童子却知道答案。这里的"圣"，是指人间的领袖人物，各有才智，但是未必知道究竟真实。"具茨之山"在今河南新郑附近，近年有文物出土，资料极古。

② 童子的意思是：天下本无事，庸人自扰之。他小时候到处遨游，若有阻碍（瞀病），则顺着自然的变化（乘日之车），如此而已。

③ 天师：师法自然的人。后代所谓的"天师"，未必与自然有关。

[24.5]

知士无思虑之变则不乐，辩士无谈说之序则不乐，察士无凌谇（suì）之事则不乐，皆囿于物者也。招世之士兴朝，中民之士荣官，筋力之士务难，勇敢之士奋患，兵革之士乐战，枯槁之士宿名，法律之士广治，礼教之士敬容，仁义之士贵际。农夫无草莱之事则不比，商贾无市井之事则不比。庶人有旦暮之业则劝，百工有器械之巧则壮。钱财不积则贪者忧，权势不尤则夸者悲，势物之徒乐变，遭时有所用，不能无为也。此皆顺比于岁，不物于易者也。驰其形性，潜之万物，终身不反，悲夫！

[白话]

智谋之士没有思虑上的变化就不会快乐，善辩之士没有在谈论上分出高下就不会快乐，明察之士没有可以凌辱责骂的事情就不会快乐，他们都是受到外物的束缚。举才之士兴于朝廷，得民之士荣享官位，强力之士冒险犯难，勇敢之士奋起除患，持戈之士乐于征战，避世之士留下名声，法律之士推广治术，礼教之士整饰仪容，仁义之士重视交往。农夫没有耕种就不自在，商人没有买卖就不自在，百姓有日常的工作就会振奋，工匠有精巧的器械就会勤勉。钱财积得不多，贪婪的人就会烦恼；权势扩展不快，好胜的人就会难过。仗势图利的人喜欢变乱，遭逢时机就大显身手，不能无所作为啊。这些都是随着情况起伏，无法摆脱外物束缚的人。他们放纵形体与本性，沉溺于万物之中，终身不能回头，真是可悲啊！

[解读]

① "士"在古代是指受过教育的人，包括文士与武士，地位比一般百姓高。在此列出十二种士，各有所长，也各有所偏。此外，还有农夫、商贾、庶人、百工。由此大致可以看出古代社会的结构。

② 这些人因为"囿于物"或"不物于易"（应为"不易于物"），所以"不能无为"。但是无为又要如何谋生呢？庄子之意，大概是提醒人不要执著于一己的专长，以致往而不返。

[24.6]

庄子曰："射者非前期而中，谓之善射，天下皆羿也，可乎？"惠子曰："可。"庄子曰："天下非有公是也，而各是其所是，天下皆尧也，可乎？"惠子曰："可。"庄子曰："然则儒、墨、杨、秉四，与夫子为五，果孰是邪？或者若鲁遽者邪？其弟子曰：'我得夫子之道矣，吾能冬爨鼎而夏造冰矣。'鲁遽曰："是直以阳召阳，以阴召阴，非吾所谓道也，吾示子乎吾道。'于是为之调瑟，废一于堂，废一于室，鼓宫宫动，鼓角（jué）角动，音律同矣。夫或改调一弦，于五音无当也，鼓之，二十五弦皆动，未始异于声，而音之君已形也。且若是者邪？"惠子曰："今夫儒、墨、杨、秉，且方与我以辩，相拂以辞，相镇以声，而未始吾非也，则奚若矣？"庄子曰："齐人蹢（dí）子于宋者，其命阍（hūn）也不以完，其求钘（xíng）钟也以束缚，其求唐子也而未始出域，有遗类矣夫！楚人寄而谪阍者，夜半于无人之时而与舟人斗，未始离于岑，而足以造于怨也。"

[白话]

庄子说："射箭的人不依预定目标而误中，说他是善于射箭，那么天下人都是羿了，可以这样说吗？"惠子说："可以。"庄子说："天下没有公认的是非，如果每个人都自以为是，那么天下人都是尧了，可以这样说吗？"惠子说："可以。"庄子说："那么，儒者、墨者、杨朱、公孙龙四家，加上你为五家，究竟谁说得对呢？或者像鲁遽那样吗？鲁遽的弟子说：'我学了老师的道术，我能在冬天生火烧饭，夏天取水造冰。'鲁遽说：'这只是用阳气招引阳气，用阴气招引阴气，并非我所谓的道术。我来让你看看我的道术。'于是调整瑟弦，放一张瑟在堂上，放一张瑟在内室，弹出这一张瑟的宫音，另一张的宫音也响起来，弹出这一张瑟的角音，另一张的角音也响起来，这是音律相同的缘故。如果改动其中一弦的音调，让它与五音不合，然后一弹就二十五弦跟着响起来，声音并没有什么不同，只是随着主音而改变。你们都是像这样的吗？"惠子说："现在儒者、墨者、杨朱、公孙龙，将会与我辩论，彼此用言词互相攻击，用声音互相压制，却没有办法说是我错，那么该如何呢？"庄子说："齐国有人发现孩子犯罪，就把他流放到宋国，但是自己却任用受刑的残废者做守门人；他得到一个钘钟酒器，就用绳子小心绑好，但是寻找走失的孩子，却不肯走到门外，你们也是类似的情况吧！楚国有人寄居在别人家里，还苛责守门人；这就像夜半无人的时候与船夫争斗，船还没有靠岸就已经结下怨恨了。"

[解读]

① 秉：公孙龙，字子秉。另外，有谓"儒"为郑缓（其事见[32.2]），"墨"为墨翟。

② 庄子以鲁遽为例，是要指出他的道术用在演奏上是"同声相应"，与弟子所用的"同气相召"，其实并无不同。各家之间的争论在本质上也是半斤八两。而惠子仍然认为自己胜人一筹。躇：借为"谪"，为斥逐。唐子："唐"为空，指亡失之子。

③ 庄子随后以齐人为喻，指出：同样是犯罪，对孩子无法原谅，对守门人则无所谓；并且，爱惜酒器甚至超过爱护孩子。这些都是本末倒置的执著。然后，楚人之喻指出：同代之人相亲唯恐不及，何必急着结怨？守门人可以让你进不了门，船夫可以让你上不了岸，真是何苦如此？

[24.7]

庄子送葬，过惠子之墓，顾谓从者曰："郢人垩（è）慢其鼻端若蝇翼，使匠石斲之。匠石运斤成风，听而斲之，尽垩而鼻不伤，郢人立不失容。宋元君闻之，召匠石曰：'尝试为寡人为之。'匠石曰：'臣则尝能斲之。虽然，臣之质死久矣。'自夫子之死也，吾无以为质矣，吾无与言之矣！"

[白话]

庄子送葬时，经过惠子的坟墓；他回头对跟随的人说："郢地有个人把石灰抹在鼻尖上，薄得像苍蝇翅膀，再请石匠替他削去。石匠运起斧来轮转生风，顺手砍下，把石灰完全削去，而鼻子毫无损伤。郢地这个人站在那里面不改色。宋元君听说这件事，就召石匠来说：'请你做给寡人看看。'石匠说：'我还是能用斧头削去石灰。不过，我的对手已经死去很久了。'自从先生去世以后，我没有对手了，我没有可以谈话的人了！"

[解读]

① 庄子自比为匠石（有谓匠人名石），技艺高超，但是若无勇敢的郢人，对他深具信心，就不可能完成此一惊人的表演。惠子能得庄子如此描述，九泉之下值得安慰了。垩慢："垩"为白善土；"慢"借为"漫"，为污，为涂。

② 庄子认为惠子一死，他就没有可说话的人，即使说话也不会有人理解他的用心。有趣的是，孔子也曾感叹"莫我知也夫"（《论语·宪问》）。看来儒家与道家的主张，并非一般人可以由表面去认识的。

[24.8]

管仲有病，桓公问之，曰："仲父之病病矣，不可讳，云至于大病，则寡人恶乎属国而可？"管仲曰："公谁欲与？"公曰：

"鲍叔牙。"曰："不可。其为人洁廉善士也。其于不己若者不比之，又一闻人之过，终身不忘。使之治国，上且钩乎君，下且逆乎民。其得罪于君也，将弗久矣。"公曰："然则孰可？"对曰："勿已，则隰（xí）朋可。其为人也，上忘而下畔，愧不若黄帝，而哀不己若者。以德分人谓之圣，以财分人谓之贤。以贤临人，未有得人者也；以贤下人，未有不得人者也。其于国有不闻也，其于家有不见也。勿已，则隰朋可。"

[白话]

管仲生病了，桓公去探病，问他说："您的病很重了，若不避讳地说，万一大病不起，寡人要把国事托付给谁才好呢？"管仲说："您想要交给谁？"桓公说："鲍叔牙。"管仲说："不可以。他是个廉洁的好人，对于不如自己的人就不来往，一听说别人的过错就终身不忘。如果让他治国，对上会约束国君，对下会违逆百姓。过不了多久，他就会得罪国君了。"桓公说："那么谁可以呢？"管仲说："不得已的话，隰朋可以。他的为人，能使居上位者忘记他的存在，居下位者愿意与他为伴，他自愧不像黄帝那么伟大，而同情不如自己的人。用德行帮助人，称为圣人；用钱财帮助人，称为贤人。以贤才来向人夸耀，没有能得民心的；以贤才来谦虚待人，没有不得民心的。他对国事不会一一干预，对家事不会一一苛察。不得已的话，隰朋可以。"

[解读]

① 齐桓公尊称管仲为"仲父"，因为"仲"是管仲的字，亦即尊之如父，又有以仲父为叔父之意。管仲与鲍叔牙是至交，但是他并不以私害公。

② 相对于鲍叔牙的"清"，隰朋的性格是"和"。从政仍以和为

贵。管仲的想法得自实际的工作经验，其中的道理则合乎道家的观点，就是"和光同尘"。

[24.9]

吴王浮于江，登乎狙（jū）之山。众狙见之，恂（xún）然弃而走，逃于深蓁（zhēn）。有一狙焉，委蛇攫（jué）搔，见巧乎王。王射之，敏给搏捷矢。王命相者趋（cù）射之，狙执死。王顾谓其友颜不疑曰："之狙也，伐其巧、恃其便以敖予，以至此殛（jí）也。戒之哉！嗟乎，无以汝色骄人哉！"颜不疑归而师董梧，以锄其色，去乐辞显，三年而国人称之。

[白话]

吴王渡过长江，登上一座猴山。群猴看见人来，都惊慌地跑开，逃到荆棘丛林中。有一只猴子，从容地攀着树枝跳跃，在吴王前卖弄灵巧的身手。吴王射它，它敏捷地接住来箭。吴王命令左右助手迅速发箭，它就中箭摔下而死。吴王回头对他的朋友颜不疑说："这只猴子自以为灵巧，仗着身手敏捷来傲视我，才会落到这样的下场。要引以为戒啊！唉，不要以骄傲的态度对待人啊！"颜不疑回去就拜董梧为师，去除骄傲的态度，摒弃享乐，谢绝荣华，三年之后，国人都称赞他。

[解读]

① 再怎么灵巧的猴子，也抵不住万箭齐发。不过，猴子未必有此判断。吴王就不同了，他体会之后，还能转告朋友。颜不疑因而受益，吴王是否有所改变就不得而知了。

[24.10]

南伯子綦（qí）隐几而坐，仰天而嘘。颜成子游入见曰："夫子，物之尤也，形固可使若槁骸，心固可使若死灰乎？"曰："吾尝居山穴之中矣。当是时也，田禾一睹我，而齐国之众三贺之。我必先之，彼故知之；我必卖之，彼故鬻（yù）之。若我而不有之，彼恶得而知之？若我而不卖之，彼恶得而鬻之？嗟乎！我悲人之自丧者，吾又悲夫悲人者，吾又悲夫悲人之悲者，其后而日远矣。"

[白话]

南伯子綦靠着桌子坐着，仰起头来缓缓吐出一口气。颜成子游进来见了，就说："老师，真是了不起啊。形体固然可以变成像枯骨一样，心神真的可以变得像死灰一样吗？"南伯子綦说："我曾经住在山林洞穴里。那个时候，齐君田禾一来看望我，齐国百姓就再三向他祝贺。我一定是先有名声，他才会知道的；我一定是卖弄名声，他才会来收买的。如果我没有名声，他怎么会知道呢？如果我不卖弄名声，他怎么会来收买呢？唉！我为迷失自我的人悲哀，我又为替别人悲哀的人悲哀，我又为替别人悲哀的人的悲哀而悲哀。然后我就一天天远离这一切了。"

[解读]

① 南伯子綦原是有名的隐者，所以受政治人物所利用。觉悟这一点之后，开始回归真我。他所说的三个连续的"悲"字，一层层后退，最后才抵达了"心若死灰"的忘我之境。

② 本章第一小段与 [2.1] 类似，因此南伯子綦应该就是南郭子綦。

[24.11]

　　仲尼之楚，楚王觞之，孙叔敖执爵而立，市南宜僚受酒而祭曰：“古之人乎！于此言已。”曰：“丘也闻不言之言矣，未之尝言，于此乎言之。市南宜僚弄丸而两家之难（nàn）解。孙叔敖甘寝秉羽而郢人投兵。丘愿有喙三尺。”彼之谓不道之道，此之谓不言之辩。故德总乎道之所一，而言休乎知之所不知，至矣。道之所一者，德不能同也；知之所不能者，辩不能举也；名若儒、墨而凶矣。故海不辞东流，大之至也；圣人并包天地，泽及天下，而不知其谁氏。是故生无爵，死无谥（shì），实不聚，名不立，此之谓大人。狗不以善吠为良，人不以善言为贤，而况为大乎！夫为大不足以为大，而况为德乎！夫大备矣，莫若天地；然奚求焉？而大备矣。知大备者，无求，无失，无弃，不以物易己也。反己而不穷，循古而不摩，大人之诚。

[白话]

　　孔子来到楚国，楚王宴请他，孙叔敖手捧酒器站着，市南宜僚接过酒来致祭，说：“古代的人啊！在这里要说话了。”孔子说：“我曾听说无言之言，没有向人说过，在这里要说一说。市南宜僚玩弄着弹丸而使自己避开两个大夫之家的危难。孙叔敖手持羽扇安静躺着而使楚国免于用兵。我真希望自己有三尺长的嘴巴，可以用说的来做到这些事。”这二人所做的，可以称为不言之言；孔子所谈的，可以称为不言之辩。所以，禀赋要归结于道的统一整体中，而言语要停止于智力所不知道的领域，这样才是最高的境界。道的统一整体，禀赋是无法涵盖的；智力所不及的领域，辩才是无法解说的。名称分立像儒家、墨家那样，就会招来灾祸。所以，大海不排斥东流的水，这是大的极致。圣人包容天地，恩及天下，而人民不知他是谁。因此在世时没有爵位，死后没有谥号，不积聚财货，不建立名声，这就是所谓的大人。狗不因为它喜欢叫，就算好狗；人不因为他会讲话，就算杰出，更何况是伟大啊！连有心成就伟大都不足以变得伟大，更何况是要成就禀赋呢！说到大，没有比得上天地的，但是天地追求什么呢？它是最完备的。了解什么是最完备的，这样的人无所追求，无所丧失，无所舍弃，不因外物而改变自己。回归自己就不会困窘，顺应常法就不会磨灭，这才是大人的真实状态。

[解读]

① 孙叔敖与市南宜僚，分别是楚国的宰相与隐士，他们与孔子并非同一时代的人，所以本文纯属寓言。

② 市南宜僚在楚国白公胜作乱时，"白公胁之，弄丸如故"，不愿参与其事。他弄丸时，"丸八常在空，一在手"，足以使人眼花缭乱。"二家之难"是指令尹子西、子期被白公所杀。

③ 本文所谓"大"，有伟大、广大之意。伟大，是难以企及；广大，是无所不包。而关键在于安于禀赋，"不以物易己"。

[24.12]

　　子綦有八子，陈诸前，召九方歅（yīn）曰："为我相吾子，孰为祥？"九方歅曰："梱也为祥。"子綦瞿（jù）然喜曰："奚若？"曰："梱也将与国君同食以终其身。"子綦索然出涕曰："吾子何为以至于是极也？"九方歅曰："夫与国君同食，泽及三族，而况于父母乎！今夫子闻之而泣，是御福也。子则祥矣，父则不祥。"子綦曰："歅，汝何足以识之，而梱祥邪？尽于酒肉，入于鼻口矣，而何足以知其所自来！吾未尝为牧而牂（zāng）生于奥，未尝好田而鹑（chún）生于宎（yǎo），若勿怪，何邪？吾所与吾子游者，游于天地。吾与之邀乐于天，吾与之邀食于地，吾不与之为事，不与之为谋，不与之为怪；吾与之乘天地之诚，而不以物与之相撄，吾与之一委蛇，而不与为事所宜，今也然有世俗之偿焉。凡有怪征者，必有怪行，殆乎非我与吾子之罪，几天与之也。吾是以泣也。"无几何而使梱之于燕，盗得之于道，全而鬻之则难，不若刖之则易，于是刖（yuè）而鬻之于齐，适当渠公之街，然身食肉而终。

[白话]

子綦有八个儿子，都站在他面前，他请来九方歅，对他说："给我的儿子看看相，谁最有福气？"九方歅说："梱最有福气。"子綦惊喜地说："他会怎么样呢？"九方歅说："梱终身都会与国君一起饮食。"子綦伤心流泪说："我的儿子为什么会陷入这种绝境呢？"九方歅说："与国君一起饮食，恩泽会普及到三族，何况是父母呢！现在先生听了反而哭泣，这是拒绝福分。看来儿子有福气，父亲却没有福气。"子綦说："歅，你怎么能够了解这个道理，梱真的有福气吗？只不过是酒肉送入口鼻而已，又怎么知道酒肉是哪里来的！我没有畜牧而住屋西南角却出现羊只；没有打猎而住屋东南角却出现鹌鹑。你不觉得奇怪，为什么呢？我教我的儿子遨游，是要遨游于天地之间。我教他们与自然同乐，我教他们与大地共食，我不教他们做成事业，不教他们运用谋略，不教他们标新立异；我教他们顺从天地的实况，不因追逐外物而与此相违背，我教他们一切顺其自然，而不教他们选择什么事该做，现在居然会得到世俗的报偿。凡是有奇怪的征兆，一定有奇怪的事情，这恐怕不是我与我儿子的过错，而是上天给他的。我因此哭泣啊。"没过多久，他派梱去燕国；在途中梱被强盗掳走，强盗认为四肢健全的人很难卖出去，不如把脚砍掉比较容易些，于是砍掉他的脚，把他卖到齐国，正好担任齐康公的守门人，终身都有肉可吃。

[解读]

① 一般所说的"祥"，是指世俗的成就与享受。但是，这种"祥"是要人付出代价的。尤其是天降之福，往往有天降之祸相伴。

② 子綦教导儿子的作为，合乎道家要求，但是他在得悉算命的结果后伤心痛哭，可见仍难免于亲情的不舍。

③ 渠公，为齐康公，亦即前面所说的国君。

[24.13]

啮缺遇许由，曰："子将奚之？"曰："将逃尧。"曰："奚谓邪？"曰："夫尧畜畜然仁，吾恐其为天下笑。后世其人与人相食与！夫民，不难聚也，爱之则亲，利之则至，誉之则劝，致其所恶则散。爱利出乎仁义，捐仁义者寡，利仁义者众。夫仁义之行，唯且无诚，且假夫禽贪者器。是以一人之断制利天下，譬之犹一觋（piē）也。夫尧知贤人之利天下也，而不知其贼天下也，夫唯外乎贤者知之矣。"

[白话]

啮缺遇到许由，说："你要去哪里？"许由说："要逃避尧。"啮缺说："为什么呢？"许由说："尧孜孜不倦地行仁，我担心他会被天下人嘲笑。后世大概会有人吃人的惨事啊！人民是不难聚集的，爱护他们就会亲近，给他们利益就会前来，称赞他们就会勤奋，让他们厌恶就会离散。爱护与利益都是出于仁义，忘掉仁义的人很少，利用仁义的人很多。仁义如果推行开来，就会带来虚伪，并且成为凶残贪婪者的工具。这是只凭一个人的判断来决定什么对天下有利，就好像眼睛一瞥就想看尽一切。尧知道贤人对天下有利，却不知道他们对天下也有害，只有不在乎贤人的人，才知道这个道理啊。"

[解读]

① 仁义如果变成招牌，成为工具，人与人就会以"无诚"虚伪相待。虚伪的目的是利用别人，推到极点，不是"人与人相食"吗？

[24.14]

有暖姝（shū）者，有濡需者，有卷（quán）娄者。所谓暖姝者，学一先生之言，则暖暖姝姝而私自说也，自以为足矣，而未知未始有物也，是以谓暖姝者也。濡需者，豕（shǐ）虱是也，择疏鬣（liè）自以为广宫大囿，奎蹄曲隈（wēi），乳间股脚，自以为安室利处。不知屠者之一旦鼓臂布草，操烟火，而己与豕俱焦也。此以域进，此以域退，此其所谓濡需者也。卷娄者，舜也。羊肉不慕蚁，蚁慕羊肉，羊肉膻也。舜有膻行，百姓悦之，故三徙成都，至邓之虚而十有万家。尧闻舜之贤，举之童土之地，曰冀得其来之泽。舜举乎童土之地，年齿长矣，聪明衰矣，而不得休归，所谓卷娄者也。是以神人恶众至，众至则不比，不比则不利也。故无所甚亲，无所甚疏，抱德炀（yáng）和以顺天下，此谓真人。于蚁弃知，于鱼得计，于羊弃意。

[白话]

有沾沾自喜的人，有得过且过的人，有劳苦不堪的人。所谓沾沾自喜的人，就是只学到一位老师的言论，就心悦诚服而暗自得意，以为自己已经足够了，却不知道原本并无一物存在，所以说他是沾沾自喜的人。得过且过的人，像猪身上的虱子，选择猪鬃稀疏的地方，自以为是广阔的宫廷园林，寄居在蹄边胯下、乳旁股脚，自以为是安居便利的处所，却不知道屠夫有一天举起手臂，铺下柴草生起烟火，自己就与猪一起烧焦了。像这样随着环境而生存，也随着环境而毁灭，就是所谓得过且过的人。劳苦不堪的人，像舜一样。羊肉不爱慕蚂蚁，蚂蚁却爱慕羊肉，因为羊肉有膻腥的味道。舜表现了有膻腥味的作为，百姓都喜欢他，所以他三次迁徙就形成都城，抵达邓地旷野时已经有十几万家百姓了。尧听说舜的贤能，把他从荒野之地提拔出来，说希望他能带给百姓恩泽。舜从荒野之地被选拔出来，到年岁大了，耳目衰退了，还不能退休回家，这就是所谓的劳苦不堪的人。因此，神人厌恶众人来归附，众人来归附就无法照顾周全，无法照顾周全则无法和睦相处。所以，他对人不特别亲近也不特别疏远，持守天赋、培养和气来顺应天下，这才称为真人。这样的真人，使蚂蚁放弃分辨的能力，使鱼在水中悠游自得，使羊放弃膻腥的味道。

[解读]

① 暖姝者学会一家之言，但是不知道任何伟大的学说都需面对"本来无一物"的挑战。濡需者连学习都谈不上，只是苟且偷生而已。卷娄者虽然自讨苦吃，至少仍有心助人。将"有心"提升为"无心"，亦即"抱德炀和"，才是上策。

② "未始有物"一语亦见于［2.8］和［22.14］，可见此为庄子极为重视的观点。

[24.15]

以目视目，以耳听耳，以心复心。若然者，其平也绳，其变也循。古之真人，以天待人，不以人入天，古之真人，得之也生，失之也死；得之也死，失之也生。药也，其实堇也，桔梗也，鸡痈（yōng）也，豕零也，是时为帝者也，何可胜言！句践也，以甲楯（shǔn）三千栖于会（kuài）稽。唯种也能知亡之所以存，唯种也不知其身之所以愁。故曰，鸱（chī）目有所适，鹤胫（jìng）有所节，解之也悲。故曰：风之过河也有损焉，日之过河也有损焉。请只风与日相与守河，而河以为未始其撄也，恃源而往者也。故水之守土也审，影之守人也审，物之守物也审。故目之于明也殆，耳之于聪也殆，心之于殉也殆，凡能其于府也殆，殆之成也不给改。祸之长也兹萃，其反也缘功，其果也待久。而人以为己宝，不亦悲乎！故有亡国戮民无已，不知问是也。

[白话]

用眼睛去看眼睛所能看见的，用耳朵去听耳朵所能听到的，用心智去观照心智所能思考的。能做到如此，则平静时如绳一样直，变化时有如随顺万物。古代的真人，用自然来对待人事，不用人事去干扰自然。古代的真人，以得为生，以失为死；以得为死，以失为生。譬如药材，乌头、桔梗、鸡头草、猪苓根这些药草，在需要用它做主药的时候，就珍贵了，像这样的例子怎么说得完呢！勾践被夫差打败时，率领三千士兵退守于会稽山，只有文种知道越国虽亡还可以图生存，也只有文种不知道自己将有杀身的忧虑。所以说，猫头鹰的眼睛只能适应夜晚，鹤的脚一定有那么长，截短了它就悲哀。所以说，风吹过会使河水有所减损，太阳照过也会使河水有所减损。让风与太阳一起降在河水上，而河水却完全没有受损，那是靠着水源不断注入啊。所以，水守着土才会安定，影子守着人才会安定，一物守住他物才会安定。所以，眼睛过于求明，会有危险；耳朵过于求聪，会有危险；心智过于求通，会有危险；凡是保存收藏才能的，都会有危险；危险一旦形成，就来不及改变了。祸患的滋长越来越多，要想去祸得福，须靠累积的努力，要想获得成果，则需要长久的时日。而人们还把耳、目、心智当成宝贝，不是很可悲吗！所以亡国杀人的事端不会停止，就是因为不知探讨上述道理啊。

[解读]

① 本文强调适可而止，随顺外物。时机到了就上场，时机一过就隐退，不要企图改变自然状态。

② 河水不受风日影响，是因为有"源"。守住源头与根本，不要突显才干与能力，如此方可安定。

[24.16]

故足之于地也践，虽践，恃其所不蹍（zhǎn）而后善博也；人之于知也少，虽少，恃其所不知而后知天之所谓也。知大一，知大阴，知大目，知大均，知大方，知大信，知大定，至矣。大一通之，大阴解之，大目视之，大均缘之，大方体之，大信稽之，大定持之。尽有天，循有照，冥有枢，始有彼。则其解之也似不解之者；其知之也似不知之也，不知而后知之。其问之也，不可以有崖，而不可以无崖。颉（xié）滑有实，古今不代，而不可以亏，则可不谓有大扬搉（què）乎！阖不亦问是已？奚惑然为？以不惑解惑，复于不惑，是尚大不惑。

所以，脚踩到的地方很小，就是因为很小，得靠那没有踩到的地方才能远行；人所知道的东西很少，就是因为很少，得靠不知道的东西才能了解自然是怎么回事。了解全然一体，了解全然安静，了解全盘所见，了解全然均等，了解全部方位，了解全然信实，了解全然安定，这就是最高境界了。全然一体，就贯通一切；全然安静，就消解一切；全盘所见，就看到一切；全然均等，就顺应一切；全部方位，就包容一切；全然信实，就验证一切；全然安定，就持守一切。穷尽就会展现自然，顺应就会得到照明，在混冥中自有枢纽，在开始时就有增加。理解它的，好像不理解它的；知道它的，好像不知道它的，不知道然后才会知道。探问它时，不可以有边际，也不可以没有边际。万物纷杂错乱而各有实质，古今也不可互相替换，而一切都不可以受到损伤，这样还能不说是扼要的解释吗！为什么不来探究其中的道理呢？还有什么好疑惑的呢？以不惑之理来解释疑惑，使自己回复到不惑的状态，这样才能抵达大不惑的境界。

[解读]

① 本文谈到的"七大"是"大一，大阴，大目，大均，大方，大信，大定"。所谓"大"，有超越而全面涵盖之意，所以译为全然、全部或全盘。足之于地也践：践借为浅，为少。

② "始有彼"，是说"有始则有加"，如"道生一，一生二，二生三，三生万物"（《老子》第四十二章）。

③ "不知而后知之"，先发觉自己无知，然后才可超越一般知见，体认真知。前述"七大"，有助于获得真知。

④ 孔子曾说自己"四十而不惑"（《论语·为政》），但是他的"不惑"与此处所描写的"不惑"，名同而实异。

则阳　第二十五

要旨：失去本性，代价太高。人的本性有如旧国旧都，"望之畅然"。不必追求外物，不必迎合众人，若是入世从政，则须设法"得其环中以随成"，与物同化但内心始终不化。本篇最后谈到"万物之所生"，但悟道之人对此不会太过费心。

[25.1]

则阳游于楚，夷节言之于王，王未之见，夷节归。彭阳见王果曰："夫子何不谭我于王？"王果曰："我不若公阅休。"彭阳曰："公阅休奚为者邪？"曰："冬则擉（chuò）鳖于江，夏则休乎山樊。有过而问者，曰：'此予宅也。'夫夷节已不能，而况我乎！吾又不若夷节。夫夷节之为人也，无德而有知，不自许，以之神其交。固颠冥乎富贵之地。非相助以德，相助消也。夫冻者假衣于春，暍（hè）者反冬乎冷风。夫楚王之为人也，形尊而严；其于罪也，无赦如虎。非夫佞人正德，其孰能桡（náo）焉！故圣人，其穷也使家人忘其贫，其达也使王公忘其爵禄而化卑。其于物也，与之为娱矣；其于人也，乐物之通而保己焉。故或不言而饮人以和，与人并立而使人化，父子之

　　　　　　　　　　　傅佩荣解读《庄子》（修订版）

宜。彼其乎归居，而一间其所施。其于人心者若是其远也。故曰待公阅休。"

[白话]

彭则阳游历到了楚国，夷节向楚王推介，但楚王没有接见他，夷节只好回去了。彭则阳去见王果，说："先生为什么不在楚王面前提到我？"王果说："我不如公阅休。"彭则阳说："公阅休是做什么的？"王果说："他冬天在江里刺鳖，夏天到山边休息。有过路的人问他话，他说：'这里就是我的住处。'夷节都帮不上忙，何况是我呢！我又比不上夷节。夷节的为人，没有德行而有智巧，不会自视过高，因此而交游广阔；他始终沉迷在富贵之中，对德行毫无助益，反而日渐损害。就像受冻的人盼望着春天的厚衣，中暑的人期待着冬天的冷风，都是不切实际的。楚王的为人，外表尊贵而威严；对于有罪的人，如同猛虎般毫不宽赦。若不是巧言善辩的人或德行端正的人，谁能说服他呢？所以，只有圣人，在受困时可以使家人忘记贫穷，在显赫时能使王公贵族忘记身份地位，而变得谦卑。他对于外物，可以愉悦相处；他对于人群可以与众同乐而又保存自我。所以即使不发一言，也能使人觉得和谐；与人并肩而立，就能使人自动感化。父子关系各得其宜。他安居家中，无所事事。他对人心的影响是如此深远啊。所以说，要等公阅休才能办成。"

[解读]

① 王果所说的楚王，使人觉得"伴君如伴虎"。而夷节算是"佞人"，公阅休算是"正德"，除了这两种人以外，谁能说服楚王？

② 公阅休在任何地方都可以说"此予宅也"，可见其随遇而安、内心自在的快乐。

[25.2]

圣人达绸缪（móu），周尽一体矣，而不知其然，性也。复命摇作，而以天为师，人则从而命之也。忧乎知，而所行恒无几时，其有止也若之何！生而美者，人与之鉴，不告则不知其美于人也。若知之，若不知之，若闻之，若不闻之，其可喜也终无已，人之好之亦无已，性也。圣人之爱人也，人与之名，不告则不知其爱人也。若知之，若不知之，若闻之，若不闻之，其爱人也终无已，人之安之亦无已，性也。旧国旧都，望之畅然；虽使丘陵草木之缗（mín），入之者十九，犹之畅然。况见见闻闻者也？以十仞之台县众间者也？

[白话]

圣人明白深奥的道理，把万物看成一个整体了，但是不知道自己如此卓越，这是出于本性。回归本来状态，展现任何行动，都以自然为老师，人们因而跟随他也信赖他，如果担心智巧不足，又不断地使用智巧，那么这种担心怎么可能会停止呢！生来就美丽的人，别人给他镜子，但不告诉他，他仍然不知道自己比别人美丽。他好像知道，又好像不知道，好像听说，又好像没听说，他让人喜爱的特质始终不会消失，人们对他的爱好也不会消失，这是出于本性。圣人爱护人们，别人给他名声，但不告诉他，他仍然不知道自己爱护人们。他好像知道，又好像不知道，好像听说，又好像没听说，他爱护人们的行为始终不会停止，人们安于接受他的爱护也不会停止，这是出于本性。自己的祖国与故乡，看了就心里舒畅；即使被丘陵草木掩蔽了十分之九，还是觉得心里舒畅。何况是亲自见识了本来的面目呢？就像十仞的高台耸立于众人眼前，谁又能掩蔽它呢？

　　　　　　　　　　　　傅佩荣解读《庄子》（修订版）

① 本文三次提及"性也"，意在强调：出于本性的表现，未必要自己知道；一旦知道，可能会陷入智巧的困境。

② 对于旧国旧都（比喻本性），能看到十分之一已经很开心了，何况是看到完整的本性呢！回归本性，快乐将源源不绝。

[25.3]

冉相氏得其环中以随成，与物无终无始，无几无时。日与物化者，一不化者也，阖尝舍之？夫师天而不得师天，与物皆殉，其以为事也若之何？夫圣人未始有天，未始有人，未始有始，未始有物，与世偕行而不替，所行之备而不洫，其合之也若之何？汤得其司御，门尹登恒为之傅之，从师而不囿，得其随成，为之司其名；之名嬴法，得其两见。仲尼之尽虑，为之傅之。容成氏曰："除日无岁，无内无外。"

[白话]

冉相氏把握了圆环的核心，可以任由一切生成发展，与万物相处没有过去未来之分，也没有现在当下的执著。每天随着万物变化，内心却始终如一，何曾离开过自己？有心效法自然就得不到效法自然的结果，只是与万物一样向外追逐，那又怎么做得到效法自然呢？圣人心中，不曾想到自然，不曾想到人事，不曾想到开始，不曾想到结束，与世俗同行而没有偏废，所做的事圆满而没有窒碍，他的冥合境界是怎么做到的呢？商汤找到主事之官，就拜门尹登恒为师。他追随老师又不局限于老师所教，领悟了随物自成的道理，然后把名声归于老师；结果名声与事迹都为众人所知。孔子排除一切思虑，以此为自己的老师。容成氏说："除去时日就没有年岁，没有内就没有外。"

① 本文强调"无心"的重要。"环中"是圆环之中，本身是空的，但可以呼应圆环的每一部分。无心是指对外不执著，但是却不能因而忘了自己，就是所谓的"一不化者也"。"外化而内不化"（见［22.14］）在此得到补充说明。

② "除日无岁，无内无外"，是要混同时间与空间，而空间则包含了万物，显示"天地与我并生，而万物与我为一"（见［2.9］）的意境。"容成氏"之名亦见于［10.5］。

[25.4]

魏莹与田侯牟约，田侯牟背之；魏莹怒，将使人刺之。犀首公孙衍闻而耻之，曰："君为万乘之君也，而以匹夫从雠！衍请受甲二十万，为君攻之，虏其人民，系其牛马，使其君内热发于背，然后拔其国。忌也出走，然后抶（chì）其背，折其脊。"季子闻而耻之，曰："筑十仞之城，城者既七仞矣，则又坏之，此胥靡之所苦也。今兵不起七年矣，此王之基也。衍乱人，不可听也。"华子闻而丑之，曰："善言伐齐者，乱人也；善言勿伐者，亦乱人也；谓伐之与不伐乱人也者，又乱人也。"君曰："然则若何？"曰："君求其道而已矣！"惠子闻之，而见戴晋人。戴晋人曰："有所谓蜗者，君知之乎？"曰："然。""有国于蜗之左角者，曰触氏；有国于蜗之右角者，曰蛮氏，时相与争地而战，伏尸数万，逐北旬有五日而后反。"君曰："噫！其虚言与？"曰："臣请为君实之。君以意在四方上下，有穷乎？"君曰："无穷。"曰："知游心于无穷，而反在通达之国，若存若亡乎？"君曰："然。"曰："通达之中有魏，于魏中有梁，于梁中有王。王与蛮氏，有辩乎？"君曰："无辩。"客出而君惝（tǎng）然若有亡也。

客出，惠子见。君曰："客，大人也，圣人不足以当之。"惠子曰："夫吹筦（guǎn）也，犹有嗃（xiāo）也；吹剑首者，吷（xuè）而已矣。尧、舜，人之所誉也；道尧、舜于戴晋人之前，譬犹一吷也。"

［白话］

魏莹与田侯牟订立盟约，田侯牟违背了盟约；魏莹大怒，打算派人行刺田侯牟。公孙衍将军听到后，认为可耻，说："您是拥有万乘兵车的国君，却用一个平民的手段去报仇。我请求率领二十万士兵，替您去攻打他，俘虏他的人民，掠取他的牛马，使他这个君主内心焦急，背上生疮，然后消灭他的国家。迫使田忌逃走，然后鞭打他的后背，折断他的脊骨。"季子听到这种说法后，认为可耻，就说："要建筑十仞的城墙，已经完成了七仞，却又毁坏它，这是服劳役的人觉得痛心的事。现在没有战争已经七年了，这是大王的基业啊。公孙衍是个捣乱的人，不可听信他的话。"华子听了这番话，认为可耻，就说："极力主张攻打齐国的，是捣乱的人；极力主张不攻打的，也是捣乱的人；说主张攻打与不攻打是捣乱的人的，还是捣乱的人。"国君说："那么，怎么办呢？"华子说："您只求依道而行罢了。"惠子听说这件事，就为国君引见戴晋人。戴晋人说："有一种叫做蜗牛的东西，您知道吗？"国君说："知道。"戴晋人说："有一个国家在蜗牛的左角上，叫做触氏；另一个国家在蜗牛的右角上，叫做蛮氏。这两个国家时常为了争夺土地而打仗，战死的有几万人，胜者追逐败军，要十五天才能回来。"国君说："啊！这是虚构的故事吧？"戴晋人说："我来为您证实这件事。依您推测，四方上下有穷尽吗？"国君说："没有穷尽。"戴晋人说："知道自己的心思可以遨游于无穷尽的境界，再回过头看看舟车通达的这块土地，简直是若有若无吧！"

国君说："是啊！"戴晋人说："在舟车通达的土地中，有一个魏国，魏国中有一个大梁，大梁中有一个国君。国君您与蛮氏有什么分别呢？"国君说："没有分别。"客人辞出后，国君怅然若有所失。客人走了，惠子晋见。国君说："这位客人，真是了不起，圣人也不能与他相比。"惠子说："吹竹管的，声音还很大；吹剑头小孔的，就只有嗞嗞声了。尧、舜是人们所称赞的，但是在戴晋人面前谈起尧、舜，就好像此嗞嗞一声啊。"

[解读]

①　魏莹是魏惠王，田侯牟是齐威王。二人立约，代表二国结盟。"犀首"是将军的官号，在此指公孙衍。田忌是齐国大将。

②　公孙衍是主战派，季子是主和派。华子认为只要有所计虑图谋，就会制造祸乱，所以批评上述二派，并且连自己也一并批评。他说的"求其道"，有虚静无为之意。

③　"蜗角之争"的寓言值得欣赏与深思。魏王能够怅然若失，表示领悟力尚佳。

[25.5]

　　孔子之楚，舍于蚁丘之浆，其邻有夫妻臣妾登极者。子路曰："是稯（zǒng）稯何为者邪？"仲尼曰："是圣人仆也。是自埋于民，自藏于畔；其声销，其志无穷，其口虽言，其心未尝言，方且与世违，而心不屑与之俱。是陆沉者也，是其市南宜僚邪？"子路请往召之。孔子曰："已矣！彼知丘之著于己也，知丘之适楚也，以丘为必使楚王之召己也，彼且以丘为佞人也。夫若然者，其于佞人也羞闻其言，而况亲见其身乎？而何以为存？"子路往视之，其室虚矣。

傅佩荣解读《庄子》（修订版）

　　孔子到楚国去，住在蚁丘一户卖浆人的家里，他的邻居有夫妻及男的女的爬到屋顶上来观看。子路说："这么多人聚在一起，是做什么的？"孔子说："是圣人的仆人。圣人混迹于民间，藏身于田园；他的声名隐匿，志向无穷，口中虽有言语，心中始终默然，他的作为与世人相反，内心更不屑与世人同流合污。这一位隐居世间的人，不就是市南宜僚吗？"子路想去求见。孔子说："算了吧！他知道我了解他，知道我要去楚国，以为我一定会说服楚王召见他，他还把我当成谄媚之徒吧。像这样的人，羞于听到谄媚之徒的言论，更何况是亲身相见呢？你又怎么问得到人呢？"子路前往探视，房舍果然空无一人。

① 臣妾：战国时代，男女常自称臣与妾。

② 孔子对于隐者的了解，确实相当深刻。不过，儒家不会以"圣人"称呼隐者，可参考《论语・微子》。

[25.6]

　　长梧封人问子牢曰："君为政焉勿卤莽，治民焉勿灭裂。昔予为禾，耕而卤莽之，则其实亦卤莽而报予；芸而灭裂之，其实亦灭裂而报予。予来年变齐，深其耕而熟耰之，其禾繁以滋，予终年厌飧（sūn）。"庄子闻之曰："今人之治其形，理其心，多有似封人之所谓，遁其天，离其性，灭其情，亡其神，以众为。故卤莽其性者，欲恶之孽，为性萑（huán）苇蒹葭（jiā），始萌以扶吾形，寻擢吾性；并溃漏发，不择所出，漂疽疥痈（yōng），内热溲（sōu）膏是也。"

长梧的封疆官员对子牢说:"您处理政务不要鲁莽,治理百姓不要草率。以前我种稻子,耕地时动作鲁莽,稻谷也就以鲁莽的收成来回报我;锄草时动作草率,稻谷也就以草率的收成来回报我。第二年,我改变方法,深耕田地,仔细锄草,稻谷就繁荣滋长,使我整年都吃不完。"庄子听到这段对话后,说:"现在的人在调理身体、修养内心时,很多就像这位封疆官员所说的情形,就是逃避自然,脱离本性,消除真情,丧失心神,以此迎合众人。所以,鲁莽地对待本性,各种欲求与憎恶就萌芽了,像野草一样遮蔽了本性,开始时满足我的身体,不久就拔除我的本性;于是上溃下漏,到处出毛病,像疮疥出脓,虚劳消渴都是。"

[解读]

① 本文以"为禾"比喻"为政",再推及一般人的生活态度,就是遗忘了"天、性、情、神",以致后患无穷。

[25.7]

柏矩学于老聃,曰:"请之天下游。"老聃曰:"已矣!天下犹是也。"又请之,老聃曰:"汝将何始?"曰:"始于齐。"至齐,见辜人焉,推而强之,解朝服而幕之,号天而哭之,曰:"子乎子乎!天下有大菑(zāi),子独先离之,曰莫为盗,莫为杀人!荣辱立,然后睹所病;货财聚,然后睹所争。今立人之所病,聚人之所争,穷困人之身使无休时,欲无至此,得乎?古之君人者,以得为在民,以失为在己;以正为在民,以枉为在己。故一形有失其形者,退而自责。今则不然,匿为物而愚不识,大为难而罪不敢,重为任而罚不胜,远其涂而诛不至。民知力竭,则以伪继之；日出多伪，士民安取不伪？夫力不足则伪，知不足则欺，财不足则盗。盗窃之行，于谁责而可乎？"

[白话]

柏矩在老聃门下学习，他说："请求准许到天下各地游历。"老聃说："算了吧！天下各地都是一样的。"柏矩再度提出请求，老聃说："你要先去哪里？"柏矩说："先去齐国。"他到了齐国，看见一具受刑示众的尸体，就推动尸体成仰卧状，再脱下朝服将其覆盖，然后喊着天痛哭，说："呜呼呜呼！天下有大难，你偏偏先遭殃，人们都说不要做强盗，不要去杀人！一旦荣辱确立，就会出现弊病；一旦财货聚集，就会出现争端。现在确立了人们所诟病的，聚集了人们所争夺的，让人们置身于穷困之中无法摆脱，想要免于受害至死，有可能吗？古代的君主，把成就归于人民，把过失归于自己；政治上轨道，是靠着人民，政治有偏差，则是自己的问题。所以，只要有一个人受苦受难，他就退而责备自己。现在却不是这样，隐藏事情的真相，然后指摘人民没有见识；扩大困难的程度，然后怪罪人民缺少勇气；加重任务的艰巨，然后惩罚人民不能胜任；延长路途的距离，然后谴责人民无法抵达。人民用尽了才智与力量，就以虚伪来应付；每天发出这么多虚伪的政令，百姓怎么会不虚伪呢？力量不足就做假，才智不足就欺骗，财货不足就偷盗。盗窃的行为，该责怪谁才好呢？"

[解读]

① 在君权时代，人民的苦乐几乎全由君主决定。"古之君人者"是理想的典型，但是"今则不然"。在民主时代，人民可以自求多福，至少要努力避开使自己"伪"的机会。

[25.8]

蘧伯玉行年六十而六十化，未尝不始于是之，而卒诎（chù）之以非也；未知今之所谓是之非五十九非也。万物有乎生，而莫见其根；有乎出，而莫见其门。人皆尊其知之所知，而莫知恃其知之所不知而后知，可不谓大疑乎？已乎！已乎！且无所逃，此则所谓然与？然乎？

[白话]

蘧伯玉已经六十岁了，而六十年来都在与时变化，未尝没有在开始时认为对的事，后来反而以为是错的；不知现在所谓对的，不是五十九岁时认为是错的。万物在生长之中，但没有人见过它的根源；一切都有出处，但没有人见过它的门径。人们都重视自己智力所及的知识，却不知道要靠自己智力所不及的知识才可得到真知识，这能不说是大迷惑吗？算了吧！算了吧！没有人可以免于这种迷惑，这就是对的说法吗？真的如此吗？

[解读]

① 为何要与时俱化？因为人的经验不断开展，常会体认"今是而昨非"。若是僵固不移，则人生无异于已经结束。换言之，智慧永远在展现更开阔、更高深的领域。

[25.9]

仲尼问于太史大弢（tāo）、伯常骞、狶韦曰："夫卫灵公饮酒湛乐，不听国家之政；田猎毕弋，不应诸侯之际；其所以为灵公者何邪？"大弢曰："是因是也。"伯常骞曰："夫灵公有妻三人，同滥而浴。史鳅（qiū）奉御而进，所搏币而扶翼。其慢若彼之甚也，见贤人若此其肃也，是其所以为灵公也。"狶韦曰："夫灵公也死，卜葬于故墓不吉，卜葬于沙丘而吉。掘之数仞，得石椁焉，洗而视之，有铭焉，曰：'不冯（píng）其子，灵公夺而里之。'夫灵公之为灵也久矣，之二人何足以识之！"

[白话]

孔子请教大弢、伯常骞、狶韦这三位太史，说："卫灵公饮酒作乐，不理会国家朝政；打猎捕兽，不参与诸侯盟会；他死后为什么还被谥为灵公呢？"大弢说："正是为了这个缘故。"伯常骞说："灵公有妻子三人，同在一个浴盆里洗澡。史奉召进见时，灵公停止下棋并上前搀扶他。他的生活是那样的散漫，他对待贤人又是这样的尊敬。这就是他谥号为灵公的缘故。"狶韦说："灵公死时，占卜显示葬在祖先墓地不吉利，要葬在沙丘才吉利。于是掘地几仞深，发现一具石椁，洗干净一看，上有铭文说：'不必依靠儿子，灵公取而居之。'灵公被谥为'灵'是早就注定的。他们二人怎能知道这一点呢！"

[解读]

① 按照周公《谥法》，"乱而不损曰灵"，"德之精明曰灵"，所以大弢与伯常骞各有依据，可以说出一番道理。
② 狶韦认为一切早已注定，不必妄加猜测。灵公之子蒯聩当时已被放逐，由灵公之孙即位为出公。后来演变为父子争国的乱局。

[25.10]

少知问于太公调曰："何谓丘里之言？"太公调曰："丘里者，合十姓百名而以为风俗也，合异以为同，散同以为异。今指马之百体而不得马，而马系于前者，立其百体而谓之马也。是故丘山积卑而为高，江河合水而为大，大人合并而为公。是以自外入者，有主而不执；由中出者，有正而不距。四时殊气，天不赐，故岁成；五官殊职，君不私，故国治；文武殊能，大人不赐，故德备；万物殊理，道不私，故无名。无名故无为，无为而无不为。时有终始，世有变化。祸福淳淳，至有所拂者而有所宜；自殉殊面，有所正者有所差。比于大泽，百材皆度；观乎大山，木石同坛。此之谓丘里之言。"少知曰："然则谓之道，足乎？"太公调曰："不然。今计物之数，不止于万，而期曰万物者，以数之多者号而读之也。是故天地者，形之大者也；阴阳者，气之大者也；道者为之公。因其大以号而读之则可也，已有之矣，乃将得比哉！则若以斯辩，譬犹狗马，其不及远矣。"

［白话］

少知请教太公调说："什么是丘里之言？"太公调说："所谓丘里，就是把十家姓、百家人聚合在一起所形成的风俗。把相异的合在一起就成为相同，把相同的分散开来就成为相异。现在专指马的各个部分来说，便不得称为马；但是马是根据前者合异为同，总合各个部分才称为马的。因此，山丘累积小土堆才可成就其高，江河汇合小水流才可成就其大，大人容纳各方才可大公无私。所以，从外界学来的，心中有主见而不固执；从内在发出的，心中有体会而不排斥。四时气候不同，自然未加干预，所以成就岁月；五官职务不同，君主没有偏私，所以国家得治；文武才干不同，大人未加干预，所以禀赋完备；万物条理不同，大道没有偏私，所以化解名称。化解名称就无所作为，无所作为就没有什么做不成的。时间有终始，世事有变化。祸福流行反复，虽有所乖违，也能有所适宜；各自追求不同的方面，有所得者也有所失。

譬如大泽中，各种木材都有用途；再看大山中，树木岩石同在一处。这就称为丘里之言。"少知说："那么，称它为道，可以吗？"太公调说："不可以。现在计算物的种类，不止于一万，而限称为万物，是以这个大的数目来称呼它。所以，称呼天地，是指形体中最大的；称呼阴阳，是指气体中最大的；道则是总括一切。因为它大而这样称呼是可以的。已经称为丘里之言了，又怎能与道相提并论呢！如果要分辨这两者，就像狗与马，相差实在太远了。"

[解读]

① 丘里之言：一般人生活中的观念与行为，都受丘里之言所笼罩，但是它并不代表全部真理，更不可说它就是道了。

② 五官：古人法"五行"置官，如春官、秋官等，各有专职。

③ 道本来是无名的，勉强称之为"道"，已经落于言说范围。至于丘里之言，不是与道相隔更远了吗？

[25.11]

少知曰："四方之内，六合之里，万物之所生恶起？"太公调曰："阴阳相照相盖相治，四时相代相生相杀。欲恶去就于是桥起，雌雄片合于是庸有。安危相易，祸福相生，缓急相摩，聚散以成。此名实之可纪，精微之可志也。随序之相理，桥运之相使，穷则反，终则始。此物之所有；言之所尽，知之所至，极物而已。睹道之人，不随其所废，不原其所起，此议之所止。"少知曰："季真之莫为，接子之或使，二家之议，孰正于其情，孰偏于其理？"太公调曰："鸡鸣狗吠，是人之所知；虽有大知，不能以言读其所自化，又不能以意测其所将为。斯而析之，精至于无伦，大至于不可围。或之使，莫之为，未免于物而终以为过。

或使则实，莫为则虚。有名有实，是物之居；无名无实，在物之虚。可言可意，言而愈疏。未生不可忌，已死不可阻。死生非远也，理不可睹。或之使，莫之为，疑之所假。吾观之本，其往无穷；吾求之末，其来无止。无穷无止，言之无也，与物同理；或使莫为，言之本也，与物终始。道不可有，有不可无。道之为名，所假而行。或使莫为，在物一曲，夫胡为于大方？言而足，则终日言而尽道；言而不足，则终日言而尽物。道、物之极，言、默不足以载；非言非默，议有所极。"

[白话]

少知说："四方之内，六合之中，万物是从哪里产生的？"太公调说："阴阳彼此感应，互相抵消、互相滋长；四时轮流出现，互相孕育、互相灭除。爱恨离合，由此纷纷运作，雌雄交配由此常有万物。安危相互交换，祸福相互产生，寿夭相互冲突，聚散因而形成。这些是有名有实可以辨识，极精极微可以记载的。随着四时运行的顺序，产生阴阳活动的作用，物极则反，终而复始。这是万物所具有的现象；言语所能穷尽的，知识所能达到的，只是限于万物的范围罢了。悟道的人，不追逐万物的去向，不探求万物的起源，一切议论到此为止。"少知说："季真主张无为，接子主张有为，这二人的议论，谁符合实情，谁偏离正理呢？"太公调说："鸡鸣狗吠，这是人们所知道的；即使是有大智慧的人，都不能用言语来说明它们这么做的缘故，也不能用心意去推测它们将会怎么做。依此来分析万物，有精细到无与伦比的，也有巨大到不可限量的。然后主张这一切是有所为或无所为，都不免是在万物上立论，所以终究是一种偏差。有为之说，强调实际；无为之说，强调虚空。有名有实，代表物的存在；无名无实，看出物的虚空。可以言说也可以意会的，越用言说就越疏远。未生的不可禁止它生，已死的不可阻拦它死。死与生相隔不远，其中的道理却无法看见。有所为与无所为，正是疑惑里面最大的。我观察万物的开始，它的过去是无穷的；我探求万物的结束，它的未来是无尽的。无穷无尽，说的是它的虚无，与万物的条理相同；有为无为，说的是它的依据，与万物一起开始及终结。道不可以是有，也不可以是无。道这个名称，是借用而来的。有为与无为，各自局限于物的一边，怎能用来理解大道呢？言语如果可以胜任，那么整天谈的无不是道；言语如果不可以胜任，那么整天谈的无不是物。道是穷尽万物者，言语与沉默都不足以表达；既不是言语也不是沉默，议论就无处可去了。"

[解读]

① 本文有关"万物起源"的讨论，以阴阳与四时的变动来说明。表面看来，这是一种封闭而内在自足的宇宙观，可以称为"气化一元论"。不过，太公调并未因而否定"道"的存在。他清楚指出：这是"言之所尽，知之所至"，但是另外还有"睹道之人"。由此可知，万物的起源是那不可名状的"道"。为什么要在这样的宇宙观之外，提出一个"道"呢？理由是为了强调道的"超越性"，亦即宇宙并非封闭而内在自足的。

② 本文接着谈到"莫为"（无为）与"或使"（有为），基本上是要询问：作为万物根源的"道"，在万物中表现的是无为还是有为？换言之，万物如此存在，有无特定目的？太公调认为这一类问题都是言语之争，而言语确实没有办法说明"道"是怎么回事。

外物　第二十六

要旨：有关善恶的报应，实在没有一定标准；甚至连分辨
　　　善恶都不太可能。庄子才华卓越，但穷得向人借米；
　　　孔子有心救世，却总是受人教训；儒者口诵诗书，
　　　做的竟是盗墓；白龟可以托梦，难以避开噩运；我
　　　们要学习的是：顺人而不失己。一切以悟道为先，
　　　得鱼而忘荃，得意而忘言。

[26.1]

外物不可必，故龙逢诛，比干戮，箕子狂，恶来死，桀、纣
亡。人主莫不欲其臣之忠，而忠未必信，故伍员流于江，苌弘死
于蜀，藏其血三年而化为碧。人亲莫不欲其子之孝，而孝未必爱，
故孝己忧而曾参悲。木与木相摩则然，金与火相守则流。阴阳错
行，则天地大絯（hài），于是乎有雷有霆，水中有火，乃焚大槐。
有甚忧两陷而无所逃，蹍蹲（chén dūn）不得成，心若县（xuán）
于天地之间，慰暋（mín）沉屯，利害相摩，生火甚多，众人焚
和，月固不胜火，于是乎有僓（tuí）然而道尽。

傅佩荣解读《庄子》（修订版）

[白话]

外在的事物是没有一定的，所以龙逢被诛杀，比干被剖心，箕子装疯狂，恶来不免一死，桀、纣终于灭亡。君主无不希望臣子忠心，但是忠心却未必得到信任，所以伍员浮尸江上，苌弘在蜀地自杀，他的鲜血被人珍藏三年竟化为碧玉。父母无不希望子女孝顺，但是孝顺却未必得到欢心。所以孝己愁苦而曾参悲伤。木与木相摩擦就会燃烧，金与火相聚合就会熔化。阴阳二气运行错乱，就会引起天地震动，于是雷霆大作，雨中夹着闪电，把大槐树都烧起来。有人过度忧虑，陷入利害两难而无法逃避，恐惧不安而一事无成；一颗心就像悬在天地之间，郁闷苦恼不已，利害互相冲突，内心焦急万分。人们搅乱了内在的平和，清明的本性禁不住欲望的焚烧，于是形神败坏而生机丧尽。

[解读]

①　龙逢为夏桀所杀。比干遇害与箕子佯狂，都是商纣所造成的。恶来是商纣的谀臣，后为周武王所杀。

②　伍员（伍子胥）为吴王夫差所杀。苌弘为周敬王大夫，受冤而死。

③　孝己为殷高宗之子，事亲至孝，但高宗受后妻之言所惑，将其流放至死。曾参事亲至孝，但为其父所憎。

④　人间的祸福没有一定规则，自然界的变化也会有意外出现，既然如此，我们何必过度忧心？

[26.2]

庄周家贫，故往贷粟于监河侯。监河侯曰："诺，我将得邑金，将贷子三百金，可乎？"庄周忿然作色曰："周昨来，有中道而呼者。周顾视，车辙中，有鲋鱼焉。周问之曰：'鲋鱼来！

子何为者邪？'对曰：'我东海之波臣也。君岂有斗升之水而活我哉？'周曰：'诺，我且南游吴、越之王，激西江之水而迎子，可乎？'鲋鱼忿然作色曰：'吾失我常与，我无所处。吾得斗升之水然活耳，君乃言此，曾（zēng）不如早索我于枯鱼之肆！'"

[白话]

　　庄周家里贫穷，因此去向监河侯借米。监河侯说："好的。等我收到封地的赋税以后，就借给你三百金，可以吗？"庄周气得脸色都变了，说："我昨天来的时候，半路上有人喊我。我回头一看，在车轮压凹的地方有一尾鲫鱼。我问它：'鲫鱼呀！你在这里做什么？'它回答说：'我是东海的水族之臣。你有没有一升一斗的水可以救我呢？'我说：'好的。我将到南方游说吴国、越国的君主，引进西江的水来迎接你，可以吗？'鲫鱼气得脸色都变了，说：'我失去了日常需要的水，没有容身之处。现在我只要有一升一斗的水就可以活命，而你竟然这样说，那还不如早些去干鱼铺找我算了！'"

[解读]

① 本文是庄子的经验之谈，还是一篇寓言？若是经验之谈，则其意义不深，最多只是庄子交友不慎，连"救急不救穷"的朋友都没有。若是寓言，则表示：人要活命，所需不多；并且，关键时刻的帮助才是最重要的。不过，精彩之处在于：寓言之中又有寓言。

[26.3]

　　任公子为大钩巨缁，五十犗（jiè）以为饵，蹲乎会稽，投竿东海，旦旦而钓，期年不得鱼。已而大鱼食之，牵巨钩䭉（xiàn）没而下，骛扬而奋鬐（qí），白波若山，海水震荡，声侔鬼神，惮赫千里。任公子得若鱼，离而腊（xī）之，自制河以东，苍梧以北，莫不厌若鱼者。已而后世辁（quán）才讽说之徒，皆惊而相告也。夫揭竿累，趣灌渎，守鲵鲋，其于得大鱼难矣，饰小说以干县令，其于大达亦远矣。是以未尝闻任氏之风俗，其不可与经于世亦远矣。

[白话]

任公子打造了大钓钩与粗黑的长绳，用五十头阉牛做钓饵，坐在会稽山上，把鱼竿投入东海。他天天都去垂钓，一整年都没有钓到鱼；然后有一条大鱼来吞饵，牵动大钓钩沉入海中，又急速跃起摆动鱼鳍，白浪涌起如山，海水震荡不已，声如鬼哭神嚎，千里之外听了都害怕。任公子钓到这条大鱼，把它剥开风干，从浙江以东到苍梧山以北，没有人不饱吃这条鱼的。这件事发生后，后世那些有小聪明又好谈论的人，都大吃一惊，争相走告。拿着小鱼竿细钓绳，走到水沟旁边，守候泥鳅鲫鱼，这样想要得到大鱼是很困难的。以浅薄的学说做标榜，去追求高名美誉，这样距离领悟大道是很遥远的。所以，不曾听过任公子钓鱼事迹的人，就没有办法治理天下，因为相距实在太遥远了。

[解读]

① 本文谈及"大小之辨"，提醒我们若要领悟大道或治理天下，都须先有远见与气魄，对于"期年不得鱼"可以毫不在乎。其中关键，在于"大达"。

[26.4]

儒以《诗》《礼》发冢。大儒胪传曰:"东方作矣,事之何若?"小儒曰:"未解裙襦,口中有珠。""《诗》固有之曰:'青青之麦,生于陵陂。生不布施,死何含珠为?'接其鬓,压其颥(huì),而以金椎控其颐,徐别其颊,无伤口中珠!'"

[白话]

儒者盗墓时,也会用到《诗》与《礼》。大儒生传话下来说:"太阳已经出来了,事情进行得如何?"小儒生说:"裙子与上衣尚未脱下,口里还含着一颗珠子。"大儒生说:"《诗》上早就写着:'青青的麦穗,生长在山坡上。生前不布施给人,死后又何必含珠!'抓着他的鬓发,按着他的胡须,你用铁锤敲他的下巴,慢慢拨开他的两颊,不要碰坏了口里的珠子。"

[解读]

① 本文讽刺儒者,至为辛辣。大儒与小儒的对话,简直是在唱诗,并且也确实引用了逸诗。小儒下到墓中,遵大儒之命取珠,不正是"有事弟子服其劳",合乎礼的要求吗?

② 儒者被比拟为盗墓者,表示他们靠古人遗物维生;一面进行勾当一面还引用诗文,可见其心智偏颇至极。庄子所说,也许确有事实根据,但显然并非儒者应有之形象。

[26.5]

老莱子之弟子出薪,遇仲尼,反以告,曰:"有人于彼,修上而趋下,末偻而后耳,视若营四海,不知其谁氏之子。"老莱子曰:"是丘也,召而来。"仲尼至。曰:"丘!去汝躬矜与汝容知，斯为君子矣。"仲尼揖而退，蹙然改容而问曰："业可得进乎？"老莱子曰："夫不忍一世之伤而骜万世之患，抑固窭（jù）邪，亡其略弗及邪？惠以欢为骜，终身之丑，中民之行进焉耳，相引以名，相结以隐。与其誉尧而非桀，不如两忘而闭其所誉。反无非伤也，动无非邪也。圣人踌躇以兴事，以每成功。奈何哉其载焉终矜尔！"

[白话]

老莱子的弟子出去捡柴，遇到孔子，回来后告诉老师说："路上有个人，上身长而下身短，背脊弯曲而耳朵后贴，目光高远好像遍及四海，不知他是什么人。"老莱子说："那是孔丘，去叫他来。"孔子来了，老莱子说："孔丘，去除你矜持的行为与你机智的容貌，这样就可以成为君子了。"孔子向他作揖，退后几步，恭敬地改变神色说："我的德业可以用世吗？"老莱子说："不忍心见到一世的伤痛，却轻忽了万世的祸患，这是天赋受限呢，还是智谋不及呢？喜欢做轻忽祸患的事，结果带来终身的耻辱，那只能算是平庸之人的行径，以声名相招引，以私利相结合。与其称赞尧而责怪桀，不如遗忘两者，不说是非。违反本性，无不造成伤害；动摇本性，无不造成缺失。圣人小心谨慎从事作为，以此谋求成功。为什么你总是骄矜自己的行为呢！"

[解读]

① 老莱子是楚国隐者，他提醒孔子如何成为君子。至于成为圣人，则尚无可能。

② 儒家的作为也许可以帮助一世的人，但是却给万世带来祸患。原因是：人们自此区别贤与不肖，就会形成伪装、派系、纷争、动乱。但是，孔子的时代已属乱世，他又怎能袖手旁观？

[26.6]

宋元君夜半而梦人被（pī）发窥阿门，曰："予自宰路之渊，予为清江使河伯之所，渔者余且得予。"元君觉，使人占之，曰："此神龟也。"君曰："渔者有余且乎？"左右曰："有。"君曰："令余且会朝。"明日，余且朝。君曰："渔何得？"对曰："且之网得白龟焉，其圆五尺。"君曰："献若之龟。"龟至，君再欲杀之，再欲活之，心疑，卜之，曰："杀龟以卜吉。"乃刳（kū）龟，七十二钻而无遗筴（cè）。仲尼曰："神龟能见梦于元君，而不能避余且之网；知能七十二钻而无遗筴，不能避刳肠之患。如是，则知有所困，神有所不及也。虽有至知，万人谋之。鱼不畏网而畏鹈鹕（tí hú）；去小知而大知明，去善而自善矣。婴儿生无石师而能言，与能言者处也。"

[白话]

宋元君半夜梦见有人披头散发，在侧门边窥视，并且说："我来自名为宰路的深渊，我被清江之神派往河伯那里去，渔夫余且捉住了我。"元君醒来，叫人占卜此梦，卜者说："这是神龟啊。"国君说："渔夫有叫余且的吗？"左右的人说："有。"国君说："命令余且来朝见。"第二天，余且上朝。国君说："你捕到什么？"余且说："我网住了一只白龟，直径有五尺长。"国君说："把你的龟献上来。"龟献上之后，国君又想杀它，又想养它，心中犹豫不决，叫人来占卜，卜者说："杀龟用来占卜，吉利。"于是挖去龟肉，用龟甲占卜，七十二次都没有失误。孔子说："神龟能够托梦给宋元君，却不能避开余且的渔网；它的智巧能够占卜七十二次都没有失误，却不能避开挖肉的祸患。这样看来，智巧有穷尽之时，神妙有不及之处。即使有最高的智巧，也避不开万人的谋害。鱼不害怕渔网而害怕鹈鹕；摒弃小智巧，大智巧就显露出来；摒弃善行，自己就走上善途了。婴儿生下来，没有高明的老师而可以学会说话，那是因为与会说话的人相处在一起。"

[解读]

① 神龟的故事，说明了"人算不如天算"；智巧与神妙皆难免于有得有失，因此最好是像婴儿一样顺其自然，照样学会了说话。

② "鱼不畏网而畏鹈鹕"，是说：鱼的智巧可以分辨鹈鹕带来的危险，但是真正使鱼无所逃避的却是渔网。因此，鱼显然代表了小知。石师："石"借为"硕"，为大。

[26.7]

惠子谓庄子曰："子言无用。"庄子曰："知无用而始可与言用矣。夫地非不广且大也，人之所用容足耳。然则厕足而垫之致黄泉，人尚有用乎？"惠子曰："无用。"庄子曰："然则无用之为用也亦明矣。"

[白话]

惠子对庄子说："你的言论都是无用的。"庄子说："懂得无用的人，才可以与他谈有用。譬如地，不能不说是既广且大，人所用的只是立足之地而已。但是，如果把立足以外的地方都挖掘直到黄泉，那么人的立足之地还有用处吗？"惠子说："无用。"庄子说："那么无用的用处也就很清楚了。"

[解读]

① 人以为眼前可以把握的东西，才是有用的；却不知这种有用要靠无数无用的东西才可得到肯定。并且，今日以为无用的，将

来未必如此，人又何必画地自限呢？

[26.8]

庄子曰："人有能游，且得不游乎？人而不能游，且得游乎？夫流遁之志，决绝之行，噫其非至知厚德之任与！覆坠而不反，火驰而不顾。虽相与为君臣，时也，易世而无以相贱。故曰，至人不留行焉。夫尊古而卑今，学者之流也。且以狶韦氏之流观今之世，夫孰能不波，唯至人乃能游于世而不僻，顺人而不失己。彼教不学，承意不彼。"

[白话]

庄子说："人如果能顺从本性，哪里有不顺适的呢？人如果不能顺从本性，哪里有顺适的呢？至于流荡隐遁的志向，决绝弃世的行为，大概不是智慧高超、禀赋深厚的人会采用的！世人一陷溺就不再回来，一走错就不再回头。即使在世间有的做君、有的做臣，也只是时运而已，时代一变迁就没有贵贱之分了，所以说，至人是不会执著的。尊崇古人而轻视今人，这是学者的过失。并且，由狶韦氏之类的古人来看当今之世，谁能够没有偏颇呢？只有至人能够遨游世间而没有偏僻，随顺众人而不失去自我。他们所教的，不必刻意去学；明白他们的观念，但不必因而认同。"

[解读]

① 本文谈到"能游，不能游"，是指"能由，不能由"而言，所由的是人的本性。意思是：若能顺从本性，则到处皆可顺适，不必采取"流遁之志、决绝之行"。唯其如此，才有至人的不凡表现：安于自然，即是不凡。

② "尊古而卑今"是学者的过失。此一说法今日依然有效。

[26.9]

目彻为明，耳彻为聪，鼻彻为颤，口彻为甘，心彻为知，知彻为德。凡道不欲壅，壅则哽，哽而不止则跈（jiàn），跈则众害生。物之有知者恃息，其不殷，非天之罪。天之穿之，日夜无降，人则顾塞其窦。胞有重阆（làng），心有天游。室无空虚，则妇姑勃溪；心无天游，则六凿相攘。大林丘山之善于人也，亦神者不胜。德溢乎名，名溢乎暴，谋稽乎誸（xián），知出乎争，柴生乎守官，事果乎众宜。春雨日时，草木怒生，铫（yáo）耨（nòu）于是乎始修，草木之到植者过半，而不知其然。

[白话]

眼睛通达就是明白，耳朵通达就是聪敏，鼻子通达就是能嗅，嘴巴通达就是品尝，心思通达就是智巧，智巧通达就是自得。道，是不喜欢拥挤的，拥挤就会阻塞，一直阻塞就会自相冲突，自相冲突就会产生许多祸患。万物之中有知觉的都是依赖气息，气息若不畅通，那不是自然的过错。自然的气息贯穿各处，日夜都不消减，而人自己堵塞了通道。厨房要有比较空旷的地方，内心要有遨游自然的空间。厨房没有比较空旷的地方，婆媳就会吵架；内心没有遨游自然的空间，六种情绪就会互相干扰。人们喜欢山林原野，也是因为心神挡不住情绪的干扰。德行由名声所造就，名声由表现所促成，谋略因急促而停滞，智巧因竞争而产生，守住官能才可防卫自己，一切配合才可办成事情。春雨及时降下时，草木蓬勃生长，于是拿了锄具来修整田地，但是草木又再生出一大半来，人们却不知是怎么回事。

① "凡道不欲壅"，近似《人间世》所说的"夫道不欲杂"。在此，不妨把"道"联想为一般的路。

② 六凿：指六情而言，就是喜、怒、哀、乐、爱、恶。

③ 本文结尾所说的"不知其然"，是指不明白"德溢乎名"等六句，然后只好无可奈何了。

[26.10]

　　静默可以补病，眦（zì）搣（wēi）可以休老，宁可以止遽。虽然，若是，劳者之务也，非佚者之所尝过而问焉。圣人之所以骇（hài）天下，神人未尝过而问焉；贤人所以世，圣人未尝过而问焉；君子所以国，贤人未尝过而问焉；小人所以合时，君子未尝过而问焉。演门有亲死者，以善毁爵为官师，其党人毁而死者半。尧与许由天下，许由逃之；汤与务光，务光怒之，纪他闻之，帅弟子而踆（cūn）于窾（kuǎn）水，诸侯吊之；三年，申徒狄因以踣（bó）河。荃者所以在鱼，得鱼而忘荃；蹄者所以在兔，得兔而忘蹄；言者所以在意，得意而忘言。吾安得夫忘言之人而与之言哉！

[白话]

　　静默可以调理疾病，按摩可以防止衰老，安宁可以平息急躁。虽然如此，这些仍是劳碌的人采用的方法，而不是闲逸的人会去过问的。圣人如何改变天下，神人从来不去过问；贤人如何改变世间，圣人从来不去过问；君子如何改变国家，贤人从来不去过问；小人如何迎合时机，君子从来不去过问。演门有个双亲过世的人，因为悲伤过度、形容枯槁而被封为官师；乡人学他哀凄守孝，结果死了一大半人。尧要把天下让给许由，许由逃走了；汤要把天下让给务光，务光大发脾气；纪他听说此事，带着弟子去窾水边隐居，诸侯知道了都去安慰他；三年之后，申徒狄仰慕他的作风，投河自尽死了。鱼篓是用来捕鱼的，得了鱼就忘了鱼篓；兔网是用来捉兔的，得了兔就忘了兔网；言语是用来表达意义的，得了意义就忘了言语。我去哪里找到忘了言语的人，来与他说话呢！

[解读]

① 本文区分不同层次的人，由高而低是："神人、圣人、贤人、君子、小人"。高层次的不会过问低层次的，那么，我们是哪一个层次的呢？

② "尧与许由天下"这一小段，正好反映了上述的"未尝过而问焉"，实是因为境界相去太远。

③ 本文最后一段指出：目的优于工具，得到目的就不必在乎工具。正如阅读《庄子》时，能够领悟"道"，就不必斤斤计较一些文字上的细节。

寓言　第二十七

要旨：本篇谈庄子的写作方法，有"寓言、重言、卮言"，
重要性自不待言，他所表达的是万物之"始卒若
环，莫得其伦"，因此言说有其限制，不可拘泥。
难得的是庄子对孔子的肯定，他说："吾且不得及
彼乎！"在修行方法上，则有颜成子游说的九个步
骤，从"野"到"大妙"，可供参考。最后，阳子
居听从老聃教诲，放下身段，以平常心与人相处。

[27.1]

寓言十九，重（zhòng）言十七，卮（zhī）言日出，和以天
倪。寓言十九，藉外论之。亲父不为其子媒；亲父誉之，不若非
其父者也；非吾罪也，人之罪也。与己同则应，不与己同则反；
同于己为是之，异于己为非之。重言十七，所以已言也，是为耆
（qí）艾。年先矣，而无经纬本末以期来者，是非先也。人而无以
先人，无人道也；人而无人道，是之谓陈人。卮言日出，和以天
倪，因以曼衍，所以穷年。不言则齐，齐与言不齐，言与齐不齐
也。故曰无言。言无言，终身言，未尝言；终身不言，未尝不言。
有自也而可，有自也而不可；有自也而然，有自也而不然。恶乎

然？然于然；恶乎不然？不然于不然。恶乎可？可于可；恶乎不可？不可于不可。物固有所然，物固有所可，无物不然，无物不可。非卮言日出，和以天倪，孰得其久！万物皆种也，以不同形相禅，始卒若环，莫得其伦，是谓天均。天均者，天倪也。

[白话]

　　寓言占了全书的十分之九；其中借重古人的话又占了十分之七；随机应变的话时时出现，再以自然的分际来调和。寓言占了十分之九，是要假托外人来论说。父亲不替自己的儿子做媒；父亲称赞儿子，不如别人称赞来得可靠；这不是我的过错，而是一般人的过错。与自己看法相同的就附和，不与自己看法相同的就反对；跟自己相同的就肯定它，跟自己相异的就否定它。借重古人的话占了十分之七，是为了中止争论，因为这些是出自前辈的见解。年纪虽长，如果没有立身处世之道留给后人参考，也就算不上长者。做人如果没有优于别人之处，就是没有走上人的路；做人如果没有走上人的路，就称之为老朽。随机应变的话时时出现，再以自然的分际来调和，顺应无穷的变化，由此可以安享天年。不用言论，则一切平等；平等的状态加入言论，就无法平等了；用言论来说明平等的状态，就会变得无法平等了。所以说，不要发表言论。在说话时，没有发表言论，那么即使终身都在说话，也未尝说过话；即使终身都不说话，也未尝是不说话。说可以，自有它的理由；说不可以，也自有它的理由。说对，自有它的理由；说不对，也自有它的理由。为什么是对？对有对的道理。为什么是不对？不对有不对的道理。为什么是可以？可以有可以的道理。为什么是不可以？不可以有不可以的道理。万物本来就有它对的道理，万物本来就有它可以的道理，没有一物是不对的，没有一物是不可以的。如果不是随机应变的话时时出现，再以自然的分际来调和，又怎能维持长久！万物各有种类，以不同形态相互传接，开始与结果像是循环，无法找到它的端倪，这就称为自然的均齐。自然的均齐，也就是自然的分际。

[解读]

① 寓言是假托人物故事以明事理；重言是借重人物言论以明事理。这两句所说的是本书的内容。卮言则随灵感而发，无法局限。

② 本文三度提及"卮言日出，和以天倪"，表示任何言语都是不得已的，所以不必执著于字面的意思，而须体会自然的分际，也就能欣赏自然的均齐了。

[27.2]

庄子谓惠子曰："孔子行年六十而六十化。始时所是，卒而非之，未知今之所谓是之非五十九非也。"惠子曰："孔子勤志服知也。"庄子曰："孔子谢之矣，而其未之尝言？孔子云：'夫受才乎大本，复灵以生，鸣而当律，言而当法，利义陈乎前而好恶是非，直服人之口而已矣。使人乃以心服而不敢蘁（wù），立定天下之定。'已乎，已乎！吾且不得及彼乎！"

[白话]

庄子对惠子说："孔子到了六十岁时，六十年来都在与时变化。有些事开始时认为是对的，后来认为是错的。不知现在所谓对的，不是五十九岁时认为是错的。"惠子说："孔子是勤于立志、善用智巧的人吧？"庄子说："孔子已经放弃这些了，他不是说过了吗？孔子说：'人从自然禀受本性，含藏灵气降生于世，即使发声合乎韵律，说话合乎法度，面对利与义时可以分辨好恶是非，也只能让人口服而已。要让众人心服而不能违逆，才可以立刻使天下自然安定。'算了吧，算了吧！我还比不上他呢！"

[解读]

① 这段话表面上是庄子对孔子的称赞，其实仍不脱寓言与重言的性质。孔子确实不断在进步，如"吾十有五而志于学，三十而立，四十而不惑……"（《论语·为政》），但是未必以为今是而昨非。换言之，孔子立定志向之后，靠修养提升境界。而庄子则强调智慧上的觉悟，喜欢以二分法来说明，如使人"口服"与"心服"之类。服志，"服"为用。复灵："复"为伏，为含。

② 在思考如何使人"心服"时，答案还是简单的"无为"二字。但是，无为谈何容易！

[27.3]

曾子再仕而心再化，曰："吾及亲仕，三釜而心乐；后仕，三千钟不洎（jì），吾心悲。"弟子问于仲尼曰："若参者，可谓无所县其罪乎？"曰："既已县矣。夫无所县者，可以有哀乎！彼视三釜、三千钟，如观雀蚊虻相过乎前也。"

[白话]

曾子第二次做官时，心境又起了变化。他说："我先前做官时可以奉养双亲，只有三釜的俸禄而心里很快乐；后来做官时，有三千钟的俸禄而不及奉养双亲，我心里很难过。"弟子请教孔子说："像曾参这样，可以说心中没有牵挂着利禄吧？"孔子说："已经有所牵挂了。如果是无所牵挂的人，哪里会有哀伤呢！他看待三釜、三千钟，有如看到鸟雀、蚊虻从眼前飞过去一样。"

① 本文亦属寓言，因为孔子过世时，曾参才二十七岁，孔子又怎么来得及评论这位弟子呢？县其罪："罪"为罟，为罗网，所指为利禄。

② 釜：六斗四升；钟：六斛四斗。曾参的待遇前后相差高达一万倍。但是，真正孝顺父母的人，是不受俸禄所影响的。

［27.4］

颜成子游谓东郭子綦（qí）曰："自吾闻子之言，一年而野，二年而从，三年而通，四年而物，五年而来，六年而鬼入，七年而天成，八年而不知死不知生，九年而大妙。"生有为，死也劝。公以其死也，有自也；而生阳也，无自也。而果然乎？恶乎其所适？恶乎其所不适？天有历数，地有人据，吾恶乎求之？莫知其所终，若之何其无命也？莫知其所始，若之何其有命也？有以相应也，若之何其无鬼邪？无以相应也，若之何其有鬼邪？

［白话］

颜成子游对东郭子綦说："从我听了先生的讲述之后，一年而返回朴实，二年而顺从世俗，三年而豁然贯通，四年而与物混同，五年而众人来归，六年而鬼神来聚，七年而合于自然，八年而不知死生变化，九年而抵达至为玄妙的境界。"活着有所作为，死了可以休息。众人认为死是有由来的；而生是出于阳气，是没有由来的。真是如此吗？生与死，哪一样是适宜的？哪一样是不适宜的？天有晦明寒暖，地有高下险易，我还要贪求什么？不知道生命的终结，怎能说没有命运呢？不知道生命的起始，怎能说有命运呢？万物彼此有相呼应的，怎能说没有鬼神呢？万物彼此没有相呼应的，怎能说有鬼神呢？

[解读]

① 颜成子游所说的九个步骤是："野，从，通，物，来，鬼入，天成，不知死不知生，大妙。"《大宗师》中，女偊谈到七个步骤："外天下，外物，外生，朝彻，见独，无古今，不死不生。"这两段资料可以对照来看。

② 本文后半段谈及"命"与"鬼"，目的皆在以"两可"之词来化解一般人的执著念头。

[27.5]

众罔两问于景（yǐng）曰："若向也俯而今也仰，向也括而今也被发，向也坐而今也起，向也行而今也止，何也？"景曰："搜搜也，奚稍问也？予有而不知其所以。予，蜩甲也，蛇蜕也，似之而非也。火与日，吾屯也；阴与夜，吾代也。彼吾所以有待邪？而况乎以无有待者乎？彼来则我与之来，彼往则我与之往，彼强阳则我与之强阳。强阳者，又何以有问乎？"

[白话]

影子旁边的那些阴影，请教影子说："你刚才低头，现在抬头；刚才束发，现在披发；刚才走动，现在停止；为什么呢？"影子说："区区小事，何必问呢？我就是这样，但不知道是什么缘故。我，就如蝉蜕下的壳，蛇蜕下的皮，很像蝉壳与蛇皮却又不是。遇上火光与阳光，我就出现；遇到阴暗与黑夜，我就消失。形体真是我所要等待的吗？或者我竟是无所等待的呢？它来，我便随着它来；它去，我便随着它去；它活动，我便随着它活动。

只是活动而已，又有什么可问的呢？”

[解读]

① [2.16]有“罔两问景”章，可对照参考。

② 影子所等待的，除了形体之外，还有“火与日”。所等待之物太多，最后只好顺其自然，无所等待了。

[27.6]

阳子居南之沛，老聃西游于秦；邀于郊，至于梁而遇老子。老子中道仰天而叹曰：“始以汝为可教，今不可也。”阳子居不答。至舍，进盥漱巾栉，脱屦户外，膝行而前曰：“向者弟子欲请夫子，夫子行不闲，是以不敢。今闲矣，请问其过。”老子曰：“而睢（jū）睢盱（xū）盱，而谁与居？大白若辱，盛德若不足。”阳子居蹴然变容曰：“敬闻命矣。”其往也，舍者迎将，其家公执席，妻执巾栉，舍者避席，炀（yáng）者避灶。其反也，舍者与之争席矣。

[白话]

阳子居前往南方的沛地，正好老子要去西方的秦国游历；他约了在郊外见面，到了梁地才遇到老子。老子在途中仰天而叹说：“起初我以为你可以受教，现在才知道不行。”阳子居没有回应。到了旅舍后，侍奉老子梳洗干净，把鞋脱在门外，跪行向前说：“刚才弟子想请教先生，先生在路上没有空闲，所以不敢开口。现在空闲了，请指出我的过错。”老子说：“你态度傲慢，谁要与你相处？真正洁白的人，要好像含垢受辱；德行充实的人，要好像有所不足。”阳子居惭愧地变了脸色说：“敬听先生的教训了。”阳子居刚到的时候，旅舍的客人都来迎接，旅舍主人安排坐席，女主人替他拿毛巾梳子，先坐的人让出位子，取暖的人让出火炉。等他接受老子教训回来以后，旅舍的客人就同他抢位子坐了。

[解读]

① 《老子》第四十一章有："大白若辱，广德若不足。"

② 阳子居改变傲慢的态度之后，大家就不拘形迹，有如"相忘于江湖"了。

让王　第二十八

要旨：谁愿意把王位让给别人？问题更在于：让了别人还不要，不但不要，甚至认为自己受到侮辱。这是相当极端的观点，但是从道家"全身保真"与儒家"安贫乐道"的角度来看，却显得并不突兀。"日出而作，日入而息"，亦可自得其乐。何必为了射一只麻雀而浪费"随侯之珠"？孔子与几位弟子在此受到表扬，并不使人意外。

[28.1]

尧以天下让许由，许由不受。又让于子州支父，子州支父曰："以我为天子，犹之可也。虽然，我适有幽忧之病，方且治之，未暇治天下也。"夫天下至重也，而不以害其生，又况他物乎！唯无以天下为者，可以托天下也。舜让天下于子州支伯。子州支伯曰："予适有幽忧之病，方且治之，未暇治天下也。"故天下大器也，而不以易生，此有道者之所以异乎俗者也。舜以天下让善卷，善卷曰："余立于宇宙之中，冬日衣皮毛，夏日衣葛絺（chī）；春耕种，形足以劳动；秋收敛，身足以休食；日出而作，日入而息，逍遥于天地之间而心意自得。吾何以天下为哉？悲夫，子之不知余也！"遂不受。于是去而入深山，莫知其处。舜以天下让其友石户之农，石户之农曰："卷卷乎，后之为人，葆力之士也。"以舜之德为未至也，于是夫负妻戴，携子以入于海，终身不反也。

[白话]

尧把天下让给许由，许由不肯接受。又把天下让给子州支父，子州支父说："让我做天子，也还可以。不过，我刚好患了重病，正准备要医治，没有时间去治理天下。"天下是最贵重的东西，但也不能用来妨害自己的生命，更何况是其他事物呢！只有不把天下当一回事的人，才可以把天下托付给他。舜把天下让给子州支伯，子州支伯说："我刚好患了重病，正准备要医治，没有时间去治理天下。"所以说，天下是最大的东西，但也不能用来交换生命，这是有道的人与俗人不同的地方。舜把天下让给善卷，善卷说："我处身于宇宙中，冬天穿皮毛，夏天穿细麻；春天耕种，形体得以劳动；秋天收割，身体得以安养。日出而作，日入而息，在天地之间逍遥，心满意足，自得其乐。我要天下有什么用呢？可悲啊！你太不了解我了！"他不肯接受，然后离开住所到深山里去，不知去处。舜把天下让给他的朋友石户之农，石户之农说："国君的为人勤奋努力，真是个劳碌的人啊！"他认为舜的德行还不够完美，于是夫妻二人背起家当，带着孩子隐居海边，一辈子都没有回来。

[解读]

① 本文虽是寓言，亦能夹叙夹议。尧让天下于许由与子州支父，最后让给了舜；舜让天下于子州支伯、善卷与石户之农（亦指石户地区的一名农夫），结果皆未成功，反而使这些推辞的人

不是称病就是逃走。这是所叙的部分。"幽忧"为深劳，病重之意。

② 所议的部分是：一、这些人不会为了天下而影响自己的养生。二、只要自得其乐，又何必另有奢求？三、君主的德"未至"时，还是远走他乡比较安全。

[28.2]

大（tài）王亶（dǎn）父居邠（bīn），狄人攻之。事之以皮帛而不受，事之以犬马而不受，事之以珠玉而不受，狄人之所求者土地也。大王亶父曰："与人之兄居而杀其弟，与人之父居而杀其子，吾不忍也。子皆勉居矣！为吾臣与为狄人臣奚以异！且吾闻之，不以所用养害所养。"因杖策而去之。民相连而从之，遂成国于岐山之下。夫大王亶父，可谓能尊生矣。能尊生者，虽贵富不以养伤身，虽贫贱不以利累形。今世之人居高官尊爵者，皆重失之，见利轻亡其身，岂不惑哉！

[白话]

大王亶父住在邠地，狄人来攻打他。他送上兽皮财帛，狄人不接受；送上犬马畜生，狄人不接受；送上珍珠宝玉，狄人不接受；狄人想要得到的是土地。大王亶父说："与人民的兄长居住在一起，而让弟弟去牺牲；与人民的父亲居住在一起，而让儿子去牺牲，我不忍心啊。你们努力在此安居吧！做我的臣民与做狄人的臣民，又有什么差别呢！并且我听说过，不要为了养生的土地而伤害到所养的人民。"于是挂着拐杖离开了，人民扶老携幼跟随着他，到了岐山下又成立了一个国家。大王亶父可以说是能够尊重生命了。能够尊重生命的人，即使富贵也不会因为享受而伤身，即使贫贱也不会因为求利而受困。现在世间位居高官要职的人，都唯恐失去官职，见到利益就轻易忘记了身体的处境，这不是迷惑吗！

[解读]

① 大王亶父为王季之父，周文王之祖。狄是北方的外族，古代有"东夷、西戎、南蛮、北狄"之说。

② "不以所用养害所养"，可谓至理名言。世间为了争夺土地而发动的战争，结果都是死伤惨重，而土地却原封不动地在那儿。为了土地而牺牲人命，可谓本末倒置；但是，一味退让在今日人口众多的情况下，似乎又不可行。

[28.3]

越人三世弑其君，王子搜患之，逃乎丹穴。而越国无君，求王子搜不得，从之丹穴。王子搜不肯出，越人熏之以艾，乘以王舆。王子搜援绥登车，仰天而呼曰："君乎！君乎！独不可以舍我乎！"王子搜非恶为君也，恶为君之患也。若王子搜者，可谓不以国伤生矣，此固越人之所欲得为君也。

[白话]

越国人已经杀害了连续三代的国君，王子搜很担心，就逃到山洞里去。越国人没有国君，找不到王子搜，最后跟踪到了山洞。王子搜不肯出来，越国人就用艾草去熏他，并让他坐上国君的座车。王子搜拉着扶绳上车，仰天呼喊说："国君啊！国君啊！难道不可以放过我吗？"王子搜不是厌恶做国君，而是厌恶做国君所带来的祸患。像王子搜这样的人，可以说是不肯为了国家而伤害生命。这也正是越国人要他做国君的原因。

① 王子搜所呼喊的"君乎！君乎！"可以指国君之位，也可以指主宰人间的力量，亦即传统所谓的"人穷则呼天"。从他接着所说的"独不可以舍我乎！"看来，意思较接近"天"。丹穴：南方当日下之地为丹，亦有说为巫山之穴。

[28.4]

韩、魏相与争侵地。子华子见昭僖侯，昭僖侯有忧色。子华子曰："今使天下书铭于君之前，书之言曰：'左手攫（jué）之则右手废，右手攫之则左手废，然而攫之者必有天下。'君能攫之乎？"昭僖侯曰："寡人不攫也。"子华子曰："甚善！自是观之，两臂重于天下也，身亦重于两臂。韩之轻于天下亦远矣，今之所争者，其轻于韩又远。君固愁身伤生以忧戚不得也！"僖侯曰："善哉！教寡人者众矣，未尝得闻此言也。"子华子可谓知轻重矣。

[白话]

韩国与魏国正在争夺边境土地。子华子前去拜见韩国国君昭僖侯。昭僖侯面带愁容。子华子说："现在让天下人到你面前写下盟约，盟约上说：'左手取得盟约，则砍去右手；右手取得盟约，则砍去左手；然而取得盟约的人必定拥有天下。'您愿意去夺取吗？"昭僖侯说："我不去夺取。"子华子说："很好！这样看来，两只手臂比天下重要，身体又比两臂重要；韩国远比天下为轻，现在所争夺的土地又远比韩国为轻，您又何必愁坏身体、危害生命，去担心得不到这块土地呢！"昭僖侯说："说得好！劝我的人很多，但从来没有听过这样的话。"子华子可以说是懂得轻重了。

① 子华子是魏国贤人；昭僖侯是韩国国君。

② 为了外在利益而损伤生命，是不值得的。不过，人往往在祸害出现之后才会觉醒。换言之，我们一生都在盘算如何趋吉避凶，而不知吉凶本是携手并行。

[28.5]

鲁君闻颜阖得道之人也，使人以币先焉。颜阖守陋闾，苴（jū）布之衣而自饭牛。鲁君之使者至，颜阖自对之。使者曰："此颜阖之家与？"颜阖对曰："此阖之家也。"使者致币，颜阖对曰："恐听谬而遗使者罪，不若审之。"使者还反审之，复来求之，则不得已。故若颜阖者，真恶富贵也。故曰："道之真以治身，其绪余以为国家，其土苴以治天下。"由此观之，帝王之功，圣人之余事也，非所以完身养生也。今世俗之君子，多危身弃生以殉物，岂不悲哉！凡圣人之动作也，必察其所以之与其所以为。今且有人于此，以随侯之珠弹千仞之雀，世必笑之。是何也？则其所用者重而所要者轻也。夫生者，岂特随侯之重哉！

[白话]

鲁君听说颜阖是一位得道的人，就派人送些钱财去致意。颜阖住在陋巷中，穿着粗布衣服，正在自己喂牛。鲁君的使者来时，颜阖亲自接待。使者说："这是颜阖的家吗？"颜阖回答说："这是颜阖的家。"使者送上钱财，颜阖说："恐怕你听错了话，将来让你受到责备，不如问个明白。"使者回去查问清楚，再来找他，却已经不知去向了。像颜阖这样的人，真正是厌恶富贵了。所以说："道的真实本体是用来调理生命的，它的剩余部分是用来治理国家的，它的残渣部分则用来治理天下。"这样看来，帝王的功业是圣人剩余的事，不能用来修身养性。现在世俗的君子，多半为了追逐外物而危害身体放弃生命，岂不是很可悲！当圣人有所动作时，一定要看清楚他设定的目标与采取的方法。如果有人在此，用随侯的宝珠去射高飞的麻雀，世人一定会取笑他。为什么呢？因为他所用的东西贵重，而所要的东西轻贱。谈到生命，难道不比随侯的宝珠更贵重吗？

[解读]

① "道之真"以外，还有道之"绪余、土苴"。这是从人的观点所作的区分，就是有些人学到了绪余与土苴，就可以用来治国与治天下。学到真实本体的，就会用来安顿自己，避开不必要的麻烦。

② "以随侯之珠弹千仞之雀"，虽然遭人嘲笑，但世人却未必觉悟。结果则是大家轮流陷于被嘲笑的困境。据说随国近濮水，濮水出宝珠。曾有灵蛇为了报恩而衔宝珠赠人。

[28.6]

子列子穷，容貌有饥色。客有言之于郑子阳者曰："列御寇，盖有道之士也，居君之国而穷，君无乃为不好士乎？"郑子阳即令官遗之粟。子列子见使者，再拜而辞。使者去，子列子入，其妻望之而拊心曰："妾闻为有道者之妻子，皆得佚乐，今有饥色。君过而遗先生食，先生不受，岂不命邪？"子列子笑谓之曰："君非自知我也，以人之言而遗我粟，至其罪我也，又且以人之言。此吾所以不受也。"其卒，民果作难而杀子阳。

傅佩荣解读《庄子》（修订版）

[白话]

　　子列子生活穷困，面带饥色。有人告诉郑子阳说："列御寇是一位有道之士，住在你的国内却生活穷困，你难道是不喜欢贤士的人吗？"郑子阳立刻派官员送粮食给他。子列子接见使者，再三辞谢而不接受。使者离开后，子列子进入屋内，他的妻子责怪他，抚着胸口说："我听说有道之士的妻子与孩子，都能够过着安乐的生活，现在我们却面有饥色。相国一听说你就派人送来粮食，你却不接受，难道这不是命吗？"子列子笑着对她说："相国并不是自己了解我，他是听了别人的话才送我粮食，将来他也可能会因为听了别人的话而加罪于我。这就是我不能接受的原因。"后来，百姓果然作乱，杀了子阳。

[解读]

① 郑子阳：郑国宰相，为人严酷，后在乱事中被杀。子列子不收他的赠米，颇有"敬而远之"的意思。能有这种远见的，不愧为"有道之士"。

[28.7]

　　楚昭王失国，屠羊说走而从于昭王。昭王反国，将赏从者，及屠羊说。屠羊说曰："大王失国，说失屠羊；大王反国，说亦反屠羊。臣之爵禄已复矣，又何赏之有！"王曰："强之。"屠羊说曰："大王失国，非臣之罪，故不敢伏其诛；大王反国，非臣之功，故不敢当其赏。"王曰："见之。"屠羊说曰："楚国之法，必有重赏大功而后得见。今臣之知不足以存国，而勇不足以死寇。吴军入郢，说畏难而避寇，非故随大王也。今大王欲废法毁约而见说，此非臣之所以闻于天下也。"王谓司马子綦曰："屠羊说居处卑贱而陈义甚高，子其为我延之以三旌（jīng）之位。"屠羊说曰："夫三旌之位，吾知其贵于屠羊之肆也；万钟之禄，吾知其富于屠羊之利也；然岂可以贪爵禄而使吾君有妄施之名乎！说不敢当，愿复反吾屠羊之肆。"遂不受也。

［白话］

　　楚昭王弃国逃亡时，有一个名叫说的屠羊人跟随昭王出走。昭王回国复位后，要奖赏跟随他逃亡的人，找到了屠羊说。屠羊说说："大王丧失国土，我失去屠羊的工作；大王回国复位，我也回来继续屠羊。我的爵位利禄已经收回来了，还有什么可奖赏的！"昭王说："勉强他接受。"屠羊说说："大王失去国土，不是我的过错，所以我不敢承受惩罚；大王回国复位，不是我的功劳，所以我不敢接受奖赏。"昭王说："叫他来见我。"屠羊说说："楚国的法令规定，一定要受重赏、立大功的人，才能见大王。现在我的智力不足以保存国家，勇敢又不足以消灭敌人。吴军攻入郢都时，我害怕危险而逃避敌人，并不是有心追随大王。现在大王要破坏法令约定来接见我，这不是我愿意传闻于天下的事。"昭王对司马子綦说："屠羊说身份卑贱而陈述的道理很高明，你替我延揽他来担任三公的职位。"屠羊说说："三公的职位，我知道它比屠羊的铺子尊贵得多；万钟的俸禄，我知道它比屠羊的收入丰富得多；但是我怎么可以贪图爵位利禄而让国君蒙上随便封赏的恶名呢！我不敢接受，只希望回到我屠羊的铺子。"最后还是没有接受。

［解读］

①　楚昭王之时，吴人伐楚，昭王去国。

②　屠羊说有自知之明，安于自己的工作，也省去了许多麻烦。他推辞封赏的理由，前后共有四种，值得细加推敲。

　　　　　　　　　　　傅佩荣解读《庄子》（修订版）

③　三旌之位：三卿皆执圭，又称三圭，指公、侯、伯而言。

[28.8]

　　原宪居鲁，环堵之室。茨以生草，蓬户不完，桑以为枢；而瓮牖（yǒu）二室，褐以为塞；上漏下湿，匡坐而弦。子贡乘大马，中绀（gàn）而表素，轩车不容巷，往见原宪。原宪华冠縰（xǐ）履，杖藜而应门。子贡曰：“嘻！先生何病？”原宪应之曰：“宪闻之，无财谓之贫，学而不能行谓之病。今宪，贫也，非病也。”子贡逡巡而有愧色。原宪笑曰：“夫希世而行，比周而友，学以为人，教以为己，仁义之慝（tè），舆马之饰，宪不忍为也。”

[白话]

　　原宪住在鲁国，居处只有方丈大小。生草盖成的屋子，蓬蒿编成的门户也不完整，桑条做成门枢；用破瓮做窗户，以粗布衣隔开两个房间；屋顶漏雨，地上潮湿，他却端坐其中弹琴唱歌。子贡骑着大马，穿着素白的大衣，衬着天青色的内里，巷子容不下高大的马车，他就走进去见原宪。原宪戴着桦树皮做的帽子，穿着没跟的鞋子，扶着黎杖来应门。子贡说：“呀！先生患了什么病呢？”原宪说：“我听说：‘没有钱财，叫做贫穷；读书而不能实践，叫做患病。’现在的我，是贫穷而不是患病。”子贡进退不得而面有愧色。原宪笑着说：“行为迎合世俗，交友亲热周旋，求学是为了让人赞赏，教授是为了显扬自己，假托仁义去为恶，装饰车马去炫耀，这些是我不忍心做的事。”

[解读]

①　原宪与子贡都是孔子的学生，两人一贫一富，形成鲜明对比。

原宪认为自己是"贫",而子贡才是真正"病"了。由此看来,孔子所教的颇有可取。

[28.9]

曾子居卫,缊袍无表,颜色肿哙(kuài),手足胼胝(pián zhī)。三日不举火,十年不制衣。正冠而缨绝,捉衿而肘见,纳屦而踵决。曳縰(xǐ)而歌《商颂》,声满天地,若出金石。天子不得臣,诸侯不得友。故养志者忘形,养形者忘利,致道者忘心矣。

[白话]

曾子住在卫国,身穿破烂絮袍,脸色浮肿有病,手脚磨出厚茧。三天没有生火煮饭,十年没有添置衣裳。扶正帽子,帽带就断掉;拉住衣襟,手肘就露出;穿上鞋子,后跟就着地。他脚上趿着破鞋,口中吟唱《商颂》,声音充满天地,好像出自金石乐器。天子不能以他为臣,诸侯不能与他为友。所以说,修养心志的人会忘记形体,修养形体的人会忘记利益,追求大道的人会忘记心机。

[解读]

① 曾子的处境,正如《论语·雍也》中,孔子所描述的颜渊:"人不堪其忧,回也不改其乐。"由这种角度去认识儒家,才能体会孔子的生命精神。

② 能做到"天子不能臣,诸侯不能友",亦可谓不虚此生。

[28.10]

孔子谓颜回曰:"回,来,家贫居卑,胡不仕乎?"颜回对曰："不愿仕。回有郭外之田五十亩，足以给饘（zhān）粥；郭内之田十亩，足以为丝麻；鼓琴足以自娱，所学夫子之道者足以自乐也。回不愿仕。"孔子愀（qiǎo）然变容，曰："善哉，回之意！丘闻之，'知足者，不以利自累也；审自得者，失之而不惧；行修于内者，无位而不怍。'丘诵之久矣，今于回而后见之，是丘之得也。"

[白话]

孔子对颜回说："颜回，你过来这儿，你家境贫穷、住处简陋，为什么不去做官呢？"颜回回答说："不愿做官。我在城外有五十亩田，足够供应我要吃的稀饭。在城内有十亩田，足够生产我要穿的丝麻；弹琴足够我自己消遣，所学老师的道足够我自得其乐。我不愿做官。"孔子脸色一变，说："你的心思很好啊！我听说过：'知足的人不会为了利益而劳苦自己，自在的人遇到损失不会恐惧，修养内心的人没有爵位也不会羞愧。'我讲述这些话已经很久了，如今在你身上才见到，这是我的收获啊。"

[解读]

① 颜回虽然家贫，仍有总计六十亩田，勉强可以温饱。处于乱世之中，他选择不做官，是可以理解的。

② 孔子肯定颜回时，还表示佩服之意，正是"弟子不必不如师，师不必贤于弟子"。

[28.11]

中山公子牟谓瞻子曰："身在江海之上，心居乎魏阙之下，奈何？"瞻子曰："重生。重生则利轻。"中山公子牟曰："虽知之，未能自胜也。"瞻子曰："不能自胜则从，神无恶乎！不能自胜而强不从者，此之谓重伤。重伤之人，无寿类矣。"魏牟，万乘之公子也，其隐岩穴也，难为于布衣之士；虽未至乎道，可谓有其意矣。

[白话]

中山公子牟对瞻子说："身体处在江海之上，内心想着王室的荣华，怎么办呢？"瞻子说："看重生命。看重生命就会轻视利禄。"中山公子牟说："虽然知道这一点，但还不能克制自己。"瞻子说："不能克制自己就顺应，心神不会有厌恶啊！不能克制自己又勉强不肯顺应，就叫做双重伤害。受到双重伤害的人，没有能活得下去的。"魏牟是万乘大国的公子，他隐居在山林岩洞里，要比平民困难得多；虽然还没有悟道，也可以说是有志向了。

[解读]

① 魏牟：魏国公子，名牟，封于中山。瞻子，贤人。
② "不能自胜则从"，意指不必勉强，否则心力交瘁而一事无成，最后活不下去。

[28.12]

孔子穷于陈、蔡之间，七日不火食，藜羹不糁（sǎn），颜色甚惫，而弦歌于室。颜回择菜，子路、子贡相与言曰："夫子再逐于鲁，削迹于卫，伐树于宋，穷于商、周，围于陈、蔡。杀夫子者无罪，藉夫子者无禁。弦歌鼓琴，未尝绝音，君子之无耻也若此乎？"颜回无以应，入告孔子。孔子推琴，喟（kuì）然而叹曰："由与赐，细人也。召而来，吾语之。"子路、子贡入。子路曰："如此者，可谓穷矣！"孔子曰："是何言也！君子通于道之谓通，穷于道之谓穷。今丘抱仁义之道以遭乱世之患，其何穷之为！故内省而不穷于道，临难而不失其德，天寒既至，霜雪既降，吾是以知松柏之茂也。陈、蔡之隘（è），于丘其幸乎！"孔子削然反琴而弦歌，子路扢（xì）然执干而舞。子贡曰："吾不知天之高也，地之下也。"古之得道者，穷亦乐，通亦乐，所乐非穷通也，道德于此，则穷通为寒暑风雨之序矣。故许由娱于颍阳，而共伯得乎共首。

[白话]

　　孔子被围困在陈国、蔡国之间，七天没有生火煮饭，喝的野菜汤里没有米粒，神情十分疲惫，但是还在屋内弹琴唱歌。颜回在屋外择菜，子路与子贡互相谈论说："老师两次被逐出鲁国，在卫国的行迹被人抹杀，在宋国的树下讲学，连树都被砍掉，在商朝、周朝的境内不得志，在陈国、蔡国之间又受到围困。要杀害老师的人没有被治罪，要侮辱老师的人没有被制止。老师还在弹琴唱歌，没有停止过，君子有像他这样无耻的吗？"颜回没有话回答，就进屋去报告孔子。孔子推开琴，长叹一声说："子路与子贡都是浅见的小人啊。叫他们进来，我来告诉他们。"子路与子贡进到屋中，子路说："像老师这样，可以说是穷困了吧！"孔子说："这是什么话！君子领悟大道的，就称为通达；隔绝大道的，就称为穷困。现在我怀抱仁义的理想，却遭逢乱世的祸患，有什么穷困的呢！所以，内心反省而没有隔绝大道，面临危难而没有失去操守。在天寒地冻、霜雪降下时，我才知道松柏的茂盛。在陈国、蔡国所遭受的困阨，对我来说其实是幸运啊！"孔子平静地又弹起琴唱着歌，子路奋勇地拿起盾牌起舞。子贡说："我不知道天有多高，地有多厚啊。"古代得道的人，穷困时快乐，通达时也快乐。不是因为穷困与通达而快乐，而是因为他领悟了道，所以穷困与通达只是寒暑风雨的循环罢了。所以，许由能在颍阳愉快度日，共伯可以在共首山下自得其乐。

[解读]

① 孔子的陈述兼具儒家与道家双重立场。因此，他所说的"仁义之道"的"道"是指理想，"不失其德"的"德"则指操守。另外，单说"道"字，仍以译为大道为宜。若不如此理解，则许由与共伯的事迹不易说明。藉夫子者：藉借为刺，为毁。

② 共伯为周厉王时期的诸侯，后归隐于共首山。

[28.13]

舜以天下让其友北人无择，北人无择曰："异哉，后之为人也！居于畎（quǎn）亩之中，而游尧之门，不若是而已，又欲以其辱行漫我，吾羞见之。"因自投清泠（líng）之渊。

[白话]

舜把天下让给他的朋友北人无择，北人无择说："奇怪呀，国君的为人！出身于农耕之家，却游走于尧的朝廷，不仅如此，还想用他的丑行污辱我，我羞于见到他。"于是自己投入清泠之渊死了。

[解读]

① 舜的好意害死了朋友。像北人无择这样，宁死也不愿担任天子，实在让人费解。与其如此，当初就应该不要使舜觉得他很伟大，或者根本不要与舜结识。

傅佩荣解读《庄子》（修订版）

[28.14]

　　汤将伐桀，因卞随而谋，卞随曰："非吾事也。"汤曰："孰
可？"曰："吾不知也。"汤又因务光而谋，务光曰："非吾事也。"
汤曰："孰可？"曰："吾不知也。"汤曰："伊尹何如？"曰："强
力忍垢，吾不知其他也。"汤遂与伊尹谋伐桀，克之，以让卞随。
卞随辞曰："后之伐桀也谋乎我，必以我为贼也；胜桀而让我，
必以我为贪也。吾生乎乱世，而无道之人再来漫我以其辱行，吾
不忍数闻也。"乃自投椆（chóu）水而死。汤又让务光，曰："知
者谋之，武者遂之，仁者君之，古之道也。吾子胡不立乎？"务
光辞曰："废上，非义也；杀民，非仁也；人犯其难，我享其利，
非廉也。吾闻之曰，'非其义者，不受其禄，无道之世，不践其
土。'况尊我乎！吾不忍久见也。"乃负石而自沉于庐水。

[白话]

　　商汤准备讨伐夏桀，找卞随来商议，卞随说："这不是我的
事。"汤说："可以找谁呢？"卞随说："我不知道。"汤又找务光
来商议，务光说："这不是我的事。"汤说："伊尹怎么样？"务
光说："他有毅力，可以忍受耻辱，其他的我就不知道了。"汤
于是与伊尹商议如何讨伐桀，并且战胜了，然后他要把天下让给
卞随。卞随推辞说："国君讨伐桀时，曾找我商议，一定认为我
是个偏邪的人；他战胜桀后，要把天下让给我，一定认为我是个
贪婪的人。我生在乱世中，又让无道的人用他的丑行污辱我，我
不能忍受一再的打扰。"于是投入椆水自溺而死。汤又要让位给
务光，说："明智的人谋划，勇武的人成事，仁慈的人治理，这
是自古以来的道理。你为什么不肯即位呢？"务光说："废除君
上，这是不义；杀害人民，这是不仁；别人冒险犯难，我来坐享
其利，这是不廉。我听说过，'对不义的人，不要接受他的俸禄；

对无道的国家，不要踏在他的土地上。'何况是要尊我为君呢！
我不忍心长期看到这样的事。"于是背着石块自溺于庐水。

[解读]

①　"强力忍垢"：阻兵需要强力，弑君需要忍垢。所以伊尹可以共
　　商大计。
②　卞随、务光先后自杀，主要原因是自己居然被汤误会到这种程
　　度，以为会考虑接受帝王之位。

[28.15]

　　昔周之兴，有士二人处于孤竹，曰伯夷、叔齐。二人相谓曰：
"吾闻西方有人，似有道者，试往观焉。"至于岐阳，武王闻之，
使叔旦往见之，与之盟曰："加富二等，就官一列。"血牲而埋
之。二人相视而笑，曰："嘻，异哉！此非吾所谓道也。昔者神
农之有天下也，时祀尽敬而不祈喜；其于人也，忠信尽治而无求
焉。乐与政为政，乐与治为治，不以人之坏自成也，不以人之卑
自高也，不以遭时自利也。今周见殷之乱而遽为政，上谋而行货，
阻兵而保威，割牲而盟以为信，扬行以说众，杀伐以要利，是推
乱以易暴也。吾闻古之士，遭治世不避其任，遇乱世不为苟存。
今天下，周德衰，其并乎周以涂吾身也，不如避之，以洁吾行。"
二子北至于首阳之山，遂饿而死焉。若伯夷、叔齐者，其于富贵
也，苟可得已，则必不赖。高节戾行，独乐其志，不事于世，此
二士之节也。

[白话]

　　从前周朝兴起时，有两位贤士住在孤竹国，名叫伯夷、叔齐。

这两人商量说："听说西方有个人，好像是个有道者，我们去看看吧。"到了岐阳，武王听说他们来了，就派叔旦去相见，并与他们盟誓说："加禄二级，授官一等。"盟约涂上牲血，埋在地下。这二人相视而笑，说："嘻，奇怪呀！这不是我们所谓的道啊。从前神农氏治理天下时，按季节祭祀十分虔诚，但并不祈求福佑；他对待百姓，忠诚信实用心治理，但并不要求什么。喜欢参政的就让他参政，喜欢治理的就让他治理。不借别人的失败来凸显自己的成功，不借别人的卑贱来显示自己的高贵，不因遭逢时机而图谋自己的利益。现在周朝看见商朝动乱，就急着想取得政权，崇尚谋略而广施财货，仗恃武力而保全声威，杀牲结盟以宣示诚信，传播善行以取悦百姓，杀戮征伐以夺取利益，这是制造乱世来代替暴政啊。我们听说古代的贤士，遇到治世不逃避责任，遭逢乱世不苟且偷生。现在天下黑暗，周朝德行衰败，要是与周朝同处而污辱自己，不如避开以保持干净。"二人往北走到首阳山，最后在那儿饿死了。像伯夷、叔齐这样的人，对于富贵，即使可以得到，也一定不会获取。表现高尚的节操与不凡的行为，只以满足自己的志向为乐，不去迎合世间的俗务，这是二位贤士的风骨。

[解读]

① 本文所谓的"周之兴"，是指直至周文王时；到了周武王准备伐纣时，就是"周德衰"了。前后变化似乎只在武王的一念之间。叔旦即是后来的周公。

② 伯夷、叔齐的事迹并非虚构，由此使得庄子《让王》的一系列故事所要彰显的观念，包括重生与轻生，都值得细加省思。

盗跖　第二十九

要旨：本篇是《庄子》全书最偏激者，对孔子所代表的儒家思想，提出了犀利的批判。重点有三：一是善恶并无适当报应；二是人生在世苦多乐少；三是人性本身大有问题。这三点虽有过激之处，但也能使人觉悟，要寻求一完整而根本的理解。任何学说皆有破有立，本篇所言亦未尝可以抹杀。

[29.1]

孔子与柳下季为友，柳下季之弟，名曰盗跖（zhí）。盗跖从卒九千人，横行天下，侵暴诸侯，穴室枢户，驱人牛马，取人妇女，贪得忘亲，不顾父母兄弟，不祭先祖。所过之邑，大国守城，小国入保，万民苦之。孔子谓柳下季曰："夫为人父者，必能诏其子；为人兄者，必能教其弟。若父不能诏其子，兄不能教其弟，则无贵父子兄弟之亲矣。今先生，世之才士也，弟为盗跖，为天下害，而弗能教也，丘窃为先生羞之。丘请为先生往说之。"柳下季曰："先生言为人父者必能诏其子，为人兄者必能教其弟，若子不听父之诏，弟不受兄之教，虽今先生之辩，将奈之何哉！且跖之为人也，心如涌泉，意如飘风，强足以距敌，辩足以饰非，顺其心则喜，逆其心则怒，易辱人以言。先生必无往。"
孔子不听，颜回为驭，子贡为右，往见盗跖。盗跖乃方休卒徒太
山之阳，脍（kuài）人肝而铺（bù）之。

[白话]

孔子与柳下季是朋友，柳下季有个弟弟，名叫盗跖。盗跖带
着九千名部属，横行天下，侵犯诸侯，打家劫舍，抢人牛马，掳
人妇女，贪财忘亲，不顾念父母兄弟，也不祭祀祖先。所到之处，
大国严守城池，小国避入城堡，百姓苦不堪言。孔子对柳下季说：
"为人父亲的，一定能劝诫儿子；做人哥哥的，一定能教导弟弟。
如果父亲不能劝诫儿子，哥哥不能教导弟弟，那么父子兄弟的亲
情就没有什么可贵了。现在先生是当代的才士，弟弟却是盗跖，
成为天下的祸害，而不能把他教好，我私下为先生觉得羞愧。我
想代替你去劝说他。"柳下季说："先生谈到，为人父亲的一定能
劝诫儿子，做人哥哥的一定能教导弟弟；如果儿子不听从父亲的
劝诫，弟弟不接受哥哥的教导，即使像先生这么会说话，又能对
他怎么办！而且，盗跖这个人，心思像涌泉一样，意念像飘风一
样，强悍足以抗拒敌人，辩才足以掩饰过错，顺从他的心意他就
高兴，违逆他的心意他就发怒，随意就用言语侮辱人。先生千万
不要去。"孔子不听，让颜回驾车，子贡在右侧守护，前去拜访
盗跖。盗跖正带着部属在泰山南边休息，切人肝当作晚餐吃。

[解读]

① 孔子的理论并没有错，但是兄弟之间亦可能"道不同，不相为
谋"（《论语·卫灵公》）。柳下季，姓展名获，即是贤人柳下
惠。他有盗跖这样的弟弟，也是无可奈何的。本文是一篇寓言，
因为孔子、柳下季、盗跖三人的生平，并不属于同一个时代。

② 柳下季对盗跖的描写，像"心如涌泉，意如飘风"，可谓生动之至，也可见他深知其弟的性格与能力。孔子在此不听劝告，执意往见盗跖，显示了"知其不可而为之"（《论语·宪问》）的性格。

[29.2]

孔子下车而前，见谒者曰："鲁人孔丘，闻将军高义，敬再拜谒者。"谒者入通，盗跖闻之大怒，目如明星，发上指冠，曰："此夫鲁国之巧伪人孔丘非邪？为我告之：'尔作言造语，妄称文、武，冠枝木之冠，带死牛之胁，多辞谬说，不耕而食，不织而衣，摇唇鼓舌，擅生是非，以迷天下之主，使天下学士不反其本，妄作孝弟，而徼（jiǎo）幸于封侯富贵者也。子之罪大极重，疾走归！不然，我将以子肝益昼餔之膳。'"孔子复通曰："丘得幸于季，愿望履幕下。"谒者复通，盗跖曰："使来前！"孔子趋而进，避席反走，再拜盗跖。盗跖大怒，两展其足，案剑瞋（chēn）目，声如乳虎，曰："丘，来前！若所言，顺吾意则生，逆吾心则死。"孔子曰："丘闻之，凡天下有三德：生而长大，美好无双，少长贵贱见而皆说之，此上德也；知维天地，能辩诸物，此中德也；勇悍果敢，聚众率兵，此下德也。凡人有此一德者，足以南面称孤矣。今将军兼此三者，身长八尺二寸，面目有光，唇如激丹，齿如齐贝，音中黄钟，而名曰盗跖，丘窃为将军耻不取焉。将军有意听臣，臣请南使吴、越，北使齐、鲁，东使宋、卫，西使晋、楚，使为将军造大城数百里，立数十万户之邑，尊将军为诸侯，与天下更始，罢兵休卒，收养昆弟，共祭先祖。此圣人才士之行，而天下之愿也。"

　　　　　　　　　　　　　　　傅佩荣解读《庄子》（修订版）

孔子下车，走到前面，对接待的人说："鲁国人孔丘，听说将军义行过人，特地前来拜见。"接待的人入内通报，盗跖一听大怒，双目生辉，怒发冲冠，说："这不就是鲁国那个巧诈虚伪的孔丘吗？你替我告诉他：'你随便制造言论，任意标榜文王、武王，戴着华丽的帽子，系着死牛的皮带，满口胡言乱语，不耕田就有饭吃，不织布就有衣穿，鼓动唇舌，搬弄是非，以此迷惑天下君主，让天下读书人不肯回归本分，妄想借着孝悌的行为，侥幸得到封侯及富贵。你罪大恶极，赶快回去吧！不然，我就拿你的肝当作午餐加菜了。'"孔子再度请求通报说："我有幸认识柳下季，希望能到帐幕中拜见。"接待的人再度通报，盗跖说："让他进来！"孔子快步走进帐幕，又避开坐席退后几步，向盗跖行礼拜见。盗跖大怒，伸开双脚，手按宝剑，怒目而视，声如小虎之吼，说："丘，上前来！你说的话，顺我的心意才可活命，逆我的心意就要处死。"孔子说："我听说过，天下有三种禀赋，身材长得高大，面貌美好无双，老少贵贱看到了都喜欢的，这是上等禀赋；智力包罗天地，才干可以处理一切事务，这是中等禀赋；勇敢强悍而果决，能够聚集群众、率领士兵，这是下等禀赋。普通人具备其中一种禀赋，就足以南面称王了。现在将军兼具这三种禀赋，身高八尺二寸，面目神采焕然，嘴唇红润有光，牙齿整齐如贝，声音合乎黄钟，但是名字却叫盗跖，我私下为将军感到羞愧，认为不应如此。将军有意听从我的建议，我愿意往南出使吴国、越国，往北出使齐国、鲁国，往东出使宋国、卫国，往西出使晋国、楚国，让他们为将军建造方圆数百里的大城，成立数十万户的封邑，尊奉将军为诸侯，与天下人重新开始来往，停战休兵，收养弟兄，一起祭祀祖先。这是圣人才士的作为，也是天下人的愿望啊。"

① 盗跖对孔子的初步评论是"巧伪人",这在本书已经不足为奇。
而孔子的真正用心是希望盗跖"与天下更始"。两人的观念差
距太大了。

② 孔子在此以为奉承盗跖兼此三德,盗跖将会乐于协商,他显然
低估了对手,详见下文。

[29.3]

盗跖大怒,曰:"丘,来前!夫可规以利,而可谏以言者,皆
愚陋恒民之谓耳。今长大美好,人见而说之者,此吾父母之遗德
也。丘虽不吾誉,吾独不自知邪?且吾闻之,好面誉人者,亦好
背而毁之。今丘告我以大城众民,是欲规我以利,而恒民畜我也,
安可久长也!城之大者,莫大乎天下矣。尧、舜有天下,子孙无
置锥之地;汤、武立为天子,而后世绝灭;非以其利大故邪?且
吾闻之,古者禽兽多而人民少,于是民皆巢居以避之,昼拾橡栗,
暮栖木上,故命之曰有巢氏之民。古者民不知衣服,夏多积薪,
冬则炀之,故命之曰知生之民。神农之世,卧则居居,起则于于,
民知其母,不知其父,与麋鹿共处,耕而食,织而衣,无有相害
之心,此至德之隆也。然而,黄帝不能致德,与蚩尤战于涿鹿之
野,流血百里。尧、舜作,立群臣;汤放其主,武王杀纣。自是
之后,以强陵弱,以众暴寡。汤、武以来,皆乱人之徒也。

[白话]

盗跖大怒,说:"丘,上前来!可以用利益劝导,并且可以
用言语进谏的,都是愚笨浅陋的平常百姓。现在我身材高大,面
貌美好,人们看了就喜欢,这是我父母留下的禀赋。就算你不称

赞我，我自己难道不知道吗？并且我听说，喜欢当面称赞人的，也喜欢在背后毁谤人。现在你告诉我建大城、聚众民的事，是想用利益来劝导我，而把我当作平常百姓来收买，这怎么能维持长久呢！谈到大城，没有比天下更大的了。尧、舜拥有天下，子孙却没有立足之地；商汤、周武王成为天子，而后代遭到灭绝。这不是因为他们利益太大的缘故吗？并且我听说，古代禽兽多而人口少，人们都在树上筑巢居住以躲避禽兽，白天捡拾橡栗子，晚上就睡在树上，因此叫做有巢氏的人民。古代的人不知什么是衣服，夏天多积存木柴，冬天就烧来取暖，因此叫做知道生存的人民。神农氏的时代，睡卧时安安稳稳，起身时悠悠闲闲，人们认识自己的母亲，不认识自己的父亲，与麋鹿生活在一起，耕田就有饭吃，织布就有衣穿，没有互相伤害的念头，这是保存禀赋的最高表现。然而，黄帝不能实现这种禀赋，与蚩尤大战于涿鹿的旷野，造成血流百里。尧、舜兴起，设置百官，商汤放逐了他的君主，周武王杀了商纣。从此以后，强大欺凌弱小，多数残害少数。自商汤、周武王以来，都是祸害百姓的人啊。

[解读]

① "盗跖大怒"一语，至此出现三次。由此可见此人的情绪控制力不佳。不过，他说的话也自成一理。

② 尧没有将帝位传给儿子丹朱，舜也没有将帝位传给儿子商均。所以说子孙没有"置锥之地"。商汤、周武王则是子孙相继为帝，最后也都难免于灭绝。

[29.4]

今子修文、武之道，掌天下之辩，以教后世；缝衣浅带，矫言伪行，以迷惑天下之主而欲求富贵焉，盗莫大于子。天下何故不谓子为盗丘，而乃谓我为盗跖？子以甘辞说子路而使从之，使子路去其危冠，解其长剑，而受教于子，天下皆曰孔丘能止暴禁非。其卒之也，子路欲杀卫君而事不成，身菹（zū）于卫东门之上，是子教之不至也。子自谓才士圣人邪？则再逐于鲁，削迹于卫，穷于齐，围于陈、蔡，不容身于天下。子教子路菹此患。上无以为身，下无以为人，子之道岂足贵邪？世之所高，莫若黄帝，黄帝尚不能全德，而战涿鹿之野，流血百里。尧不慈，舜不孝，禹偏枯，汤放其主，武王伐纣，文王拘羑（yǒu）里。此六子者，世之所高也，孰论之，皆以利惑其真而强反其情性，其行乃甚可羞也。

[白话]

现在你修习文王、武王之道，掌握天下言论，以此教育后代百姓；穿着宽衣浅带的儒服，言行虚伪造作，以此迷惑天下君主而求取富贵，没有比你更大的盗贼了。天下人为什么不叫你盗丘，而要叫我盗跖呢？你用动听的话说服子路，让他跟随你，为此他脱去高冠、解下长剑，接受你的教导，天下人都说孔丘能够消除暴行、阻止祸害。到了最后，子路想杀卫君而没有成功，在卫国东门之上被剁成肉酱，这是你教育失败。你自认为是才士圣人吗？可是两次被逐出鲁国，在卫国的事迹被抹杀，在齐国走投无路，在陈国、蔡国之间被围困，弄得天下没有容身之处。你教导子路，结果害他被剁成肉酱。老师在上无处容身，弟子在下无法活命，你的学说哪里值得重视呢？世人所尊崇者，没有超过黄帝的，而黄帝还不能保持完美的禀赋，在涿鹿的旷野大战一场，造成血流百里。尧不慈爱，舜不孝顺，禹半身不遂，汤放逐君主，武王讨伐纣王，文王被囚禁在羑里。这六人都是世人所尊崇的，详细讨论起来，也都是被利益迷惑了真正自我而极度违逆了真实本性，他们的行为是十分可耻的。

① 子路担任卫国大夫孔悝的家臣时，适逢蒯聩与其子卫出公争位的内乱。子路所欲杀之卫君为蒯聩（卫灵公之子）。

② "此六子者"是指黄帝、尧、舜、禹、汤、文王（常与武王并称为一）。其中所述是指：尧杀了长子丹朱，舜放逐父亲瞽叟，禹治水劳累而偏枯，等等。

[29.5]

世之所谓贤士，伯夷、叔齐。伯夷、叔齐辞孤竹之君，而饿死于首阳之山，骨肉不葬。鲍焦饰行非世，抱木而死。申徒狄谏而不听，负石自投于河，为鱼鳖所食。介子推至忠也，自割其股以食文公，文公后背之，子推怒而去，抱木而燔（fán）死。尾生与女子期于梁下，女子不来，水至不去，抱梁柱而死。此六子者，无异于磔（zhé）犬流豕操瓢而乞者，皆离名轻死，不念本养寿命者也。世之所谓忠臣者，莫若王子比干、伍子胥。子胥沉江，比干剖心，此二子者，世谓忠臣也，然卒为天下笑。自上观之，至于子胥、比干，皆不足贵也。丘之所以说我者，若告我以鬼事，则我不能知也；若告我以人事者，不过此矣，皆吾所闻知也。今吾告子以人之情，目欲视色，耳欲听声，口欲察味，志气欲盈。人上寿百岁，中寿八十，下寿六十，除病瘦死丧忧患，其中开口而笑者，一月之中不过四五日而已矣。天与地无穷，人死者有时，操有时之具，而托于无穷之间，忽然无异骐骥之驰过隙也。不能说其志意、养其寿命者，皆非通道者也。丘之所言，皆吾之所弃也，亟去走归，无复言之！子之道，狂狂汲汲，诈巧虚伪事也，非可以全真也，奚足论哉！"

世人所谓的贤士，要推伯夷、叔齐。伯夷、叔齐辞让孤竹国的君位，饿死在首阳山上，尸体不得埋葬。鲍焦自命清高，非议世俗，抱树枯立而死。申徒狄进谏不被采纳，就背着石块跳河，被鱼鳖吞食。介子推最忠心，割下自己的腿肉给晋文公吃，后来文公背弃了他，他一怒而去，抱着大树被烧死。尾生与一名女子相约在桥下见面，女子没来，大水涌至他也不离开，抱着桥柱淹死了。这六人无异于被屠的狗、沉河的猪、持瓢的乞丐，都是重视名声而轻率赴死，不顾念自身应有的寿命的人。世人所谓的忠臣，要推王子比干、伍子胥。子胥沉尸江中，比干被人剖心，这二人是世人所谓的忠臣，然而终究被天下人嘲笑。由上面所说的看来，直到子胥、比干，都不值得推崇。你用来劝说我的，如果是鬼界的事，那么我无法知道真假；如果是人间的事，也不过如此罢了，这些都是我听过的。现在我来告诉你人的实况，眼睛想看到色彩，耳朵想听到声音，嘴巴想尝到味道，志气想得到满足。人生在世，上寿一百岁，中寿八十岁，下寿六十岁，除了病痛、死丧、忧患之外，其中开口欢笑的时刻，一个月里面也不过四五天而已。天地的存在无穷无尽，人的生死却有时限；以有时限的身体，寄托于无穷尽的天地之间，匆促的情况无异于快马闪过空隙一样。凡是不能让自己的心思与情意觉得畅快，好好保养自己寿命的人，都不是通晓大道的人。你所说的那些，都是我要抛弃的，赶快回去，不要再说了！你的道理胡说一通、急功近利，全是巧诈虚伪的东西，不能用来保全真实本性，还值得谈论吗！"

[解读]

① 盗跖之言，不就"恶有恶报"而论，却专就"善有恶报"而论，意思是：不必妄分善恶，并且，能够平安度日才是上策。

② "开口而笑"一词，提醒我们要活得快乐些。

[29.6]

孔子再拜趋走，出门上车，执辔三失，目芒然无见，色若死灰，据轼低头，不能出气。归到鲁东门外，适遇柳下季。柳下季曰："今者阙然，数日不见，车马有行色，得微往见跖邪？"孔子仰天而叹曰："然。"柳下季曰："跖得无逆汝意若前乎？"孔子曰："然。丘所谓无病而自灸也，疾走料虎头，编虎须，几不免虎口哉。"

[白话]

孔子再拜行礼，快步离开，走出帐幕上了车后，手中缰绳不觉掉落三次，目光茫然失焦，脸色有如死灰，靠着车前横木，低垂着头，气息微弱。回到鲁国东门外，刚好遇到柳下季。柳下季说："最近不巧，几天没见，你的车马好像有过远行，该不会是去拜访跖吧？"孔子仰天叹了一口气说："是的。"柳下季说："跖是不是像我以前说的，违背你的想法吧？"孔子说："是的。我正是所谓的没病自己找艾草来烧，急急忙忙跑去撩虎头，捋虎须，差一点被吞入虎口。"

[解读]

① 以虎穴比喻盗跖的帐幕，可谓恰到好处。孔子这一次算是与虎谋皮了。

[29.7]

子张问于满苟得曰："盍不为行？无行则不信，不信则不任，不任则不利。故观之名，计之利，而义真是也。若弃名利，反之于心，则夫士之为行，不可一日不为乎！"满苟得曰："无耻者富，多信者显。夫名利之大者，几在无耻而信。故观之名，计之利，而信真是也。若弃名利，反之于心，则夫士之为行，抱其天乎！"子张曰："昔者桀、纣贵为天子，富有天下。今谓臧聚曰，'汝行如桀、纣。'则有怍色，有不服之心者，小人所贱也。仲尼、墨翟，穷为匹夫，今谓宰相曰，'子行如仲尼、墨翟。'则变容易色，称不足者，士诚贵也。故势为天子，未必贵也；穷为匹夫，未必贱也；贵贱之分，在行之美恶。"满苟得曰："小盗者拘，大盗者为诸侯，诸侯之门，义士存焉。昔者桓公小白杀兄入嫂，而管仲为臣，田成子常杀君窃国，而孔子受币。论则贱之，行则下之，则是言行之情悖战于胸中也，不亦拂（fú）乎！故书曰：'孰恶孰美？成者为首，不成者为尾。'"

[白话]

子张问满苟得说："为何不修养德行？没有德行就不被信赖，不被信赖就不受任用，不受任用就没有利禄。所以，从名来考虑，由利来计算，行仁义都是对的。如果撇开名利，回到内心来说，那么读书人的行为，也不可以一天不行仁义啊！"满苟得说："无耻的人富有，自夸的人显达。获得名利最多的人，几乎全是靠着无耻与自夸。所以从名来考虑，由利来计算，自夸都是对的。如果撇开名利，回到内心来说，那么读书人的行为，应该守着自然本性啊！"子张说："以前夏桀、商纣贵为天子，富有天下，但是现在对仆役说：'你的行为与夏桀、商纣一样。'他就会面露愧色而心中不服，因为他们的行为连小人也看不起。孔子、墨翟是穷困的平民，但是现在对宰相说：'你的行为与孔子、墨翟一样。'他就改变脸色，谦称自己不够资格，因为他们的行为是读书人所推崇的。所以说，权势大到天子之位，未必高贵；穷困有如一介平民，未必低贱。贵贱的区别，在于行为的好坏。"满苟得说："小强盗被拘捕，大强盗变成诸侯，诸侯的门下，就有仁义之士了。从前齐桓公小白杀兄娶嫂，而管仲却做他的臣子；田成子常杀了君主窃据国家，而孔子却接受他的赏赐。评论时轻视他，行动时却对他表示谦下，这是言行冲突在胸中交战，不是很矛盾吗！所以古书上说：'谁坏谁好？成功者就是首领，不成功者只能敬陪末座了。'"

[解读]

① 子张是孔子学生，立场代表儒家；满苟得的想法则与盗跖相似。

② 《论语·宪问》记载："陈成子弑简公，孔子沐浴而朝，告于哀公曰：陈恒弑其君，请讨之。"由此可知本文所谓"孔子受币"是虚构之事。

[29.8]

子张曰："子不为行，即将疏戚无伦，贵贱无义，长幼无序；五纪六位，将何以为别乎？"满苟得曰："尧杀长子，舜流母弟，疏戚有伦乎？汤放桀，武王杀纣，贵贱有义乎？王季为适（dí），周公杀兄，长幼有序乎？儒者伪辞，墨者兼爱，五纪六位，将有别乎？且子正为名，我正为利。名利之实，不顺于理，不监于道。吾日与子讼于无约，曰：'小人殉财，君子殉名。其所以变其情，易其性，则异矣；乃至于弃其所为而殉其所不为，则一也。'故曰，无为小人，反殉而天；无为君子，从天之理。若枉若直，相而天极；面观四方，与时消息。若是若非，执而圆机；独成而意，与道徘徊。无转而行，无成而义，将失而所为。无赴而富，无殉而成，将弃而天。比干剖心，子胥抉眼，忠之祸也；直躬证父，尾生溺死，信之患也；鲍子立干，申子不自理，廉之害也；孔子不见母，匡子不见父，义之失也。此上世之所传，下世之所语，以为士者正其言，必其行，故服其殃，离其患也。"

[白话]

子张说："你不修养德行，将使亲疏之间没有伦理，贵贱之间没有规矩，长幼之间没有次序；五伦六纪又要怎么区别呢？"满苟得说："尧杀害长子，舜放逐胞弟，亲疏之间有伦理吗？商汤流放夏桀，武王杀了纣王，贵贱之间有规矩吗？王季立为长子，周公杀了哥哥，长幼之间有次序吗？儒者言词虚伪，墨者主张兼爱，五伦六纪有区别吗？并且，你正在求名，我正在求利。名利的实质，是不合乎条理，不见于大道的。我曾与你在无约面前争论，说：'小人为财牺牲，君子为名牺牲，他们用以改变真实、交换本性的东西不同；但是他们离弃自我而追逐外物，却是一样的。'所以说：不要做小人，要反过来追求你的自然；不要做君子，要依循自然的条理。或曲或直，要随顺你的自然原则；眼观四方，要跟着时序一起变化。或是或非，掌握住圆环的枢纽；独自修养你的意念，与大道一起进退。不要执著于德行，不要成就仁义，那将会失去你的自我。不要追逐财富，不要企求成功，那将会失去你的自然。比干被剖心，子胥被挖眼，这是尽忠的灾难。直躬指证父亲偷羊，尾生赴约抱柱溺死，这是守信的祸患。鲍子抱树而枯死，申子不辩解而自缢，这是廉洁的害处。孔子未能替母亲送终，匡子未能与父亲见面，这是行义的过错。这些都是前世所流传、后世所谈论的资料，认为读书人因为言语正直、行为果决，以致受到灾殃、遭到祸患啊。"

[解读]

① 满苟得最后所说的一段话中，多次提及"天"（自然）概念，合乎庄子的基本立场。

② “小人殉财，君子殉名”的观念，亦见于《骈拇》。

③ “直躬证父”事见《论语·子路》：“叶公语孔子曰：吾党有直躬者，其父攘羊而子证之。”“申子不自理”，是指晋献公因丽姬设计而误会太子申生，申生不为自己辩护，自缢而死。“孔子不见母”，是因为他正在周游列国，未及赶回。“匡子不见父”，是因为匡章进谏父亲被逐，而终身不再见面。

[29.9]

无足问于知和曰：“人卒未有不兴名就利者。彼富则人归之，归则下之，下则贵之。夫见下贵者，所以长生安体乐意之道也，今子独无意焉，知不足邪，意知而力不能行邪，故推正不忘邪？”知和曰：“今夫此人，以为与己同时而生，同乡而处者，以为夫绝俗过世之士焉；是专无主正，所以览古今之时，是非之分也，与俗化世。去至重，弃至尊，以为其所为也；此其所以论长生安体乐意之道，不亦远乎！惨怛（dá）之疾，恬愉之安，不监于体；怵（chù）惕之恐，欣欢之喜，不监于心；知为为而不知所以为，是以贵为天子，富有天下，而不免于患也。”无足曰：“夫富之于人，无所不利，穷美究势，至人之所不得逮，贤人之所不能及，侠人之勇力而以为威强，秉人之知谋以为明察，因人之德以为贤良，非享国而严若君父。且夫声色滋味权势之于人，心不待学而乐之，体不待象而安之。夫欲恶避就，固不待师，此人之性也。天下虽非我，孰能辞之！”

[白话]

无足请教知和说：“人们没有不喜欢名声及趋向利益的。一个人有了财富，别人就会依附他，依附他就会抬举他，抬举他就会推崇他。受人抬举推崇，是获得长寿、平安、快乐的途径，现在你竟然没有这种想法，是认知不足呢，还是知道而能力办不到，还是为了追求正途无暇他顾呢？"知和说："现在有一个这样的人，看到与自己活在同一时代、住在同一乡里的，就认为他是不合世俗的人；其实这样的人心中并无主见与正途，所以在观察古今的时代、是非的分辨方面，只能与世俗同化。放开最重要的，抛弃最尊贵的，去追求他所想要的；这样来谈论长寿、平安、快乐的途径，不是相距太遥远了吗！悲伤的痛苦、愉悦的安适，不由形体显现出来；惊慌的恐惧、欢欣的喜悦，不由内心显现出来。知道自己在做什么而不知道为什么这样做，所以即使贵为天子，富有天下，也不能免于祸患。"无足说："拥有财富的人，是无往不利的，可以享尽人间美好，取得一切威势；至人无法达到，贤人不能企及。他可以靠别人的勇力来表现威强，用别人的智谋来明察是非，借别人的德行来显示贤良，即使没有国土也像国君一样威严。并且，人们对于声色、美味、权势，内心不用学习就觉得喜欢，身体不用模仿就觉得安适。爱好、厌恶、避开、趋就，本来不必教导就会，这些是人的本性。天下人虽然批评我，但是谁能去掉这些呢？"

[解读]

① 无足代表一般人的看法，强调财富的重要，亦即有钱就有了一切。

② 知和认为，连天子都有"不免于患"的时候，所以还应该设法"知所以为"。

[29.10]

知和曰："知者之为，故动以百姓，不违其度，是以足而不争，无以为故不求。不足故求之，争四处而不自以为贪；有余故辞之，弃天下而不自以为廉。廉贪之实，非以迫外也，反监之度。势为天子，而不以贵骄人，富有天下，而不以财戏人。计其患，虑其反，以为害于性，故辞而不受也，非以要名誉也。尧、舜为帝而雍，非仁天下也，不以美害生也；善卷、许由得帝而不受，非虚辞让也，不以事害己。此皆就其利，辞其害，而天下称贤焉，则可以有之，彼非以兴名誉也。"无足曰："必持其名，苦体绝甘，约养以持生，则亦久病长阨而不死者也。"知和曰："平为福，有余为害者，物莫不然，而财其甚者也。今富人，耳营钟鼓管（guǎn）龠（yuè）之声，口嗛（qiè）于刍豢醪（láo）醴之味，以感其意，遗忘其业，可谓乱矣；侅（gāi）溺于冯气，若负重行而上也，可谓苦矣；贪财而取慰，贪权而取竭，静居则溺，体泽则冯，可谓疾矣；为欲富就利，故满若堵耳而不知避，且冯而不舍，可谓辱矣。财积而无用，服膺而不舍，满心戚醮（jiào），求益而不止，可谓忧矣；内则疑劫请之贼，外则畏寇盗之害，内周楼疏，外不敢独行，可谓畏矣。此六者，天下之至害也，皆遗忘而不知察，及其患至，求尽性竭财，单以反一日之无故而不可得也。故观之名则不见，求之利则不得，缭意绝体而争此，不亦惑乎？"

[白话]

　　知和说："智者的作为，本来就是为了百姓才行动的，不会违背他们的原则，因此满足而不争夺，没有目的就无所求。不满足就会追求，四处争夺而不自认为贪婪；有多余就会推辞，放弃天下而不自认为清廉。清廉及贪婪的实质，不是由于外物的影响，而须反观内在的衡量方式。有天子的权势，却不以尊贵来轻视别人；有天下的财富，却不以钱财来戏弄别人。衡量这种情况的祸患，考虑这种情况的反面，认为会伤害本性，所以推辞而不接受，并不是为了要博取名声。尧、舜做了帝王要让位，不是对天下仁爱，而是不想因为荣耀而伤害生命；善卷、许由得到尧、舜的让位而不接受，不是假意要辞让，而是不想因为政事而伤害自己。这些都是趋利避害的作为，而天下人称赞他们贤明；固然可以说是贤明，但他们并不是为了追求名誉啊。"无足说："如果一定要保持名声，就劳苦形体，弃绝美食，俭约度日以维持生命，那也就无异于久病常贫而不死的人了。"知和说："平均就是福，多余就有害，万物莫不如此，而钱财更是这样。现在的富人，耳听钟鼓管箫的声音，口尝牛羊美酒的滋味，畅快他的心意，遗忘他的正业，可以说是迷乱了。沉溺于盛气中，好像负重走上山坡，可以说是劳苦了。贪财而弄到生病，贪权而精疲力竭，静居则沉溺其中，体壮则盛气凌人，可以说是疾病了。为了求富争利，财货堆积得像墙一样高，也不知收敛，还要贪得无厌，可以说是耻辱了。钱财聚积而不用，专意营求而不舍，满心烦恼，还在贪求不止，可以说是忧虑了。在家就担心小偷打劫，出外就害怕强盗伤害，在家严密防守，出外不敢独行，可以说是恐惧了。这六种情况，是天下最大的灾害，大家都遗忘而不知详察，等到祸患来临时，想要挖空心思、用尽钱财，只求过一天平安的日子也不可得。所以，从名声上说看不到，从利益上说得不着，还要委屈身心去争取这些情况，岂不是迷惑吗？"

[解读]

① 无足谈到"久病长阨而不死者"，可见已经领悟了财富之危害。

② 知和论述的"富人六患"，亦即"乱、苦、疾、辱、忧、畏"，足以提醒我们知足常乐的道理。

说剑　第三十

要旨：本篇似一短篇小说，义理较浅。庄子在此装扮为武士，也可算是不计形象了。他分析了"天子剑、诸侯剑、庶人剑"，其格局、气魄、眼光与口才，皆值得欣赏。赵文王或任何世间帝王皆应有所感悟。最后，一批剑士因为得不到大王赏识而自杀，亦可见某种对生命的态度，让人觉得遗憾。

[30.1]

昔赵文王喜剑，剑士夹门而客三千余人，日夜相击于前，死伤者岁百余人，好之不厌。如是三年，国衰，诸侯谋之。太子悝（kuī）患之，募左右曰："孰能说王之意止剑士者，赐之千金。"左右曰："庄子当能。"太子乃使人以千金奉庄子。庄子弗受，与使者俱往见太子，曰："太子何以教周，赐周千金？"太子曰："闻夫子明圣，谨奉千金以币从者。夫子弗受，悝尚何敢言！"庄子曰："闻太子所欲用周者，欲绝王之喜好也。使臣上说大王而逆王意，下不当太子，则身刑而死，周尚安所事金乎？使臣上说大王，下当太子，赵国何求而不得也！"太子曰："然。吾王所见，唯剑士也。"庄子曰："诺。周善为剑。"太子曰："然吾王所见剑士，皆蓬头突鬓垂冠，曼胡之缨，短后之衣，瞋（chēn）目而语难，王乃说之。今夫子必儒服而见王，事必大逆。"庄子曰："请治剑服。"治剑服三日，乃见太子。太子乃与见王，王脱白刃待之。庄子入殿门不趋，见王不拜。王曰："子欲何以教寡人，使太子先？"曰："臣闻大王喜剑，故以剑见王。"王曰："子之剑何能禁制？"曰："臣之剑，十步一人，千里不留行。"王大说之，曰："天下无敌矣！"庄子曰："夫为剑者，示之以虚，开之以利，后之以发，先之以至。愿得试之。"王曰："夫子休，就舍。待命令设戏请夫子。"

[白话]

从前赵文王喜好剑术，剑士聚集在门下当食客的有三千多人。他们日夜在大王面前比武，每年死伤的有一百多人，而大王仍然喜好不倦。像这样过了三年，国势衰落，诸侯都准备夺取赵国。太子悝很担心，召集左右的人说："谁能改变大王的心意，不再让剑士比武的，就赏给他千金。"左右的人说："庄子应该可以做到。"太子于是派人奉上千金给庄子，庄子不接受，与使者一起去见太子说："太子对我有什么指教，要赏赐我千金呢？"太子说："听说先生明智通达，我特地奉上千金，犒赏你的随从。先生不接受，我怎么敢说呢？"庄子说："听说太子要叫我做的，是断绝大王的喜好。假使我向上劝说大王而违逆了他的心意，向下又不合太子的期望，那么我将受刑罚而死，还要这千金做什么？假使我上能说服大王，下能满足太子的期望，那么我在赵国还有什么得不到的呢？"太子说："确实如此。不过我们大王眼中所见的，只有剑士。"庄子说："很好。我擅长剑术。"太子说："不过我们大王眼中所见的剑士，都是头发蓬散，鬓毛突起，帽子下垂，帽缨粗乱，上衣后襟很短，怒目瞪人，出口相互责难。这样大王才会高兴。现在先生如果穿着儒服去见大王，事情一定大为不顺。"庄子说："那么我就准备剑士的服装。"花了三天准备剑士的服装，然后去见太子。太子与他一起去拜见大王，大王抽出剑来等候他。庄子进了殿门没有加快脚步，见了大王也不下拜。大王说："你对寡人有什么指教，还让太子先来介绍呢？"庄子说："臣听说大王喜好剑术，所以带着剑来请见大王。"大王说："你的剑有什么克制对手的本领？"庄子说："臣的剑，十步之内杀一个人，千里之远没有阻碍。"大王高兴极了，说："真是天下无敌了！"庄子说："用剑之道，要故意露出破绽，给予可乘之机，后于敌人发动，先于敌人击中。我希望有机会试试。"大王说："先生先到馆舍休息，等我安排好击剑比赛，再去请先生。"

[解读]

① 庄子首先提醒太子：他的任务非常艰难，并且千金实在不算什么。他不是为了金钱才出马，而是为了展现过人的见解。然后，庄子特地穿上剑服，避免不必要的干扰。他见了赵王之后，神情态度并不恭顺，说法口气十分狂妄，像是一位超级剑士。以他的智巧，要应付有欲望的政治人物，实在太容易了。

[30.2]

王乃校剑士七日，死伤者六十余人，得五六人，使奉剑于殿下，乃召庄子。王曰："今日试使士敦剑。"庄子曰："望之久矣！"王曰："夫子所御杖，长短何如？"曰："臣之所奉皆可。然臣有三剑，唯王所用，请先言而后试。"王曰："愿闻三剑。"曰："有天子剑，有诸侯剑，有庶人剑。"王曰："天子之剑何如？"曰："天子之剑，以燕溪、石城为锋，齐、岱为锷（è），晋、卫为脊，周、宋为镡（xín），韩、魏为镜（jiá）；包以四夷，襄以四时；绕以渤海，带以常山；制以五行，论以刑德；开以阴阳，持以春夏，行以秋冬。此剑，直之无前，举之无上，案之无下，运之无旁，上决浮云，下绝地纪。此剑一用，匡诸侯，天下服矣。此天子之剑也。"文王芒然自失，曰："诸侯之剑何如？"曰："诸侯之剑，以知勇士为锋，以清廉士为锷，以贤良士为脊，以忠圣士为镡，以豪杰士为镜。此剑，直之亦无前，举之亦无上，案之亦无下，运之亦无旁；上法圆天以顺三光，下法方地以顺四时，中和民意以安四乡。此剑一用，如雷霆之震也，四封之内，无不宾服而听从君命者矣。此诸侯之剑也。"王曰："庶人之剑何如？"曰："庶人之剑，蓬头突鬓垂冠，曼胡之缨，短后之衣，瞋目而语难。相击于前，上斩颈领，下决肝肺。此庶人之剑，无异于斗鸡，一旦命已绝矣，无所用于国事。今大王有天子之位而好庶人之剑，臣窃为大王薄之。"王乃牵而上殿。宰人上食，王三环之。庄子曰："大王安坐定气，剑事已毕奏矣。"于是文王不出宫三月，剑士皆服毙其处也。

[白话]

于是大王让剑士比赛了七天，死伤的有六十多人，最后选拔出五六个人，让他们捧着剑侍立在殿下，再命人请庄子来。大王说："今天请和剑士比剑。"庄子说："盼望很久了！"大王说："先生所用的剑，长短怎么样？"庄子说："臣所用的剑，长短都可以。不过，臣有三把剑，任凭大王选用。请让我先说明，然后再比试。"大王说："希望听听是哪三把剑。"庄子说："有天子的剑，有诸侯的剑，有平民的剑。"大王说："天子的剑是什么样子呢？"庄子说："天子的剑，用燕溪、石城作剑尖，用齐国、泰山作剑刃，用晋国、卫国作剑背，用周朝、宋国作剑首，用韩国、魏国作剑柄；用边疆四夷来包扎，用一年四季来围裹；以渤海来缠绕，用恒山作系带；用五行来控制，用刑德来论断；用阴阳来开合，用春夏来扶持，用秋冬来行使。这把剑，直刺时，无物可在前；举起时，无物可在上；按低时，无物可在下；挥动时，无物可在旁，往上可阻绝浮云，往下可切断地脉。这把剑一旦使用，就可以匡正诸侯，天下顺服了。这是天子的剑。"文王听完，茫然失神，说："诸侯的剑是什么样子呢？"庄子说："诸侯的剑，用智勇之士作剑尖，用清廉之士作剑刃，用贤良之士作剑背，用忠诚之士作剑首，用豪杰之士作剑柄。这把剑，直刺时，也是无物可在前；举起时，也是无物可在上；按低时，也是无物可在下；挥动时，也是无物可在旁；从上取法于圆天，来顺应日月星三光；往下取法于方地，来顺应春夏秋冬四季；在中间则调和民意，来安定四方。这把剑一旦使用，有如雷霆震动，四海之内无不降服而听从国君的命令了。这是诸侯的剑。"大王说："平民的剑是什么样子？"庄子说："平民的剑，头发蓬散，鬓毛突起，帽子下垂，帽缨粗乱，上衣后襟很短，怒目瞪人，出口相互责难。他们在众人面前比剑，上斩头颈，下刺肝肺。这是平民的剑，与斗鸡没有什么不同，一旦丧命，对国家毫无用处。现在大王拥有天子之位，却喜欢平民的剑，臣私下替大王感到不值得。"大王于是牵着庄子上殿，膳食官送上食物，大王绕席走了三圈。庄子说："大王安静坐下，平定气息，关于剑术的事我已经启奏完了。"于是文王三个月不出宫门，剑士都在住所自杀而死。

[解读]

① 庄子所谓的天子之剑（利用自然条件）与诸侯之剑（任用上等人才），是很好的比喻，所涉及的是治理天下与治国的道理。赵文王深受感动，但是能否起而效法，则是另一回事。

② 至于庶人之剑，则落于形迹，不值得多谈了。

渔父　第三十一

要旨：本篇也像是短篇小说，但渔父并非盗跖，他给孔子的建议显然较为正面。孔子不改其一贯的好学心态，乐于倾听智者的言论。渔父为孔子分析"八疵四患"，劝他不必过度忧心，以免庸人自扰。文中论及"真者，精诚之至也"，以及"圣人法天贵真"，皆为庄子之意。在这段寓言中，孔子此时已六十九岁，依然好学至此，可见儒家亦有不凡之处。

[31.1]

孔子游乎缁帷（zī wéi）之林，休坐乎杏坛之上。弟子读书，孔子弦歌鼓琴，奏曲未半。有渔父者，下船而来，须眉交白，被发揄（yú）袂，行原以上，距陆而止，左手据膝，右手持颐以听。曲终，而招子贡、子路二人俱对。客指孔子曰："彼何为者也？"子路对曰："鲁之君子也。"客问其族。子路对曰："族孔氏。"客曰："孔氏者何治也？"子路未应，子贡对曰："孔氏者，性服忠信，身行仁义，饰礼乐，选人伦，上以忠于世主，下以化于齐民，将以利天下。此孔氏之所治也。"又问曰："有土之君与？"子贡曰："非也。""侯王之佐与？"子贡曰："非也。"客乃笑而还，行言曰："仁则仁矣，恐不免其身；苦心劳形以危其真。呜呼远哉，其分于道也！"子贡还，报孔子。孔子推琴而起曰："其圣人与！"乃下求之，至于泽畔，方将杖拏（ná）而引其船，顾见孔子，还乡而立。孔子反走，再拜而进。客曰："子将何求？"孔子曰："曩者先生有绪言而去，丘不肖，未知所谓，窃待于下风，幸闻咳唾之音，以卒相丘也！"客曰："嘻！甚矣，子之好学也！"孔子再拜而起，曰："丘少而修学，以至于今，六十九岁矣，无所得闻至教，敢不虚心？"

[白话]

　　孔子到缁帷的树林中游玩，坐在杏坛上休息。弟子们读书，孔子弹琴唱歌，一首曲子还弹不到一半。有一位渔父下船过来，胡须眉毛皆已皓白，披着头发、卷着衣袖，他沿河岸走上来，到陆地时停下脚步，左手抵着膝盖，右手托着下巴，静静聆听。乐曲结束后，他向子贡、子路招手，二人就一起过去。渔父指着孔子说："他是做什么的？"子路回答说："鲁国的君子。"渔父问起姓氏。子路回答说："是孔氏。"渔父说："这位孔氏有什么专长？"子路没有回应。子贡回答说："这位孔氏，生来持守忠信，努力实践仁义，修饰礼乐制度，制定人伦规范，对上效忠国君，对下教化平民，想要以此造福天下。这就是孔氏的专长。"渔父又问："他是拥有土地的君主吗？"子贡说："不是。"再问："他是王侯的辅佐之臣吗？"子贡说："不是。"渔父笑着往回走，边走边说："说仁，可以算是仁了，恐怕自身不能免于祸患；费尽心思，累坏身体，危害到自己的本性。唉！他离开道太远了啊！"子贡回去，告诉孔子。孔子推开琴站起来说："这是圣人啊！"于是走下杏坛去见他，到了河岸，渔父正拿着篙准备把船撑开，回头看见孔子，就转身面对孔子站着，孔子退后几步，再度行礼上前。渔父说：

"你有什么事要找我吗？"孔子说："刚才先生的话没说完就走了，我不够聪明，未能了解其中的意思，特地在这里求教，希望听到您随意说几句，以对我有所帮助。"渔父说："唉！你真是太好学了！"孔子再度行礼起身，说："我从小就开始学习，到今天已经六十九岁了，还没有机会听到圣人的教诲，怎么敢不虚心呢？"

[解读]

① 孔子听到渔父的批评，立刻察觉这是"至教"。他的谦虚好学，确实值得效法。

[31.2]

客曰："同类相从，同声相应，固天之理也。吾请释吾之所有，而经子之所以。子之所以者，人事也。天子、诸侯、大夫、庶人，此四者自正，治之美也；四者离位而乱莫大焉。官治其职，人忧其事，乃无所陵。故田荒室露，衣食不足，征赋不属，妻妾不和，长少无序，庶人之忧也。能不胜任，官事不治，行不清白，群下荒怠，功美不有，爵禄不持，大夫之忧也。廷无忠臣，国家昏乱，工技不巧，贡职不美，春秋后伦，不顺天子，诸侯之忧也。阴阳不和，寒暑不时，以伤庶物；诸侯暴乱，擅相攘伐，以残民人；礼乐不节，财用穷匮，人伦不饬，百姓淫乱；天子有司之忧也。今子既上无君侯有司之势，而下无大臣职事之官，而擅饰礼乐，选人伦，以化齐民，不泰多事乎！且人有八疵，事有四患，不可不察也。非其事而事之，谓之摠（zǒng）；莫之顾而进之，谓之佞；希意道言，谓之谄；不择是非而言，谓之谀；好言人之恶，谓之谗；析交离亲，谓之贼；称誉诈伪以败恶人，谓之慝（tè）；不择善否，两容颊适，偷拔其所欲，谓之险。此八疵者，外以乱人，内以伤身，君子不友，明君不臣。所谓四患者：好经大事，变更易常，以挂功名，谓之叨（tāo）；专知擅事，侵人自用，谓之贪；见过不更，闻谏愈甚，谓之很；人同于己则可，不同于己，虽善不善，谓之矜。此四患也。能去八疵，无行四患，而始可教已。”

[白话]

渔父说："同类就互相聚集，同声就互相呼应，这原本是自然的道理。我愿意就我所知的，来剖析你所做的。你所做的，都是人事。天子、诸侯、大夫、平民，这四种人各自谨守本分，天下就大治了；这四种人都不安其位，天下就大乱了。官吏恪尽职守，人民勤奋工作，就不会造成混乱。所以，田园荒芜，房屋破败，衣食不够用，赋税交不出，妻妾不和睦，长幼没次序，这些是平民的烦恼。才干无法胜任，官事办理不好，行动不够清白，属下怠忽职守，功名不足称赞，爵禄无法维持，这些是大夫的烦恼。朝廷没有忠臣，国家陷于昏乱，百工技艺不精，贡品不够完美，朝觐落于人后，不顺天子心意，这些是诸侯的烦恼。阴阳不调和，寒暑不顺时，伤害农作物；诸侯暴乱，擅自攻伐，残害人民；礼乐没有节度，财用穷困匮乏，人伦不上轨道，百姓沦于淫乱；这些是天子执政者的烦恼。现在你上没有君侯执政的权势，下没有大臣主事的官职，却擅自修饰礼乐制度，制定人伦规范，以此教化平民，不是太多事了吗！并且，人有八种毛病，事有四种祸患，不可以不明察。不是自己的事却要去管，叫做包揽；没有人理会却还要进言，叫做逞舌；揣摩别人的心意来说话，叫做谄媚；不分辨是非就说话，叫做阿谀；喜欢说别人的坏话，叫做谗言；挑拨朋友，离间亲人，叫做贼害；称赞出于狡诈虚伪，借此诋毁别人，叫做邪恶；不分辨善恶，两边都讨好，暗中获取自己的利益，叫做阴险。这八种毛病，对外会扰乱别

人，对内会伤害自己，君子不与这样的人做朋友，明君不用这样的
人做臣子。所谓的四种祸患是：喜欢办理大事，改变常理常情，以
此谋求功名，叫做放肆；仗恃聪明而擅自行事，侵害别人而师心自
用，叫做贪婪；有了过错却不肯改正，听人劝谏则变本加厉，叫做
固执；别人与自己意见相同就认可，与自己意见不同就算是对的也
说错，叫做傲慢。这是四种祸患。能够除去八种毛病，不做四种祸
患的事，然后才可以受教。"

[解读]

① 渔父指出，"庶人、大夫、诸侯、天子"各有其忧，而孔子不
　 在其位却心忧天下，难怪他离道太远了。"春秋后伦"是指诸
　 侯在春秋二季朝见天子时，不及等比，没有合乎秩序。

② "八疵""四患"之说，对人间的复杂困境可谓观察入微。推究
　 根源，就是一个"惑"字，造成求乐反苦的后果。

[31.3]

　 孔子愀（qiǎo）然而叹，再拜而起，曰："丘再逐于鲁，削
迹于卫，伐树于宋，围于陈、蔡。丘不知所失，而离此四谤者何
也？"客凄然变容曰："甚矣，子之难悟也！人有畏影恶迹而去
之走者，举足愈数而迹愈多，走愈疾而影不离身，自以为尚迟，
疾走不休，绝力而死。不知处阴以休影，处静以息迹，愚亦甚
矣！子审仁义之间，察同异之际，观动静之变，适受与之度，理
好恶之情，和喜怒之节，而几于不免矣。谨修而身，慎守其真，
还以物与人，则无所累矣。今不修之身而求之人，不亦外乎！"
孔子愀然曰："请问何谓真？"客曰："真者，精诚之至也。不精
不诚，不能动人。故强哭者虽悲不哀，强怒者虽严不威，强亲者

傅佩荣解读《庄子》（修订版）

虽笑不和。真悲无声而哀，真怒未发而威，真亲未笑而和。真在内者，神动于外，是所以贵真也。其用于人理也，事亲则慈孝，事君则忠贞，饮酒则欢乐，处丧则悲哀。忠贞以功为主，饮酒以乐为主，处丧以哀为主，事亲以适为主。功成之美，无一其迹矣；事亲以适，不论所以矣；饮酒以乐，不选其具矣；处丧以哀，无问其礼矣。礼者，世俗之所为也；真者，所以受于天也，自然不可易也。故圣人法天贵真，不拘于俗。愚者反此，不能法天而恤于人，不知贵真，禄禄而受变于俗，故不足。惜哉，子之蚤湛于人伪而晚闻大道也。"

[白话]

孔子神情惭愧地叹了一口气，再度行礼起身，说："我两次被逐出鲁国，在卫国的行迹被抹杀，在宋国被砍掉蔽荫的大树，在陈国、蔡国之间被围困。我不知道自己犯了什么过失，竟然遭遇这四种耻辱。"渔父悲凄地变了脸色说："你真是太难觉悟了！有人害怕影子、厌恶足迹，想要摆脱而逃跑，跑得越多足迹也越多，跑得越快而影子却不离身，他自以为速度太慢，因此快跑不停，力竭而死。他不知道处于阴暗就可以让影子消失，处于静止就可以让足迹不见，实在太愚笨了！你探讨仁义的关系，考察同异的分别，观测动静的变化，掌握取舍的分寸，疏导好恶的情感，调和喜怒的节度，结果仍然不能免于祸患。你要严格修身，谨慎保守你的真实，让物与人回到原状，那么就不会有拖累了。现在你不修身却去要求别人，不是搞错了吗？"孔子神情惭愧地说："请问什么是真实？"渔父说："真实，是专一而诚恳的极致状态。不专一不诚恳，就不能感动人。所以，勉强哭泣的人虽悲痛却不哀伤，勉强发怒的人虽严厉却不威猛，勉强亲切的人虽微笑却不和悦。真正的悲痛是没有声音而哀伤，真正的愤怒是没有发作而威猛，真正的亲切是没有微笑而和悦。有真实在里面的，神色才显露出来，所以要重视真实。把它用在人伦关系上，侍奉双亲则孝顺，侍奉君主则忠贞，饮酒则欢乐，居丧则悲哀。忠贞以功绩为主，饮酒以欢乐为主，居丧以悲哀为主，事亲以安适为主。功绩在于完美，不拘泥什么事迹；事亲在于安适，不考虑什么方式；饮酒在于欢乐，不讲究什么器皿；居丧在于哀伤，不计较什么礼仪。礼仪，是世俗所设计成的；真实，是禀受于自然的，是自己如此而不可改变的。所以，圣人效法自然，重视真实，不受世俗的拘束。愚人与此相反，不能效法自然，而去忧心人事；不知重视真实，却沉沉浮浮随俗而变。所以差得太远了。可惜啊，你太早沉溺于世俗的虚伪中，而太晚听闻大道了。"

[解读]

① 本文对"真"的描述，值得细读深思。所谓"精诚之至"是指：专一而诚恳的极致状态。人只需专一而诚恳，就能贯通内外，使一切表现皆有基础，然后不再有任何虚伪的言行了。人的真诚与真实，这两者之间的"如一"状态，是理解人性的重要线索。

② "法天贵真"对孔子而言是困难的，对我们又何尝不是如此？

[31.4]

孔子又再拜而起曰："今者丘得遇也，若天幸然。先生不羞而比之服役，而身教之。敢问舍所在，请因受业而卒学大道。"客曰："吾闻之，可与往者，与之至于妙道；不可与往者，不知其道，慎勿与之，身乃无咎。子勉之！吾去子矣，吾去子矣！"乃刺船而去，延缘苇间。颜渊还车，子路授绥，孔子不顾，待水波定，不闻拏音而后敢乘。子路旁车而问曰："由得为役久矣，未尝见夫子遇人如此其威也。万乘之主，千乘之君见夫子，未尝不分庭伉礼，夫子犹有倨傲之容。今渔父杖拏逆立，而夫子曲要磬（qìng）折，再拜而应，得无太甚乎？门人皆怪夫子矣，渔父何以得此乎？"孔子伏轼而叹曰："甚矣，由之难化也！湛于礼义有间矣，而朴鄙之心至今未去。进，吾语汝：夫遇长不敬，失礼也；见贤不尊，不仁也。彼非至人，不能下人。下人不精，不得其真，故长伤身。惜哉！不仁之于人也，祸莫大焉，而由独擅之。且道者，万物之所由也，庶物失之者死，得之者生，为事逆之则败，顺之则成。故道之所在，圣人尊之。今渔父之于道，可谓有矣，吾敢不敬乎？"

[白话]

孔子又再度行礼起身，说："今天我能遇见先生，像是天赐的幸运。先生不嫌弃而把我当成门人，亲自教诲我；冒昧请问你的住处，希望能受业于门下，最后可以学会大道。"渔父说："我听说，可以结伴同行的人，就与他一起前去体验奥妙的道；不可以结伴同行的人，他连自己的道都不清楚，就小心不要与他同行，才不会给自己带来灾祸。你好好努力吧，我要离你而去了，我要离你而去了！"于是撑船离开，划进芦苇丛中去了。颜渊掉转马车，子路递上车绳，孔子头也不回，等到水波平静，听不见摇船声，然后才敢上车。子路在车旁问说："我在老师门下很久了，不曾见过老师对人这么尊敬。万乘国君、千乘王侯见到老师，没有不平起平坐的，老师还会露出高傲的神色。现在这位渔父拿着船篙站在对面，老师却弯腰鞠躬，再三行礼才答话，这不是太过分了吗？弟子们都觉得老师举止异常了，渔父凭什么值得如此礼遇呢？"孔子靠在车前扶手上，叹了一口气说："子路真是难以教化啊！你在礼义中沉潜也有一段时间了，可是粗鄙的心态至今尚未消除。来，我告诉你：遇到长者不恭敬，这是失礼；见到贤人不尊重，这是不仁。如果不是至人，就不能谦下待人，谦下待人不够专一，就不能保住他的真实，因此常会伤害自己。可惜啊！对人来说，没有比不仁更大的祸害了，而子路偏偏就是如此。再说，道是万物产生的根源。万物失去它就死亡，得到它就生存；做事违逆它就失败，顺应它就成功。所以，道所在的地方，圣人都会尊重。现在渔父对于道，可以说体悟了，我敢不尊敬他吗？"

[解读]

① 孔子的好学精神，在此表现无遗。事实上，渔父前面所说的已经相当完备了。现在需要的，是修行与体验的功夫。

② 孔子对国君倨傲，对渔父恭敬，正好代表两个世界之间的桥梁，可以联系入世与出世。没有孔子与儒家，人生的途径难免分而不合。

③ 孔子教诲子路时，谈到"不仁之于人也，祸莫大焉"，这是因为"仁"有真诚之意，是人回归真实的必经之路。

傅佩荣解读《庄子》（修订版）

列御寇　第三十二

要旨：世间价值观极为纷乱。儒墨相争可以使家人无法共存，渴求富贵则必须行卑贱之事、冒生命危险。人心难测，要如何判断及测试之？上等是培养觉悟的智慧，化解自我的执著，向往那"泛若不系之舟，虚而遨游者也"。本篇有关"庄子将死"的一段，道尽其逍遥自得之生命情调。

[32.1]

列御寇之齐，中道而反，遇伯昏瞀（mào）人。伯昏瞀人曰："奚方而反？"曰："吾惊焉。"曰："恶乎惊？"曰："吾尝食于十浆，而五浆先馈。"伯昏瞀人曰："若是，则汝何为惊已？"曰："夫内诚不解，形谍成光，以外镇人心，使人轻乎贵老，而齑（jī）其所患。夫浆人特为食羹之货，无多余之赢，其为利也薄，其为权也轻，而犹若是，而况于万乘之主乎？身劳于国，而知尽于事，彼将任我以事，而效我以功，吾是以惊。"伯昏瞀人曰："善哉观乎！汝处已，人将保汝矣！"无几何而往，则户外之屦满矣。伯昏瞀人北面而立，敦杖蹙之乎颐，立有间，不言而出。宾者以告列子，列子提屦，跣（xiǎn）而走，暨乎门，曰：

"先生既来，曾不发药乎？"曰："已矣，吾固告汝曰'人将保汝'，果保汝矣。非汝能使人保汝，而汝不能使人无保汝也，而焉用之感豫出异也！必且有感，摇而本才，又无谓也。与汝游者又莫汝告也，彼所小言，尽人毒也。莫觉莫悟，何相孰也！巧者劳而知者忧，无能者无所求，饱食而遨游，泛若不系之舟，虚而遨游者也。"

[白话]

　　列御寇前往齐国，走到半路就折返，遇到伯昏瞀人。伯昏瞀人说："你为什么回来呢？"列御寇说："我受到惊吓。"伯昏瞀人说："什么事使你惊吓？"列御寇说："我曾在十家卖浆店饮食，其中有五家优先招呼我。"伯昏瞀人说："就算这样，你何必觉得惊吓呢？"列御寇说："内在的巧智未能化解，身形就流露威仪光芒，用外显的力量慑服人心，使别人怠慢显贵及老者，这样就会带来祸患。卖浆人只是做些饮食买卖，没有多少盈余，所得的利益很少，所有的权力轻微，都还这样对待我，何况是万乘的君主呢！形体为国家操劳，智力为政事耗尽，他会把国事委托给我，要求我达成功绩，我因此觉得惊吓。"伯昏瞀人说："你的观察很对啊！你回去吧，人们会归附你的！"没过多久，再去看列御寇，发现门外摆满了鞋子。伯昏瞀人面向北方站着，挂着拐杖抵着下巴，站了一会儿，没有说话就走了。接待的人告诉列子，列子拎起鞋子，光着脚跑出来，到了门口说："先生既然来了，难道不指点我吗？"伯昏瞀人说："算了吧！我本来就对你说过'人们会归附你的'，现在果然归附你了。不是你能让人归附你，而是你不能让人不来归附你，你为什么要让人感觉你与众不同呢！必定是你有所感觉，才会动摇你的本性，这也是无可奈何的事。与你来往的人又不告诫你这些，他们的浅薄言语全都是毒害人的。既不觉醒也不领悟，怎么能互相帮助呢！巧者劳累而智者忧虑，只有无能者全无所求，吃饱之后到处遨游，飘飘然就像解缆的船，空荡荡地到处逍遥。"

[解读]

① 列御寇的"惊"，尚未到"醒"的程度（"莫觉莫悟"）。关键在于"不能使人无保汝也"。人只有回归平常，隐于平凡，活得平淡，才可能"虚而遨游"。

[32.2]

郑人缓也，呻吟裘氏之地。祇（zhī）三年而缓为儒，河润九里，泽及三族，使其弟墨。儒墨相与辩，其父助翟（dí）。十年而缓自杀。其父梦之曰："使而子为墨者，予也。阖胡尝视其良，既为秋柏之实矣？"夫造物者之报人也，不报其人而报其人之天。彼固使彼。夫人以己为有以异于人，以贱其亲，齐人之井饮者相捽（zuó）也。故曰：今之世皆缓也，自是，有德者以不知也，而况有道者乎！古者谓之遁天之刑。圣人安其所安，不安其所不安；众人安其所不安，不安其所安。

[白话]

郑国有个人，名叫缓，在裘氏的地方读书。过了三年缓就成了儒者，他像河水一样，滋润着方圆九里之内的人，恩泽推及父、母、妻三族，并且让他的弟弟成为墨者。儒者与墨者辩论时，他的父亲都助墨者这边。十年后，缓自杀了。他的父亲梦见他说："让你的儿子成为墨者的，是我。为什么不去看看我的坟墓，上面种的秋柏已经结果子了。"造物者所赋予人的，不是赋予人为的成就，而是赋予自然的本性。有哪方面的本性，就会往哪方面发展。缓这个人自以为与众不同，而轻视自己的父亲，就像齐国人掘井的以为自己有功，与前来饮水的人互相扭打。所以说，今天世间都是像缓一样的人，自以为是，这在有德的人看来是不明智的，何况是有道的人呢！古人称此为：逃避自然所带来的惩罚。圣人对安定的就让它安定，对不安定的就让它不安定；众人对不安定的要让它安定，对安定的要让它不安定。

[解读]

① "彼固使彼"，亦即一切后天的人为成就，都有自然本性作为依据。因此郑缓对弟弟成为墨者一事，不必居功；他说"使而子"，用"而"指称父亲，即是"贱其亲"，实在不配称为儒者。

② "齐人"之喻，表示人们不知井水来自天然，还以为是自己的功劳。世间一切成就无不集合众多因缘而成，所以首先要化解"自是"。

③ 圣人顺从自然，众人违逆自然，两者的作为正好相反。

[32.3]

庄子曰："知道易，勿言难。知而不言，所以之天也；知而言之，所以之人也；古之人，天而不人。"朱泙（píng）漫学屠龙于支离益，单千金之家，三年技成而无所用其巧。圣人以必不必，故无兵；众人以不必必之，故多兵；顺于兵，故行有求。兵，恃之则亡。小夫之知，不离苞（bāo）苴（jū）竿牍（dú），敝精神乎蹇（jiǎn）浅，而欲兼济道物，太一形虚。若是者，迷惑于宇宙，形累不知太初。彼至人者，归精神乎无始，而甘冥乎无何有之乡。水流乎无形，发泄乎太清。悲哉乎！汝为知在毫毛，而不知大宁。

庄子说："理解道很容易，不说它很困难。理解而不说，是为了合乎自然；理解而说出，是为了合乎人事；古代的人，要的是自然而不是人事。"朱泙漫向支离益学习屠龙术，耗尽千金家财，三年后学成了，但是没有机会施展他的技巧。圣人对于必然如此的事也认为不必然，所以没有纷争；众人对于不必然如此的事也认为必然，所以纷争很多。顺着纷争下去，一举一动都有所要求。纷争，事事靠它就会丧亡。俗人的智巧，离不开交际应酬，消耗精神于浅陋之事，却还想同时领悟大道与万物，将形体与空虚化而为一。像这样的人，已经被宇宙万象所迷惑，被形体所拖累而不知有太初的妙境。像那至人，就会让精神回归于一切尚未开始的境界，安然睡卧于空虚无物的地方。流水没有固定形状，从最清虚的源头展现出来。可悲啊！你的智巧拘泥于琐碎的小事，而未能理解至为宁静的大道。

[解读]

① 对于道，应该"知而不言"，因为言必落于形迹。庄子之言何以如此难解？正是为了努力不落形迹。本文如"太初""大清""大宁""无何有之乡"，都是明显的例子。苞苴：为包裹，为送礼。竿牍：为简牍，为问候。

[32.4]

宋人有曹商者，为宋王使秦。其往也，得车数乘；王说（yuè）之，益车百乘。反于宋，见庄子曰："夫处穷闾阨巷，困窘织屦，槁项黄馘（guó）者，商之所短也；一悟万乘之主而从车百乘者，商之所长也。"庄子曰："秦王有病召医，破痈（yōng）

溃痤（cuó）者得车一乘，舐（shì）痔（zhì）者得车五乘，所治愈下，得车愈多。子岂治其痔邪，何得车之多也？子行矣！"

[白话]

宋国有个人，名叫曹商，代表宋王出使秦国。他出发的时候，获赠几辆马车，秦王欣赏他，又赐给他一百辆马车。他回到宋国后，去见庄子说："住在穷街陋巷，困窘地织鞋为生，饿得面黄肌瘦，那是我赶不上的；一旦见到万乘之君，就有百辆马车跟从于后，那才是我的过人之处。"庄子说："秦王有病，召请医生，使脓疮溃散的，可以获得一辆车；舐好痔疮的，可以获得五辆车。所治疗的部位越卑下，所获得的车辆就越多，你难道是治好了他的痔疮吗？不然怎么得到这么多车辆呢！你快走开吧！"

[解读]

① 庄子的比喻虽然刻薄，但也不无道理。今日已非专制时代，但是有心追求富贵的人，仍须付出高昂的代价，就是压低自己的尊严。在庄子看来，这是得不偿失。

[32.5]

鲁哀公问乎颜阖曰："吾以仲尼为贞干，国其有瘳（chōu）乎？"曰："殆哉圾（jí）乎仲尼！方且饰羽而画，从事华辞，以支为旨，忍性以视民，而不知不信；受乎心，宰乎神，夫何足以上民！彼宜女与？予颐与？误而可矣！今使民离实学伪，非所以视民也，为后世虑，不若休之。难治也。"施于人而不忘，非天布也。商贾不齿，虽以事齿之，神者弗齿。为外刑者，金与木也；为内刑者，动与过也。宵人之离外刑者，金木讯之；离内刑者，阴阳食之。夫免乎外内之刑者，唯真人能之。

[白话]

鲁哀公请教颜阖说："我把孔子当作栋梁，国家就有救了吗？"颜阖说："恐怕很危险啊！孔子将会雕琢粉饰，讲求华丽辞藻，以枝节为主旨，扭曲本性以教化人民，而不知道自己没有诚信；心里这样接受，精神受它主宰，如何可以治理人民！孔子适合你吗？我会喜欢你这样做吗？只怕是一大错误！现在让人民背离朴实而学习虚伪，这不是教化人民的途径，要是为后世着想，不如放弃吧。很难用他治理国家啊。"施恩于人而念念不忘，这不是自然的布施。商人不会把自己的行业比拟于自然的布施，即使在某些事上如此比拟，内心也不以为然。施加外在刑罚的，是刀斧与桎梏；施加内在刑罚的，是困惑与过失。小人遭受外在刑罚的，是用刀斧桎梏来拷问；遭受内在刑罚的，是被阴阳失调所侵蚀。能够避免内外刑罚的，只有真人可以做到。

[解读]

① 庄子对儒家的批评，主要即是"使民离实学伪"。问题在于：如果没有儒家，百姓就不会如此吗？

② "天布"是自然的布施，一切善行都可以推源于此。

[32.6]

孔子曰："凡人心险于山川，难于知天。天犹有春秋冬夏旦暮之期，人者厚貌深情。故有貌愿而益，有长若不肖，有顺懁（xuān）而达，有坚而缦，有缓而釬（hàn）。故其就义若渴者，其去义若热。故君子远使之而观其忠，近使之而观其敬，烦使之而观其能，卒（cù）然问焉而观其知，急与之期而观其信，委之以财而观其仁，告之以危而观其节，醉之以酒而观其则，杂之以处而观其色。九征至，贤不肖人得矣。"正考父一命而伛（yǔ），再命而偻（lóu），三命而俯，循墙而走，孰敢不轨！如而夫者，一命而吕钜，再命而于车上儛（wǔ），三命而名诸父，孰协唐、许！

[白话]

孔子说："人心比山川更险恶，比自然更难了解。自然还有春夏秋冬、日夜的规律，人却是外表厚实、情感深藏。所以，有人外表恭谨而内心骄傲，有人貌似长者而心术不正，有人举止拘谨而内心轻佻，有人表面坚强而内心软弱，有人表面温和而内心急躁。所以，追求道义有如口渴找水的人，抛弃道义也像逃避灼热的人。所以对于君子，派遣他去远方，观察他是否忠心；安排他在近处，观察他是否恭敬；交代他繁重事务，观察他是否能干；突然质问他，观察他是否机智；给他急迫的期限，观察他是否守信；委托他钱财，观察他是否行仁；告诉他处境危险，观察他是否有节操；让他喝醉酒，观察他是否守法度；让他男女杂处，观察他是否端正。经过这九种考验，就可以看出贤者与不肖之人了。"正考父第一次被任命为士时，逢人就曲着背；第二次被任命为大夫时，逢人就弯着腰；第三次被任命为卿时，逢人就俯着身，沿着墙边走路，这样谁还敢不守规矩呢！如果是凡夫俗子，第一次被任命为士时，就狂妄自大，第二次被任命为大夫时，就在车上轻狂起来，第三次被任命为卿时，就直呼长辈的名字了，这样谁还会效法唐尧、许由的谦让之风呢！

[解读]

① 人心确实难知，孔子举出五种"厚貌深情"的例子。我们若想

认识人心，最好先由认识自己开始。顺悃：顺应为慎，悃为狷，拘谨貌。

② "其就义若渴者，其去义若热"，所以理想主义者一念之转，就可能沦为虚无主义者。

③ 九征是要观人之"忠、敬、能、知、信、仁、节、则、色"。庄子对人的了解，不可谓不深刻。

④ 正考父是宋国大夫，孔子的第七代祖先。

[32.7]

贼莫大乎德有心而心有睫，及其有睫也而内视，内视而败矣。凶德有五，中德为首。何谓中德？中德也者，有以自好也，而吡（pǐ）其所不为者也。穷有八极，达有三必，形有六府。美、髯、长、大、壮、丽、勇、敢，八者俱过人也，因以是穷。缘循、偃佒（yǎng）、困畏，三者不若人，俱通达。知、慧外通，勇、动多怨，仁、义多责，六者所以相形也。达生之情者傀（kuǐ），达于知者肖；达大命者随，达小命者遭。

[白话]

最大的祸害是禀赋中出现用心，并且心中有眼，到了心中有眼时，就会以私心来看事情，以私心来看事情就败坏了。恶劣的禀赋有五种，为首的是心的禀赋。什么叫做心的禀赋？心的禀赋就是：自以为是而诋毁自己认为不对的。穷困有八种极端，通达有三种必然，刑罚有六种内容。貌美、须长、身高、魁梧、强壮、华丽、勇猛、果敢，这八项都超过一般人，就会受到役使而穷困。依赖外物、卑屈从人、懦弱畏惧，有这三项不如别人，就会遇事通达。智巧与捷悟则会追逐外物，勇猛与浮动则会多招怨恨，行仁与尚义则会多受责备，这六者将会给人带来刑罚。明白生命之真实的人，心胸宽大；明白智巧的人，气量狭小；明白大命运的人，随顺一切；明白小命运的人，忍受一切。

[解读]

① 德：德是人的天生禀赋，这种禀赋也"可能"发展出坏的结果，所以有"凶德"之说。"凶德有五"是指"眼耳鼻舌心"而言，就是官能与欲望的来源。"中德"是指居于人体之中的"心"。

② "八极，三必，六府"之说，足以警惕我们不要只由外在条件判断吉凶。

③ "大命"是指人的自然之命；"小命"则就人的世间遭遇而言。

[32.8]

人有见宋王者，锡车十乘。以其十乘骄稚庄子。庄子曰："河上有家贫恃纬萧而食者，其子没于渊，得千金之珠。其父谓其子曰：'取石来锻之！夫千金之珠，必在九重之渊而骊（lí）龙颔（hàn）下，子能得珠者，必遭其睡也。使骊龙而寤，子尚奚微之有哉！'今宋国之深，非直九重之渊也；宋王之猛，非直骊龙也；子能得车者，必遭其睡也。使宋王而寤，子为齑（jī）粉夫！"

[白话]

有人去拜见宋王，获赐十辆马车，他就以这十辆马车向庄子夸耀。庄子说："河边有一家穷人，靠编织芦苇为生，做儿子的潜入深渊，得到价值千金的宝珠。做父亲的对他说：'拿石头来敲碎它！千金宝珠一定藏在九重深渊黑龙的颔下，你能取得宝珠，一定是碰到它正在睡觉。如果黑龙是醒的，你还能保住小命吗？'现在宋国的形势，更胜过九重深渊；宋王的凶猛，更胜过黑龙；你能得到马车，一定是碰到他正在睡觉。如果宋王是醒的，你就要粉身碎骨了！"

[解读]

① 凡事有利必有弊，侥幸得到的并不值得夸耀。为了小利而身陷险境，当然是一大迷惑。

② 父亲要儿子敲碎宝珠，是期望他弃绝贪念，否则他可能再入龙潭冒险。

[32.9]

或聘于庄子。庄子应其使曰："子见夫牺牛乎？衣以文绣，食以刍菽，及其牵而入于大庙，虽欲为孤犊，其可得乎！"

[白话]

有人想请庄子做官，庄子答复使者说："你见过用来祭祀的牛吗？披的是纹彩刺绣，吃的是青草大豆，等它被牵到太庙待宰的时候，即使想做一头孤单的小牛，办得到吗？"

[解读]

① 牛很难有先见之明，人却应该有此远见，否则人生将充满后悔。

[32.10]

庄子将死，弟子欲厚葬之。庄子曰："吾以天地为棺椁，以日月为连璧，星辰为珠玑，万物为赍（jī）送。吾葬具岂不备邪？

何以加此！"弟子曰："吾恐乌鸢之食夫子也。"庄子曰："在上为乌鸢食，在下为蝼蚁食，夺彼与此，何其偏也！"

[白话]

　　庄子临终的时候，弟子们想要厚葬他。庄子说："我把天地当作棺椁，把日月当作双璧，把星辰当作珠玑，把万物当作殉葬，我陪葬的物品难道还不齐备吗？有什么比这样更好的！"弟子说："我们担心乌鸦与老鹰会把先生吃掉。"庄子说："在地上会被乌鸦与老鹰吃掉，在地下会被蝼蚁吃掉，从那边抢过来，送给这边吃掉，真是偏心啊！"

[解读]

① 这很可能是一则真实故事。"棺椁、连璧、珠玑、赍送"都是古代葬礼的必备之物。庄子认为自己一应俱全，颇有以死亡为"弱丧知归"的圆满结局。

[32.11]

　　以不平平，其平也不平；以不征征，其征也不征。明者唯为之使，神者征之。夫明之不胜神也久矣，而愚者恃其所见入于人，其功外也，不亦悲乎！

[白话]

　　以不公平的偏见去追求公平，这种公平不是真公平；以不感应的私心去追求感应，这种感应不是真感应。明智者有所作为，总是被人役使；神全者可以感应一切。明智比不上神全，由来已久了！而愚昧者还依恃他的偏见，陷溺于人间，所成就的都是不相干的事，不是很可悲吗？

[解读]

① 在《庄子》全书接近尾声时，这一段话有些总结与感叹的意味，而以"不亦悲乎"告终。庄子不忍独自逍遥，说了无数的"寓言、重言、卮言"。我们阅读至此，应可感受他的深情厚意。

天下 第三十三

要旨：本篇总结古代思想，分七派而论之，是研究哲学史的重要资料。首先，描述古人如何具有完备的智慧，亦即"内圣外王之道"。接着介绍儒家的演变，可谓客观而有见地，再及于墨家等学派，皆得古人之一偏。至老聃、关尹方可称为"古之博大真人"，而对庄子的评述，则可谓登峰造极，让人神往。最后，再以惠子为例，提醒人们不可惑于小智，往而不返。

[33.1]

天下之治方术者多矣，皆以其有为不可加矣。古之所谓道术者，果恶乎在？曰："无乎不在。"曰："神何由降？明何由出？""圣有所生，王有所成，皆原于一。"不离于宗，谓之天人。不离于精，谓之神人。不离于真，谓之至人。以天为宗，以德为本，以道为门，兆于变化，谓之圣人。以仁为恩，以义为理，以礼为行，以乐为和，熏然慈仁，谓之君子。以法为分，以名为表，以参为验，以稽为决，其数一二三四是也，百官以此相齿。以事为常，以衣食为主，蕃息蓄藏，老弱孤寡为意，皆有以养，民之理也。

天下研究学术的人很多，都认为自己的学问好得无以复加了。古代所说的道术，究竟在什么地方？答案是："无所不在。"再问："神妙的能力从何处降临？明智的能力从何处出现？"答案是："圣人有他诞生的理由，帝王有他成功的原因，都是来自整体的一。"不离开根源的，称为天人。不离开精纯的，称为神人。不离开真实的，称为至人。以自然为根源，以禀赋为依据，以大道为门径，能够顺应一切变化的，称为圣人。以仁来施行恩惠，以义来建立条理，以礼来规范行为，以乐来调和情绪，表现仁爱慈善的温和气息的，称为君子。以法度作为分守，以名号作为标准，以比较作为验证，以考核作为决断，可以排出一二三四的等级，百官依此列出顺序。以工作为日常活动，以衣食为生活中心，增加物产积蓄财货，关心老弱孤寡，使他们都能得到安养，这是人民生存的道理。

[解读]

① 古代的道术与整体的一，是不可分的。"神与圣"，配合"明与王"，亦即构成稍后所说的"内圣外王"，不是凭空出现的，而是靠着某些杰出的人（天人、神人、至人、圣人）来体现的。原则上，每一个凡人都有可能展现类似的境界，《庄子》一书的主要目的即在于此。

② 从"君子"谈到"民之理"，所呈现的是古代社会的正常结构。以此为出发点，才有后续各家各派的不同主张。

[33.2]

古之人其备乎！配神明，醇天地，育万物，和天下，泽及百姓，明于本数，系于末度，六通四辟，小大精粗，其运无乎不在。其明而在数度者，旧法世传之史尚多有之。其在于《诗》《书》《礼》《乐》者，邹鲁之士、搢绅先生多能明之。《诗》以道志，《书》以道事，《礼》以道行，《乐》以道和，《易》以道阴阳，《春秋》以道名分。其数散于天下而设于中国者，百家之学时或称而道之。天下大乱，贤圣不明，道德不一，天下多得一察焉以自好。譬如耳目鼻口，皆有所明，不能相通。犹百家众技也，皆有所长，时有所用。虽然，不该不遍，一曲之士也。判天地之美，析万物之理，察古人之全，寡能备于天地之美，称神明之容。是故内圣外王之道，而不明，郁而不发，天下之人各为其所欲焉以自为方。悲夫，百家往而不反，必不合矣！后世之学者，不幸不见天地之纯，古人之大体，道术将为天下裂。

[白话]

古代的人真是完备啊！他们配合神明，取法天地，抚育万物，调和天下，恩泽推及百姓，明白治国的根本原则，也不疏忽法度的末节。不论时间空间上的任何领域，事情上的小大精粗，他们的功用都无所不在。这种功用明显表现在典章制度方面，像旧时的法规、世代相传的史籍多半还有记载。存在于《诗》《书》《礼》《乐》中的，像儒家学者、官吏士绅多半能够通晓。《诗》是用来表达心意；《书》是用来记述政事；《礼》是用来规范行为；《乐》是用来调和情绪；《易》是用来通达阴阳；《春秋》是用来界定名分。这些典章散布于天下，施行于各国，百家的学说时常加以称颂与讲述。后来天下大乱，贤圣之行不显明，道德标准不统一，天下的人大都各执一端而自以为是。譬如耳、目、鼻、口，都有各自的作用，但是，不能互相替代。就像百家的各种技艺，都有它的优点，在适当的时候也用得上。然而，如此既不周全也不普遍，就只能算是偏于一端的人。他们区别天地的大美，分析万物的条理，解散古人的全德，但是却很少能整合起天地的大美，相称于神明的灵妙。因此，内圣外王之道，昏暗不明，阻塞不通，天下的人各自认为自己所喜好的就是学术。可悲啊，百家往前走而不再回头，必然不合于道术了。后代的学者很不幸，无法见到天地的全貌与古人的广大境界，道术就如此被天下人所分裂了。

[解读]

① 六通四辟：已见于 [13.1]，意指六合（上下四方）通达，四时（春夏秋冬）开展，兼含时空因素。

② "内圣外王"一词，源出于此。后代以此描写儒家的理想，这与庄子原本的见解并非一事。

③ 道术将为天下裂：以下所述，共有六派；加上前面谈过的儒家，则有七派。

[33.3]

不侈于后世，不靡于万物，不晖（huī）于数度，以绳墨自矫，而备世之急。古之道术有在于是者，墨翟、禽滑厘闻其风而说之，为之太过，已之太循。作为《非乐》，命之曰《节用》；生不歌，死无服。墨子泛爱兼利而非斗，其道不怒；又好学而博，不异，不与先王同，毁古之礼乐。黄帝有《咸池》，尧有《大章》，舜有《大韶》，禹有《大夏》，汤有《大濩（huò）》，文王有《辟雍》之乐，武王、周公作《武》。古之丧礼，贵贱有仪，上下有等，天子棺椁七重，诸侯五重，大夫三重，士再重。今墨子独生不歌，死无服，桐棺三寸而无椁，以为法式。以此教人，恐不爱人；以此自行，固不爱己。未败墨子道，虽然，歌而非歌，哭而非哭，乐而非乐，是果类乎？其生也勤，其死也薄，其道大觳（hú）；使人忧，使人悲，其行难为也，恐其不可以为圣人之道，反天下之心，天下不堪。墨子虽独能任，奈天下何！离于天下，其去王也远矣。

[白话]

不教后世奢侈，不对万物浪费，不受礼法眩惑，以规矩来砥砺自己，而救助世人的急需。古代的道术有着重这方面的，墨翟、禽滑厘听说这种风气就爱好。有些事实践得太过分，有些事节制得太谨慎。他们提倡《非乐》，讲求《节用》，生时不唱歌，死时不厚葬。墨子泛爱众人，兼利天下而反对战争，他的学说主张不发脾气；他又好学而博闻，不强调人群差异，不与先王认同，毁弃古代礼乐。黄帝有《咸池》，尧有《大章》，舜有《大韶》，禹有《大夏》，汤有《大濩》，文王有《辟雍》的乐章；武王、周公制作《武》。古代的丧礼，贵贱有不同的仪式，上下有不同的等级，天子的棺椁有七层，诸侯的有五层，大夫的有三层，士的有两层。现在墨子偏偏主张生时不唱歌，死时不厚葬，只用三寸的桐木棺材而没有外椁，订下这个标准。以此来教导别人，恐怕是不爱别人；以此来要求自己，实在是不爱自己。这并不是要推翻墨子的学说。不过，该唱歌时不许唱歌，该哭泣时不许哭泣，该奏乐时不许奏乐，这样真的合乎人情吗？生时要勤劳，死后要薄葬，他的学说太苛刻了；让人忧愁，让人悲伤，这种行为很难付诸实现，恐怕不能称为圣人之道，它违反了天下人的心意，天下人是无法忍受的。墨子自己虽然做得到，对天下人能怎么样呢！与天下人脱节了，距离王道就遥远了。

[解读]

① 不异：墨子主张兼爱，不愿区分人与人的差别，所以反对先王

的礼乐。

② 辟雍：古代帝王所建之大学。

③ "是果类乎"一语，是批判墨子的关键。不近人情的学说，即使理想崇高，也无法普遍推行。

[33.4]

墨子称道曰："昔者禹之湮（yān）洪水，决江河，而通四夷九州也，名川三百，支川三千，小者无数。禹亲自操橐（tuó）耜（sì）而九杂天下之川；腓无胈，胫无毛，沐甚雨，栉疾风，置万国。禹大圣也，而形劳天下也如此。"使后世之墨者，多以裘褐为衣，以跂（qí）蹻（jué）为服，日夜不休，以自苦为极，曰："不能如此，非禹之道也，不足为墨。"相里勤之弟子五侯之徒，南方之墨者苦获、己齿、邓陵子之属，俱诵《墨经》，而倍谲不同，相谓别墨；以坚白同异之辩相訾（zǐ），以觭（jī）偶不仵之辞相应；以巨子为圣人，皆愿为之尸，冀得为其后世，至今不决。墨翟、禽滑厘之意则是，其行则非也。将使后世之墨者，必自苦以腓无胈、胫无毛相进而已矣。乱之上也，治之下也。虽然，墨子真天下之好也，将求之不得也，虽枯槁不舍也，才士也夫！

[白话]

墨子谈到他的学说时，说："从前禹为了堵塞洪水，就疏导长江、黄河，使其通达四境九州，当时大河有三百，支流有三千，小溪有无数。禹亲自拿着畚箕锄头，汇合天下的河川；他大腿无肉，小腿无毛，淋着大雨，顶着狂风，安顿了万国。禹是大圣人，尚且为天下人这么劳苦。"因此，后来的墨者，大都穿粗布衣服，配木屐草鞋，日夜不停地工作，以劳苦自己为最高目标，并且说："不能这样做，就不是禹的道，就不配称为墨者。"相里勤的弟子五侯等人，南方的墨者苦获、己齿、邓陵子这些人，都诵读《墨经》，但是立场背离怪异，各自不同，互相指责对方是墨子的别派。他们用"坚白""同异"的辩论来互相诋毁，用奇数偶数不合的言词来互相对立；以巨子为圣人，都愿意奉他为宗主，希望能成为他的传人，到现在还争论不休。墨翟、禽滑厘的用心是对的，他们的做法却不对。这样会使后代的墨者，必定要劳苦自己到大腿无肉、小腿无毛，以此互相竞争罢了。这是扰乱天下的罪多，治理天下的功少。虽然如此，墨子真是爱好天下的人，他所追求的目标不能实现，即使累得形容枯槁也不放弃，可以说是才能之士了！

[解读]

① 巨子，又名钜子，是墨家学派里的宗主，享有极高权威。
② 墨翟之后，墨家分为三派：相里氏、相夫氏、邓陵氏。

[33.5]

不累于俗，不饰于物，不苟于人，不忮（zhì）于众，愿天下之安宁以活民命，人我之养毕足而止，以此白心。古之道术有在于是者，宋钘（xíng）、尹文闻其风而说之，作为华山之冠以自表，接万物以别宥为始；语心之容，命之曰心之行，以聏（ér）合驩（huān），以调海内，请欲置之以为主。见侮不辱，救民之斗，禁攻寝兵，救世之战。以此周行天下，上说下教，虽天下不取，强聒（guō）而不舍者也，故曰：上下见厌而强见也。虽然，其为人太多，其自为太少；曰："请欲固置五升之饭足矣，先生恐不得饱，弟子虽饥，不忘天下。"日夜不休，曰："我必得活哉！"图傲乎救世之士哉！曰："君子不为苛察，不以身假物。"

以为无益于天下者，明之不如已也。以禁攻寝兵为外，以情欲寡浅为内。其小大精粗，其行适至是而止。

[白话]

不被世俗所牵累，不借外物来矫饰，不苛求别人，不违逆众意，希望天下安宁，百姓得以活命，别人与我的生活都是够用就好，以这种观点来表白心愿。古代的道术有着重这方面的，宋钘、尹文听说这种风气就爱好。他们制作一种上下均齐的华山帽，用以表现自己的想法，应接外物从去除成见开始；讨论心所包容的范围，称之为心所推行的范围，以亲昵态度与人相洽，而调和四海之内的人，请求大家以此作为行为的主导。受欺侮不以为耻辱，拯救人民免于争斗，禁止攻伐平息用兵，拯救世间免于战祸。用这种学说周游天下，对上劝说君主，对下教育百姓，即使天下人不接受，还是勉强陈词不肯放弃，所以说：上上下下都厌烦，还要勉强发表意见。然而，他们为别人考虑太多，为自己打算太少，说："请给我们五升饭就够了，老师恐怕还吃不饱，弟子们即使饥饿，也不会忘记天下人。"他们日夜不停忙碌，说："我们一定活得下去！"真是意图高尚的救世之士啊！他们说："君子不苛求挑剔，不受制于外物。"认为对天下无益的事，与其去说明不如停止算了。他们对外主张禁止攻伐平息用兵，对内主张降低减少情欲。这种学说虽然也有小大精粗之分，而所作所为只不过是如此而已。

[解读]

① 此派立场在于将"心之容"推及于"心之行"，要为天下人谋求最大的福祉。另外，"先生恐不得饱"一语，有谓此派以"天下"或"黔首"（百姓）为"先生"，而自称为"弟子"。宋，即宋荣子，见 [1.7]。

② 此派与墨家的差异，主要是墨家"以自苦为极"，并且学说较
为完备，如师法禹等。而两派都意图救世，值得佩服。

[33.6]

公而不党，易而无私，决然无主，趣物而不两，不顾于虑，
不谋于知，于物无择，与之俱往。古之道术有在于是者，彭蒙、
田骈、慎到闻其风而说之。齐万物以为首，曰："天能覆之而不
能载之，地能载之而不能覆之，大道能包之而不能辩之。"知万
物皆有所可，有所不可，故曰："选则不遍，教则不至，道则无
遗者矣。"是故慎到弃知去己，而缘不得已，泠汰于物以为道理。
曰："知不知，将薄知而后邻伤之者也。"謑髁（xǐ kē）无任，而
笑天下之尚贤也；纵脱无行，而非天下之大圣。椎拍輐（wàn）
断，与物宛转；舍是与非，苟可以免；不师知虑，不知前后，魏
然而已矣。推而后行，曳而后往，若飘风之还（xuán），若羽之
旋，若磨石之隧（suì），全而无非，动静无过，未尝有罪。是何
故？夫无知之物，无建己之患，无用知之累，动静不离于理，是
以终身无誉。故曰："至于若无知之物而已，无用贤圣，夫块不
失道。"豪杰相与笑之曰："慎到之道，非生人之行，而至死人之
理，适得怪焉。"田骈亦然，学于彭蒙，得不教焉。彭蒙之师曰：
"古之道人，至于莫之是、莫之非而已矣。其风窢（huò）然，恶
可而言？"常反人，不见观，而不免于魭（wǎn）断。其所谓道
非道，而所言之韪（wěi）不免于非。彭蒙、田骈、慎到不知道。
虽然，概乎皆尝有闻者也。

[白话]

公正而不结党，和善而不偏私，判断事理不存己见，随顺外

物不分彼此，不多作思虑，不谋求智巧，对一切没有好恶，跟着它一起前进。古代的道术有着重这一方面的，彭蒙、田骈、慎到听说这种风气就爱好。他们把齐同万物作为首要观念，说："天能覆盖万物而不能承载万物，地能承载万物而不能覆盖万物，大道能包容万物而不能分辨万物。"知道万物都有所能，有所不能，所以说："有所选择就不普遍，有所教导就不周全，顺着大道就无所遗漏了。"因此，慎到摒弃智巧、泯除自我，顺着不得已的原则去做，听任外物的变化，以此为学说的要旨。他说："有所知就是有所不知，这样就会看轻知识然后损毁它了。"随顺物情无所专任，而讥笑天下重用贤人；放纵解脱不拘形迹，而责怪天下推崇大圣。施用刑法，随事而定；不计是非，只求苟免；不用智巧谋虑，不知前后之别，只是独立于世罢了。推了才前进，拉了才跟上，好像飘风回旋，好像羽毛飞舞，好像磨石转动，安全而不受责难，动静都没有过错，不曾招致任何罪刑。这是什么缘故呢？就如无知觉的东西，没有执著于自我的忧虑，没有使用智巧的牵累，动静都不会偏离条理，所以终身没有毁誉。所以说："做到像无知觉的东西就可以了，不需要圣人与贤人。连土块都不会失去大道。"豪杰们谈起他来，都嘲笑说："慎到的学说，讲的不是活人的行为，而是死人的道理，真是让人觉得怪异。"田骈也是一样，他向彭蒙学习，懂得了不言之教。彭蒙的老师说："古代得道的人，只是抵达不说是、不说非的境界罢了。他们的教诲像风一样迅速吹过，怎么可以用言语表达呢？"他们时常违背民意，不受别人欢迎，甚至不免遭受刑罚。他们所说的道并不是道，而且所说的对不免被认为错。彭蒙、田骈、慎到不明白大道。不过，他们大概都曾听说过大道吧。

① 慎到：法家的重要人物，与他齐名的有年代稍后的申不害与韩非子。

② 所谓"死人之理"，是指他居然羡慕"无知之物"。由此看来，这才是真正的"植物人主义"。

［33.7］

以本为精，以物为粗，以有积为不足，澹然独与神明居。古之道术有在于是者，关尹、老聃闻其风而说之。建之以常无有，主之以太一，以濡（rú）弱谦下为表，以空虚不毁万物为实。关尹曰："在己无居，形物自著。其动若水，其静若镜，其应若响。芴乎若亡，寂乎若清，同焉者和，得焉者失。未尝先人而常随人。"老聃曰："知其雄，守其雌，为天下谿；知其白，守其辱，为天下谷。"人皆取先，己独取后，曰受天下之垢。人皆取实，己独取虚，无藏也故有余，岿（kuī）然而有余。其行身也，徐而不费，无为也而笑巧；人皆求福，己独曲全，曰苟免于咎。以深为根，以约为纪，曰坚则毁矣，锐则挫矣。常宽容于物，不削于人，可谓至极。关尹、老聃乎，古之博大真人哉！

［白话］

认为本源是精微的，认为物体是粗疏的，认为有所积存是不足的，安然独自与神明共处。古代的道术有着重这一方面的，关尹、老聃听说这种风气就爱好。用"常、无、有"建立起学说，以"太一"为主导原则，表面上要做到柔弱谦下，实质上要保持空虚状态，不去伤害万物。关尹说："自己没有成见，事物自行彰显，动时如同流水，静时如同镜子，应答如同回声。恍惚如同无物，寂静如同清虚。混同可以和谐，获得即是失去。不曾与人争先，却常走在人后。"老聃说："知道如何争强，却持守着柔弱，宁愿作为天下的仆役；知道如何显扬，却持守着暗昧，宁愿作为天下的山谷。"别人都要争先，他却独自居后，说"宁愿承受天下的诟辱"。别人都求实际，他却独取虚无，没有敛藏所以会有余，独立世间而绰绰有余。他立身行事，徐缓而不费力，无所作为而嘲笑智巧；别人都谋取福祉，他独自曲折不全，说"但求避免祸害"。以深藏为根本，以俭约为守则，说"坚硬的会被毁坏，锐利的会受挫折"。常宽待万物，不责难别人。这可以说是最高境界，像关尹、老聃这样的人，是古代博大的真人啊！

[解读]

① 老聃的思想以"常、无、有"为架构。"常"是永恒，用以超越变化的现象世界，也用以描述"道"的存在样貌。"无"是针对万物之"有"而言，要化解对万物的执著，向上提升于悟道的层次。至于"太一"，是指一个究竟整体，亦即"道"。

② 本文参考《老子》之处，依序包括第二十八章、第六十七章、第七十八章、第二十二章、第七十六章、第九章等。

③ 本文结尾的"可谓至极"一语，亦有作"虽未至极"者。不过，就随后以"博大真人"赞美关尹、老聃而言，"可谓至极"一语并不显得突兀。关尹亦见于［19.2］。

[33.8]

芴漠无形，变化无常，死与生与？天地并与？神明往与？芒乎何之？忽乎何适？万物毕罗，莫足以归。古之道术有在于是者，庄周闻其风而悦之。以谬悠之说，荒唐之言，无端崖之辞，时恣

（zì）纵而不傥（tǎng），不以觭（jī）见之也。以天下为沉浊，不可与庄语。以卮言为曼衍，以重言为真，以寓言为广。独与天地精神往来，而不敖倪于万物。不谴是非，以与世俗处。其书虽瑰（guī）玮，而连犿（fān）无伤也。其辞虽参差，而諔（chù）诡可观。彼其充实不可以已。上与造物者游，而下与外死生无终始者为友。其于本也，弘大而辟，深闳而肆；其于宗也，可谓调适而上遂矣。虽然，其应于化而解于物也，其理不竭，其来不蜕（tuì），芒乎昧乎，未之尽者。

[白话]

恍惚茫昧而没有形迹，随物变化而没有常性，这是死还是生呢？与天地一起存在吗？与神明一起前进吗？茫茫然不知去哪里？飘飘然不知往何处？万物都包罗在内，却不能当成归宿。古代的道术有着重这一方面的，庄周听说这种风气就爱好。他用悠远无稽的说法、广大虚幻的言谈、漫无边际的语词来表达，时常任意放纵而不党同伐异，也不会执持偏于一端的见解。他认为天下人沉迷混浊，没办法同他们讲正经的道理。他以随机应变的话来任意引申，以借重别人的话来证明可信，以寓言来推广想法。独自与天地精神往来，而不轻视万物，不质问别人的是非，而能与世俗相处。他的著作虽然宏伟奇特，但是行文婉转不妨害事理。他的言词虽然变化多端，但是玄妙幻怪而颇有可观。他的思想充实而难以穷究，在上与造物者同游，在下与超脱生死、忘怀始终的人做朋友。他谈到本源，说得弘广而通达，深远而博大；他谈到根基，可以说是和谐适宜，抵达最高境界了。虽然如此，他还是顺应变化而解消物累，他的道理无从竭尽，他的说法无迹可寻，茫茫然昧昧然，真是深不可测。

[解读]

① 本文描述的庄子，可以在本书中印证。本书之难解，由此可知一二。

② "天地精神"一词，是指天地与人的精神相对应的部分，犹如万物之有"造物者"一般。这二词皆指道而言。

[33.9]

　　惠施多方，其书五车，其道舛驳，其言也不中。历物之意，曰："至大无外，谓之大一；至小无内，谓之小一。无厚，不可积也，其大千里。天与地卑，山与泽平。日方中方睨（nì），物方生方死。大同而与小同异，此之谓小同异；万物毕同毕异，此之谓大同异。南方无穷而有穷。今日适越而昔来。连环可解也。我知天下之中央，燕之北、越之南是也。泛爱万物，天地一体也。"惠施以此为大，观于天下而晓辩者，天下之辩者相与乐之。"卵有毛；鸡三足；郢有天下；犬可以为羊；马有卵；丁子有尾；火不热；山出口；轮不辗地；目不见；指不至，至不绝；龟长于蛇；矩不方；规不可以为圆；凿不围枘（ruì）；飞鸟之景未尝动也；镞（cù）矢之疾而有不行不止之时；狗非犬；黄马骊牛三；白狗黑；孤驹未尝有母；一尺之捶，日取其半，万世不竭。"辩者以此与惠施相应，终身无穷。

[白话]

　　惠施研究多种学问，他的著作多达五车，他的学说驳杂，言论偏颇不当。他遍述事物的意义，说："大到极点而没有外围的，叫做大一；小到极点而没有内里的，叫做小一。没有厚度的，不可累积，但可扩展到千里之广。天与地一样齐，山与泽一样平。

日正当中就开始偏斜，一物刚生就开始死亡。大同与小同的差异，称为小同异；万物完全相同也完全相异，称为大同异。南方这个方向是无穷的，实际则是有穷。今天才去越国，却说昨天心意已经来了。连环可以解开。我知道天下的中央，燕国的北方、越国的南方都是。普遍爱护万物，因为天地是一个整体。"惠施以为这些是高明的道理，就到处讲述，告诉好辩的人。天下好辩的人，也都喜欢这些说法。他们讨论的包括："蛋里面有毛；鸡有三只脚；郢都包含了天下；犬可以是羊；马有卵；蛤蟆有尾巴；火是不热的；山有口；车轮没有蹍地；眼睛看不见东西；名称不能达到物体，即使达到也不能穷尽；龟比蛇更长；矩尺不等于方；圆规不可以被视为圆；凿孔不会完全围住孔内之木；飞鸟的影子不曾移动；箭矢虽快却有不前进不停止的一刻；狗不是犬；黄马加骊牛是三个；白狗是黑的；孤驹不曾有过母马；一尺长的木杖，每天截取一半，万世都不会用完。"好辩的人用这些话题与惠施对答，一辈子也说不完。

[解读]

① 惠施是名家代表，研究逻辑与辩论。他的理论游走于不同界说、不同观点、不同判准之间，表面看来使人迷惑，分析之后并不难解。并且，厘清了这些谜题之后，往往只是增加了心智游戏与趣味问答的材料而已。另外，"其书五车"，是指竹简编成之书而言，并不算多。

[33.10]

桓团、公孙龙辩者之徒，饰人之心，易人之意，能胜人之口，不能服人之心，辩者之囿也。惠施日以其知与人之辩，特与天下之辩者为怪，此其柢也。然惠施之口谈，自以为最贤，曰："天地其壮乎！"施存雄而无术。南方有倚人焉，曰黄缭，问天地所以不坠不陷，风雨雷霆之故。惠施不辞而应，不虑而对，遍为万物说，说而不休，多而无已，犹以为寡，益之以怪。以反人为实，而欲以胜人为名，是以与众不适也。弱于德，强于物，其涂隩（yù）矣。由天地之道观惠施之能，其犹一蚊一虻之劳者也。其于物也何庸！夫充一尚可，曰愈贵道，几矣！惠施不能以此自宁，散于万物而不厌，卒以善辩为名。惜乎！惠施之才，骀（dài）荡而不得，逐万物而不反，是穷响以声，形与影竞走也，悲夫！

[白话]

桓团、公孙龙都是辩者一类的人，他们困惑别人的心思，改变别人的看法，能胜过别人的口，却不能折服别人的心，这是辩者的局限。惠施每天用他的智巧与人辩论，专门与天下的辩者制造一些怪论，以上就是大致的例子。然而，惠施还是认为自己的辩才最高明，说："天地岂有什么伟大！"惠施只想雄辩而不懂真正的学问。南方有个奇人，名叫黄缭，他问天地为什么不坠落不坍陷，风雨雷霆形成的原因是什么；惠施不加推辞就回应，不经考虑就对答，遍谈万物的道理，一说就不停，多得不得了，他还嫌不够，再加些怪论。他把违反人情的事说得像真的，想要博取胜过别人的名声，所以与众人无法相处。德行修养不够，物质欲望太强，他的路是走不通的。从天地之道来看惠施的才干，他就像一只蚊子、一只牛虻那样劳碌，但对于万物有什么作用呢！他发挥一技之长还算可以；如果进而重视大道，那就差不多了！惠施不能以此安顿自己，反而为万物分散心思而不厌倦，最后得到了善辩的名声。可惜啊！惠施的才能放荡散乱而无所得，追逐万物而不回头，这是用发声来止住回音，身体与影子在竞走，可悲啊！

[解读]

① 惠施以"天地其壮乎"一语，表示自己的辩才犹有过之。这确实像是"一蚊一虻"的心态，值得我们警惕。

② 庄子全书以"悲夫"结束，看似悲观，实为期勉：启迪智慧，领悟大道，是每个人的自我期许。

图书在版编目（CIP）数据

傅佩荣解读《庄子》（修订版）/ 傅佩荣 著 . — 北京：东方出版社，2023.4

ISBN 978-7-5207-2662-7

Ⅰ . ①傅… Ⅱ . ①傅… Ⅲ . ①道家②《庄子》—研究 Ⅳ . ① B223.55

中国版本图书馆 CIP 数据核字（2023）第 275995 号

傅佩荣解读《庄子》（修订版）

（FU PEIRONG JIEDU ZHUANGZI）

作　　者：	傅佩荣
责任编辑：	王夕月
出　　版：	东方出版社
发　　行：	人民东方出版传媒有限公司
地　　址：	北京市东城区朝阳门内大街 166 号
邮　　编：	100010
印　　刷：	三河市中晟雅豪印务有限公司
版　　次：	2023 年 4 月第 1 版
印　　次：	2023 年 4 月第 1 次印刷
开　　本：	710 毫米 ×1000 毫米　1/16
印　　张：	30.25
字　　数：	340 千字
书　　号：	ISBN 978-7-5207-2662-7
定　　价：	98.00 元
发行电话：	（010）85924663　85924644　85924641

傅佩荣

当代著名哲学家。1950 年生，祖籍上海，台湾大学哲学系教授。历任台湾大学哲学系主任兼研究所所长，比利时鲁汶大学、荷兰莱顿大学讲座教授。早年师从哲学大家方东美先生，后于耶鲁大学深造，受教于余英时先生，继而执教欧洲。

曾在央视"百家讲坛"讲授《孟子的智慧》；凤凰卫视主讲《国学的天空》；山东卫视"新杏坛"任首席主讲人。曾被台湾地区《民生报》评选为大学最热门教授；台湾地区最高文艺奖得主。近年来在"得到 APP"开设《傅佩荣的西方哲学课》；在"喜马拉雅 APP"开设《道德经》《易经》《庄子》等精讲课程。傅教授态度真诚，语言幽默，说理清晰，能使听者不倦、相悦以解，从而将国学讲得生动又贴近人心，为当代人提供了阅读国学原典的简易方法。

傅教授兼具中西文化之深厚学养，以哲学建构和逻辑分析的眼光，站在中西文化的制高点上诠释中国传统经典的现代意义，搭建起东西方思想的桥梁，视野辽阔深远，堪称中西文化之摆渡者，在当今学术界享有盛名。

傅教授潜心研究传统经典五十年，撇开成见和定论，多有建树。目前已出版《哲学与人生》《国学的天空》《易经入门》《国学与人生》《四大圣哲》，傅佩荣解读经典系列、傅佩荣详说经典系列等图书逾百种。